纯粹哲学丛书

黄裕生 主编

本书为国家社会科学基金一般项目"康德世界主义构想下的'民族—国家观'及其当代实践意义研究"（项目编号：22BZX113）阶段性研究成果

知识与道德的二重奏

ZHISHI YU DAODE DE ERCHONGZOU

康德心灵哲学研究

居 俊 著

江苏人民出版社

图书在版编目(CIP)数据

知识与道德的二重奏:康德心灵哲学研究/居俊著
.—南京:江苏人民出版社,2023.10
(纯粹哲学丛书)
ISBN 978 - 7 - 214 - 27626 - 1

Ⅰ.①知… Ⅱ.①居… Ⅲ.①康德(Kant,
Immanuel 1724 - 1804)—心灵学—研究 Ⅳ.①B516.31

中国版本图书馆 CIP 数据核字(2022)第 209283 号

书　　　名　知识与道德的二重奏——康德心灵哲学研究
著　　　者　居　俊
责 任 编 辑　薛耀华
装 帧 设 计　许文菲
责 任 监 制　王　娟
出 版 发 行　江苏人民出版社
地　　　址　南京市湖南路 1 号 A 楼,邮编:210009
照　　　排　江苏凤凰制版有限公司
印　　　刷　江苏凤凰通达印刷有限公司
开　　　本　652 毫米×960 毫米　1/16
印　　　张　24.5　插页 3
字　　　数　318 千字
版　　　次　2023 年 10 月第 1 版
印　　　次　2023 年 10 月第 1 次印刷
标 准 书 号　ISBN 978 - 7 - 214 - 27626 - 1
定　　　价　88.00 元

从纯粹的学问到真实的事物

——"纯粹哲学丛书"改版序

江苏人民出版社自 2002 年出版这套"纯粹哲学丛书"已有五年，共出书 12 本，如今归入凤凰出版传媒集团"凤凰文库"继续出版，趁改版机会，关于"纯粹哲学"还有一些话要说。

"纯粹哲学"的理念不只是从"纯粹的人"、"高尚的人"、"摆脱私利"、"摆脱低级趣味"这些意思引申出来的，而是将这个意思与专业的哲学问题，特别是与德国古典哲学的问题结合起来思考，提出"纯粹哲学"也是希望"哲学""把握住""自己"。

这个提法，也有人善意地提出质询，谓世上并无"纯粹"的东西，事物都是"复杂"的，"纯粹哲学"总给人以"脱离实际"的感觉。这种感觉以我们这个年龄段或更年长些的人为甚。当我的学生刚提出来的时候，我也有所疑虑，消除这个疑虑的理路，已经在 2002 年的"序"中说了，过了这几年，这个理路倒是还有一些推进。

"纯粹哲学"绝不是脱离实际的，也就是说，"哲学"本不脱离实际，也不该脱离实际，"哲学"乃是"时代精神"的体现；但是"哲学"也不是要"解决"实际的具体问题，"哲学"是对于"实际-现实-时代""转换"一个"视角"。"哲学"以"哲学"的眼光"看""世界","哲学"以"自己"的眼光"看"世界,也就是以"纯粹"的眼光"看"世界。

为什么说"哲学"的眼光是"纯粹"的眼光?

"纯粹"不是"抽象",只有"抽象"的眼光才有"脱离实际"的问题,因为它跟具体的实际不适合;"纯粹"不是"片面",只有"片面"的眼光才有"脱离实际"的问题,因为"片面"只"抓住-掌握""一面",而"哲学"要求"全面"。只有"全面-具体"才是"纯粹"的,也才是"真实的"。"片面-抽象"都"纯粹"不起来,因为有一个"另一面"、有一个"具体"在你"外面"跟你"对立"着,不断地从外面"干扰"你,"主动-能动"权不在你手里,你如何"纯粹"得起来?

所以"纯粹"应在"全面-具体"的意义上来理解,这样,"纯粹"的眼光就意味着"辩证"的眼光,"哲学"为"辩证法"。

人们不大谈"辩证法"了,就跟人们不大谈"纯粹"了一样,虽然可能从不同的角度来"回避"它们,或许以为它们是相互抵触的,其实它们是一致的。

"辩证法"如果按日常的理解,也就是按感性世界的经验属性或概念来理解,那可能是"抽象"的,但那不是哲学意义上的"辩证"。譬如冷热、明暗、左右、上下等等,作为抽象概念来说,"冷"、"热"各执一方,它们的"意义"是"单纯"的"抽象",它们不可以"转化",如果"转化"了,其"意义"就会发生混淆;但是在现实中,在实际上,"冷"和"热"等等是可以"转化"的,不必"变化"事物的温度,事物就可以由"热""转化"为"冷",在这个意义上,执著于抽象概念反倒会"脱离实际",而坚持"辩证法"的"转化",正是"深入""实际"的表现,因为实际上现实中的事物都是向"自己"的"对立面""转化"的。

哲学的辩证法正是以一种"对立面""转化"的眼光来"看-理解"世界的,不执著于事物的一面——偏,而是"看到-理解到"事物的"全面"。

哲学上所谓"全面",并非要"穷尽"事物的"一切""属性",而是"看到-理解到-意识到"凡事都向"自己"的"相反"方面"转化","冷"必然要"转化"为"非冷",换句话说,"冷"的"存在",必定要"转化"为"冷"的"非存在"。

在这个意义上,哲学的辩证法将"冷-热"、"上-下"等等"抽象-片面"的"对立""纯粹化"为"存在-非存在"的根本问题,思考的就是这种"存在-非存在"的"生死存亡"的"大问题"。于是,"哲学化"就是"辩证化",也就是"纯净化-纯粹化"。

这样,"纯粹化"也就是"哲学化",用现在流行的话来说,就是"超越化";"超越"不是"超越"到"抽象"方面去,不是从"具体"到"抽象",好像越"抽象"就越"超越",或者越"超越"就越"抽象",最大的"抽象"就是最大的"超越"。事实上恰恰相反,"超越"是从"抽象"到"具体","具体"为"事物"之"存在"、"事物"之"深层次"的"存在",而不是"表面"的"诸属性"之"集合"。所谓"深层",乃是"事物"之"本质","本质"亦非"抽象",而是"存在"。哲学将自己的视角集中在"事物"的"深层",注视"事物""本质"之"存在"。"事物"之"本质","本质"之"存在",乃是"纯粹"的事物。"事物"之"本质",也是"事物"之"存在",是"理性-理念"的世界,而非"驳杂"之"大千世界"-"感觉经验世界"。"本质-存在-理念"是"具体"的、"辩证"的,因而也是"变化-发展"的。并不是"现象""变"而"理念-本质""不变",如果"变"作为"发展"来理解,而不是机械地来理解,则恰恰是"现象"是相对"僵化"的,而"本质-理念"则是"变化-发展"的。这正是我们所谓"时间(变化发展)"进入"本体-本质-存在"的意义。

于是,哲学辩证法也是一种"历史-时间"的视角。我们面对的世界,是一个历史的世界、时间的世界,而不仅是僵硬地与我们"对立"的"客观世界"。"客观世界"也是我们的"生活世界",而"生活"是历史性的、时间性的,是变化发展的,世间万事万物无不打上"历史-时间"的"烙印","认出-意识到-识得"这个"烙印-轨迹",乃是哲学思考的当行,这个"烙印"乃是"事物-本质-存在""发展"的"历史轨迹",这个"轨迹"不是直线,而是曲线。"历史-时间"的进程是"曲折"的,其间充满了"矛盾-对立-斗争",也充满了"融合-和解-协调",充满了"存在-非存在"的"转化",充满了"对立面"的"转化"和"统一"。

以哲学-时间-历史的眼光看世界,世间万物都有相互"外在"的"关系"。"诸存在者"相互"不同",当然也处在相互"联系"的"关系网"中,其中也有"对立",譬如冷热、明暗、上下、左右之类。研究这种"外在"关系,把握这种"关系"当然是非常重要的,须得观察、研究以及实验事物的种种属性和他物的属性之间的各种"关系",亦即该事物作为"存在者"的"存在""条件"。"事物"处于"外在环境"的种种"条件""综合"之中,这样的"外在""关系"固不可谓"纯粹"的,它是"综合"的、"经验"的;然则,事物还有"自身"的"内在""关系"。

这里所谓的"内在""关系",并非事物的内部的"组成部分"的关系,这种把事物"无限分割"的关系,也还是把一事物分成许多事物,这种关系仍是"外在"的;这里所谓"内在"的,乃是"事物""自身"的"关系",不仅仅是这一事物与另一事物的关系。

那么,如何理解事物"自身"的"内在""关系"?"事物自身"的"内在""关系"乃是"事物自身""在""时间-历史"中"产生"出来的"非自身-他者"的"关系",乃是"是-非"、"存在-非存在"的"关系",而不是"白"的"变成""黑"的、"方"的"变成""圆"的等等这类关系。这种"是非-存亡"的关系,并不来自"外部",而是"事物自身"的"内部"本来就具备了的。这种"内在"的"关系"随着时间-历史的发展"开显"出来。

这样,事物的"变化发展",并非仅仅由"外部条件"的"改变"促使而成,而是由事物"内部自身"的"对立-矛盾"发展-开显出来的,在这个意义上,"内因"的确是"决定性"的。看到事物"变化"的"原因""在"
"事物自身"的"内部",揭示"事物发展"的"内在原因",揭示事物发展
的"内在矛盾",这种"眼光",可以称得上是"纯粹"的(不是"驳杂"的),
是"哲学"的,也是"超越"的,只是并不"超越"到"天上",而是"深入"到
事物的"内部"。

以这种眼光来看世界,世间万物"自身"无不"存在-有""内在矛
盾",一事物的"存在"必定"蕴涵"该事物的"非存在",任何事物都向自
身的"反面""转化",这是事物自己就蕴涵着的"内在矛盾"。至于这个
事物究竟"变成""何种-什么"事物,则要由"外部""诸种条件"来"决
定",但是哲学可以断言的,乃是该事物-世间任何事物都不是"永存"
的,都是由"存在""走向-转化为""自己"的"反面"——"非存在","非
存在"就"蕴涵""在"该事物"存在"之中。在这个意义上,我们对事物
采取"辩证"的态度,也就是采取"纯粹"的态度,把握住"事物"的"内在
矛盾",也就是把握住了"事物自身",把握住了"事物自身",也就是把
握住了"事物"的"内在""变化-发展",而不"杂"有事物的种种"外部"
的"关系";从事物"外部"的种种"复杂关系"中"摆脱"出来,采取一种
"自由"的、"纯粹"的态度,抓住"事物"的"内在关系",也就是"抓住"了
事物的"本质"。

抓住事物的"本质",并非不要"现象","本质"是要通过"现象""开
显"出来的,"本质"并非"抽象概念","本质"是"现实",是"存在",是
"真实",是"真理";抓住事物的"本质",就是要"透过现象看本质"。
"哲学"的眼光,"纯粹"的眼光,"辩证"的眼光,"历史"的眼光,正是这
种"透过现象""看""本质"的眼光。

"透过现象看本质","现象"是"本质"的,"本质"也是"现象"的,
"本质""在""现象"中,"现象"也"在""本质"中。那么,从"本质"的眼
光来"看""现象-世界"又复何如?

从"纯粹"的眼光来"看""世界",则世间万物固然品类万殊,但无不"在""内在"的"关系"中。"一事物"的"是-存在"就是"另一事物"的"非-非存在","存在""在""非存在"中,"非存在"也"在""存在"中;事物的"外在关系",原本是"内在关系"的"折射"和"显现"。世间很多事物,在现象上或无直接"关系",只是"不同"而已。譬如"风马牛不相及","认识到-意识到""马""牛"的这种"不同"大概并不困难,是一眼就可以断定的。对于古代战争来说,有牛无马,可能是一个大的问题。对于古代军事家来说,认识到这一点也不难,但是要"意识到-认识到""非存在"也"蕴涵着""存在",二者是一而二、二而一的,并不因为"有牛无马"而放弃战斗,就需要军事家有一点"大智慧"。如何使"非存在""转化"为"存在"? 中国古代将领田单的"火牛阵"是以"牛"更好地发挥"马"的战斗作用的一例,固然并非要将"牛""装扮"成"马",也不是用"牛"去"(交)换""马",所谓"存在-非存在"并非事物之物理获胜或生物的"属性"可以涵盖得了的。"存在-非存在"有"历史"的"意义"。

就我们哲学来说,费希特曾有"自我""设定""非我"之说,被批评为主观唯心论,批评当然是很对的,他那个"设定"会产生种种误解;不过他所论述的"自我"与"非我"的"关系"却是应该被重视的。我们不妨从一种"视角"的"转换"来理解费希特的意思:如"设定"——采取一种"视角"——"A-存在",则其他诸物皆可作"非 A-非存在"观。"非 A"不"=(等于)""A",但"非 A"却由"A""设定","非存在"由"存在""设定"。我们固不可说"桌子"是由"椅子""设定"的,这个"识见"是"常识"就可以判断的,没有任何哲学家会违反它,但是就"椅子"与"非椅子"的关系来说,"桌子"却是"在""非椅子"之内,而与"椅子"有一种"对立统一"的关系,"非椅子"是由于"设定"了"椅子"而来的。扩大开来说,"非存在"皆由"存在"的"设定"而来,既然"设定""存在",则必有与其"对立"的"反面"——"非存在""在","非存在"由"存在""设定",反之亦然。

"我"与"非我"的关系亦复如是。"意识-理性""设定"了"我",有了"自我意识",则与"我""对立"的"大千世界"皆为"非我",在这个意义上,"非我"乃由"(自)我"之"设定"而"设定",于是"自我""设定""非我"。我们看到,这种"设定"并不是在"经验"的意义上来理解的,而是在"纯粹"的意义上来理解的,"自我"与"非我"的"对立统一"关系乃是"纯粹"的、"本质"的、"哲学"的、"历史"的,因而也是"辩证"的。我们决不能说,在"经验"上大千世界全是"自我""设定"——或者叫"建立"也一样——的,那真成了狄德罗批评的,作如是观的脑袋成了一架"发疯的钢琴"。哲学是很理性的学问,它的这种"视角"的转换——从"经验"的"转换"成"超越"的,从"僵硬"的"转换"成"变化发展"的,从"外在"的"转换"成"内在"的——并非"发疯"式的胡思乱想,恰恰是很有"理路"的,而且还是很有"意义"的:这种"视角"的"转换",使得从"外在"关系看似乎是"风马牛不相及"的"事物"都有了"内在"的联系。"世界在普遍联系之中"。许多事物表面上"离"我们很"远",但作为"事物本身-自身-物自体"看,则"内在"着-"蕴涵"着"对立统一"的"矛盾"的"辩证关系",又是"离"我们很"近"的。海德格尔对此有深刻的阐述。

"日月星辰"就空间距离来说,离我们人类很远很远,但它们在种种方面影响人的生活,又是须臾不可或离的,于是在经验科学尚未深入研究之前,我们祖先就已经在自己的诗歌中吟诵着它们,也在他们的原始宗教仪式中膜拜着它们;尚有那人类未曾识得的角落,或者时间运行尚未到达的"未来",我们哲学已经给它们"预留"了"位置",那就是"非我"。哲学给出这个"纯粹"的"预言",以便一旦它们"出现",或者我们"发现"它们,则作出进一步的科学研究。"自我"随时"准备"

着"迎接""非我"的"挑战"。

"自我"与"非我"的这种"辩证"关系，使得"存在"与"非存在""同出一元"，都是我们的"理性""可以把握-可以理解"的：在德国古典哲学，犹如黑格尔所谓的"使得""自在-自为之物""转化"为"为我之物"；在海德格尔，乃是"存在"为"使存在"，是"动词"意义上的"存在"，"存在"与"非存在"在"本体论-存在论"上"同一"。

就知识论来说，哲学这种"纯粹"的"视角"的"转换"，也有相当重要的意义。知识论也"设定"一个不以人的意志为转移的"客体"，这个"客体"乃是一切经验科学的"对象"，也是"前提"，但是哲学"揭示"着"客体"与"主体"也是"对立统一"的"辩证关系"，一切"非主体"就是"客体"，于是仍然在"存在-非存在"的关系之中，那一时"用不上"的"未知"世界，同样与"主体"构成"对立统一"关系，从而使"知识论"展现出广阔的天地，成为一门有"无限"前途的"科学"，而不局限于"主体-人"的"眼前"的"物质需求"。哲学使人类知识"摆脱""急功近利"的"限制"，使"知识"成为"自由"的。"摆脱""急功近利"的"限制"，也就是使"知识-科学"有"哲学"的"涵养"，使"知识-科学"也"纯粹"起来，使"知识-科学"成为"自由"的。古代希腊人在"自由知识"方面给人类的贡献使后人受益匪浅，但这种"自由-纯粹"的"视角"，当得益于他们的"哲学"。

从这个意义来看，我们所谓的"纯粹哲学"，一方面当然是很"严格"的，从康德到黑格尔的德国古典哲学，哲学有了自己很专业的一面，再到胡塞尔，曾有"哲学"为"最为""严格"(strict-strenge)之称；另一方面，"纯粹哲学"就其题材范围来说，又是极其广阔的。"哲学"的"纯粹视角"，原本就是对于那表面上似乎没有关系的、在时空上"最为遥远"的"事物"，都能"发现"有一种"内在"的关系。"哲学"有自己的"远"、"近"观。"秦皇汉武"已是"过去"很多年的"事情"，但就"纯粹"的"视角"看也并不"遥远",它仍是伽达默尔所谓的"有效应的历史",仍在"时间"的"绵延"之"中",它和"我们"有"内在"的关系。

于是,从"纯粹哲学"的"视角"来看,大千世界、古往今来,都"在""视野"之"中",上至"天文",下至"地理","至大无外"、"至小无内",无不可以"在""视野"之"中";具体到我们这套丛书,在选题方面也就不限于讨论康德、黑格尔、海德格尔等等专题,举凡社会文化、政治经济、自然环境、诗歌文学,甚至娱乐时尚,只要以"纯粹"的眼光,有"哲学"的"视角",都在欢迎之列。君不见,法国福柯探讨监狱、疯癫、医院、学校种种问题,倡导"穷尽细节"之历史"考古"观,以及论题不捐细小的"后现代"诸公,其深入程度,其"解构"之"辩证"运用,岂能以"不纯粹"目之?

"纯粹哲学丛书"改版在即,有以上的话想说,当否敬请读者批评指正。

叶秀山

2007 年 7 月 10 日于北京

序"纯粹哲学丛书"

人们常说,做人要像张思德那样,做一个"纯粹的人",高尚的人,如今喝水也要喝"纯净水",这大概都没有什么问题;但是说到"纯粹哲学",似乎就会引起某些怀疑,说的人,为避免误解,好像也要做一番解释,这是什么原因?我想,这个说法会引起质疑,是有很深的历史和理论的原因的。

那么,为什么还要提出"纯粹哲学"的问题?

现在来说"纯粹哲学"。说哲学的"纯粹性",乃是针对一种现状,即现在有些号称"哲学"的书或论文,已经脱离了"哲学"这门学科的基本问题和基本要求,或者可以说,已经没有什么"哲学味",但美其名曰"生活哲学"或者甚至"活的哲学",而对于那些真正探讨哲学问题的作品,反倒觉得"艰深难懂",甚至断为"脱离实际"。在这样的氛围下,几位年轻的有志于哲学研究的朋友提出"纯粹哲学"这个说法,以针砭时弊,我觉得对于哲学作为一门学科的发展是有好处的,所以也觉得是可以支持的。

人们对于"纯粹哲学"的疑虑也是由来已久。

在哲学里,什么叫"纯粹"?按照西方哲学近代的传统,"纯粹"

（rein，pure）就是"不杂经验"、"跟经验无关"，或者"不由经验总结、概括出来"这类的意思，总之是和"经验"相对立的意思。把这层意思说得清楚彻底的是康德。

康德为什么要强调"纯粹"？原来西方哲学有个传统观念，认为感觉经验是变幻不居的，因而不可靠，"科学知识"如果建立在这个基础上，那么也是得不到"可靠性"，这样就动摇了"科学"这样一座巍峨的"殿堂"。这种担心，近代从法国的笛卡尔就表现得很明显，而到了英国的休谟，简直快给"科学知识""定了性"，原来人们信以为"真理"的"科学知识"竟只是一些"习惯"和"常识"，而这些"习俗"的"根据"仍然限于"经验"。

为了挽救这个似乎摇摇欲坠的"科学知识"大厦，康德指出，我们的知识虽然都来自感觉经验，但是感觉经验之所以能够成为"科学知识"，能够有普遍的可靠性，还要有"理性"的作用。康德说，"理性"并不是从"感觉经验"里"总结-概括"出来的，它不依赖于经验，如果说，感觉经验是"杂多-驳杂"的，理性就是"纯粹-纯一"的。杂多是要"变"的，而纯一就是"恒"，是"常"，是"不变"的；"不变"才是"必然的"、"可靠的"。

那么，这个纯一的、有必然性的"理性"是什么？或者说，康德要人们如何理解这个（些）"纯粹理性"？我们体味康德的哲学著作，渐渐觉得，他的"纯粹理性"说到最后乃是一种形式性的东西，他叫"先天的"——以"先天的"译拉丁文 a priori 不很确切，无非是强调"不从经验来"的意思，而拉丁文原是"由前件推出后件"，有很强的逻辑的意味，所以国外有的学者干脆就称它作"逻辑的"，意思是说，后面的命题是由前面的命题"推断"出来的，不是由经验的积累"概括"出来的，因而不是经验的共同性，而是逻辑的必然性。

其实，这个意思并不是康德的创造，康德不过是沿用旧说；康德的创造性在于他认为旧的哲学"止于"此,就把科学知识架空了,旧的逻辑只是"形式逻辑"——"止于"形式逻辑,而科学知识是要有内容的。康德觉得,光讲形式,就是那么几条,从亚里士多德创建形式逻辑体系以来,到康德那个时代,并没有多大的进步,而科学的知识,日新月异,"知识"是靠经验"积累"的,逻辑的推演,后件已经包含在前件里面,推了出来,也并没有"增加"什么。所以,康德哲学在"知识论"的范围里,主要的任务是要"改造"旧逻辑,使得"逻辑的形式"和"经验的内容"结合起来,也就是像有的学者说的,把"逻辑的"和"非逻辑的"东西结合起来。

从这里,我们看到,即使在康德那里,"纯粹"的问题,也不是真的完全"脱离实际"的;恰恰相反,康德的哲学工作,正是要把哲学做得既有"内容",而又是"纯粹"的。这是一件很困难的工作,康德做得很艰苦,的确也有"脱离实际"的毛病,后来受到很多的批评,但是就其初衷,倒并不是为了"钻进象牙之塔"的。

康德遇到了什么困难?

我们说过,如果"理性"的工作,只是把感觉经验得来的材料加工酿造,提炼出概括性的规律来,像早年英国的培根说的那样"归纳"出来的,那么,一来就不容易"保证""概括"出来的东西一定有普遍必然性,二来这时候,"理性"只是"围着经验转",也不大容易保持"自己",这样理解的"理性",就不会是"纯粹"的。康德说,他的哲学要来一个"哥白尼式的大革命",就是说,过去是"理性"围着"经验"转,到了我康德这里,就要让"经验"围着"理性"转,不是让"纯粹"的东西围着"不纯"的东西转受到"污染",而是让"不纯"的东西围着"纯粹"的东西转得到"净化"。这就是康德说的不让"主体"围着"客体"转,而让"客体"围着"主体"转的意义所在。

我们看到,不管谁围着谁转,感觉经验还是不可或缺的,康德主观上并不想当"脱离实际"的"形式主义者";康德的立意,还是要改造旧逻辑,克服它的"形式主义"的。当然,康德的工作也只是一种探索,有许多值得商讨的地方。

说实在的,在感觉经验和理性形式两个方面,要想叫谁围着谁转都不很容易,简单地说一句"让它们有机地结合起来"当然并不解决问题。

康德的办法是提出一个"先验的"概念来统摄感觉经验和先天理性这两个方面,并使经验围着理性转,以保证知识的"纯粹性"。

康德的"先验的"原文为 transcendental,和传统的 transcendent 不同,后者就是"超出经验之外"的意思,而前者为"虽然不依赖经验但还是在经验之内"的意思。

康德为什么要把问题弄得如此的复杂?

原来康德要坚持住哲学知识论的纯粹性而又具有经验的内容,要有两个方面的思想准备。一方面"理性"要妥善地引进经验的内容,另一方面要防止那本不是经验的东西"混进来"。按照近年的康德研究的说法,"理性"好像一个王国,对于它自己的王国拥有"立法权",凡进入这个王国的都要服从理性为它们制定的法律。康德认为,就科学知识来说,只有那些感觉经验的东西,应被允许进入这个知识的王国,成为它的臣民;而那些根本不是感觉经验的东西,亦即不能成为经验对象的东西,譬如"神-上帝",乃是一个"观念-理念",在感觉经验世界不存在相应的对象,所以它不能是知识王国的臣民,它要是进来了,就会不服从理性为知识制定的法律,在这个王国里,就会闹矛盾,而科学知识是要克服矛盾的,如果出现不可避免的矛盾,知识王国-科学的大厦,就要土崩瓦解了。所以康德在他的第一批判——《纯粹理性批判》里,一方面要仔细研究理性的立法作用;另一方面要仔细厘定理性的职权范围,防止越出经验的范围之外,越过了自己的权限——防止理性的僭越,管了那本不是它的臣民的事。所以康德的"批判",有"分析"、"辨析"、"划界限"的意思。

界限划在哪里?正是划在"感觉经验"与"非感觉经验-理性"上。对于那些不可能进入感觉经验领域的东西,理性在知识王国里,管不了它们,它们不是这个王国的臣民。

康德划这一界限还是很有意义的,这样一来,举凡宗教信仰以及想涵盖信仰问题的旧形而上学,都被拒绝在"科学知识"的大门以外了,因为它们所涉及的"神-上帝"、"无限"、"世界作为一个大全"等等,就只是一些"观念"(ideas),而并没有相应的感觉经验的"对象"。这样,康德就给"科学"和"宗教"划了一条严格的界限,而传统的旧形而上学,就被断定为"理性"的"僭越";而且理性在知识范围里一"僭越",就会产生不可克服的矛盾,这就是他的有名的"二律背反"。

在这个意义上,我们看到,在知识论方面,康德恰恰是十分重视感觉经验的,也是十分重视"形式"和"内容"的结合的。所以批评康德知识论是"形式主义",猜想他是不会服气的,他会说,他在《纯粹理性批判》里的主要工作就是论证"先天综合判断"如何可能,既然是"综合"的,就不是"形式"的,在这方面,他是有理由拒绝"形式主义"的帽子的;他的问题出在那些不能进入感觉经验的东西上。他说,既然我们所认知的是事物能够进入感觉经验的一面,那么,那不能进入感觉经验的另一面,就是我们科学知识不能达到的地方,我们在科学上则是一无所知;而通过我们的感官进得来的,只是一些印象(impression)、表象(appearance),我们的理性在知识上,只能对这些东西根据自己立的法律加以"管理",使之成为科学的、具有必然真理性的知识体系,所以我们的科学知识"止于""现象"(phenomena),而"物自身"(Dinge an sich)、"本体"(noumena)则是"不可知"的。

原来,在康德那里,这种既保持哲学的纯粹性,又融入经验世界的"知识论"是受到"限制"的,康德自己说,他"限制""知识",是为"信仰"留有余地。那么,就我们的论题来说,康德所理解的"信仰"是不是只是"形式"的? 应该说,也不完全是。

我们知道,康德通过"道德"引向"宗教-信仰"。"知识"是"必然"的,所以它是"科学";"道德"是"自由"的,所以它归根结蒂不能形成一门"必然"的"科学知识"。此话怎讲?

"道德"作为一门学科,讨论"意志"、"动机"、"效果"、"善恶"、"德性"、"幸福"等问题。如果作为科学知识来说,它们应有必然的关系,才是可以知道、可以预测的;但是,道德里的事,却没有那种科学的必然性,因而也没有那种"可预测性"。在道德领域里,一定的动机其结果却不是"一定"的;"德性"和"幸福"就更不是可以"推论"出来的。世上有德性的得不到幸福,比比皆是;而缺德的人往往是高官得做、骏马得骑。有那碰巧了,既有些德性,也有些幸福的,也就算是老天爷开恩了。于是,我们看到,在经验世界里,"德性"和"幸福"的统一,是偶尔有之,是偶然的,不是必然的。我们看到一个人很幸福,不能必然地推断他一定就有德性,反之亦然。在这个意义上,这种关系,是不可知的。

所谓"不可知",并不是说我们没有这方面的感觉经验的材料,对于人世的"不公",我们深有"所感";而是说,这些感觉材料,不受理性为知识提供的先天法则的管束,形不成必然的推理,"不可知"乃是指的这层意思。

"动机"和"效果"也是这种关系,我们不能从"动机"必然地"推论"出"效果",反之亦然。也就是说,我们没有足够的理由说一个人干了一件"好事",就"推断"他的"动机"就一定也是"好"的;也没有足够的理由说一个人既然动机是好的,就一定会做出好的事情来。

之所以会出现这种情况,乃是因为"道德"的问题概出于意志的

"自由",而"自由"和"必然"是相对立的。

要讲"纯粹",康德这个"自由"是最"纯粹"不过的了。"自由"不但不能受"感觉经验-感性欲求"一点点的影响,而且根本不能进入这个感觉经验的世界,就是说,"自由"不可能进入感性世界成为"必然"。这就是为什么康德把他的《实践理性批判》的主要任务定为防止"理性"在实践-道德领域的"降格":理性把原本是超越的事当做感觉经验的事来管理了。

那么,康德这个"自由"岂不是非常的"形式"了?的确如此。康德的"自由"是理性的"纯粹形式",它就问一个"应该",向有限的理智者发出一道"绝对命令",至于真的该做"什么",那是一个实际问题,是一个经验问题,实践理性并不给出"教导"。所以康德的伦理学,不是经验的道德规范学,而是道德哲学。

那么,康德的"纯粹理性"到了"实践-道德"领域,反倒更加"形式"了?如果康德学说止于"伦理学",止于"自由",则的确会产生这个问题;但是我们知道,康德的伦理道德乃是通向宗教信仰的桥梁,它不止于此。康德的哲学"止于至善"。

康德解释所谓"至善"有两层含义:一是指单纯意志方面的,是最高的道德的善;一是更进一层为"完满"的意思。这后一层的意义,就引向了宗教。

在"完满"意义上的"至善",就是我们人类最高的追求目标:"天国"。在这个意义上,我们人类要不断地修善,"超越""人自身"——已经孕育着尼采的"超人"(?),而争取进入"天国"。

在"天国"里,一切的分离对立都得到了"统一"。"天国"不仅仅是"理想"的,而且是"现实"的。在"天国"里,凡理性的,也就是经验的,反之亦然。在那里,"理性"能够"感觉"、"经验的",也就是"合理的",两者之间有一种"必然"的关系,而不像尘世那样,两者只是偶尔统一。这样,在那个世界,我们就很有把握地说,凡是幸福的,就一定是有德的,而绝不会像人间尘世那样,常常出现"荒诞"的局面,让那有德之人受苦,而缺德之人却得善终。于是,在康德的思想里,"天国"恰恰不是"虚无缥缈"的,而是实实在在的,它是一个"理想",但也是一个"现实";甚至我们可以说,唯有"天国"才是既理想又现实的,于是,我们可以说这是一种"完满"意义上的"至善"。

想象一个美好的"上天世界"并不难,凡是在世间受到委屈的人都会幻想一个美妙的"天堂",他的委屈就会得到平申;但是建立在想象和幻想上的"天堂",是很容易受到怀疑和质询的,中国古代屈原的"天问",直到近年描写莫扎特的电影 Amadeus,都向这种想象的产物发出了疑问,究其原因,乃是这个"天堂"光是"理想"的,缺乏"实在性";康德的"天国",在他自己看来,却是"不容置疑"的,因为它受到严格的"理路"的保证。在康德看来,对于这样一个完美无缺、既合理又实实在在的"国度"只有理智不健全的人才会提出质疑。笛卡尔有权怀疑一切,康德也批评过他的"我思故我在"的命题,因为那时康德的领域是"知识的王国";如果就"至善-完满"的"神的王国-天国"来说,那么"思"和"在"原本是"同一"的,"思想的",就是"存在的",同理,"存在"的,也必定是"思想"的,"思"和"在"之间,有了一种"必然"的"推理"关系。对于这种关系的质疑,也就像对于"自然律"提出质疑一样,本身"不合理",因而是"无权"这样做的。

这样,我们看到,康德的"知识王国"、"道德王国"和"神的王国-天国",都在不同的层面和不同的意义上具有现实的内容,不仅仅是形式的,但是没有人怀疑康德哲学的"纯粹性",而康德的"(纯粹)哲学"不是"形式哲学"则也就变得明显起来。

表现这种非形式的"纯粹性"特点的,还应该提到康德的第三批判:《判断力批判》。就我们的论题来说,《判断力批判》是相当明显地表现了形式和内容统一的一个领域。

通常我们说,《判断力批判》是《纯粹理性批判》和《实践理性批判》之间的桥梁,或者是它们的综合,这当然是正确的;这里我们想补充说的是:《判断力批判》所涉及的世界,在康德的思想中,也可以看做是康德的"神的王国-天国"的一个"象征"或"投影"。在这个世界里,现实的、经验的东西,并不仅仅像在《纯粹理性批判》里那样,只是提供感觉经验的材料(sense data),而是"美"的,"合目的"的;只是"审美的王国"和"目的王国"还是在"人间",它们并不是"天国"。在这个意义上,我们具有(有限)理性的人,如果努力提高"鉴赏力-判断力",提高"品位-趣味",成了"高尚的人","脱离了低级趣味的人",那么就有能力在大自然和艺术品里发现"理性"和"感性"、"形式"和"内容"、"合目的性"和"合规律性"等等之间的"和谐"。也就是说,我们就有能力在经验的世界里,看出一个超越世界的美好图景。康德说,"美"是"善"的"象征","善"通向"神的王国",所以,我们也可以说,"美"和"合目的"的世界,乃是"神城-天国"的"投影"。按基督教的说法,这个世界原本也是"神""创造"出来的。

"神城-天国"在康德固然言之凿凿,不可动摇对它的信念,但是毕竟太遥远了些。康德说,人要不断地"修善",在那绵绵的"永恒"过程中,人们有望达到"天国"。所以康德的实践理性的"公设"有一条必不可少的就是"灵魂不朽"。康德之所以要设定这个"灵魂不朽",并不完全是迷信,而是他觉得"天国"路遥,如果灵魂没有"永恒绵延",则人就没有"理由"在今生就去"修善",所以这个"灵魂不朽"是"永远修善"所必须要"设定"的。于是,我们看到,在康德哲学中,已经含有了"时间"绵延的观念,只是他强调的是这个绵延的"永恒性",而对于"有限"的绵延,即人的"会死性"(mortal)则未曾像当代诸家那么着重地加以探讨;但是他抓住的这个问题,却开启了后来黑格尔哲学的思路,即把哲学不仅仅作为一些抽象的概念的演绎,而是一个时间的、历史的发展过程,强调"真理"是一个"全""过程",进一步将"时间"、"历史"、"发展"的观念引进哲学,形成了一个庞大的哲学体系。

黑格尔哲学体系可以说是"包罗万象",是百科全书式的,却不是驳杂的,可以说是"庞"而不"杂"。人们通常说,黑格尔发展了谢林的"绝对哲学",把在谢林那里"绝对"的直接性,发展为一个有矛盾、有斗争的"过程",而作为真理的全过程的"绝对"却正是在那"相对"的事物之中,"无限"就在"有限"之中。

"无限"在"有限"之中,"有限""开显"着"无限",这是黑格尔强调的一个非常重要的思想。这个思路,奠定了哲学"现象学"的基础,所以,马克思说,《精神现象学》是理解黑格尔哲学的钥匙。

"现象学"出来,"无限"、"绝对"、"完满"等等,就不再是抽象孤立的,因而也是"遥远"的"神城-天国",而就在"有限"、"相对"之中,并不是离开"相对"、"有限"还有一个"绝对"、"无限"在,于是,哲学就不再专门着重去追问"理性"之"绝对"、"无限",而是追问:在"相对"、"有限"的世界,"如何""体现-开显"其"不受限制-无限"、"自身完满-绝对"的"意义"来。"现象学"乃是"显现学"、"开显学"。从这个角度来说,黑格尔的哲学显然也不是"形式主义"的。

实际上黑格尔是在哲学的意义上扩大了康德的"知识论",但是改变了康德"知识论"的来源和基础。康德认为,"知识"有两个来源:一个是感觉经验,一个是理性的纯粹形式。这就是说,康德仍然承认近代英国经验主义者的前提:知识最初依靠着感官提供的材料,如"印象"之类的,只是康德增加了另一个来源,即理性的先天形式;黑格尔的"知识"则不依赖单纯的感觉材料,因为人的心灵在得到感觉时,并不是"白板一块",心灵-精神原本是"能动"的,而不仅仅是"被动"地接受。"精神"原本是自身能动的,不需要外在的感觉的刺激和推动。精神的能动性使它向外扩展,进入感觉的世界,以自身的力量"征服"感性世界,使之"体现"精神自身的"意义"。因而,黑格尔的"知识",乃是"精神"对体现在世界中的"意义"的把握,归根结蒂,也就是精神对自身的把握。所以在这个意义上,黑格尔的"科学-知识"(Wissenschaft),并不是一般的经验科学知识理论,而是"哲学",是"纯粹的知识",即"精神"在历史发展的进程中、在时间的进程中对精神自身的把握。

精神(Geist)是一个生命,是一种力量,它在时间中经过艰苦的历程,征服"异己",化为"自己",以此"充实"自己,从一个抽象的"力"发展成有实在内容的"一个""自己",就精神自己来说,此时它是"一"也是"全"。精神的历史,犹如海纳百川,百川归海为"一",而海因容纳百川而成其"大-全"。因此,"历经沧桑"之后的"大海",真可谓是"一个"包罗万象、完满无缺的"大-太一"。

由此我们看到,黑格尔的《精神现象学》作为"现象学-显现学",乃是精神——通过艰苦卓绝的劳动——"开显""自己""全部内容"的"全过程"。黑格尔说,这才是"真理-真之所以为真(Wahrheit)"——一个真实的过程,而不是"假(现)象"(Anschein)。

于是,我们看到,在康德那里被划为"不可知"的"本体-自身",经过黑格尔的改造,反倒成了哲学的真正的"知识对象",而这个"对象"不是"死"的"物",而是"活"的"事",乃是"精神"的"创业史",一切物理的"表象",都在这部"精神创业史"中被赋予了"意义"。精神通过自己的"劳作",把它们接纳到自己的家园中来,不仅仅是一些物质的"材料"-"质料",而是一些体现了"精神"特性(自由-无限)的"具体共相-理念",它们向人们——同样具有"精神"的"自由者-无限者(无论什么具体的事物都限制不住)"——"开显"自己的"意义"。

就我们现在的论题来说,可以注意到黑格尔的"绝对哲学"有两方面的重点。

一方面,我们看到,黑格尔的"自由-无限-绝对"都是体现在"必然-有限-相对"之中的,"必然-有限-相对"因其"缺乏"而会"变",当它们"变动"时,就体现了有一种"自由-无限-绝对"的东西在内,而不是说,另有一个叫"无限"的东西在那里。脱离了"有限"的"无限",黑格尔叫做"恶的无限",譬如"至大无外"、"至小无内",一个数的无限增加,等等,真正的"无限"就在"有限"之中。黑格尔的这个思想,保证了他的哲学不会陷于一种抽象的概念的旧框框,使他的精神永远保持着能动的创造性,也保持着精神的历程是一个有具体内容的、非形式的过程。在这个意义上,黑格尔的"绝对"并不是一个普遍的概念,而是具体的个性。这个"个性",在它开始"创世"时,还是很抽象的,而在它经过艰苦创业之后"回到自己的家园"时,它的"个性"就不再是抽象、空洞的了,而是有了充实的内容,成了"真""个性"了。

另一方面,相反的,那些康德花了很大精力论证的"经验科学",反倒是"抽象"的了,因为这里强调的只是知识的"普遍性",这种普遍性又是建立在"感觉的共同性"和理性的"先天性-形式性"基础之上的,因而它们是静止的,静观的,而缺少精神的创造性,也就缺少精神的具体个性,所以这些知识只能是"必然"的,而不是"自由"的。经验知识的共同性,在黑格尔看来,并不"纯粹",因为它不是"自由"的知识;而"自由"的"知识",在康德看来又是自相矛盾的,自由而又有内容,乃是"天国"的事,不是现实世界的事。而黑格尔认为,"自由"而又有内容,就在现实之中,这样,"自由"才是具体的,不是抽象的形式。这样,在黑格尔看来,把"形式"与"内容"割裂开来,反倒得不到"纯粹"的知识。

于是,我们看到,在黑格尔那里,"精神"的"个性",乃是"自由"的"个性",不是抽象的,也不是经验心理学所研究的"性格"——可以归到一定的"种""属"的类别概念之中。"个体"、"有限"而又具有"纯粹性",正是"哲学"所要追问的不同于经验科学的问题。

那么,为什么黑格尔哲学被批评为只讲"普遍性"、不讲"个体性"的,比经验科学还要抽象得多的学说?原来,黑格尔在《精神现象学》中许诺,他的精神在创业之后,又回到自己的"家园",这就是"哲学"。"哲学"是一个概念的逻辑系统,于是在《精神现象学》之后,尚有一整套的"逻辑学"作为他的"科学知识(Wissenschaften)体系"的栋梁。在这一部分里,黑格尔不再把"精神"作为一个历史的过程来处理,而是作为概念的推演来结构,构建一个概念的逻辑框架。尽管黑格尔把他的"思辨概念-总念"和"表象性"抽象概念作了严格的区别,但是把一个活生生的精神的时间、历史进程纳入到逻辑推演程序,不管如何努力使其"自圆其说",仍然留下了"抽象化"、"概念化"的痕迹,以待后人"解构"。

尽管如此,黑格尔哲学仍可以给我们以启示:黑格尔的"绝对精神"既是"先经验的-先天的",同样也是"后经验的-总念式的"。

"绝对精神"作为纯粹的"自由",起初只是"形式的"、没有内容的、空洞的、抽象的;当它"经历"了自己的过程——征服世界"之后",回到了"自身",这时,它已经是有内容、充实了的,而不是像当初那样是一个抽象概念了。但是,此时的"精神"仍然是"纯粹"的,或者说,这才是真正意义上的有了内容的"纯粹",不是一个空洞的"纯粹",因为,此时的经验内容被"统摄"在"精神-理念"之中。于是就"精神-理念"来说,并没有"另一个-在它之外"的"感觉经验世界"与其"对立-相对",所以,这时的"精神-理念"仍是"绝对"的,"精神-理念"仍是其"自身";不仅如此,此时的"精神-理念"已经不是一个"空"的"躯壳-形式",而是有血肉、有学识、有个性的活生生的"存在"。

这里我们尚可以注意一个问题:过去我们在讨论康德的"先验

性-先天性"时,常常区分"逻辑在先"和"时间在先",说康德的"先天条件"乃是"逻辑在先",而不是"时间在先",这当然是很好的一种理解;不过运思到了黑格尔,"时间"、"历史"的概念明确地进入了哲学,这种区分,在理解上也要作相应的调整。按黑格尔的意思,"逻辑在先-逻辑条件"只是解决"形式推理"问题,是不涉及内容的,这样的"纯粹"过于简单,也过于容易了些,还谈不上真正意义上的"纯粹";真正的"纯粹"并不排斥"时间",相反,它就在"时间"的"全过程"中,"真理"是一个"全"。这个"全-总体-总念"也是"超越","超越"了这个具体的"过程",有一个"飞跃","1"+"1"大于"2"。这就是"meta-physics"里"meta"的意思。在这个意思上,我们甚至可以说,真正的、有内容的"纯粹"是在"经验-经历"之"后",是"后-经验"。这里的"后",有"超越"、"高于"的意思,就像"后-现代"那样,指的是"超越"了"现代"(modern)进入一个"新"的"天地","新"的"境界",这里说的是"纯粹哲学"的"境界"。所以,按照黑格尔的意思,哲学犹如"老人格言",看来似乎是"老生常谈",甚至"陈词滥调",却包容了老人一生的经验体会,不只是空洞的几句话。

说到这里,我想已经把我为什么要支持"纯粹哲学"研究的理由和我对这个问题的基本想法说了出来。最后还有几句话涉及学术研究现状中的某些侧面,有一些感想,也跟"纯粹性"有关。

从理路上,我们已经说明了为什么"纯粹性"不但不排斥联系现实,而且还是在深层次上十分重视现实的;但是,在做学术研究、做哲学研究的实际工作中,有一些因素还是应该"排斥"的。

多年来,我有一个信念,就是哲学学术本身是有自己的吸引力的,因为它的问题本身就在一个更高的层面上涉及现实的深层问题,所以不是一种脱离实际的孤芳自赏或者闲情逸致;但它也需要"排斥"某些"急功近利"的想法和做法,譬如,把哲学学术当做仕途的敲门砖,"学而优则仕","仕"而未成就利用学术来"攻击",骂这骂那,愤世嫉俗,自标"清高",学术上不再精益求精;或者拥学术而"投入市场",炒作"学术新闻",标榜"创新"而诽谤读书,诸如此类,遂使哲学学术"驳杂"到自身难以存在。这些做法,以为除了鼻子底下、眼面前的,甚至肉体的欲求之外,别无"现实"、"感性"可言。如果不对这些有所"排斥",哲学学术则无以自存。

所幸尚有不少青年学者,有感于上述情况之危急,遂有"纯粹哲学"之论,有志于献身哲学学术事业,取得初步成果,并得到江苏人民出版社诸公的支持,得以"丛书"名义问世,嘱我写序,不敢怠慢,遂有上面这些议论,不当之处,尚望读者批评。

叶秀山

2001 年 12 月 23 日于北京

目 录

导　论　*1*

　　一、康德与心灵观念的现代转型　*2*

　　二、国内外研究现状　*7*

　　三、研究思路、基本观点与创新之处　*13*

第一章　理性心理学的建构　*17*

　　第一节　笛卡尔:作为"我思"的心灵实体　*18*

　　　　一、心灵的本性　*18*

　　　　二、上帝的支撑与心灵的同一　*21*

　　第二节　莱布尼茨:作为高级单子的理性灵魂　*23*

　　　　一、单子的不生不灭　*23*

　　　　二、精神的人格同一性　*26*

　　第三节　沃尔夫和鲍姆嘉登:理性心理学的完成　*29*

　　　　一、沃尔夫与理性心理学的建立　*30*

　　　　二、鲍姆嘉登对心灵观念的道德化处理　*34*

　　小结　*41*

第二章　经验心理学的崛起　43

第一节　洛克:观念集合的心灵与人格同一性　44
一、心物二元实体论的解构　44

二、人格同一性即意识同一性　50

第二节　贝克莱:作为能动感知实体的心灵　54
一、心灵与观念的绝对区分　54

二、对心灵实体的理性界定　58

第三节　休谟:心灵观念的彻底经验化　61
一、对心灵实体观的消解　61

二、作为"一束知觉"的心灵　64

小结　69

第三章　康德前批判时期心灵哲学的演变　71

第一节　1747—1759——心物交互论与唯理论的心灵实体观　73
一、心灵与物体间的施动力　73

二、对心灵的自然神学式说明　77

三、心灵与物体交互性的必要及其限度　81

四、鄙弃俗世的人生观　84

第二节　1760—1769——唯理论的失势与心灵本性的经验规定　87
一、对心灵观念的理性根据的接受与反叛　87

二、心灵作为精神的存在疑难　90

三、物质世界与理知世界的二分　93

四、心灵的经验性与道德意蕴　98

第三节　1770—1779——复归于唯理论的心灵观　102
一、心灵的精神性　102

二、另一世界与另一生命　107

三、对理性心理学的重新接纳　110

四、对灵魂不死的三种理性论证　115

小结　121

第四章　心灵诸谬误推理的批判性分析　123

　第一节　心灵实体性的谬误推理　126

　　一、心灵实体的理念化　126

　　二、推理的"无结果性"与"无效性"之争　129

　　三、从逻辑主词到实存主体的"非法过渡"　132

　　四、先验我思的"我在"　138

　第二节　心灵单一性的谬误推理　143

　　一、思维统一性的起源　143

　　二、心灵的逻辑单一性　148

　　三、对心灵非物质性的"扬弃"　151

　　四、对心灵生命性的质疑　156

　第三节　心灵同一性的谬误推理　161

　　一、人格同一性的形式与现实之分　161

　　二、第一和第三人称视角的对比　166

　　三、先验人格同一性的意义　175

　第四节　心灵观念性的谬误推理　177

　　一、心物的现象性　179

　　二、心物现象的物自体根据　183

　　三、心灵实存的先验性向实践性的过渡　188

　小结　192

第五章　心灵观念的道德意涵　195

　第一节　道德人格性——心灵观念的实践转向　197

　　一、自我意识与两个世界的划分　197

　　二、道德律规制下的绝对主体　201

　　三、先验自我与道德自我的合一　207

　第二节　对灵魂不死的三重道德论证——类比与悬设　210

　　一、道德律的核心地位　210

　　二、实践目的论论证　213**

三、陷于意志他律的至善悬设　218

四、与意志自律兼容的至善悬设　223

第三节　心灵的无限进程——时间与永恒之辨　228

一、心灵的时间化与永恒化之争　228

二、时间与永恒的辩证统一　233

三、不完善的行为与完善的意念　241

第四节　作为道德神学起点的意志自由　247

一、基于因果性范畴的自由可能性　248

二、作为实践因果性的意志及其自由　251

三、作为自由因果性凭证的道德律　256

第五节　灵魂不死悬设在道德神学中的位置　261

一、道德神学在批判哲学中的初次出场　261

二、灵魂不死悬设在道德神学体系中的进一步界定　267

三、灵魂不死悬设在后期道德神学中的深层含义　272

小结　277

第六章　康德心灵哲学的地位与效应　280

第一节　心灵观念在康德哲学中的地位　281

一、心灵观从前批判至批判时期的变迁　281

二、心灵观在理论哲学中的重要性　282

三、心灵观在实践哲学里的关键作用　284

第二节　康德的心灵观在德国古典哲学中的效应　289

一、费希特:绝对自我的永恒生命　290

二、谢林:有限自我对无限自我的追逐　294

三、黑格尔:道德世界观的空谈　297

小结　302

第七章　回顾与展望　304

第一节　心灵理念性与道德性的结合——柏拉图心灵观的
批判哲学式解读　305

一、心灵的回返论证　305

二、基于心灵理念本性的论证　310

三、导源于心灵生命原则的论证　316

第二节　道德行动的超越之维——论约纳斯对康德心灵观的批判　324

一、约纳斯论心灵向行为的转化　325

二、对康德二元论心灵观的辨正　333

三、约纳斯与康德道德神学体系的同异　338

小结　342

结　语　344

主要参考文献　348

导　论

康德哲学的重要性毋庸置疑。自康德以降,现代哲学的景象发生了革命性的改变,这一点早已为历史所证明。康德的研究著作在西方可谓汗牛充栋,但汉语学界的康德研究却依然有其关键性价值。在一个全球化时代,国际学界虽以西方为主导,但其也希望听到来自东方的声音。"从外部反思欧洲"的视角是如弗朗索瓦·于连这样的汉学家所极力倡导的。可以说,中国传统文化即便不与西方全然异质,至少也有极为不同的方面。由成长于这一文化范式下的中国学者来从事西学研究,自有其独特的视域和创见。①我们研究康德乃至整个西学,主要目的也许不是为了得到西方学界的认可,而是为了延续百年来"西学东渐"之道统,促成"东西汇通"之格局,以求得中国文化的现代性奠基。换言之,我们希望借由中西文化之交融,构建现代中国的思想基石,最终塑造一个具有全新国民性的国家。但这项任重道远的工作,还需要诸位学界同仁付出

---

① 于连认为:"中国文明……是与欧洲没有实际的借鉴或影响关系之下独自发展时间最长的文明。在我看来,中国是从外部正视我们的思想——由此使之脱离传统成见——的理想形象。"(弗朗索瓦·于连:《迂回与进入》,杜小真译,北京:生活·读书·新知三联书店,1998年,第3页)在这里,他将自己研究汉学的动机阐明为:从外部反观欧洲哲学传统。笔者认为,中国学者的西学研究同样能起到这种"外观"欧洲的效果,虽然这并非汉语学界的主要任务。

艰辛的努力才能完成。

同样,本书的任务也可以在这一背景下得到理解。以学术积累的角度观之,它将力图弥补国内康德研究的不足之处;从思想的现实意义来说,它通过考察康德的心灵观念,探讨现代的世俗社会通过道德的方式重获超越维度的可能性。[①]

一、康德与心灵观念的现代转型

"心灵""灵魂"或"精神"一直是西方哲学的核心问题之一。根据鲁道夫·艾斯勒(Rudolf Eisler)的考察,"早在原始民族那里,灵魂不死的观念的萌芽就已出现,这尤其体现在:通过在梦中呈现的画面中,死去的人被认定为真实的,在死后继续存在之物"[②]。而真正使得心灵观念从初民的神话或想象进入哲学讨论之殿堂的人是柏拉图。在名篇《斐多》中,他借苏格拉底之口提出了对心灵(灵魂)不死的论证:"第一个论证依据的是一切事物都是从其对立而产生出来的:生者的灵魂来自死者的灵魂,因而他们的灵魂依然'保持着'。根据第二个论证,认识也是一种(先天的)回忆,因为在眼下的生命之前一定有生命存在。第三,灵魂与'神圣的、不朽的、理性的东西'是血脉相通的。第四,灵魂是由生命的理念

[①] 曾几何时,"现代化"的应有之义就是"世俗化"。这似乎是理解西方自宗教改革和启蒙运动以来现代社会之生成的核心线索。从这个角度来看,广大的非西方(亦即亚非拉美)地区正由于不够"世俗化"而不够"现代化",因而在西方发达国家的眼中可能还处于"前现代的"阶段。但问题在于,西方社会的世俗化进程是否能够完全挪用到非西方地区呢?这一点是有待商榷的。不过,毋庸置疑的是:在西方国家借由它的坚船利炮将现代化的政治、经济、文化等要素广为散播到这个世界上之后,所有民族和文化都不可避免地面临着现代化的任务。这一现代化的任务常常与世界上各地区的本原文化(如佛教文化、伊斯兰文化、儒家文化等等)发生一定程度的冲突和碰撞。例如,当以农耕立国的中华传统文化在带着现代化工业文明前来的西方文化面前不得不低下高傲的头颅,开始了一场向西方学习来改造中国的现代化进程。对于当下的中国而言,有两方面的任务是亟须完成的:其一是以适应国情的方式建设现代化国家,其二是通过与西方文化的交融,保存并发扬中国传统的超越性文化(儒、释、道),以抵御西方现代性观念中蕴含的道德虚无主义影响。我们相信:对康德心灵观的研究提供了一个应对现代社会超越维度缺失问题的有益教导。

[②] Rudolf Eisler, *Wörterbuch der philosophischen Begriffe-Dritter*, Band SCI-Z, Berlin: Ernst Siegfried Mittler und Sohn, 1910, S. 1584.

规定的,因而设想它自身的反面即灵魂的死亡是不可能的。"①

　　柏拉图的这四个论证虽然在后世遭遇了许多人的质疑,但他的工作仍然是开创性的,因为他使得以后的西方哲学再也无法绕开心灵问题。对此,弗利德里希·基尔西纳(Friedrich Kichner)就曾指出:"对灵魂不死的许多证明已经尝试过了。它们可以被区分为形而上学的、物理学的、精神性的、逻辑的、美学的、伦理(道德)的与宗教的。以形而上学的方式,人们可以这般推论:生命是与灵魂的本质相连接的;因此灵魂只能被思考为有生命的(lebend)(柏拉图);或者灵魂是永恒的运动者或运动的原则,因而是不可消逝的(阿尔克迈翁[Alkmaion]②、柏拉图);又或精神是永恒的,因为它作为真理自身就是一个对象,因而与它的现实性是不可分的(黑格尔)。——以精神性的方式则可以做出如下推论:人类的灵魂是在更严格意义上的知性中的一种力量,或一个实体,而不是一个诸实体的复合。灵魂存在的终结是无法理解的,因为从存在到非存在的过渡不会发生(普拉特纳[Platner]③);或者人的灵魂是可死的这一点并不符合人在自然王国中的位置。如果人的灵魂真是这般,那他(她)将比动物还要可怜,动物至少还不会被回忆和希望所折磨(流俗观念)。——如下证明则是心理学式的:我们拥有一种天赋知识,它是通过记忆在新的生命中被唤醒的。由此可以推论出灵魂的前世存在(Präexistenz),它与死后的永生是相应的(柏拉图);或者最高尚的人们拥有对彼岸的渴求,而他(她)们不能被欺骗(柏拉图)。——在逻辑上对灵魂不死的证明则如下所示:灵魂是单纯的、非物体性的,因而是不可毁灭的(贝克莱、莱布尼茨、沃尔夫、赫尔巴特[Herbart]④);或者,灵魂是它自己的原因(出

----

① 奥特弗里德·赫费:《康德的〈纯粹理性批判〉——现代哲学的基石》,郭大为译,北京:人民出版社,2008 年,第 228 页。
② 阿尔克迈翁(约前 499—?),古希腊自然哲学家,相传是毕达哥拉斯的学生。
③ 恩斯特·普拉特纳(1744—1818),德国医学家和哲学家,著有《医学与哲学人类学》《关于无神论的一次谈话》等著作。
④ 约翰·弗利德里希·赫尔巴特(1776—1841),19 世纪德国哲学家、心理学家、教育学家。

于自身的原因［exse ipsa causa］）而是不死的（大阿尔伯特［Albertus Magnus］①）。——伦理性的（道德性的）证明是门德尔松式的：如果行为与奖励理应处在一种正常关系中的话，那么死后的生命就是必要的；伦理性的（道德性的）证明还有康德式的：由于我们在此生无法达到完全的神圣性，一个进入无限的历程，亦即灵魂的永恒生命，就被看作实践理性的悬设。——美学的证明是席勒在《艺术家》中展示的。平衡与正义要求第二次生命，它远离'处在阿佛纳斯（Avernus）②黑暗海洋中的'骨灰坛。——宗教的诸证明是：神重新拆解和消灭他如此美好地配置起来的东西，这一点与神③的良善是矛盾的（柏拉图）；或者宗教的证明是奥古斯丁式的：灵魂分享了永恒真理，因此是不死的。"④

基尔西纳认为：在严格的审查面前，每一个支持灵魂不死学说的证明实际上都站不住脚。但所有这些证明都表达了个人的愿望和希冀。⑤应该承认，当他宣称心灵（灵魂）观念是一种个人信仰而非理论知识时，他的确把握住了这个问题的关键。如果我们尊重生活世界本身的多重可能性，并且不让科学主义的流行观念完全占据了我们的身心，那么我们也许需要铭记康德规定自己工作之使命的那句名言："我不得不悬置（aufheben）知识，以便给信仰（Glaube）腾出位置。"⑥事实上，康德是在其哲学中严肃对待心灵（灵魂）问题的重要哲学家之一。他曾这样说道：

---

① 大阿尔伯特（约1200—1280）是中世纪著名的哲学家和神学家，也是托马斯・阿奎那的老师，著有《论诸元素属性的原因》《关于亚里士多德论动物的诸问题》等著作。

② 阿佛纳斯是意大利那不勒斯附近的一个湖，原为一死火山口，被维吉尔等拉丁作家描绘为通往地狱的入口。席勒在此沿用了此比喻。

③ 这里，神的对应德语是"Gott"。笔者没有将它译作通常意义上的"上帝"，是因为考虑到在柏拉图那的Gott还不具有在基督教那的"上帝"意味。所以笔者将之译作"神"，以示两者的区别。

④ Friedrich Kirchner, *Wörterbuch der philosophischen Grundbegrifffe*, Leipzig: Verlag der Dürr'schen Buchhandlung, 1907, S. 665 – 666.

⑤ Cf. Friedrich Kirchner, *Wörterbuch der philosophischen Grundbegrifffe*, Leipzig: Verlag der Dürr'schen Buchhandlung, 1907, S. 666.

⑥ 康德：《纯粹理性批判》，邓晓芒译，杨祖陶校，北京：人民出版社，2004年，第22页，BXXX。

"理性在先验运用中的思辨最后所导致的终极意图涉及三个对象：意志自由，灵魂不死(die Unsterblichkeit der Seele)和上帝存在(das Dasein Gottes)。"①康德在这里提到的"三个对象"无疑是人们所熟知的，因为它们不仅仅是思辨理性的终极意图，更是实践理性的悬设(Postulat)。其中，康德的自由意志理论已经成为当代哲学研究的焦点，而他的上帝观也一直是研讨重点，相对而言，他的心灵观只是在近年来才逐渐受到越来越多的关注。

众所周知，康德对传统形而上学的批判摧毁了关于心灵、世界、上帝的诸种独断论。摩西·门德尔松(Moses Mendelssohn)——一位与康德同时代的著名犹太哲学家——由此惊呼：康德是可怕的"毁灭一切者"(der Alleszermalmer)②。与他相似，在海涅看来，康德亲手埋葬了形而上学。作为传统形而上学的三大主题之一(另两个是"世界"和"上帝")，"心灵"(灵魂)就此被扫进了历史的垃圾堆。他用诗性的语言宣告道："到这里为止康德扮演了一个铁面无私的哲学家，他袭击了天国，杀死了天国全体守备部队……现在再也无所谓大慈大悲了，无所谓天父的恩典了，无所谓今生受苦来世善报了，灵魂不死已经到了弥留的瞬间——发出阵阵的喘息和呻吟。"③

不过，门德尔松和海涅实际上都误解了康德。因为后者早已明确地说过："每个人都可察觉到的他天赋的素质，即永远也不能通过尘世的东西(das Zeitliche)④……来满足的素质，已经必然导致了对来世生活的希

---

① 康德：《纯粹理性批判》，邓晓芒译，杨祖陶校，北京：人民出版社，2004年，第607页，A798/B826。译文有所改动，参考了德文本(*Kant's Gesammelte Schriften*, Band 3, hrsg. von Königlich Preußischen Akademie der Wissenschaft, Berlin: Druck und Verlag von Georg Reimer, 1911, S. 518)。下引康德著作原文需调整之处，皆依据普鲁士皇家科学院版康德全集进行修改，不再赘述。

② Cf. Moses Mendelsohn, *Phädon oder über die Unsterblichkeit der Seele*, Hamburg: Felix Meiner Verlag, 1979, S. ⅩⅫ.

③ 亨利希·海涅：《论德国宗教和哲学的历史》，海安译，北京：商务印书馆，2017年，第116页。

④ 在德语中，"尘世的东西"(das Zeitliche)的字面含义是"在时间中的东西"。由此可知，时间是俗世的特征。用康德的术语来说，它是感性世界(Sinnenwelt)的规定性，而理知世界(intellektuelle Welt)则不在时间中。

望……"①所以,在康德看来,对心灵持存性的希望是人在形而上学本性中的本源倾向。他真正想做的,是使这种形而上学的倾向"合情合理",而非泯灭人的这一倾向。更进一步说,他之所以批判传统形而上学关于心灵、世界、上帝的独断论,不是为了充当形而上学的"掘墓人",反倒是为了拯救形而上学。因为"形而上学的独断论、也就是没有纯粹理性批判就会在形而上学中生长的那种成见,是一切阻碍道德的无信仰的真正根源……所以哲学的最初的和最重要的事务就是通过堵塞这一错误的根源而一劳永逸地消除对形而上学的一切不利影响"②。换言之,他写作《纯粹理性批判》的目的,绝不仅是为知识奠基,更是为解决"形而上学作为科学何以可能"的问题。这样,自由、灵魂不死和上帝虽然被公认为启蒙运动的三个宗教理念③,但它们同样是康德为形而上学奠基所直面的三个主题。通过对理性独断论和经验怀疑论的批判,他作出裁定:这三者都不可以"知"的方式得到把握,却能够成为"道德信仰"的对象。这种"道德信仰"是建基于理性之上的"正信"。④由之,他才将自己哲学的核心使命界定为:"悬置知识,以便给信仰腾出位置"⑤。

因此,从整个哲学史上看,康德的心灵观就具有了决定性的意义。因为它一方面充分尊重了人类对心灵知识的客观求证,另一方面又使人类对心灵本身的"信"与"望"有严格的逻辑理路与道德实践的保障。康

---

① 康德:《纯粹理性批判》,邓晓芒译,杨祖陶校,北京:人民出版社,2004年,第23页,BXXⅫ。
② 康德:《纯粹理性批判》,邓晓芒译,杨祖陶校,北京:人民出版社,2004年,第22—23页,BXXX-XXXI。
③ Cf. Wolfgang Trillhaas, „Einige Bemerkungen zur Idee der Unsterblichkeit", in *Neue Zeitschrift für systematische Theologie und Religionsphilosophie*, Vol. 7, Nr. 2, 1965, S. 143.
④ "正信"一词取自佛教,意指对佛法正直的信念,与种种外道的邪信不同。笔者借用"正信"一词,是为了强调:康德所言的"信仰"是从理性中自然生长起来的。这种合乎理性的信仰带有一种周正平和的特质,不同于他批判的"不信(Unglauben)、狂信(Schwärmerei)和迷信(Aberglauben)"。(参见康德《纯粹理性批判》,邓晓芒译,杨祖陶校,北京:人民出版社,2004年,第25页,BXXXⅣ。)
⑤ 康德:《纯粹理性批判》,邓晓芒译,杨祖陶校,北京:人民出版社,2004年,第22页,BXXX。

德告诉我们：心灵的本性就涵盖了一种道德信仰，亦即人勉力为善、不断精进的超越之旅。正文部分将清晰而有步骤地呈现这一点。

二、国内外研究现状

（一）国外研究现状

时至今日，康德研究在欧美学界依然是重中之重。对康德心灵哲学的讨论近年来逐渐成为热点。在笔者所能查考的资料范围内，西方学界对康德心灵哲学的讨论主要可以分为三类：第一类是在哲学史对心灵问题的综观中涉及对康德的评论。第二类——也是最主要的一类是在康德道德哲学的领域论及心灵观。第三类是对康德第一批判中"灵魂的谬误推理"这部分的分析，但这些分析多半属于认识论范围。

对于第一类著作，首先要提到克维林·胡翁德（Quirin Huonder）所著的《西方哲学中的灵魂不死问题》（1970）[①]。对康德的心灵观，他根据贝诺·艾德曼（Benno Erdmann）编辑出版的《康德对〈纯粹理性批判〉的反思》（1884）[②]和康德的两大批判《纯粹理性批判》《实践理性批判》进行了分析。他指出，康德在其思想发展的不同阶段，对灵魂不死（亦即心灵的持存性）尝试了不同的论证方式。在前批判时期，康德曾尝试用心灵内涵的生命原则、心灵本性的单纯性与对自然的类比来证明心灵持存性。[③]在批判时期，对心灵持存性的证明被康德称为"目的论"与"道德神

[①] Quirin Huonder, *Das Unsterblichkeitsproblem in der abendländischen Philosophie*, Stuttgart：Verlag W. Kohlhammer GmbH, 1970.

[②] 艾德曼编辑出版的这一著作，是康德在不同时期对《纯粹理性批判》各主题的评注手稿集。具体文本请参见 Immanuel Kant, *Reflexionen Kants zur Kritik der reinen Vernunft-Aus Kants handschriftliche Aufzeichnungen*, hrsg. von Benno Erdmann, Leipzig：Fues's Verlag, 1884。

[③] Cf. Quirin Huonder, *Das Unsterblichkeitsproblem in der abendländischen Philosophie*, Stuttgart：Verlag W. Kohlhammer GmbH, 1970，S. 73.

学"的双重论证。①但由于作者写作时并未参考康德全集中关于理性心理学的讲稿,因而在具体观点上可能有所遗漏。其次,格尔达·丽尔(Gerda Lier)在《灵魂不死问题——基本观点与预设》(2010)中,在启蒙运动的背景下考察了康德的心灵观。她将他的观点概括为"对人格(Persönlichkeit)不死性在认识论上的无知与道德上的确定性"。随后,她查考了康德在前批判时期的著作《一位视灵者的梦》,并结合康德的讲稿与书信分析了康德对"智性直观"态度的转变。②格哈尔特·弗兰肯霍伊泽(Gerald Frankenhäuser)在其专著《从伊曼努尔·康德到路德维希·费尔巴哈的德国古典哲学中对死亡与不死的理解》中也指出了康德心灵观特殊的伦理维度。③

接下来,在第二类研究文献中,心灵观念在康德道德哲学中的运用受到了重点关注。刘易斯·怀特·贝克(Lewis White Beck)在其《〈实践理性批判〉通释》④中认为,康德在批判哲学中拥有关于灵魂不死的三个证明,亦即类比性论证、与自律学说不相容的至善悬设之论证和与自律学说相容的悬设论证。这一观点是独具创见的,但仍需补充和调整。这主要是指上述三者与道德律的关联,我们将在下文中呈现这一点。另外,西方学者争论的焦点主要集中在如下两个问题:一、康德将"灵魂不死"视为实践理性悬设的做法是否正确?换言之,作为实践理性悬设的"灵魂不死",在批判哲学中是否是必要的? 二、康德所说的心灵(灵魂)

---

① Cf. Quirin Huonder, *Das Unsterblichkeitsproblem in der abendländischen Philosophie*, Stuttgart: Verlag W. Kohlhammer GmbH, 1970, S. 76 - 78.

② Gerda Lier, *Das Unsterblichkeitsproblem-Grundannahmen und Voraussetzungen*, Göttingen: V & R unipress, 2010.

③ Gerald Frankenhäuser, *Die Auffassungen von Tod und Unsterblichkeit in der klassischen deutschen Philosophie von Immanuel Kant bis Ludwig Feuerbach*, Frankfurt am Main: Haag und Herchen Verlag GmbH, 1991.

④ 刘易斯·贝克:《〈实践理性批判〉通释》,黄涛译,上海:华东师范大学出版社,2011 年。英文本为 Lewis White Beck, *A Commentary on Kant's Critique of Practical Reason*, Chicago & London: The University of Chicago Press, 1960。

的"无限进程"究竟是在时间中还是在永恒里？对于第一个问题，多数学者认为，灵魂不死悬设在康德道德哲学中是多余的和失败的。[①]而唯一对康德持捍卫态度的是艾伦·伍德（Allen Wood）。[②]对于第二个问题，学者们在观点上则处于势均力敌的对立状况。J.J.麦金塔、帕特里克·夏德（Patrick Shade）和贝克都认为，康德的"灵魂不死"是在时间中的持续。[③]与之相反，爱德华·A.毕希、艾伦·伍德和格哈尔特·弗兰肯霍伊泽则将康德的灵魂持存性理解为超出时间外，在永恒中的不生不灭。[④]在两种观点针锋相对的情况下，约翰·H.维特克（John H. Wittaker）是唯一一个意识到要将两者综合起来的人，虽然他在综合的具体方式上是不妥的。[⑤]

---

① 持这种观点的有亨利·E.阿利森（参见亨利·E.阿利森《康德的自由理论》，陈虎平译，沈阳：辽宁教育出版社，2001年，第257页）、爱德华·A.毕希（Edward A. Beach, "The Postulate of Immortality in Kant: To What Extent Is It Culturally Conditioned?", in *Philosophy East & West*, Vol. 58, Nr. 4, October 2008, p. 513）、A. C. 埃文（A. C. Ewing, "Kant's View of Immortality", in *Scottish Journal of Theology*, Vol. 17, Issue 4, December 1964, p. 385）、安东尼·弗罗（Antony Flew, *The Encyclopedia of Philosophy*, Paul Edwards(ed.), Volume 3, New York: Macmillan Publishing Co. Inc. & The Free Press, 1967, pp. 139 - 150）、J. J. 麦金塔（J. J. Macintosh, "The Impossibility of Kantian Immortality", in *Dialogue*, Vol. 19, Issue 2, June 1980, p. 219）和赫克托尔·威特维尔（Héctor Wittwer, „Einige Schwierigkeiten in Kants Lehre von der Unsterblichkeit der Seele", in *Annals of The West University of Timisoara-Series: Philosophy and Communication Sciences*, Vol. Ⅲ, 2008, S. 44）。

② Allen W. Wood, *Kant's Moral Religion*, Ithaca and London: Cornell University Press, 1970, pp. 122—123. 中译本请参见艾伦·W.伍德《康德的道德宗教》，李科政译，北京：中国人民大学出版社，2020年，第98页。

③ Cf. J. J. Macintosh, "The Impossibility of Kantian Immortality", in *Dialogue*, Vol. 19, Issue 2, June 1980, p. 232; Patrick Schade, "Does Kan's Ethics Imply Reincarnation?", in The *Southern Journal of Philosophy*, Vol. 33. Issue 3, Fall 1995, p. 354; 刘易斯·贝克：《〈实践理性批判〉通释》，黄涛译，上海：华东师范大学出版社，2011年，第335页。

④ Cf. Edward A. Beach, "The Postulate of Immortality in Kant: To What Extent Is It Culturally Conditioned?", in *Philosophy East & West*, Vol. 58, Nr. 4, October 2008, p. 503; Allen W. Wood, *Kant's Moral Religion*, Ithaca and London: Cornell University Press, 1970, p. 123; Gerald Frankenhäuser, *Die Auffassungen von Tod und Unsterblichkeit in der klassischen deutschen Philosophie von Immanuel Kant bis Ludwig Feuerbach*, Frankfurt am Main: Haag und Herchen Verlag GmbH, 1991, S. 206.

⑤ John W. Wittaker, "Kant and Kierkegaard on Eternal Life", in *Kant and Kierkegaard on Religion*, ed. by D. Z. Phillips and Timothy Tessin, London: Macmillan Press Ltd., 2000, p. 191.

最后,我们归纳的第三类文献主要是对"纯粹理性的谬误推理"这一章的分析。本章在康德心灵观的发展过程中是至关重要的。卡尔·阿默里克斯(Karl Ameriks)的名著《康德的心灵理论——一个对纯粹理性谬误推理的分析》①是一部探讨康德"谬误推理"一章的扛鼎之作。该书分别剖析了康德心灵观念的非物质性、身心交互性、人格同一性、不死性、独立性与观念性。安德鲁·布鲁克(Andrew Brook)则更多地从《纯粹理性批判》的"范畴演绎"与"谬误推理"的关联中对康德的心灵观做了一种功能主义的解释。②帕特里西娅·克琪尔(Patricia Kitcher)先是将康德心灵理论概括为"先验心理学"③,随后又从唯理论与经验论的心灵理论角度揭示了康德的"心灵"作为统觉之统一性的"思考者"特征。④

通过对三类文献的梳理,我们发现:西方学界对康德心灵哲学的研究基本上集中在两个方面:一是康德心灵观念的知识论基础,这主要体现在学者们对《纯粹理性批判》中"灵魂的谬误推理"这一章的重点关注;二是康德心灵观念的道德意涵。在笔者目前的视域内,对于康德心灵观念的知识论基础与道德意涵如何有效结合的问题,在西方学界似乎还没有针对性的专题著作出现。所以,我们的任务就是博采众长,使得这一论题的整体性研究成形。

(二) 国内研究现状

国内的康德研究已有一百多年的历史。改革开放以来,国内康德研究可谓蒸蒸日上。进入 21 世纪以来,邓晓芒与李秋零两位先生直接将康德主要著作的德文版翻译为汉语,该项工作更是为国内的康德研究提

---

① Karl Ameriks, *Kant's Theory of Mind:An Analysis of the Paralogisms of Pure Reason*, Oxford:Oxford University Press, 2000.

② Andrew Brook, *Kant and the Mind*, Cambridge:Cambridge University Press,1994.

③ Patricia Kitcher, Kant's Transcendental Psychology, New York:Oxford University Press, 1990.

④ Patricia Kitcher, *Kant's Thinker*, New York:Oxford University Press, 2011.

供了极其关键的文本基础。就笔者选定的"康德的心灵哲学"这个题目而言,国内也出现了不少相关研究。国内许多研究者谈到该论题时,多是在康德道德哲学中将"灵魂不死"与"意志自由""上帝存在"并列,作为实践理性的三大公设加以提及。张志伟指出:由于人作为有限的理性存在者,在此生无法达致其意志与道德律的完全一致。所以,我们必须设定人的存在与人格的无限延续——灵魂不死。由此,人才能达到与道德律一致的完满境界。①李蜀人对康德的道德哲学进行了综观式的研究,也在谈及"至善"概念时对"灵魂不死"进行了讨论。②邓安庆则认为,在康德的道德神学中,人无法对灵魂有规定性的认识判断,却可以用道德或伦理的"来世"奠定道德信念的基础。③赵广明将康德的"灵魂不死"理解为"精神性实存的永恒性",亦即"人对生命和道德人格伟大力量必然永恒存在的意识、意念(Gesinnung)和理念"④。邓晓芒指出,三大批判包含了三种论证道德神学——即道德如何导向宗教——的模式:《纯粹理性批判》中的"正义模式"、《实践理性批判》中的"义务模式"、《判断力批判》中的"自由模式"。⑤舒远招认为,康德设定灵魂不死,是为了让人有希望看到道德的理知世界。⑥ 张会永将灵魂之无限进程描绘为一个外在于时间的东西,或者说是彼岸的东西。⑦戴兆国道明了康德灵魂(心灵)概念中的两个要素:无限延续的实存和同一理性存在者的人格,并由此将"不死"的观念界定为"与人的实践道德法则相匹配、相一致的人格力量的存

① 参见张志伟《康德的道德世界观》,北京:中国人民大学出版社,1995 年,第 208—209 页。
② 参见李蜀人《道德王国的重建——康德道德哲学研究》,北京:中国社会科学出版社,2005 年,第 193—194 页。
③ 参见邓安庆《康德道德神学的启蒙意义》,载《哲学研究》,2007 年第 7 期,第 63—64 页。
④ 赵广明:《康德的信仰——康德的自由、自然和上帝理念批判》,南京:江苏人民出版社,2008 年,第 207 页。
⑤ 参见邓晓芒《康德对道德神学的论证》,载《哲学研究》,2008 年第 9 期,第 75 页。
⑥ 参见舒远招《论神对于康德道德律的多重意义及其限度》,载《世界哲学》,2015 年第 6 期,第 72 页。
⑦ 参见张会永《批判哲学的定向标——康德哲学中的道德信仰》,北京:光明日报出版社,2011 年,第 101 页。

续"。①在叶秀山看来,康德所说的"不死"是指实践理性的"不死",是在"超越"意义上才有一个"过去""现在""未来"之"延续性",这种不朽的超越意义主要表现在康德哲学的"责任"与"自由"概念中。②当然,谈到康德"灵魂不死"观念的,国内还有一些相关著作、学位论文和文章,但总的说来都没有超出康德道德哲学的框架。最后,张会永和刘凤娟还特别提到,"灵魂不死"信仰的地位在康德后期的宗教哲学与历史哲学中被降低了,因为个体的有死性可以通过伦理共同体和整个人类的延续来弥补。③与之相对,刘作反对历史哲学形成的伦理共同体可以取代灵魂不死悬设,因为个体的道德完善希望仅在该公设中才有可能。④

国内对康德心灵观念的认识论维度的研究基本上集中在其"先验主体概念"与"理性心理学批判"之上。在对康德先验主体概念的分析上,国内唯一对此进行系统研究的专著是尹洁的《康德心灵理论研究》。这本书主要在分析哲学的语境内,用反身性概念对康德的自我意识理论进行了辩护与重构。⑤此外,梁议众认为,康德的先验主体概念是既非现象也非物自身的不可知的 X,因而其主体概念包含非认识论的形而上学前提。⑥在对康德"理性心理学批判"的研究上,杨祖陶、邓晓芒、韩水法、高小强与吴宏政等学者将该批判视为对先验主体实体化谬误的揭示。⑦最

---

① 戴兆国:《明理与敬义——康德道德哲学研究》,北京:中国社会科学出版社,2012 年,第 122 页。
② 参见叶秀山《"哲学"如何"解构""宗教"——论康德的〈实践理性批判〉》,载《启蒙与自由——叶秀山论康德》,南京:江苏人民出版社,2011 年,第 153—154 页。
③ 参见张会永《批判哲学的定向标——康德哲学中的道德信仰》,北京:光明日报出版社,2011年,第 102 页;刘凤娟《从灵魂不朽到类的不朽——康德历史哲学的产生及其本质》,载《杭州师范大学学报》(社会科学版),2018 年第 1 期,第 58—65 页。
④ 参见刘作《类的希望与个体的希望——康德历史哲学引发何种希望?》,载《湖北大学学报》(哲学社会科学版),2020 年第 5 期,第 94—101 页。
⑤ 尹洁:《康德心灵理论研究》,上海:上海三联书店,2018 年。
⑥ 参见梁议众《康德的主体概念与同一性问题》,载《哲学动态》,2021 年第 1 期,第 84 页。
⑦ 参见杨祖陶、邓晓芒《康德〈纯粹理性批判〉指要》,长沙:湖南教育出版社,1996 年,第 269—271 页;韩水法《康德物自身学说研究》,北京:北京大学出版社,2009 年,第 121 页;高小强《天道与人道——以儒家为衡准的康德道德哲学研究》,北京:华夏出版社,2013 年,第 144页;吴宏政《形式逻辑的界限与自我实体幻相的先验根据——兼析康德对"第一谬误推理"的批判》,载《天津社会科学》,2016 年第 2 期,第 51 页。

后,年轻一代的学者注重发掘该批判与先验主体性的关系:余天放将该批判解释为对主体幻相的揭示[1];宋博认为,康德通过对理智主体与经验主体的区分纯化了理性心理学[2];罗喜用康德对先验主体与经验主体的二分探讨了作为理性心理学代表的笛卡尔在"我思"问题上的"谬误推理"。[3]

　　总的来看,国内学界对康德心灵哲学的研究已经取得了长足的进步,但依旧存在很大的推进空间。这首先体现在,到目前为止,国内只有一本涉及该论题的专著出现,且这部著作是与康德伦理学基本无涉的;其次,从附带涉及该论题的专著、文章或学位论文来看,它们基本上是在道德哲学的内部对它稍加阐释;再次,对理解康德心灵观念至关重要的一部分——第一批判先验辩证论中"纯粹理性的谬误推理"一章,国内学界研究不足;最后,对康德心灵观的唯理论和经验论渊源以及他前批判时期心灵观的演变,汉语学界更是鲜有提及。因此,就国内康德研究的现状来看,对该论题的专门而深入的探讨十分必要。

三、研究思路、基本观点与创新之处

　　上述文献综述表明,康德的心灵哲学无论在国内还是国外都有待进一步深化讨论。在我们看来,这一"深化"必须从唯理论和经验论对心灵的争论开始。借用拉卡托斯的说法,这一做法在"外史"和"内史"的两个层面上都有其重要依据。首先,从"外史"上说,我们固然熟知,康德的思想是对唯理论和经验论的批判性融合,但我们往往不甚了解他如何接纳、改造这两者的具体过程。所以,本书的一个工作目标就是为了对这一现状有所改变。我们将从唯理论和经验论对"心灵"的论争入手,随后

---

[1]　参见余天放《论康德先验幻相与谬误推理的关系问题》,载《世界哲学》,2018 年第 5 期,第 80—82 页。

[2]　参见宋博《康德论形而上学的结构:一项基于历史语境的初步考察》,载《清华西方哲学研究》,2019 年冬季卷,第 44 页。

[3]　参见罗喜《笛卡尔与康德论"我思"》,载《世界哲学》,2021 年第 4 期,第 35 页。

展现这一论争在康德思想前批判时期和批判时期中的映现。由此，我们将更加清楚：康德批判哲学是如何形成的，以及他的创造性贡献究竟体现在何处。一直以来，受限于国内国际的形势，我国的康德研究长期陷于"以康德解康德"抑或"研究者与康德的对谈"两种模式中。在初期，这种模式确实有助于康德哲学的解读与传播。但从长远来看，该模式毕竟忽视了康德哲学生发的时代因素，也忽视了与它关系密切的思潮或哲学家，难免对它的确切与深入的理解产生障碍。我们从唯理论和经验论的渊源对康德哲学开始解读，也是为了在更广阔的背景中理解它。其次，从"内史"上看，康德虽然重视"心灵"，但在他发表的著作中，它不像"范畴""自由""上帝"等概念，获得了那么清晰的正面论述。可以看到，在第一批判中，他通过对范畴的先验演绎与理性心理学批判才第一次将它带到前台。同时，在批判哲学内部讨论心灵问题必须指涉唯理论和经验论的心灵观，因为这一讨论本身是通过对前人观点的批判性考察才得以呈现的。

因此，按照我们的设计，本书的内容将按以下部分依次展开：在第一章中，我们将论述唯理论中四位代表性的哲学家（笛卡尔、莱布尼茨、沃尔夫和鲍姆嘉登）的心灵观。其中，我们将会看到他们各自的接续和不同。在第二章里，作为唯理论对手的经验论者（洛克、贝克莱和休谟）将"隆重登场"。但有趣的是，虽然都以经验为标尺，只有洛克和休谟对唯理论的心灵实体论证发动了猛烈的攻击，贝克莱却转为了心灵实体观的捍卫者。在第三章中，我们将表明唯理论和经验论的这一论争如何在康德的前批判时期留下深刻烙印。可以说，他的前批判时期是未能均衡化处理"理性"和"经验"两者的不成熟期。在第四章中，本书将进入他在成熟的批判时期对心灵哲学的讨论。在其中，理性与经验得到了很好的综合与平衡。我们将看到：康德如何从心灵的实体性、单一性、人格同一性与观念性（这四个要素在唯理论和经验论的争论中都是关键性的）入手，对唯理论的心灵理论给予了致命的打击。但为人所忽视的是，他在其中也批驳了经验论的心灵观。在此,他终结了对心灵问题的知识性争辩,而转入了对它的实践性追问。因此,在第五章中,我们将论述他在实践哲学中如何一步步地将"灵魂不死"树立为实践理性确立的道德信仰,并建构其完整的道德神学体系。进言之,心灵的"先验人格性"将被他赋予本源的道德意味而化身为"道德人格性"。而从"道德人格性"中衍生出的"道德律"又规定了:"灵魂不死"必须作为道德实现的无限进程被信仰。随后,我们对心灵无限进程的分析将导向下述辩证性结论:心灵的持存性既在时间中,也在永恒里。在第六章中,我们将界定心灵观念在康德哲学中的地位以及它在德国古典哲学中的影响。在第七章中,我们将围绕心灵问题,将康德分别与柏拉图、约纳斯做比较,从而规定康德的心灵哲学在西方哲学史上的独特地位。

经由上述总体的论述思路,本书力图表明如下三点。1. 康德对心灵哲学的探讨对于他自身哲学的成长、演进有着不容忽视的意义。应该说,心灵理论是康德哲学不可或缺的重要组成部分:首先,在理论哲学中,康德对心灵实体观的批判构成了其自我意识理论的核心环节;其次,在实践哲学中,他对"灵魂不死"的规定是其伦理学的关键要素。因此,心灵观念在批判哲学中的地位是无可替代的。2. 康德的心灵观念对于其道德神学的建构具有举足轻重的作用。由于他认定的三个形而上学的理念是意志自由、灵魂不死与上帝存在,因此他的哲学从始至终保持着对这三个理念的高度关注,三者共同构建了康德的道德神学体系。在这个以道德律为基础的体系中,意志自由是基础,灵魂不死是中介,上帝存在是归宿。其中,灵魂不死作为道德神学中的关键一环,构成了人在道德上持续进步的保证,也是康德哲学从道德走向宗教的必要通途。3. 通过对心灵实体性、单一性与同一性、观念性四个谬误推理的分析,康德驱散了笼罩在心灵上述四种性质上的概念迷雾,维护了它们的先验性。基于此,他既反驳了唯理论的心灵实体论证,也抵制了经验论和唯物论对心灵观念的彻底拒斥。这样,他就使心灵观念的可能性得到了中立性的保留。这种"中立性的保留态度"是非常重要的,因为它告诉我们:思辨理性拒绝对心灵的性质作出任何知识性论断。因而,无论是唯理论对心灵实体的证实还是经验论对心灵实体的否证都将归于失败。

另外,本书的创新之处主要体现在:1. 本书综合展现了康德心灵哲学的近代渊源、发展演变、理论内涵和后世影响等内容。由于这一论题在国内外的研究都较为薄弱,所以本书作为对该论题的系统研究是对汉语学界康德研究的必要补充,也能加深国内西方哲学界对康德理论哲学与实践哲学的理解。2. 本书一方面通过揭示出"理性"和"经验"两种元素在康德哲学中的对抗与融合,充分勾勒出唯理论、经验论在心灵问题上与其哲学的密切联系,另一方面在康德理论哲学与实践哲学的深度关联中揭示心灵的道德意涵如何可能。总之,本书试图站在一个更广阔的时代背景下来解读他的哲学。这种做法对于拓宽汉语康德研究的视野应该是有益的。3. 在康德哲学中,质疑并要求摒弃灵魂不死悬设的声音不绝于耳。在此形势下,本书力图论证该悬设在康德的道德哲学中的不可或缺性。对康德来说,灵魂不死意义上的"渐进修善"是实现德性完满性的唯一可能的条件。借由灵魂不死悬设,人在现世的"实然状态"和其道德的"应然状态"被确定地勾连起来。因此,该悬设给予了我们在行善之途中不懈精进的动力。有了它,康德伦理学才可能具备充盈的希望。四、在研究文献上,本书查考了康德的著作、信件、手稿和讲稿等多种材料,尤其注重挖掘康德未发表的手稿与讲稿中所蕴含的心灵思想。康德对此问题的大量讨论集中在其手稿与讲稿之中。因此,本书在收集与解读文献时,力图对康德的已发表著作与其手稿、讲稿保持相对均衡的关注。这可以促发国内学界对于在"三大批判"之外的康德哲学的关注与研究。以上四点,是本书意想中所能达及的创新之处。当然,其中的成败得失仍需方家的指正。下面,我们就进入正文。

第一章　理性心理学的建构

十七、十八世纪的西方哲学主流是欧陆唯理论与英国经验论的对峙。众所周知,康德哲学正是脱胎于这一背景之下,他通过对两者批判性的继承,完成了哲学史的伟大革新。一般而言,他早年曾是莱布尼茨——沃尔夫学派的信徒,因而处于唯理论的影响下。但在经验论者洛克,尤其是休谟的影响下,他转而对自己熟知的唯理论信条进行了严厉的批判。就此来说,两者的心灵观念是他在该问题上最重要的思想资源。实际上,他的心灵哲学的演变就体现为两种因素此消彼长进而真正融合的过程。本书将力证这一点。所以,要想理解康德的心灵观念,展示两者在该问题上针锋相对的立场是至为关键的。依此,本章将论述唯理论心灵实体观的演进历程,下一章将集中关注经验论者对唯理论心灵观的批驳。

我们依次选取了唯理论哲学家(亦即理性心理学家)——笛卡尔、莱布尼茨、沃尔夫、鲍姆嘉登的心灵实体观。事实上,无论在康德的前批判或批判时期,唯理论的心灵观念都深刻影响着他自己对这个问题的判断。这一影响可以从积极和消极两个方面来加以说明。首先从积极的方面来看,由于他早年成长于莱布尼茨——沃尔夫学派思潮的影响下,因此他对唯理论论证的方式、路径等都十分熟稔。他关于心灵的许多看法就直接来源于唯理论。其次,从消极的方面看,随着他思想的演进,他越来越不满于唯理论心灵观的诸多教条,并逐步吸纳经验论的元素,最终在成熟时期汇聚起对唯理论名下"理性心理学"的决定性批判。

另外,从哲学史的发展来看,正如赫费所言,"近代关于灵魂的争论更多地是以笛卡尔为起点……德国的启蒙者沃尔夫和鲍姆嘉登追随的也正是笛卡尔"①。由此,我们才把笛卡尔的心灵实体观作为讨论康德心灵哲学的起点。

第一节　笛卡尔:作为"我思"的心灵实体

一、心灵的本性

在哲学史上,笛卡尔是一位划时代的人物。黑格尔称其为"现代哲学真正的创始人"②,亦即"一位彻底从头做起、带头重建哲学基础的英雄"③。在他看来,正是从笛卡尔开始,"自为的思想在这里与哲思化的神学区分开了……思想是一个新的地基"④。无疑,黑格尔的这一观察是有其洞见的,也主导了我们对笛卡尔哲学的基本印象。众所周知,笛卡尔以普遍怀疑的原则追溯到了"我怀疑"(亦即"我思")的不可怀疑。因为我们大可怀疑一切,却唯独不可怀疑"我在怀疑"本身。否则,这就是荒谬的。然而,如果我不存在,则我必定无法怀疑或思考。这样,他顺其自

---

① 奥特弗里德·赫费:《康德的〈纯粹理性批判〉——现代哲学的基石》,郭大为译,北京:人民出版社,2008 年,第 229 页。
② 黑格尔:《哲学史讲演录》第四卷,贺麟、王太庆译,北京:商务印书馆,1983 年,第 63 页。
③ 黑格尔:《哲学史讲演录》第四卷,贺麟、王太庆译,北京:商务印书馆,1983 年,第 63 页。译文有所改动,参考了德文版(Georg Wilhelm Friedrich Hegel, *Vorlesungen über die Geschichte der Philosophie Ⅲ*, Frankfurt am Main: Suhrkamp Verlag, 1986, S. 123)。以下皆同,不再赘述。
④ 黑格尔:《哲学史讲演录》第四卷,贺麟、王太庆译,北京:商务印书馆,1983 年,第 63 页。

然地得出了那个著名命题:"我思故我在"。正是从该命题中,哲学第一次赢获了"主体性"这个"阿基米德点",并重新将自己召回巴门尼德"思与在之同一"的伟大传统中。简言之,笛卡尔既给哲学带来了离开基督教神学的自主权,又使哲学在古希腊的精神本源中复生了。显然,这个由黑格尔主导的判断是合理的。笛卡尔之后的哲学在主体性原则下的突飞猛进充分证明了这一点。

可以看到,笛卡尔在《沉思录》的第二个和第六个沉思中讨论了心灵(灵魂)问题。笛卡尔讨论心灵问题的方法是"几何学的普遍方法"①。这一方法则体现为如下定理:"凡是我十分清楚、极其分明地理解的,都是真的。"②这是一条鲜明的几何学原理,通常为天赋观念论者所笃信。在他们看来,几何学提供了一些"自明"的真理,比如两点之间直线最短、三角形的和是一百八十度等等。这些真理都无须经验的支持,直接能在人心中清楚明白地呈现出来。与此相似,如果我们能发现关于心灵的"自明"命题,那么我们就可以先天地把握关于心灵本性的真理。

现在,恰好从"我思故我在"这一命题中,笛卡尔发现了此种先天证明的可能性。如上所述,他用普遍怀疑的方法达致了一个不可怀疑的基点,即"我怀疑并因此思考、存在"③。他认为,"这条真理是十分确实、十分可靠的,怀疑派的任何一条最狂妄的假定都不能使它发生动摇"④。他相信,从这条最确定的真理中,完全可以自明地推出:"我是一个本体,它的全部本质或本性只是思想。它之所以是,并不需要地点,并不依赖任何物质性的东西。所以这个我,这个使我成其为我的灵魂,是与形体完全不同的,甚至比形体容易认识,即使形体并不是,它还仍然是不折不扣

---

① Quirin Huonder, *Das Unsterblichkeitsproblem in der abendländischen Philosophie*, Stuttgart: Verlag W. Kohlhammer GmbH, 1970, S. 64.

② 笛卡尔:《谈谈方法》,王太庆译,北京:商务印书馆,2000 年,第 28 页。

③ Quirin Huonder, *Das Unsterblichkeitsproblem in der abendländischen Philosophie*, Stuttgart: Verlag W. Kohlhammer GmbH, 1970, S. 64.

④ 笛卡尔:《谈谈方法》,王太庆译,北京:商务印书馆,2000 年,第 27 页。

的它。"①这样,从"我思故我在"这个命题中,他顺理成章地导出:我之为心灵,是一个独立自存的"思想实体"。他的这个结论是由于他将非思想或非精神的因素从思想或精神中完全排除出去了。由此,"我之思"与"思之我"同一化了,"我思"作为一个思想的实体就自明地开显出来。他认为,"在认识灵魂不灭之前,要求的第一个和主要的东西是给灵魂做成一个清楚、明白的概念,这个概念要完全有别于对物体所能有的一切概念;这在这里已经做到了。"②

现在,通过将心灵揭示为思想实体,它与物体的一切概念就天然区分开了。在笛卡尔看来,物体也是一种实体,但其本质特征是广延。也即是说,它以任意一个形状为边界,并且通过地点的方式占据一个空间,进而将其他物体从该空间中排除出去。③由此,作为思想物(res cogitans)的心灵与作为广延物(res extensa)的物体就"清楚明白地"得到了区分。笛卡尔曾这般强调道:"我们对不带肉体(也就是说,一个有广延的实体……)的精神(也就是说,一个在思维的实体)领会得很清楚;另外,我们对不带精神的肉体领会得也很清楚……所以,至少是由于上帝的全能,精神可以没有肉体而存在,肉体可以没有精神而存在。"④

因此在笛卡尔看来,心灵与肉体的区分是一个清楚明白的真理。由此,必然可以得出:"就其性质来说,肉体永远是可分的,而精神完全是不可分的。因为事实上,当我考虑我的精神,也就是说,作为仅仅是一个在思维的东西的我自己的时候,我在精神里分不出什么部分来,我把我自己领会为一个单一、完整的东西……可是物体性的或者有广延的东西就完全相反;因为凡是物体性的、有广延的东西,没有一个是我不能很容易

① 笛卡尔:《谈谈方法》,王太庆译,北京:商务印书馆,2000 年,第 28 页。
② 笛卡尔:《第一哲学沉思集》,庞景仁译,北京:商务印书馆,2010 年,第 11—12 页。
③ Cf. Quirin Huonder, *Das Unsterblichkeitsproblem in der abendländischen Philosophie*, Stuttgart: Verlag W. Kohlhammer GmbH,1970,S. 64.
④ 笛卡尔:《第一哲学沉思集》,庞景仁译,北京:商务印书馆,2010 年,第 175—176 页。

用我的思维分成很多部分的,从而没有一个是我认为是不可分的。"①所以,既然心灵是单一、完整的,而物体是可分的,那么后者的分解或组合就不会对前者产生丝毫影响。更确切地说,我们"从肉体的腐烂得不出来灵魂的死亡,同样也足够给人们在死后有一个第二次生命的希望"②。

二、上帝的支撑与心灵的同一

然而,如果上面的论证仅限于心灵与物体的互不相干,那么这还不是笛卡尔心灵理论的全部内容。因为我们固然从肉体的腐烂得不出心灵的消逝,但毕竟从中也得不出心灵的持存。质言之,心灵与物体的二分,只让心灵免于随物体"同归于尽",因而仅为心灵保有了持存的可能性。但若要使心灵的持存能够真正"坐实",他无疑还需要加入"新元素"。当然,这"新元素"并无任何新意。因为他如同中世纪经院神学一样,借助上帝的终极支撑完成了从心灵与物体的二分向心灵持存性的过渡。如前所述,无论心灵与物体都是实体。现在,他宣告道:一切实体除了被上帝创生和消灭外,就自身而言,都是不生不灭的。因为上帝作为全知、全能、全善的存在者,保证了所有实体的永恒存在。心灵和物体作为实体自然在上帝的护佑之列。这样看来,它们"从它们的本性来说是不可毁灭的,并且要不是这同一的上帝愿意撤回他平时的支持而把它们消灭掉的话,它们就永远不能停止存在"③。所以,只要上帝存在,心灵与物体两者的持存就无可置疑。

不过,上帝所保证的持存只是使两者不堕于虚无。笛卡尔还进一步指出,它们的持存方式并不相同。具体而言,物体不被毁灭,只是意味着物体在任意的分割组合、形状性质的嬗变之后,依然维持总量整体的守恒。因为只有上帝能使世界"从无到有",继而在末日来临时使它"复归

---

① 笛卡尔:《第一哲学沉思集》,庞景仁译,北京:商务印书馆,2010 年,第 93—94 页。
② 笛卡尔:《第一哲学沉思集》,庞景仁译,北京:商务印书馆,2010 年,第 12 页。
③ 笛卡尔:《第一哲学沉思集》,庞景仁译,北京:商务印书馆,2010 年,第 12 页。

于无"。除此之外,这个物质世界必将不多不少地更替下去。然而,人的肉体却只是这整个物质实体的偶性(Akzidenz),因此很难在各种生灭变幻中维持住自身。所以,在他的眼中,"人的肉体,仅仅由于它的某些部分的形状改变,它就不再是同一的肉体了"①。与之相对,人的心灵"是一种单纯的实体,决不是由什么偶性组合起来的"②。"因为,即使它的一切偶性都改变了,例如它领会某些东西,它希求另外一些东西,它感觉一些东西,等等,不过它却永远是同一的灵魂。"③在此,他为后世的心灵观念贡献了一个极其关键的因素——同一性。如前所述,心灵与物体作为实体都是不可毁灭的。但就物体而言,它对自身的不生不灭是漠然的,因而它的持存是无意识的"无始无终";但对心灵来说,在与之相伴随的肉体的生灭中,它直接意识到了自己的持存。因此,只有当心灵在不生不灭的同时意识到其同一性,它才具有持存的特征。否则,如若心灵只是如无意识的物质一般变化迁流、长存不灭,却不再是曾经的那个自身,那么它的永恒就毫无意义了。

这样,从心灵作为实体的同一性和不可毁灭性,笛卡尔顺理成章地得出了心灵的持存性。应该说,他的这一论证具有"继往开来"的巨大作用:首先,此论证的关键环节采纳了心灵与物体的二分(包括两者在性质上不可分与可分的区别)。显然,他继承了自柏拉图以来,并在中世纪占主流的"灵肉二分"传统。同样,这一传统原则也在随后的唯理论者那里得到传承。其次,笛卡尔借助"我思"的不可质疑性,第一次将心灵塑造成了一个不可动摇的思想实体。这种将主体实体化的做法为理性心理学的发展制定了纲领性的原则。康德理性心理学批判的重点正是他的这一处理。在康德看来,笛卡尔的这种做法是理性心理学一切错误的根源。虽然理性心理学的名号来自莱布尼茨的追随者沃尔夫和鲍姆嘉登,但实际上,笛卡尔才是这门学科无可辩驳的奠基人。不过,这门学科要

① 笛卡尔:《第一哲学沉思集》,庞景仁译,北京:商务印书馆,2010年,第13页。
② 笛卡尔:《第一哲学沉思集》,庞景仁译,北京:商务印书馆,2010年,第13页。
③ 笛卡尔:《第一哲学沉思集》,庞景仁译,北京:商务印书馆,2010年,第13页。

演变为真正意义上的"理性心理学",还需要经过莱布尼茨的决定性改造。下面就进入他的心灵观。

第二节 莱布尼茨:作为高级单子的理性灵魂

一、单子的不生不灭

和笛卡尔一样,莱布尼茨也是一个在哲学史上举足轻重的人物。在康德之前,莱布尼茨—沃尔夫学派占据了德国大学的哲学讲坛。康德在青年时代就是该学派的信徒。而随着思想的成熟,他的确有意识地将莱布尼茨视为主要的批判对象和竞争对手。在《纯粹理性批判》中,他明确地将莱布尼茨哲学称为"世界的智性体系"(ein intellektuelles System der Welt)。这就是说,后者单凭知性就建构了整个世界,却完全忽视了感性的作用。[①]应该说,康德的评价有其合理之处。莱布尼茨的确是以逻辑推论的方式建立其单子说的。在此意义上,罗素才认为:"莱布尼茨的哲学几乎完全是由很少几个前提推演出来的。"[②]

众所周知,笛卡尔建立了心灵与物体的实体二元论来解释世界,却难以对两者的交互作用作出令人信服的解释;而斯宾诺莎则建立了"神即自然"的实体一元论,将世界万物都规定为偶性,最终走向了异端的泛神论。莱布尼茨对两者的做法都不甚满意,认为他们都没有理解作为世界之基的实体[③]究竟为何物。在他看来,世间万物都是复合体。但"复

---

① 参见康德《纯粹理性批判》,邓晓芒译,杨祖陶校,北京:人民出版社,2004 年,第 242 页,A270/B326。

② 罗素:《罗素文集第 1 卷:对莱布尼茨哲学的批评性解释》,段德智、张传有、陈家琪译,陈修斋、段德智校,北京:商务印书馆,2012 年,第 30 页。

③ 依据艾斯勒的解释,实体概念意指着"居于下面的东西,为变换着的诸属性和变化奠基的东西,物性特征的持驻的承载者,亦即'本质'"(Cf. Rudolf Eisler, *Wörterbuch der philosophischen Begriffe-Dritter*, Band SCI-Z, Berlin: Ernst Siegfried Mittler und Sohn, 1910, S. 1448)。

合"则意味着继续分割的可能性,因而如果任由分割持续下去,那么我们必然陷入无穷倒退的困境。从这个逻辑前提出发,他引入了作为世界本原的单子(Monaden)。他说:"单子……不是其他任何东西,只是一种单纯实体,它进入复合体之中。其所以为单纯者,因为它没有部分……凡无部分之处,则无广延,无形状,亦无可能的可分性。因此,这些单子才是自然界的真正原子,总之即事物的元素。"①

莱布尼茨的"单子"是极其特殊的。它并非仅是如德谟克利特或伊壁鸠鲁所说的那种"物质性原子"。相反,"它们是整个存在世界、物体世界和精神世界都建造于其上的基本元素"②。更确切地说,它们数量繁多,兼具物质和精神两大本性,直接表象着宇宙,相互独立却又和谐共处。这就是著名的上帝治下的"前定和谐"。当然,这样的单子就其本性来说,必然是不生不灭的。因为它是极致单纯的,故不可能因分解而消亡,也不可能由组合而产生。因此,"单子只能突然而来,突然而去,换言之,它只能通过(神的)创造而生,通过(神的)毁灭而亡"③。显然,这一说法与笛卡尔对实体概念的规定是一致的。某种意义上说,实体在本性上的不生不灭,是唯理论者普遍坚信的一条真理。莱布尼茨的独特之处在于:他的单子(单纯实体)是一个物质和心灵的混合体。由之,他从实体的"不生不灭"中得出了一些奇妙的洞见。他声称:"在物之最细微的部分之中,亦寓有一个创造物、活物、动物、'隐德来希'④、灵魂的世界。物

---

① 莱布尼茨:《单子论》,载《莱布尼茨读本》,陈乐民编译,南京:江苏教育出版社,2006 年,第 35 页。

② Quirin Huonder, *Das Unsterblichkeitsproblem in der abendländischen Philosophie*, Stuttgart: Verlag W. Kohlhammer GmbH, 1970, S. 66.

③ 莱布尼茨:《单子论》,载《莱布尼茨读本》,陈乐民编译,南京:江苏教育出版社,2006 年,第 35 页。

④ "隐德来希"(Entelechie)是莱布尼茨取自亚里士多德的术语,意思是"完全的现实性""据自身作用所达到的目的。"(Cf. Rudolf Eisler, *Wörterbuch der philosophischen Begriffe-Erster*, Band: A bis N, Berlin: Ernst Siegfried Mittler und Sohn, 1910, S. 271)

的每一部分均可设想为一座满是植物的花园和一方充满游鱼的池塘。"①
在他看来,任何细小的物都是被赋予灵魂的(beseelt),并且与世同始,与
世同归。需要注意的是,他并不像笛卡尔那样,将心灵仅仅给予人类。
相反,他持有的倒是一种颇类似于古代"万物有灵论"的观点。而且,他
进一步将有灵的万物(也即诸单子)规定为"不生不灭"。

在这样的理论背景下,同样作为单子的人类心灵的"不生不灭"就无
可置疑了。但按照莱布尼茨对单子的规定,这个心灵必然与肉体结合在
一起且不可分。实际上,它们的统一体才是不生不灭的。但显然,这和
我们的日常观察是不符的。因为我们目睹的事实是:肉体会由繁殖而产
生,因死亡而消逝。他对这种常识当然是了然于心的,并且早已备好了
充足理由反驳该常识。在他的眼中,这一常识远非事情的真相。因为他
相信,以我们不甚精细的感官所接受的印象必然是有偏差的。实际上,在我
们的灵魂中,存在着细微的、未被察觉的"微知觉"(geringe Wahrnehmungen)。
对此,他解释道:"还有千千万万的征象(Anzeichen),都使我们断定任何时
候在我们心中都有无数的知觉,但是并无察觉(Apperzeption)②和反省;
换句话说,灵魂本身之中,有种种变化,是我们察觉不到的,因为这些印
象或者是太小而数目太多,或者是过于千篇一律,以致没有什么足以使
彼此区别开来;但是和别的印象联结在一起,每一个也仍然都有它的效
果,并且在总体中或至少也以混乱的方式使人感觉到它的效果。"③

---

① 莱布尼茨:《单子论》,载《莱布尼茨读本》,陈乐民编译,南京:江苏教育出版社,2006年,第
45页。
② 莱布尼茨哲学中的"察觉"(Apperzeption)意为"对知觉的知觉"。它在康德哲学中通常被译
作"统觉"。康德扩展了莱布尼茨这个概念的运用,遂有纯粹统觉与经验性统觉之分。两人
在该概念上使用的异同可参见卡尔·阿默里克斯(Karl Ameriks)的"Apperzeption und
Subjekt: Kants Lehre vom Ich heute"(Cf. *Warum Kant heute? Systematische Bedeutung
und Rezeption seiner Philosophie in der Gegenwart*, hrsg. von Dietmar H. Heidemann und
Kristina Engelhard, Berlin: Walter de Gruyter, 2004, S. 76 - 99)。
③ 莱布尼茨:《人类理智新论》(上册),陈修斋译,北京:商务印书馆,2010年,第9页。可以想
见,莱布尼茨"微知觉"的提法在当时必定会显得怪异甚或荒谬。然而,当代心理学对"无意
识"的发现也许在某种程度上佐证了他的这一伟大创见,虽然两者的意味不尽相同。

依据莱布尼茨,通过这些微知觉,一个全新的世界已经呈现了。我们之所以相信自己活在一个生灭变幻的世界中,只是因为我们根据愚钝的知觉作出判断:从无到有的"跳跃"谓之生,从有到无的"断裂"谓之死。殊不知,仅有神圣如上帝者才有此权能,作出创世时的"跳跃"和灭世时的"断裂"。实际上,在我们通常认为自然界存在"跳跃"和"断裂"的地方,"跳跃"和"断裂"却从未发生。换言之,只是我们的粗俗知觉告诉我们出现了这些"间隙",倘若我们借助微知觉去观察,则在自然界中根本无任何"间隙"存在。这样,他就得出了如下著名口号——"自然绝不作飞跃"①。更确切地说,"由于这些微知觉的结果,现在孕育着未来,并且满载着过去,一切都在协同并发"②。

由此,对世间的受造物而言,"灵魂只是渐渐地和程度不同地改变形体,以致它从不一下子被剥去它所有的器官……但是永远没有灵魂的转生,也没有灵魂的转世,更没有与形体完全分离的灵魂和没有形体的精灵"③。这就是莱布尼茨眼中世界的"真相"。从这一"真相"出发,他认为自己已经洞察了生死的本质:"永无完全的生,也无严格意义的、完全与灵魂分离的死"④,因为"我们所谓的'生',乃是发展与增加;正如我们所谓的'死',乃是收缩与减少"⑤。这一点对人来说当然是适用的,只不过是就人作为心灵与形体的整体而言的。这已经证明了人作为单子的不可毁灭性。

二、精神的人格同一性

当然,莱布尼茨认为:"人在诸单子领域占据了一个特殊地位。只是

---

① 莱布尼茨:《人类理智新论》(上册),陈修斋译,北京:商务印书馆,2010 年,第 12 页。
② 莱布尼茨:《人类理智新论》(上册),陈修斋译,北京:商务印书馆,2010 年,第 10 页。
③ 莱布尼茨:《单子论》,载《莱布尼茨读本》,陈乐民编译,南京:江苏教育出版社,2006 年,第 46 页。
④ 莱布尼茨:《单子论》,载《莱布尼茨读本》,陈乐民编译,南京:江苏教育出版社,2006 年,第 46 页。
⑤ 莱布尼茨:《单子论》,载《莱布尼茨读本》,陈乐民编译,南京:江苏教育出版社,2006 年,第 46 页。

在人这里，单子开始成为精神（Geist）。"①这精神是指"理性灵魂"（vernunftige Seelen），因为在他的哲学中，灵魂是万物所共享的，却唯独人才居有理性。需要注意，将人视作理性存在者（Vernunftwesen）是唯理论者（也包括康德在内的德国古典哲学家）一条隐含的理论前提。显然，莱布尼茨的单子论吸纳了该前提。现在，拥有理性灵魂的人显然是一种更高级的单子。用他的话说，"灵魂乃是创造物宇宙的活的镜子或映象，而心灵更是神自身的或自然造物主的映象，能够认识宇宙的体系，并通过建构模型摹拟其若干部分。每一心灵在其领域内即是一个小的神灵。"②在这段话里，他就已经展示了"人乃上帝之肖像"的基督教原则，同时赋予了人高出一般造物的能力。换言之，人作为高级的理性存在者，不仅仅是如动物一般的自然存在者（Naturwesen），相反，他拥有自我意识，也即是说，能"将自己理解为一个思考着的和努力着的自我"③。因为这种自我意识，人（Mensch）才成其为人格（Person），亦即"一个在它的现在、过去和将来的知识中同一的人格"④。

这种人格同一性（die Identität der Person）对后世哲学家的心灵观

---

① Quirin Huonder, *Das Unsterblichkeitsproblem in der abendländischen Philosophie*, Stuttgart：Verlag W. Kohlhammer GmbH,1970, S. 66.

② 莱布尼茨：《单子论》，载《莱布尼茨读本》，陈乐民编译，南京：江苏教育出版社，2006 年，第48 页。

③ Quirin Huonder, *Das Unsterblichkeitsproblem in der abendländischen Philosophie*, Stuttgart：Verlag W. Kohlhammer GmbH,1970, S. 66.

④ Quirin Huonder, *Das Unsterblichkeitsproblem in der abendländischen Philosophie*, Stuttgart：Verlag W. Kohlhammer GmbH,1970, S. 67. 值得关注的是，在德语中，Mensch和 Person 都可译为"人"，却标示着对人的两种不同理解：前者大多指人的生理、自然属性，后者大多指示人的伦理、宗教属性。这一区分是非常关键的。比如，常为人所忽视的是，康德著名的"头顶的星空与心中的道德律"的说法正基于该区分。"头顶的星空"表征着我作为一个肉体凡胎之人（Mensch）在浩瀚星宇中的无比渺小，而"心中的道德律"则反衬出我作为一个以道德律为立身之本的人（Person）的无限崇高。简言之，作为一个依据自然法则的人，我在宇宙进程的整体中是微不足道的；但作为一个依循道德法则的人，我在理知世界中就无与伦比地成为主宰。

念来说具有极其重要的意义。①如前所述,笛卡尔对心灵(灵魂)同一性之于不死问题的意义已经有所觉察。但首次在人格上点明并强调这点的人,则非莱布尼茨莫属。与笛卡尔类似,他也是在不可毁灭性(Unzerstörbarkeit)与不死性(Unsterblichkeit)两个概念的区别中发现"人格同一性"的关键作用的。他说:"塞内特②和斯柏林③不敢承认动物及其他原始形式的实存性(Subsistenz)和不可毁灭性,尽管他们认可它们是不可分的和非物质的。但事实是他们混淆了不可毁灭性和不死性。在不死性那里,在人的状况中被理解的不仅是灵魂持存,还有个体性持存。一个人说人的灵魂是不死的时候,他就让那种构成人格同一性的东西持存了,而人格则通过保存意识或关于人格性质的内在反思性的知识保有了其道德性质:由此只有人格能被惩罚或奖赏。对于动物灵魂来说,不存在任何对个体性的保有,因此我认为说动物灵魂是不可消逝的(unvergänglich),比说它是不死的更正确。其中,这一误解似乎要为托马斯主义和其他优异的哲学家的学说中的不融贯负责,他们将非物质性和不可分性归于所有灵魂,却拒不承认它们的不可毁灭性,这就成其为对人类灵魂之不死的巨大损害。"④在这里,如下区别是非常关键的:同样作为单子,动物的灵魂是不可毁灭的,而人的灵魂则是不死的。两者的分野,正取决于人格同一性的持存。而此同一性则源于人之心灵的自我意识。

这样,人作为理性灵魂,既从作为单子的本性得到了其"不生不灭",又从其理性中发现了人格同一性,人类心灵的两大特征都具足了。值得注意的是,他对人类心灵的说明虽诞生于他特有的单子论体系,却同笛卡尔一样依赖上帝的终极保障,因为不论是单子自身的"不生不灭",还

---

① 无论是莱布尼茨的追随者沃尔夫和鲍姆嘉登,甚至康德和舍勒,都鲜明地强调了这点的重要性。具体内容下文详述,此处作一预先提醒。

② 丹尼尔·塞内特(Daniel Sennert,1572—1637),一位与莱布尼茨同时代的德国名医。

③ 约翰·斯柏林(Johann Sperling,1603—1658),德国医生、动物学家兼物理学家。

④ Cf. Quirin Huonder, *Das Unsterblichkeitsproblem in der abendländischen Philosophie*, Stuttgart: Verlag W. Kohlhammer GmbH, 1970, S. 67.

是人之理性的自我意识都只能源于上帝的馈赠。在此意义上,他和笛卡尔可谓"殊途同归"。接下来,我们将会看到:沃尔夫和鲍姆嘉登作为他的门徒,如何进一步将其哲学完善整合,形成完整的"理性心理学"体系。

第三节　沃尔夫和鲍姆嘉登:理性心理学的完成

在进入沃尔夫和鲍姆嘉登的哲学之前,有必要简要介绍一下他们。因为在汉语学界,对他们的关注还不多。克里斯蒂安·沃尔夫(Christian Wolff,1679—1754)是在康德之前德国启蒙运动的中心人物。他将莱布尼茨哲学普及化和体系化,撰写了一系列通俗、规范的教科书,内容涵盖了逻辑学、形而上学、伦理学、政治学、物理学和目的论。在他巨大的声望之下,通常所称的"莱布尼茨—沃尔夫学派"在德国大学的讲坛上占据了核心地位。前批判时期的康德曾长期处于该学派的思想影响下。当然,到了批判时期,他的确主要针对的是僵死、刻板、独断的沃尔夫派教条。不过,沃尔夫对他的影响并不全是反面的。换言之,前者的思想绝不只是批判哲学的靶子。对此,埃里克·沃特金斯(Erik Watkins)曾作出如下公正的评判:"沃尔夫对康德的影响是巨大的,并且这一影响以积极的和消极的两重方式展现出来。在积极的方面,康德不仅采纳了沃尔夫所引入的大量德语哲学词汇(事实上,康德在这些词汇之上建立了自己特有的术语),而且接受了沃尔夫对形而上学进行的理性心理学、理性宇宙论、理性神学的基本划分(例如在先验辩证论的三个主要篇章中[1])。同时,在消极的方面,他当然批判了沃尔夫在许多场合下的观点和论证(作为站不住脚的独断论),尽管他从未引述这些观点和论证在沃尔夫著作中出现的指定段落。"[2]

---

[1] 沃特金斯是指康德《纯粹理性批判》第二编"先验辩证论"中主要的三章——"纯粹理性的谬误推理""纯粹理性的二律背反""纯粹理性的理想"。

[2] Eric Watkins, *Kant's Critique of Pure Reason-Background Source Materials*, edited and translated by Eric Watkins, Cambridge: Cambridge University Press, 2009, p. 6.

与沃尔夫相类似,亚历山大·戈特利布·鲍姆嘉登(Alexander Gottlieb Baumgarten,1714—1762)也是一位莱布尼茨哲学的推广者。同样,他对康德的影响也是巨大的。虽然他的《美学》①一书使其成为美学的创始人而为世人所熟知,但对康德来说,他真正重要的作品却是《形而上学》②。这本书追随了沃尔夫的做法,将形而上学划分为本体论、宇宙论、心理学和自然神学,成为当时德国风靡一时的哲学教科书。康德为学生讲授的形而上学讲座也是以该书为蓝本的。③不过,更为关键的是,"对康德而言,它是需要'批判性'审查的唯理论观点的杰出范本"④。

因此,总的来说,鲍姆嘉登和沃尔夫作为莱布尼茨哲学的追随者是两位继承多于创见的哲学家。他俩的著作系统地描绘了唯理论视角下"形而上学的一套坚实骨架"⑤。所谓的"理性心理学"正是这套骨架中的一个关键部分。接下来,我们将先介绍沃尔夫对理性心理学的论证,再描述鲍姆嘉登对他做法的进一步深化。

一、沃尔夫与理性心理学的建立

沃尔夫是"理性心理学"这门学科的真正建立者。虽然在笛卡尔那里,"我思"作为思想实体的原则已经为"理性心理学"找到了本源根据,

---

① Alexander Gottlieb Baumgarten, *Ästhetik*, Lateinisch-deutsch. übersetzt, mit einer Einführung, Anmerkungen und Registern, herausgegeben von Dagmar Mirbach, Hamburg: Felix Meiner Verlag, 2009.

② Alexander Gottlieb Baumgarten, *Metaphysik*, verlagt von Carl Herrmann Hemmerde, Halle im Magdeburgischen, 1766.

③ 康德的形而上学讲稿收录于普鲁士科学院版全集第 28 卷(Immanuel Kant, *Kant's Gesammelte Schriften*, Band 28, *Vorlesung über Metaphysik und Rationaltheologie*, Berlin: Walter de Gruyter & Co., 1970;英文节译本参见 Immanuel Kant, *Lectures on Metaphysics*, translated and edited by Karl Ameriks and Steve Naragon, Cambridge: Cambridge University Press, 1997)。该讲稿鲜明地记录了康德对待传统形而上学的态度及其自身哲学的演进。

④ Eric Watkins, *Kant's Critique of Pure Reason-Background Source Materials*, edited and translated by Eric Watkins, Cambrige: Cambridge University Press, 2009, p. 85.

⑤ Eric Watkins, *Kant's Critique of Pure Reason-Background Source Materials*, edited and translated by Eric Watkins, Cambrige: Cambridge University Press, 2009, p. 85.

但沃尔夫才首次将这一原则发扬光大,使得"理性心理学"这门学科登上历史舞台。罗伯特·J.理查兹(Robert J. Richards)考证说,沃尔夫是第一个将经验心理学与理性心理学区分开的人。①在他看来,沃尔夫的区分主要建立在对心灵考察的方式上。更确切地说,经验心理学"将心灵对其自身活动的直接内省作为其主要方法"②,而理性心理学则"先天地和演绎地展示关于心灵的真理"③。显然,他的这一归纳是比较准确的。沃尔夫所开创的"理性心理学",正是一门在"我思"命题下对心灵(灵魂)进行先天考察的学问。

不过,沃尔夫对"我思"的处理与笛卡尔本人并不相同。后者通过普遍怀疑的方法达到的是"我思"的纯粹境地。这种纯思的主体设定既是他的哲学起点,也是现代主体性哲学的起点。但在某种意义上,沃尔夫理性心理学的起点却是包含对他物意识的"我思"。因为他声称:"我们从自身所注意到的首要之事是,我们意识到自身和在我们自身之外的他物。"④这样,在他的原初设定之中就已出现了"自身"与"外物"的区分。该设定虽然使他免于陷入唯我论的困境,却又让他无法摆脱身心关系的难题。因为在"自身"与"外物"的区分中,这一问题已经蕴含其中了。所以,他似乎想弥补笛卡尔"我思"原则的不足之处,却不经意地为身心二

---

① Cf. Robert J. Richards, "Christian Wolff's Prolegomena of Empirical and Rational Psychology: Translation and Commentary", in *Proceedings of the American Philosophical Society*, Vol. 124, No. 3, 1980, p. 227.

② Robert J. Richards, "Christian Wolff's Prolegomena of Empirical and Rational Psychology: Translation and Commentary", in *Proceedings of the American Philosophical Society*, Vol. 124, No. 3, 1980, p. 228.

③ Robert J. Richards, "Christian Wolff's Prolegomena of Empirical and Rational Psychology: Translation and Commentary", in *Proceedings of the American Philosophical Society*, Vol. 124, No. 3, 1980, p. 228.

④ Christian Wolff, *Vernüfftige Gedancken von Gott, der Welt und der Seele des Menschen, auch allen Dingen überhaupt*, Franckfurt und Leipzig, 1738, S. 454.

元论的窘境埋下了种子。这是他没有想到的。①

在这个并不稳妥的设定之下，沃尔夫发展出一系列对心灵（灵魂）的规定性，亦即单一性、表象世界的力、欲望与意志等等。其中，他对心灵单一性的谈论已经涉及了其持存性的问题，虽然他并没有展开。他说："由于一个物体依据它的本质和本性不能思考，同样，它和物质也不能被分配给一种思考的能力，所以灵魂不可能是物体性的东西，也不可能由物质组成。而且，可以从已经引述的一般理由的证明中显示的是，思想不可溯源到任何复合物之中；所以灵魂必须是一个单一物。因为所有的单一物都是自身持存之物，所以灵魂也必须是一个自身持存之物。"②这种从心灵的单一性推出其持存性的论证，当然并无多少新意（在柏拉图、笛卡尔、莱布尼茨等人的证明中都已出现过）。但对沃尔夫的心灵观念而言，心灵的单一性依然是关键性的。因为在理性心理学体系的末尾，他在谈论灵魂不死问题时正是从其单一性入手的。

他写道："我们因此必须依旧在这注意到，由于动物和人的灵魂都是单一物，所以它们不会以自然的方式产生或消灭。所以它们两者依其本质和本性都是不可腐坏的（unverweßlich）。也就是说，腐坏性（Verweßlichkeit）是诸部分的分解，与毁灭（Vernichtung）是正相反对的。因为对于曾有影响的东西来说，毁灭不让任何影响留存下来。"③在此，沃尔夫的意思是，人和动物的灵魂由于是单一物，故不可如物体一般通过分解作用趋于腐坏。由此，他进一步断言，"诸灵魂……只有通过毁

---

① 笔者对沃尔夫该命题的理解受益于理查德·布莱克威尔的分析（Cf. Richard J. Blackwell, "Christian Wolff's Doctrine of the Soul", in *Journal of the History of Ideas*, Vol. 22, No. 3, 1961, p. 340）。

② Christian Wolff, *Vernüfftige Gedancken von Gott, der Welt und der Seele des Menschen, auch allen Dingen überhaupt*, Franckfurt und Leipzig, 1738, S. 463–464.

③ Christian Wolff, *Vernüfftige Gedancken von Gott, der Welt und der Seele des Menschen, auch allen Dingen überhaupt*, Franckfurt und Leipzig, 1738, S. 569.

灭才能停止存在"①。这也是为何沃尔夫会认为"腐坏"与"毁灭"是正相反对的。"腐坏"意味着复合物的分解,而"毁灭"则是指单一物直接"从有归无",所以两者确实截然相反。灵魂既然属于单一物,当然只能通过"毁灭"才能消失。然而,除了上帝具备毁灭诸灵魂的能力外,无物可行使此职能。因此,若非上帝意图让灵魂归于虚无,否则它们将永远持存。

这样,沃尔夫就沿用了笛卡尔和莱布尼茨的"上帝之支援",确证了灵魂的永存。当然,他同样注意到,灵魂这种"不可腐坏"意义上的永存还不是"不死性"。因为正如莱布尼茨一样,他也认为动物的灵魂仅是不可腐坏的,唯独人的(心灵)灵魂是不死的。他态度鲜明地说:"因为现在人的灵魂认识到,它是处在先前那个状态中的同个灵魂并因而保存了它在肉身死后的人格之状态,因此它是不死的。因为如果不可腐坏者持续地保存一个人格的状态,那么它就是不死的。但同时从中也展示出,动物的诸灵魂不是不死的,尽管它们是不可腐坏的。"②所以,正如他的前辈一样,他也相信:使动物灵魂的不可腐坏上升为人之灵魂不死的,正是人格(Person)。而人格则是"那个东西,它意识到它是曾处在先前这个或那个状态中的同一个"③。此种人格同一性对人的"灵魂不死"来说是必不可少的。因为鉴于上帝赏善罚恶的公正性,人的心灵(灵魂)必须即便在死后也保持其同一性。换言之,它必须"在死后保持为同一个道德个体"④。"因为如果灵魂不再知道,它就是那个在生命中犯了或此或彼的

---

① Christian Wolff, *Vernüfftige Gedancken von Gott, der Welt und der Seele des Menschen, auch allen Dingen überhaupt*, Franckfurt und Leipzig, 1738, S. 570.

② Christian Wolff, *Vernüfftige Gedancken von Gott, der Welt und der Seele des Menschen, auch allen Dingen überhaupt*, Franckfurt und Leipzig, 1738, S. 573.

③ Christian Wolff, *Vernüfftige Gedancken von Gott, der Welt und der Seele des Menschen, auch allen Dingen überhaupt*, Franckfurt und Leipzig, 1738, S. 570.

④ Quirin Huonder, *Das Unsterblichkeitsproblem in der abendländischen Philosophie*, Stuttgart: Verlag W. Kohlhammer GmbH, 1970, S. 69.

罪的人,那么人们对于那人为何在死后该当受罚,就找不出任何理由。"①
所以,为了上帝审判的公义性,心灵(灵魂)的人格同一性必须超出此生。
而在他看来,人类固有的理性早已保证了人格的持存常驻。这样,人的
心灵(灵魂)在同一人格中的不生不灭就得到了保证。由此,他证明了灵
魂不死。

然而很明显,沃尔夫只是将莱布尼茨的心灵(灵魂)观念复制、拓展,
并无太多创新。唯一有新意的是:他突出了在灵魂不死证明中"人格同
一性"的本质特征——"道德个体"。这一强调是关键性的。下面,我们
也将看到:鲍姆嘉登如何在莱布尼茨—沃尔夫学派的框架内进一步展开
"理性心理学"的道德内涵。②

二、鲍姆嘉登对心灵观念的道德化处理

与沃尔夫相一致,鲍姆嘉登对"理性心理学"的讨论也基本上遵循了
莱布尼茨的思路。在论及人的心灵(灵魂)本性时,鲍姆嘉登明确声称:
"人的灵魂在较严格的意义上是一种力……因此是一种实体……也即一
种单子。"③同样,他也追随先辈莱布尼茨,从灵魂作为单子的特性推出了
其"不生不灭":"由于人类灵魂只是一种偶然的单子……由此它只能从
无中产生,并通过毁灭消逝。"④当然,如上所述,只有上帝才能使心灵(灵
魂)完成"从无到有"或"从有到无"的跳跃。所以,在上帝未撤回对心灵
(灵魂)之支持的情形下,心灵(灵魂)作为单子的本性就确保了它的不生
不灭。因为"灵魂没有外延上的大小……因此是不可分的。腐坏(物理

---

① Quirin Huonder, *Das Unsterblichkeitsproblem in der abendländischen Philosophie*,
  Stuttgart: Verlag W. Kohlhammer GmbH,1970, S. 69。
② 可以说,鲍姆嘉登对"灵魂不死"道德含义的阐明,在很大程度上影响了康德处理"灵魂不死"
  理念的最终走向。下面将呈现这一点。国内学界对此似乎还缺乏重视。
③ Alexander Gottlieb Baumgarten,*Metaphysik*, verlagt von Carl Herrmann Hemmerde, Halle
  im Magdeburgischen, 1766, S. 269.
④ Alexander Gottlieb Baumgarten,*Metaphysik*, verlagt von Carl Herrmann Hemmerde, Halle
  im Magdeburgischen, 1766, S. 271.

性的朽坏)是一种经由分解的消亡,而人类灵魂的这种消亡根本就是不可能的,或者说人类灵魂根本就是不可腐坏的(在物理上不可朽坏的)"①。因此,他只是沿用了从心灵(灵魂)的"单一性"——更确切地说,"不可分性"到"不可腐坏性"的论证思路。如前所示,这一思路在莱布尼茨那里早已宣告出来了。

不过,从心灵(灵魂)的"不可腐坏性"到"不死性"这段论证过程,鲍姆嘉登逐渐有了一些不同于先辈的地方。他首先考察了何谓死亡。在他看来,死亡意味着:人的心灵(灵魂)与肉身间最精确的协同关系之结束。由之,在这种关系结束时,亦即死亡降临时,可以设想两种情况的发生:要么心灵(灵魂)与肉身同时死亡,古语云"形神俱灭"即是谓此;要么只是心灵(灵魂)在此世的肉体逝去,而在彼世,它必将获得新的肉身并与之联结。现在,由于人类心灵(灵魂)在本性上的不可腐坏性已经得到了证明,那么必然可以得出:死亡只是人体的死亡,而心灵(灵魂)并不会与肉身一同赴死,因而它必将在来世与新的肉体相结合。

所以,心灵(灵魂)的"不可腐坏性"就确保了:它在穿越繁多的肉身之后,依然"毫发无损"。这似乎已经足以证明心灵(灵魂)的"不死性"了。然而,在鲍姆嘉登看来,"每一个人类灵魂的本性与生命就其自身而言都是偶然的作用……因此人类灵魂的死亡就其自身而言是可能的"②。看上去,他的这种观点似乎反驳了灵魂不死。然而,事实并非如此。实际上,人类心灵(灵魂)自在的死亡可能性只是意指着:它有被上帝毁灭的可能性。他明确地区分了"有条件的不死性"(bedingte Unsterblichkeit)和"无条件的不死性"(unbedingte Unsterblichkeit)。这样,其实只有上帝才具备绝对无条件的不死性——更确切地说,永恒性(Ewigkeit)。因为

① Alexander Gottlieb Baumgarten,*Metaphysik*,verlagt von Carl Herrmann Hemmerde, Halle im Magdeburgischen, 1766,S. 272.
② Alexander Gottlieb Baumgarten,*Metaphysik*,verlagt von Carl Herrmann Hemmerde, Halle im Magdeburgischen,1766,S. 292.

对最完满的上帝来说,生死区分的限定并不存在。但就有可能遭受上帝灭顶之灾的人类心灵(灵魂)而言,它事实上仅具备有条件的持存性。对此,他明确地说道:"尽管人们不能将一种无条件的不死性归于它(引者注:指心灵[灵魂]);但仍然可以归给它一种伟大的有条件的不死性,因为它是不可腐坏的。"①不过,对人类心灵(灵魂)来说,这种建基在不可腐坏性上的有条件的持存性无疑完全足够了。因为"如果可以证明,人类灵魂从未被毁灭:那么当人及其在此世所拥有的肉体死去时,该灵魂将留存下来并不死地活在永恒中"②。现在,在莱布尼茨—沃尔夫学派那里,"人类灵魂未被毁灭"这一点早已是共识了。单子作为上帝创世的基本元素,必然与世同始,与世同归。因为上帝作为全知、全能、全善的存在者,必然会保有这个在可能世界中最好的世界。借此,只要世界持存,单子必同时持存。作为高级单子的人类心灵(灵魂),当然亦复如是。这样,"人类灵魂未被毁灭"这一点就确凿无疑了。而心灵(灵魂)离开肉身的持存性也就得到了证明。

另外,如果我们赞同鲍姆嘉登,心灵(灵魂)可以在穿越多个肉体之后持存,那么我们也就暗中承认了心灵(灵魂)在其中的同一性,也即上文一再强调的人格性。因为只有当心灵(灵魂)在肉身的交替中始终维持自身的同一,那么它自身的持存性才是可设想的。因此,他自己就坦承:"在此世据有的肉身的死亡与人的死亡后,人类灵魂保存了精神性、自由与人格性。因此如果人们想要通过精神的不死性来理解该精神持存的理智的记忆(由这种记忆,它能清楚地重新回忆起它自己在肉身死前的状态),那么根据这种解释,人类灵魂是不死的。"③他在此提到的心灵

---

① Alexander Gottlieb Baumgarten, *Metaphysik*, verlagt von Carl Herrmann Hemmerde, Halle im Magdeburgischen, 1766, S. 292.

② Alexander Gottlieb Baumgarten, *Metaphysik*, verlagt von Carl Herrmann Hemmerde, Halle im Magdeburgischen, 1766, S. 293.

③ Alexander Gottlieb Baumgarten, *Metaphysik*, verlagt von Carl Herrmann Hemmerde, Halle im Magdeburgischen, 1766, S. 293.

(灵魂)的"精神性、自由和人格性"这三种属性是很重要的。因为精神性是指心灵(灵魂)的非物质性,也是心灵(灵魂)在物质性的肉身死后能留存的原因。而自由则是指心灵(灵魂)在道德上选择善恶的能力,是心灵(灵魂)在无限进程中走向完满(Vollkommenheit)或不完满(Unvollkommenheit)的根据①。人格性就是指心灵(灵魂)始终如一的同一性。在上述引文中,心灵(灵魂)在死后对自己生前状态的记忆就是它的体现。

当然,对于此种心灵(灵魂)在死后的同一性,并非没有质疑。比如有人就主张:心灵(灵魂)在死后虽然不会朽坏,但毕竟会彻底忘记和此世的身体在一起的所有记忆,进而丧失其同一性。这种观点被鲍姆嘉登形象地概括为"灵魂的睡眠(Seelenschlaf)和永恒黑夜(ewige Nacht)"②。对此,他则提出了如下反驳:"人类灵魂于死前在它的诸表象中达致了一些清晰性和明白性……这种现实性不可能没有效果(并且只要它是真实的),就将无止境地拥有真实效果,并且无止境地与灵魂的精神性、知性和理性处在一种普遍的联结中,这些都是现实性,并且只要它们是现实性,就将无止境地在灵魂中拥有完全真实的效果。在此生中清楚明白的知识与在彼生中灵魂的知性与理性间的联系也是一种现实性,它必将无止境地有其真实的效果。现在灵魂所有这些现实性的自然真实的效果只能是如此增加以至于无穷……"③在这里,他的意思是:心灵(灵魂)在死前就已有的清楚明白的表象或记忆,必然对心灵(灵魂)本身产生现实的效果。又由于心灵(灵魂)是纯精神性的和不可朽坏的,因此这些效果

---

① 在心灵(灵魂)的永恒持存中,鲍姆嘉登第一次给心灵(灵魂)加入了从善或择恶的自由。无疑,这在唯理论派的传统论证中是一个真正的转折点。因为他的先辈还只着眼于上帝赏善罚恶的公正性,来审视心灵(灵魂)在死后道德属性的重要性;而他却敏锐地觉察到,必须突出心灵(灵魂)在生前死后在道德上自由选择的意向,否则心灵(灵魂)的永存并无特定意义。下文将阐述这一点。

② Cf. Alexander Gottlieb Baumgarten, *Metaphysik*, verlagt von Carl Herrmann Hemmerde, Halle im Magdeburgischen, 1766, S. 294.

③ Alexander Gottlieb Baumgarten, *Metaphysik*, verlagt von Carl Herrmann Hemmerde, Halle im Magdeburgischen, 1766, S. 294.

必将一直作用于其肉体死后的心灵（灵魂）。经由这些效果，心灵（灵魂）必然会在死后回忆起生前所置身的种种表象或状态。这样，心灵（灵魂）在死后所具有的人格同一性就得到了保证。

至此，鲍姆嘉登的论证已经达到了目标。因为唯理论者所强调的心灵（灵魂）实体的两大要素——不可腐坏性和人格同一性都得到了证明。不过，他的创见正在于他对心灵（灵魂）观念的后续说明。在他看来，心灵（灵魂）实体的意义不能局限于一个单纯的对心灵（灵魂）本性的理论解释，而必须与心灵（灵魂）在无限进程中的道德演变相关联。这才是心灵（灵魂）观念的核心价值。同样，这也是他在上文中指出心灵（灵魂）在死后依然保有"自由"的原因，因为这种"自由"必然与道德相关。对此，他明确地说道："在较严格的意义上……自由最切近的后果就被称为道德之物（das Sittliche）。因此在较严格的意义上……一个精神在道德上的善是这样一种善，它以某种切近的方式依赖于该精神的自由……"①所以，心灵（灵魂）所拥有的自由首先就意味着选择善恶的能力。他认为，一个在尘世生活的心灵（灵魂）是一个有限者，必然处于持续不断的德性变化中。换言之，它天然就是一个善恶的结合体，只是两者的比例因人而异。一个全善或全恶抑或善恶均等的心灵（灵魂）在他看来都是不可能的。②他说："因此人类灵魂在此世的所有变动是同时具有善恶的，只是在不相等的程度上具有它们……这些变动或者是善多于恶，由之它们导

---

① Alexander Gottlieb Baumgarten, *Metaphysik*, verlagt von Carl Herrmann Hemmerde, Halle im Magdeburgischen, 1766, S. 297 – 298.
② 鲍姆嘉登相信，人之心灵（灵魂）作为一个有限之物（ein endliches Ding），只具备偶然的特性。因而，它兼有偶然的善和偶然的恶，是一个善恶的结合体。由之，一个全善或全恶的心灵（灵魂）就不符合它作为有限者的本性。而善恶均等的情况在心灵（灵魂）中之所以不可能发生，则是由于如下原因：如果我们假设存在一个善恶程度均等的心灵（灵魂），由于它本身是有限的和偶然的，那么这也意味着：与它正相反的心灵（灵魂）是可能的。另外，由于它的影响是偶然的，那么与它对立的心灵（灵魂）之影响也是可能的。这样，我们就可以设想一个与它对立的心灵（灵魂）在它之外产生影响，却与它是善恶均等的。换言之，就有两个善恶程度完全相等的心灵（灵魂）相互分离地存在。这在逻辑上是荒谬的。所以，从这种反证法可知：原初那个善恶程度均等的心灵（灵魂）是不可能存在的。

致的幸福就多于不幸福,并因它们更大的部分被称为善的;或者它们是恶多于善,由之它们导致的不幸福就多于幸福,并因它们更大的部分被称为恶的。"①

所以,对人类心灵(灵魂)善恶的判断只是系于两者比例的高低。当善的比例高于恶的时,它就是善的;当恶的比例高于善的时,它就是恶的。当然,人完全可以凭借自由改恶从善,或借同一种自由从善堕入恶中。这只是说:人在其心灵状态中,让善恶中的何者居于主导。另外需要注意,在鲍姆嘉登的理论中,善可以直接导向幸福,恶则导向不幸福。而他所说的幸福(Glückseligkeit)虽然与通常所说的"世俗幸福"相关,但更多是指心灵(灵魂)在道德上所达到的最完善境界,亦即他所谓的"完善性的总和"(der Inbegriff der Vollkommenheiten)②。在这个总和中,如果心灵(灵魂)在道德上的善臻于至境,那么幸福就将随之而来。换言之,德性与幸福直接地统一在一起,两者必以正比例的关系共同增减。③

现在如前所述,心灵(灵魂)在死后也拥有自由选择善恶的能力。而这就意味着:它在死后或者能持续地向善,以增加自己的福报;或者持续地在恶中沉沦,不断削减自己的福报。由此,他作出了下述断言:"人类灵魂在其肉身死后延续,不断地被改变……因此,在其持存的每个瞬间,或它的幸福增加了,或它的不幸增加了……所以,人类灵魂在其肉身死后或者比在此世幸福,随后是在至福中的(selig)……或者比此世更不幸,随后是遭受永罚的(verdammt)……灵魂在此生之后所进入的至福,

---

① Alexander Gottlieb Baumgarten, *Metaphysik*, verlagt von Carl Herrmann Hemmerde, Halle im Magdeburgischen, 1766, S. 300.

② Alexander Gottlieb Baumgarten, *Metaphysik*, verlagt von Carl Herrmann Hemmerde, Halle im Magdeburgischen, 1766, S. 298.

③ 鲍姆嘉登似乎认为,一种在道德上的最完善的状态就是幸福本身。这就暗中将德性与幸福以"分析的方式"统一起来了。然而,这种见解在康德看来是错误的。因为在现实中,德福不一致的现象是屡见不鲜的。有德的人未必有福,有福的人也未必有德。在《实践理性批判》中,他正因为发现德福无法分析地统一起来(从德性无法直接推出幸福,抑或从幸福也不可径直导出德性),转而寻求两者"综合统一"的可能性。

或者无止境地随着灵魂的持存而持存，或者最后终结在一种永罚（Verdammung）中。灵魂在此生之后被一次性地置入的永罚，或者无止境地随着灵魂的持存而持存，或者最后终结在一种至福（Seligkeit）中。"①因此，在鲍姆嘉登看来，灵魂持存的无限进程绝不是轻松的通往天国之旅。毋宁说，在此进程中，善恶的自由选择依旧决定着至福与永罚的最终分野。处在至福中的灵魂只有持续地勤勉修善，才能让自己处身其中；否则如果它弃善从恶并耽于其间，仍有可能堕入永罚。同样，已陷于永罚中的灵魂若执迷不悟，必然只能继续遭受天谴；但如果它能彻底弃恶从善并持之以恒，却仍可获致至福。

当然，鲍姆嘉登所未曾明言的是：上帝作为最后的主宰，是心灵（灵魂）命运不容置疑的审判官。心灵（灵魂）的去处是至福还是永罚，实际上都由他作出裁决。于是，他对灵魂不死的道德阐释，就很自然地溯归到上帝的存在及其公义性。无疑，上述唯理论哲学家早就将心灵（灵魂）的最终归宿定格在上帝赏善罚恶的公义中。然而，他却是第一个将心灵（灵魂）在永恒进程中的自由选择与上帝的公义结合起来解释的人。更为重要的是，他将"灵魂不死"首次界定为一种道德演变的无限延伸。这深刻地影响了康德在该问题上的理解。②后面我们将会看到，康德的心灵（灵魂）观念同样与道德使命的无限担承密切相关。

---

① Alexander Gottlieb Baumgarten, *Metaphysik*, verlagt von Carl Herrmann Hemmerde, Halle im Magdeburgischen, 1766, S. 300 - 301.

② 据沃特金斯的考证，康德只在1756—1757年的冬季学期和大概1757年的夏季学期使用了鲍迈斯特（Friedrich Christian Baumeister，1709—1785，沃尔夫哲学的追随者）的《形而上学的建制》（Institutiones metaphysicae）一书为学生讲授形而上学。而在一生中的其他时间里，他都用鲍姆嘉登的《形而上学》作为他的指定教本。（Cf. Eric Watkins, *Kant's Critique of Pure Reason-Background Source Materials*, edited and translated by Erik Watkins, New York: Cambridge University Press, 2009, p. 85.）由此可见，鲍姆嘉登对康德的影响是不言而喻的。

小结

唯理论者心灵理论的基本框架已经呈现出来了。从笛卡尔到鲍姆嘉登，一脉相承的是如下信条：心灵是一个思想实体，在空间中保有不可分的单一性，在时间里秉持不变的人格同一性。如前所述，笛卡尔从"我思故我在"的命题中，推出了"心灵之为思想实体"的结论。这一结论构成了唯理论心灵理论的核心信条。因为实际上，心灵的单一性和同一性都系于它的实体性之上。并且，心灵实体性之存废对心灵问题的争论有着无可置疑的主导作用。这一点将在随后进一步展示。在接纳心灵实体性的基础上，莱布尼茨则将心灵塑造为拥有自我意识——更确切地说，人格同一性——的高级单子。从此种人格同一性中，心灵实体获得了其独一无二的持存性，而其他实体只能停留在无知无识的"不朽"中。同时，人格所具有的道德内涵也标明了心灵观念在实践领域中的重要应用。随之，对莱布尼茨的追随者沃尔夫和鲍姆嘉登来说，他们的工作主要就体现为：将所有这些元素融贯在一个系统的"理性心理学"之中。其中，鲍姆嘉登的新意在于，将心灵（灵魂）相关于道德使命的无限延伸。至此，唯理论精心构建的"理性心理学"悄然成形了。对康德而言，唯理论者的上述心灵观无疑有其重大意义。在后面，我们将会看到，他从前批判到批判时期的心灵哲学之转变都与唯理论的做法息息相关。因为他对唯理论的承继、批判和改造，事实上都以它的基本观点为"策源地"。

然而正如我们熟知的那样，康德之所以能从唯理论的"策源地"中走出，正由于他观察到了经验论对唯理论上述做法的猛烈攻击。在经验论者的犀利抨击下，他从前批判时期唯理论的独断迷梦中惊醒了，不得不走上批判理性自身的探索道路。同样，在心灵问题上，经验论对唯理论的反驳也使他摒弃了莱布尼茨—沃尔夫派的立场，并最终促成了他在《纯粹理性批判》中对"理性心理学"的彻底摧毁。所以,在进入康德的具体观点之前,考察经验论对唯理论的反驳是非常必要的。下一章就着重探究这些反驳的具体展开。

第二章　经验心理学的崛起

如前所述，在康德之前，唯理论与经验论的对立是近代西方哲学的主流。前者关于心灵实体的先天论证就受到了后者从后天经验的角度发动的有力攻击。在此，我们将主要介绍洛克、贝克莱和休谟这三位古典经验主义者在该问题上的观点。三者的观点并不一致。总的说来，洛克和休谟对心灵实体的论证都持有怀疑和批判态度，但相较于洛克的温和、谨慎而言，休谟显得更为尖锐和极端；贝克莱则是经验论者中的异类，他以独特的方式捍卫了心灵实体的存在，并在某种程度上回归了唯理论对心灵实体的经典论证。虽然三者有着各自观点上的差异，但他们共同崇尚立足于经验观察的研究方式。这对于打破唯理论的独断信条是卓有成效的。这一点最鲜明地体现在康德身上。①但同样不容忽视的是，由于古典经验论者在传统哲学论题上依循了"破而不立"的探讨路径，因而他们走向以休谟为逻辑终局的怀疑主义困境也就不足为奇了。下面我们就进入洛克、贝克莱和休谟对心灵问题的讨论。

---

① 与对理性心理学的论述相一致，本章对经验心理学的论述同样将紧扣住经验论对康德思想的重要影响。上述三位经验论者都在《纯粹理性批判》中被提及：提及洛克的位置在 AⅨ、B119、B127、B327、B882；提及贝克莱的位置在 B71 和 B274；提及休谟的位置在 B5、B19、B127、B773、B774、B792、B884。由此推断，康德对此三人的思想应该是熟悉的。

第一节　洛克：观念集合的心灵与人格同一性

一、心物二元实体论的解构

洛克是英国经验论的创始人，以对天赋观念论的批判著称于世。在唯理论者看来，人心所赋有的许多观念（idea）①都是先天具足的，例如数学、逻辑知识和一些必要的实践原则。与此相对，他却认为，知识的要素——观念绝不是先天的，它们要么是由外物作用于我们的感官而来，要么是由心灵反省自己的活动产生的。换言之，一切观念或源于外部经验，或起于内部经验，绝无可能先于经验存在。罗素据此认为，"洛克的彻底经验主义是一个大胆的革新"②。因为自柏拉图以降，几乎所有的哲学家都相信，我们的经验知识中必有先天的成分，而洛克则是第一个将经验主义原则贯彻到底的哲学家。同样，文德尔班也相信，洛克在哲学上的经验主义转向是开创性的。他不无洞见地评论道："笛卡尔式的意识和物体的实体二元论形而上学在整个启蒙时期占据统治地位，洛克在展现这种形而上学时所采取的通俗—经验的表达方式使他成为新运动的领袖。"③

显然，笛卡尔的心物二元论的确构成了洛克展开其哲学的思想背景。但是，文德尔班似乎过于强调了洛克与笛卡尔的一致性，而忽视了两者更为内在的冲突。因为当洛克以一种"通俗—经验的表达方式"来"解释"笛卡尔的心物二元论时，这种解释毋宁说是一种潜在的批判。在

---

① "观念"这个术语在洛克的著作乃至后续贝克莱和休谟的哲学中都是一个核心概念。当然，它在唯理论乃至德国古典哲学中也是非常关键的。观念可被视作在人心中呈现的任何表象（Vorstellung）。对它起源于先天还是后天的争论，决定了唯理论与经验论的分野。

② 罗素：《西方哲学史》（下卷），马元德译，北京：商务印书馆，2018年，第151页。

③ 文德尔班：《哲学史教程》（下卷），罗达仁译，北京：商务印书馆，1997年，第623页。译文有所改动，参考了德文版［W. Windelband, *Lehrbuch der Geschichte der Philosophie*, Tübingen und Leipzig: Verlag von J. C. B. Mohr (Paul Siebeck), 1908, S. 367 – 368］。

洛克看来,像笛卡尔那样强调灵魂和物质两种"实体"的平行存在,其实是毫无根据的。他对实体概念本身就怀有深切的不信任感。事实上,正是从他对实体概念的分析中,我们发现了他反对心灵实体论的证据,虽然在他公开发表的著作中并没有直接谈论该问题的篇章。正如上一节所描述的那样,理性心理学有两大要素:心灵自身的不生不灭和其人格同一性的维持。实际上,这两个要素都系于心灵作为实体的核心信条——经由心灵实体的单一性(Einfachheit)可推得它的不可分性和不可毁灭性,通过心灵实体的同一性(Identität)可导出它的人格同一性。而他的攻击之所向正是笛卡尔式的对物质和心灵两种实体的置信。

在《人类理解论》中,洛克开宗明义地解释了"实体观念是怎样形成的"①。如上所述,他相信,人心中的观念要么来自外部感觉,要么源起于内心反省。并且,人心"又注意到,有些简单的观念是经常在一起的"②。于是,这些简单观念就会顺理成章地被认为属于一个事物,更确切地说,统一在同一个主体(subject)③中,进而以众所周知的名字传播开来。"后来我们又因为不注意的缘故,往往在谈起来时把它当做一个简单的观念看,实则它是由许多观念所凑合成的……我们不能想象这些简单的观念怎样会自己存在,所以我们便惯于假设一种基层(substratum),以为它们存在的归宿,以为它们产生的源泉。这种东西,我们就叫做实体(substance)。"④

要想确切地把握上述段落中洛克对实体概念的说明,首先要谈及他对"观念"一词的理解。因为在他经验论的解释框架中,实体也是一种观念。如前所述,"'观念'这个术语在他的整个著作中处于中心的地位"⑤。

① 洛克:《人类理解论》(上册),关文运译,北京:商务印书馆,2019年,第286页。
② 洛克:《人类理解论》(上册),关文运译,北京:商务印书馆,2019年,第286页。
③ 在这里,洛克所说的主体并不指"自我"(I, self),而是指人心用来聚合简单观念的虚构共同体。
④ 洛克:《人类理解论》(上册),关文运译,北京:商务印书馆,2019年,第286页。
⑤ 格瑞特·汤姆森:《洛克》,袁银传、蔡红艳译,北京:清华大学出版社,2019年,第19页。

因为在他看来,知识基于观念,而"观念是感觉和思维的直接对象"①。在此基础上,他区分了简单观念和复杂观念。简单观念是"一个人知觉得最分明的"②,"这些观念本身各各既都是单纯不杂的,因此,它们只含有一种纯一的现象,只能引起心中纯一的认识来,并不能再分为各种不同的观念。"③他举例说,比如冰块的冷和硬、百合花的香气和颜色等,都是各各不同的简单观念。而与之相对的复杂观念则由这些简单观念复合而成。例如上面提及的冰块、百合花等,就是复杂观念。由此,在他的眼中,实体观念只是被人们误认为是简单观念,实际上却是复杂观念。因此,它无非由一群恒常结合在一起的简单观念所构成。比如,在通俗意义上,上述的冰块和百合花也可以看作是两种特殊的实体。但显然,对于冰块,我们除了知道它的冷、硬、方的形状、透明的颜色等简单观念,并不了解它作为实体究竟是什么;同样,对于百合花,我们除了知道它的香气、白色、形状等简单观念,对它自在为何物也一无所知。因此,仅由于触到的冷、硬和看到的形状、颜色等简单观念在心中恒常地关联呈示,我们就虚构出一个称为冰块的实体作为这些观念的基底;同样,只因为闻到的香味、看到的白色和外形等简单观念不断地集聚出现,我们才会很自然地接受一个百合花的实体观念。

因此,洛克毫不客气地揭穿了实体概念的虚假性。他说:"任何人如果一考察自己的概括的纯粹实体观念,他就会看到,他的观念只是一个假设,因为他只是假设有一种莫名其妙的东西,来支撑能给我们产生简单观念的那些性质(这些性质普通称为附性[accidents])。"④所以,实体概念"只是我们所假设而实不知其如何的一种支托(support)"⑤。人们曾设想,它是作为偶性(也即附性)的诸简单观念的终极支撑。然而,洛

---

① 格瑞特·汤姆森:《洛克》,袁银传、蔡红艳译,北京:清华大学出版社,2019 年,第 20 页。
② 洛克:《人类理解论》(上册),关文运译,北京:商务印书馆,2019 年,第 90 页。
③ 洛克:《人类理解论》(上册),关文运译,北京:商务印书馆,2019 年,第 90 页。
④ 洛克:《人类理解论》(上册),关文运译,北京:商务印书馆,2019 年,第 286 页。
⑤ 洛克:《人类理解论》(上册),关文运译,北京:商务印书馆,2019 年,第 287 页。

克反其道而行之,宣称简单观念才是更根本的,而实体观念只是简单观念的复合。

　　洛克的这种实体观无疑是革命性的。自亚里士多德提出实体与偶性的二分,这一区分一直是哲学家们解读事物的标的。换言之,事物作为实体是在先的和第一性的,而它的性质和状态作为偶性则是附属的和第二性的。这早已成为一个颠扑不破的"真理"。如今,洛克却公开宣称偶性的第一性和实体的第二性。由此,对传统形而上学的反叛在他这里已然生根发芽。不过,有一种解释认为,洛克跟传统的实体理论并不那么截然对立,因为"他把一般意义上的实体看作是一个纯粹的基质"①。下面我们将会看到,他的实体观中的矛盾使得这种解释有一定道理。然而,此种说法毕竟错失了他的观点中真正有价值的部分。在上述引文中,我们的确看到:他称实体是一种"基底"或"支托",但他同样强调,它之为基底或支托只是假设的和未知的。因此,他是在一种批判的,而非肯定的意义上,才谈及人们所言之凿凿的"实体的基底或支托作用"。他想表达的理应是:那些人只是假装对实体概念了如指掌并大谈特谈,实际上却从来没有任何清晰的观念,因而完全处于一无所知的状态。

　　由这种批判性的视角出发,洛克对笛卡尔的心物二元实体论进行了经验主义的重构:"我们所以有物质观念只是因为我们假设有一种东西是为打动我们感官的那些感性性质所寓托的,同样,我们所以有精神实体的观念,亦是因为我们假设有一种实体是为思想、知识、怀疑、推动力所寓托的。我们并不知道前一种是什么,我们只是假设它们是外界简单观念的基层,同样,我们亦一样不知道后一种是什么,我们只假设它是我们自身所经验到的那些活动的基层。"②在这里,洛克的意思是:笛卡尔式的心物二元论之所以会出现,只是因为我们由外部的可感性质"想当然地"推出了它们寓于其中的物质实体概念,而从自身的意识状态"不假思

---

①　格瑞特·汤姆森:《洛克》,袁银传、蔡红艳译,北京:清华大学出版社,2019年,第50页。
②　洛克:《人类理解论》(上册),关文运译,北京:商务印书馆,2019年,第289页。

索地"导出了它们基于其上的心灵实体概念。但在洛克看来,这种推论是站不住脚的。因为物质实体观念只是可感性质的一个综合,而心灵实体观念则是我们意识活动的一种总括。至于两种实体自在地为何物,这一点根本不在我们的认识范围之内。

这样,洛克就将心灵实体概念解读为意识内部简单观念的集合。无疑,这一解释瓦解了自笛卡尔以来该概念的先天实在性。因为如果心灵作为实体只是诸简单观念的一个集合,那么它就会随着观念的增减改变而被分解,进而处于生灭之中;并且,每一次观念的变更都会改变它的内在构成,由之它的同一性也难以为继了。所以,一旦将心灵解读为一个经验观念的复合体,那么对于心灵实体的任何形式的先天论证就必然失败了。由此观之,洛克的上述实体观对于反驳唯理论来说已经颇具威胁了。但在这里,他的做法还只是引导性的。在后面我们将会看到,他的实体观如何在休谟那里发扬光大,并成为经验主义批判传统心灵实体学说的最强音。同样,经由休谟的中介,康德的心灵实体观也在经验论的影响下发生了根本性转变。

不过,就洛克本人而言,他并没有到达与实体概念完全决裂的程度。事实上,正如阿龙所指出的那样,洛克"没有否认实体的存在,也没有否认需要一个性质的承载物"[1]。洛克明确地说道:"我们不能因为自己没有任何精神实体的观念,就断言精神不存在,亦正如我们不能因为自己没有物质实体的观念,就断言物质不存在一样。"[2]所以,洛克只是"否认我们拥有关于该实体的知识"[3],但"经验本身提示着它的存在,但它不能披露其本性"[4]。这样看来,他并没有如罗素所言,彻底贯彻经验主义原则。他虽然宣称,我们的实体观念只是简单观念的复合,因而我们对实

---

[1] 阿龙:《约翰·洛克》,陈恢钦译,沈阳:辽宁教育出版社,2003年,第199页。
[2] 洛克:《人类理解论》(上册),关文运译,北京:商务印书馆,2019年,第289页。
[3] 阿龙:《约翰·洛克》,陈恢钦译,沈阳:辽宁教育出版社,2003年,第199页。
[4] 阿龙:《约翰·洛克》,陈恢钦译,沈阳:辽宁教育出版社,2003年,第199页。

体本身一无所知,但他最后又独断地接纳了实体的存在。这一做法显然与经验主义观念论原则不符,因为对于实体的存在,他并未给出合适的证明。由此,洛克哲学的不彻底性和内在矛盾就展露无遗了。接下来,我们将会看到,贝克莱和休谟如何在不同维度上修正了他哲学中的这种矛盾,并发展出各自不同的哲学体系。

与此同时,洛克的实体观除了含有上述内在的不一致性外,它将物质实体与心灵实体等量齐观也是有问题的。阿龙认为:"洛克在此忽略了一个重要的区别。简单观念在有形客体中是成组地一起出现的。而思想、推理、恐惧则不是完全以同一方式一起被经验的。我之所以能感知到我的思想、推理和恐惧的单一性就在于体会到它们都是我的。假如是这样,那么实体概念显然又包含了对自我的意识。"①阿龙的这一批评是正确的。因为可感性质的简单观念在物质实体名下的集合,与意识状态在心灵实体名下的集合是不同的。可以说,物质实体的观念来源于诸可感性质在某一固定时空内恒常的相互伴随关系。但心灵实体的观念,却必须由处在时间流中的意识状态的同一性来获得,而这种同一性只能源于自我。这的确是在物质实体中未曾出现的情况。因而,在某种意义上,至少在对笛卡尔式心灵实体的分析中,洛克可能有所错漏。因为在笛卡尔"我思故我在"的命题中,并不存在从显明的"我之思"推出未知的"思之我"的隐含过程,亦即并不存在一个从"自身的意识状态"到它们寓于其中的"心灵实体"的推论。毋宁说,笛卡尔式的自我(心灵)是"临在"于思想之上的。换言之,"我之思"与"思之我"是直接同一的。笛卡尔的意思似乎是:只要我"在思",那么思着的我就必然"在"。因此,他的"我思"(心灵)实体恰恰是可知的。在每一次的起心动念之际,这个自我(心灵)就径直呈现了。不过,洛克的质疑依然有其合理之处。在他看来,即便笛卡尔式的自我(心灵)能在思想的流变中恒常地被经验到,这并不必

① 阿龙:《约翰·洛克》,陈恢钦译,沈阳:辽宁教育出版社,2003年,第197—198页。

然就使它成为一个后者所指认的"实体"。因为洛克相信,"如果没有进一步的证据,我们是不可能将我们在经验中意识到的自我等同于一个非物质的实体的"①。

二、人格同一性即意识同一性

如前所述,人格同一性对于心灵实体的论证来说是两大核心要素之一。因为只有确保心灵在永恒持续中的同一性,其实体性才能得到维持。唯理论者认为,心灵实体的同一性就保证了人格的同一性。然而,洛克对实体的分析却取消了心灵实体的先天同一性。由此,在唯理论者那里并无争议的"人格同一性"在他这里却成了一个异常关键的论题。

弗斯楚姆(K. Joanna S. Forstrom)认为:"约翰·洛克关于人格同一性问题的表述和观点处于哲学家们最常研究和辨析的问题之列。"②她的这一评价恰如其分。的确,洛克对人格同一性的分析被公认为是在《人类理解论》中最具影响力的篇章之一。③对于唯理论者而言,心灵实体的同一性就保证了人格的同一性。但洛克却认为,心灵实体无非是作为简单观念的诸意识状态之集合。这样一来,唯理论所设想的心灵实体的先天同一性就不成立了。那么,人格同一性的根据又何在呢? 如果他不接受来自唯理论实体观的解释,他就必须另辟蹊径来说明为何我们始终是同一的自我。

洛克的解决方案起于他对人(man)与人格(person)两个概念的区

---

① 阿龙:《约翰·洛克》,陈恢钦译,沈阳:辽宁教育出版社,2003 年,第 198 页。

② K. Joanna S. Forstrom, *John Locke und Personal Identity-Immortality and Bodily Resurrection in 17th-Century Philosophy*, London and New York:Continuum International Publishing Group, 2010, p. 1.

③ 在洛克同时代的哲学家中如约瑟夫·巴特勒(Joseph Butler)、贝克莱、托马斯·里德(Thomas Reid)和莱布尼茨那里,该篇章就引发了激烈的讨论和批评。在当代西方学界,除了上面提到的弗斯楚姆,像乌多·梯尔(Udo Thiel)、肯内特·P. 温科勒(Kenneth P. Winkler)、大卫·P. 比安(David P. Behan)和安东尼·弗罗(Antony Flew)等在各自的专著或文章中,都对洛克的人格同一性问题有详细的论述。

分。在对莱布尼茨单子论的分析中,我们曾提及这一区分的重要性。前者相关于人的自然属性,而后者则牵涉其理性本性。洛克认同这一区分,并明确宣称:"同一的人又是一回事,同一的人格者又是另一回事。"①他认为,"人"只是指"具有某种形式的一种动物"②,因为"任何人只要看到一个同自己形相和组织相同的生物,则那个活物虽然终生没有理智,正如猪或鹦鹉一样,他亦会叫那个活物为人"③。与之相对,"所谓人格就是有思想、有智慧的一种东西,它有理性、能反省,并且能在异时异地认自己是自己,是同一的能思维的东西。"④以此区分为基础,洛克进而判定:人的同一性不同于人格的同一性。前者是指人作为动物所拥有的连续而同一的生命,后者则依赖于意识的同一性。很明显,"人的同一性系于生命的同一性"这一点尚且是可以理解的。但要说"人格的同一性扎根于意识的同一性",就未必那么让人信服了。他的理由是:人格代表一个理性的思想者,而思想又必然离不开意识,所以意识才是使人格成其为自身的东西。因为"只有意识能使人人成为他所谓'自我',能使此一个人同别的一切能思想的人有所区别,因此,人格同一性(或有理性的存在物的同一性)就只在于意识"⑤。进而,他还将意识和回忆联系起来,认为回忆能到达什么程度,那么人格同一性也就能伸展到什么程度。由此,他顺理成章地推定:人格同一性只与意识的同一性有关,而与实体的同一性完全无关。"因为人所以自己认识自己,既然是因为有同一的意识,因此,人格同一性就完全依靠于意识——不论这种意识是附着于单一的实体,抑或能在一系列繁多实体中继续下去。"⑥

洛克对人格同一性的上述理解也规定了他对"灵魂不死"的看法。

① 洛克:《人类理解论》(上册),关文运译,北京:商务印书馆,2019 年,第 331 页。
② 洛克:《人类理解论》(上册),关文运译,北京:商务印书馆,2019 年,第 331 页。
③ 洛克:《人类理解论》(上册),关文运译,北京:商务印书馆,2019 年,第 331 页。
④ 洛克:《人类理解论》(上册),关文运译,北京:商务印书馆,2019 年,第 334 页。
⑤ 洛克:《人类理解论》(上册),关文运译,北京:商务印书馆,2019 年,第 334 页。
⑥ 洛克:《人类理解论》(上册),关文运译,北京:商务印书馆,2019 年,第 335 页。

心灵（灵魂）在人生前死后的同一性，无关乎"它是否是一个实体"，而只相关于"它的同一意识能否从生前延伸到死后"。他举例说："苏格拉底和皇后市（Queenborough）现任的市长，如果有同一的意识，则他们便是同一的人格者。"[①]因为"自我意识只要认为千年前的行动是自己的行动，则我对那种行动，正如对前一刹那的行动，一样关心、一样负责"[②]。然而，他的这种解释并不那么具有说服力。设想一个当代人斩钉截铁地宣称：自己是苏格拉底再世。并且，他所描述的苏格拉底的细节都与我们所知的丝毫不差。那么，我们将必须同意他是苏格拉底的转世再生吗？显然，单凭他的一面之词，我们很难完全相信，他与苏格拉底是同一个人格者。这里的问题是：洛克只是用第一人称的"自我意识"来设想这类情形的发生。如果我们站在旁观者的立场上就会发现：对他人的自我意识"在千年间的同一性"进行判定，是一个不可能完成的任务。[③]

所以，我们必须一分为二地看待洛克将人格同一性直接奠基于意识同一性的做法。一方面来说，他的这一做法的确是一个伟大的创见。因为对于意识在建构人格同一性方面的关键作用，以前的哲学家往往缺乏重视。而他对这点的强调是影响深远的，休谟和康德对此的接纳就证明了这一点。但从另一方面看，洛克的这一处理显得过于简单，因而招致了后世许多哲学家的批评。约瑟夫·巴特勒就认为，人格同一性的意识预设并不建构人格同一性。比如，在"他记得他是同一个人"与"他是同一个人"之间，并不能直接画等号。贝克莱则批评说，如果意识是评判人格同一性的标准，那么我们将必须承认，一个人在某些拥有连贯的意识状态的时候是同一个人，在某些缺乏一致的意识的时刻就不是同一个人

---

① 洛克：《人类理解论》（上册），关文运译，北京：商务印书馆，2019 年，第 342—343 页。Queenborough 是位于英格兰东南部的一个港口小镇，又译作昆伯勒。

② 洛克：《人类理解论》（上册），关文运译，北京：商务印书馆，2019 年，第 341 页。

③ 实际上，在《纯粹理性批判》的 A 版"谬误推理"中，康德正由"第三人称视角"，反驳从"第一人称视角"出发的对意识同一性的自我确认。在第四章第三节"心灵同一性的谬误推理"中，我们将会看到更细致的讨论。

了,而这显然是荒谬的。在托马斯·里德看来,洛克混淆了人格同一性与作为其证据的意识同一性,因而陷于循环论证的困境。①因此,与洛克同时代或在他之后的学者的批判都构成了对洛克的巨大挑战。弗罗依此判定,洛克虽然看到了人格同一性问题的重要性,但并未给出令人满意的答案。②

同样地,在这一部分中,洛克从意识同一性的角度对灵魂不死问题的解释虽然预示了一个对休谟和康德而言的决定性方向,但毕竟语焉不详、未能深入。他只是说,心灵(灵魂)在生前死后的同一性要看它的意识能否始终具有同一性。因而,我们不可去幻想一个所谓的心灵(灵魂)实体能提供此种同一性的保证。在后人整理发表的日记中,他也明确宣称:心灵的持存不是一种实体性的纯然生存与延续,而是一种感知性的状态(a state of sensibility)。③这种感知性的状态和他上文强调的意识是一致的,因而他并不否认心灵(灵魂)的永恒持存。但他认为,这种持存不能是无知觉、无意识的。因为如果心灵(灵魂)只是如惰性的物质一般无始无终,那它的持存就毫无意义。正是在这个层面上,他反对从心灵(灵魂)作为非物质实体的立场出发论证其持存性。

总之,洛克对心灵实体观的批判和对人格同一性的解释使我们看到了:他如何站在经验论的立场上反驳唯理论对心灵实体的先天论证。洛克的心灵理论深刻地影响了贝克莱和休谟,尽管是在一种截然相反的维度上:贝克莱作为大主教,试图由经验论原则开始,返归于对心灵实体的传统证明来应对洛克的反驳;而休谟则真正"彻底和融贯地"实践了洛克所开创的经验主义原则,并发起了对心灵实体的先天证明的最激进批

① Cf. David P. Behan, "Locke on Persons and Personal Identity", in *Canadian Journal of Philosophy*, Vol. IX, Nr. 1, 1979, pp. 53 - 54.
② Cf. Antony Flew, "Locke and The Problem of Personal Identity", in *Philosophy*, Vol. 26, Issue 96, 1951, p. 53.
③ Cf. Lord King, *The Life and Letters of John Locke-with Extracts from His Journals and common-place Books*, New York: Burt Franklin, 1884, p. 128.

判。下面，我们就进入两人在该问题上全然不同的思想图景。

第二节　贝克莱：作为能动感知实体的心灵

一、心灵与观念的绝对区分

　　贝克莱以对"物质"概念的拒斥而留名于哲学史，他的名言"存在即被感知"就是这一态度的最佳表达。在他看来，"物质对象无非由于被感知才存在"[①]。而脱离开进行感知的心灵，谈论一个客观存在的物质世界实际上是不可能的。当然，我们在此不会过多讨论他消解物质实体的过程。我们将着重关注他如何应对洛克并发展出自己心灵实体证明的过程。

　　不过，相对于贝克莱对物质概念的详尽分析，他对心灵（灵魂、精神）概念却谈得不多。即便如此，"心灵"却是他哲学中的中心概念。正如罗伯茨（John Russell Roberts）所说的那样："贝克莱是一元论者。他是诸心灵（minds）的一元论者……贝克莱本体论的基本元素就是诸精神（spirits）。只有精神才是实体。在某种意义上，这当然是很简单的一点，但也是最重要的一点。"[②]重新将心灵塑造为实体（并且是唯一的实体），这是贝克莱对洛克哲学作出的最关键的修正，也是他与休谟正相反对的地方。因为如前所述，洛克认为心灵实体无非是观念的集合，而休谟——正如我们随后将介绍的那样——则更为直接地将心灵阐释为"一束不同的知觉"（a bundle of different perceptions）。而与两者不同，贝克莱依然力证心灵是一个实体。不过，他的论证进路和唯理论不尽相同。事实上，他的证明有赖于他对"心灵"与"观念"两者的区分。该区分是他

---

① 罗素：《西方哲学史》（下卷），马元德译，北京：商务印书馆，2018 年，第 197 页。

② John Russell Roberts, *A Metaphysics for the Mob-The Philosophy of George Berkeley*, Oxford：Oxford University Press，2007，p. 5.

的哲学中兼具独创性和首要性的一环,因为该环节标志着他与洛克、休谟两人的分道扬镳。不过,要想确切理解这一区分的意义,我们还是要从他与洛克的联系谈起。

众所周知,贝克莱哲学的起点正是洛克经验主义观念论的基本原则。贝克莱在《人类知识原理》的开篇就明确宣称:"人们只要稍一观察人类知识的对象,他们就会看到,这些对象就是观念,而且这些观念又不外三种。(1)一种是由实在印入感官的;(2)一种是心灵的各种情感和作用所产生的;(3)一种是在记忆和想象的帮助下形成的(这里想象可以分、合或只表象由上述途径所感知的那些观念)。"① 可以看到,他认同洛克将知识的对象——观念归于外部感觉和内心反省的做法。与洛克相一致,他也认为,所谓的物体无非是从外部经验中得到的观念之集合。而观念既然不能脱离心灵而存在,那么这就意味着:物之为观念的集合也不能离开心灵。这样,他就达到了"心外无物"的结论:"我们纵然尽力设想外界事物的存在,而我们所能为力的,也只是思维自己的观念。不过人心因为不曾注意到它自己,因此,它便错认自己可以设想;各种物体可以不被思想而能存在,或在人心以外存在。实则那些物体同时是为它所了解的,存在于它自身中的。"② 所以,就反对物质实体的存在而言,他在洛克所开辟的道路上无疑走得更远。因为在上一节中可以看到,洛克虽然攻击了物质实体观念的虚假性,但还有所保留地认为,我们不能由于这种虚假性就断言物质不存在。这种保留态度在贝克莱这里已被完全抛弃。在他看来,物质实体既然只由人心中观念的组合而来,那么它在自然态度中的客观实在性就必须在哲学中彻底地加以排除。

然而有趣的是,贝克莱虽然把洛克对物质实体的批判发挥到了无以复加的地步,但对于后者将心灵实体也视为"观念之集合"的处理,他就鲜明地表达了异议。因为这必将导致心灵实体遭遇与物质实体相同的

---

① 乔治·贝克莱:《人类知识原理》,关文运译,洪谦校,北京:商务印书馆,2010 年,第 22 页。
② 乔治·贝克莱:《人类知识原理》,关文运译,洪谦校,北京:商务印书馆,2010 年,第 33 页。

命运——彻底消解于无。①这是他无法接受的。因为他与洛克、休谟两者的不同之处正在于：他要求继续保留心灵的实体地位。②鉴于此，他才将观念和心灵区分开，以此来抵制将心灵（灵魂、精神）"观念化"并最终"虚无化"的倾向。他曾这般说道："除了那些无数的观念（或知识的对象）以外，还有别的一种东西在认识或感知它们，并且在它们方面施展各种能力，如意志、想象、记忆等。这个能感知的能动的主体，我们把它叫做心灵，精神或灵魂，或自我。这些名词并不表示我的任何观念，只表示完全和观念不同的另一种东西。这些观念是在那种东西中存在的，或者说，是为它所感知的；因为一个观念的存在，正在于其被感知。"③从中可知，他之所以要将心灵与观念加以区分，有其内在的哲学动因。很明显，心灵中各式各样的观念，只有通过被心灵感知的方式才能存在。这是"存在即被感知"这句话的原义。在这样一个心灵感知诸观念的过程中，我们发现：心灵是主动的感知者，而诸观念是被动的感知对象。正是在此意义上，他不可能接受将心灵视为"一束知觉"或"观念之集合"的理论。因为实际上，此种理论承认了"观念在本体论上具有优先性，心灵的存在有赖于观念"④。但对他来说，情况正好相反。既然心灵是主动者，而观念是被动者，那么前者理应具有第一性，后者的存在只能依附于前者。对此，他明确地说道："观念的原因乃是一个无形体的、能动的实体或精神……所谓精神是一个单纯能动而不可分的、能动的存在。"⑤ 由此而来

---

① 这正是休谟哲学的一个要点。在下一节里，我们将会看到他对心灵实体学说的批判。

② 通过查考贝克莱死后发表的早期日记，学者们已经发现，他早期似乎倾向于认同休谟式的心灵观——作为"一束知觉"的观点。更确切地说，他曾在"心灵是实体还是一束知觉"两种观点之间摇摆不定。但在其成熟时期发表的《人类知识原理》中，他抛弃了"心灵是一束知觉"的论断，而径直宣称"心灵是统一的实体"。（对于他心灵观的具体转变，可参见 Udo Thiel, *The Early Modern Subject-Self-consciousness and Personal Identity from Descartes to Hume*, Oxford: Oxford University Press, 2011, pp. 258 - 262）

③ 乔治·贝克莱：《人类知识原理》，关文运译，洪谦校，北京：商务印书馆，2010 年，第 22—23 页。

④ 布鲁斯·乌姆鲍：《贝克莱》，孟令朋译，北京：清华大学出版社，2019 年，第 96 页。

⑤ 乔治·贝克莱：《人类知识原理》，关文运译，洪谦校，北京：商务印书馆，2010 年，第 35 页。

的结果是："因此,我们并不能对精神或灵魂形成任何观念,因为一切观念既然都是被动的、无活力的。"①

但在某种意义上,就经验论原则而言,这种将心灵与观念作绝对区分的做法似乎不太融贯。如前所述,贝克莱首先接纳了洛克"知识只能起源于观念"的说法,随后又强调了心灵与观念的二分。那么,我们可以追问:当"我"实际上只拥有一些无法通达心灵的观念,"我"如何能够得知我心灵的存在?贝克莱的解决方案其实已经在上面展示出来了。他认为:被动的观念之"被感知",恰恰证明了能动的心灵之"能感知"。换言之,"我们只能借精神所生的效果来感知它,此外,并无别的方法来感知它;这正是精神(或能动实体)的本性"②。不过,问题依然存在:当他从被感知观念的"结果"推论出作为"原因"的感知心灵(精神)时,这种推论就一定成立吗?我们知道,休谟的一个天才洞见正是对因果关系的怀疑论解读。他认为:即便在经验世界里,从结果反推至原因的过程并不如通常所认为的那般客观有效。比如,从"石头热"无法绝对地推出"太阳晒",即便经验无数次地证明了这一点。因为那也只是由于"石头热"的表象恒常地跟随"太阳晒"的表象出现,于是人心才习惯将它们"联想"在一起。所以,它们的关系毋宁说是心理想象活动的结果。然而,如果一个人试图更加狂妄地为经验中的现象找出其外于经验的原因,这就是人心的纯然臆想了。因为在他看来,在经验世界中的因果关系尚属人心所惯常接受并误认作客观的东西,但为经验之物找寻一个超出经验的原因就是天大的谬误了。不过,贝克莱的论证路径却正是"从结果(经验性观念)推出原因(非经验性观念的心灵)"。所以,倘若我们借用休谟的上述观点来反驳他,就很难看出他能拿出何种有效的应对方案。

因此,贝克莱虽然反对洛克和休谟将心灵观念化的做法,坚持心灵的实体地位,但他自己始终缺乏对心灵概念的强有力说明。他只是说,

---

① 乔治·贝克莱:《人类知识原理》,关文运译,洪谦校,北京:商务印书馆,2010 年,第 35 页。
② 乔治·贝克莱:《人类知识原理》,关文运译,洪谦校,北京:商务印书馆,2010 年,第 35 页。

我们虽然不可能有任何关于心灵的观念,但总会有对于它的一些意念(notion)。区分"意念"与"观念"这两个概念,对于理解他的心灵理论是很关键的。正如傅有德指出的那样:"'意念'这个词是专用来表示对于精神实体的认识的,它的意义与观念(idea)大不相同。形成某个事物的观念是指人的心灵拥有它的影像(image),也就是对那个事物有当下的、直接的把握……但是,当我们说拥有某物的意念时,心目中并没有它的影像,也不能在现实中找到其原型。实际上,它是由反思或者推论而来的模糊不清的概念,由此,我们只知道某物确实存在着,但对其存在的方式和面貌没有清楚明白的认识。"[①]所以,当贝克莱说我们对心灵只有一些意念时,其实他也承认,我们不可能对心灵有直接的认识,故而只能对其实存进行"间接推定"。

二、对心灵实体的理性界定

上述由果及因的"从被感知观念到感知心灵的追溯",只是推定心灵存在的一种方式。在《人类知识原理》的第 135 节,贝克莱又给出了另一种论证方式:"我还可以补充说,精神既是不能思想的事物或观念在其中存在的唯一的支柱和实体,那么,要说这个能知觉、能支撑各种观念的实体,本身也是一个观念或类似一个观念,那就显然很荒谬了。"[②]他的意思是:如果人们认同"观念必然只存在于心中"——更确切地说,"心灵是观念的支柱"的结论,那么他们必然不能将心灵(精神)视为观念或观念的近似物。因为倘若心灵也是一个观念,那么说这个观念是其他观念的支托就显得荒诞不经。一个被动的、无活力的"心灵观念",绝不可能成为其他同样仅具备此特征的观念之"存在根据"。事实上,只有一个主动的、有活力的心灵才能担此重任。但如果心灵是主动的、有活力的,那么它就不再是观念,而必须是"实体",正如上述引文所表明的那样。不过,

---

① 傅有德:《巴克莱哲学研究》,北京:人民出版社,1999 年,第 211—212 页。
② 乔治·贝克莱:《人类知识原理》,关文运译,洪谦校,北京:商务印书馆,2010 年,第 94 页。

根据卡明斯(Phillip D. Cummins)的考证,贝克莱"没有在《人类知识原理》中的任何地方给'实体'下过定义"①。卡明斯由此推断说:"这就鼓励他(指贝克莱,译者注)的读者在一种惯常的意义上看待它。在某种惯常的意义上(亦即在一种被哲学家们长期认可的意义上),成为一个实体也就是成为一个持存的个体,而多样的状态和活动可以通过述及它的谓语表达归之于它。"②卡明斯的这一推断是正确的。在上述引文中,贝克莱将心灵实体视作观念之支柱,这种"支柱"意义正是实体概念的一种惯常使用。心灵实体是单一不变的持存性"支柱",而多样化的观念可以尽归于它。但是,这种对实体的惯常解释事实上是唯理论的实体观。傅有德借此认为,贝克莱在衡量心灵(精神)实体时使用了经验和理性的双重标准:"用经验的标准衡量,精神也如物质一样属于超验的彼岸的世界,因而是不实在的;但如果用理性的推论则可以而且必定证明精神的存在。"③这一解读是合理的。因为在一定程度上,贝克莱对心灵实体的理解的确返归了唯理论传统。从诸观念推出它们寓于其中的心灵实体,正是应用了传统的"从偶性到实体"的理性推论。

然而,如果站在经验论的角度来说,正如洛克已经指出的,我们从偶性只能推出一个作为偶性之集合的"实体观念"。唯理论者设想的那个作为终极支柱的"实体本身"必定是不可知的。物质实体如此,精神实体亦如此。贝克莱虽然认可洛克对精神实体本身不可知的判定,但仍以一

---

① Phillip D. Cummins, "Berkeley on Minds and Agency", in *The Cambridge Companion to Berkeley*, ed. by Kenneth P. Winkler, Cambridge: Cambridge University Press, 2005, p. 195.
② Phillip D. Cummins, "Berkeley on Minds and Agency", in *The Cambridge Companion to Berkeley*, ed. by Kenneth P. Winkler, Cambridge: Cambridge University Press, 2005, p. 195.
③ 傅有德:《巴克莱哲学研究》,北京:人民出版社,1999年,第213页。

种不合乎经验论原则的方式"独断地"接纳了心灵实体的存在。①这正体现了他哲学体系的不融贯之处。可以说，他是康德的先驱，试图将唯理论与经验论的信条调和起来，但结果似乎并不让人满意。

无论如何，在完成了从观念到心灵实体的"跨越"之后，贝克莱确实回到了唯理论对心灵实体的规定。如唯理论者一般，他认定心灵（灵魂）是单一的实体。由此，如下一点就是顺理成章的："灵魂是不可分的、无形体的、无广延的，因此也是不可毁灭的。我们分明看到，自然物体时时所发生的运动、变化、败坏、解体（这些作用就是自然的进程），都不可能丝毫影响能动的、简单的、非混合成的实体。因此，这个实体并不能以自然的力量来分解，那就是说，人的灵魂是在自然方面是不灭的。"②很明显，心灵（灵魂）在自然本性上的持存性必然奠基在心灵的实体性之上。这一点对他来说是很重要的。在他看来，如果人们拒绝心灵（灵魂）在自然本性上的持存性，那么这就极有可能导致有害的后果。正如贝琪尔（Talia Mae Bettcher）所说的那样："不能细致推理的人可能会困于这个观念，并直接得出结论说，灵魂在死亡时刻会随身体一起消失。通过这样一种方式，上述信念就会有危害信仰的倾向。"③为了防止上述情况的出现，他认为必须坚信心灵（灵魂）在自然本性上的持存，以此来避免伤害对灵魂不死的真实信仰，尽管他也承认大多数基督徒通过《圣经》的启示才认识到这一真理。

---

① 虽然洛克哲学的不彻底性似乎表明，他甚至接纳了物质实体和精神实体的存在，即便他承认两者的不可知。但是，洛克与贝克莱的差异在于：前者只是消极地坦承，我们的经验暗示和预设了超验实体的"模糊存在"，但绝无可能通达它。因而在根本上，他并不认同唯理论者关于实体的种种论说。与之相对，贝克莱虽然认同精神实体不可知（物质实体在他看来是虚无的），但仍寻求从"原因与结果"和"实体与偶性"的两重关系中积极地论证精神实体的存在。这就使得他逐渐转到唯理论的立场上去了。

② 乔治·贝克莱：《人类知识原理》，关文运译，洪谦校，北京：商务印书馆，2010 年，第 96 页。

③ Talia Mae Bettcher, *Berkeley's Philosophy of Spirit-Consciousness* , *Ontology and the Elusive Subject* , London and New York：Continuum International Publishing Group, 2007, p. 19.

最后,贝克莱的确以唯理论的方式论证了:心灵(灵魂)是一个单一实体,因而是永存的。这就意味着:他从经验论的基本原则开始,却终结于唯理论的结论。这正是他哲学的"奇异之处"。因为他对心灵(灵魂)实体的公开接纳使得其哲学变为了经验论与唯理论的"合成品"。

这样看来,发端于洛克并被休谟和康德所承续的对心灵实体观的批判同样适用于贝克莱。休谟作为经验论传统最坚定的捍卫者,自然对贝克莱的唯理论转向是颇为不满的,他坚决要求彻底取消"心灵实体"。休谟经验主义的一致性和彻底性是举世公认的。正是这两种特性使他的哲学具备了巨大的影响力和穿透力。这种力量也体现在他对心灵实体论证的批判上。下面,我们就展示他的这一批判。

第三节　休谟:心灵观念的彻底经验化

一、对心灵实体观的消解

休谟是英国经验论传统中最具影响力的哲学家,也是康德声称对自己影响最大的两个人(另一个是卢梭)。罗素认为:"他(引者注:指休谟)把洛克和贝克莱的经验主义哲学发展到了它的逻辑终局,由于把这种哲学做得自相一致,使它成了难以相信的东西。从某种意义上讲,他代表着一条死胡同:沿着他的方向,不可能再往前进。"[1]罗素的这一评价是正确的。相比于洛克和贝克莱,休谟的确做到了将经验主义原则贯彻到底。这种"彻底"尤其体现在他对传统形而上学论题(如上帝、心灵和物质)的尖锐批判上。不过,限于主题,我们在此将只考察他的心灵(自我)学说,并描绘出他如何在此基础上展开对心灵实体先天论证的批判。

在前两节中可以看到:洛克虽然指出了心灵实体观念的虚假性,但仍暗中预设了其存在;与之相对,贝克莱则高扬心灵实体的存在,并将之

---

[1] 罗素:《西方哲学史》(下卷),马元德译,北京:商务印书馆,2018年,第212页。

作为反物质实体的基石。因此在某种程度上,两人都没有彻底地从经验主义的立场出发来分析心灵实体概念。真正做到这一点的只有休谟。他首先追问,哲学家们是否清楚自己宣称的心灵实体究竟是什么意思。在他看来,该问题很难有一个明确的答案。他写道:"每个观念既是由先前的印象(impression)得来的,那么倘使我们有任何心灵实体的观念,我们也必然有这种实体的印象;而这如果不是不可能的,也是难以想象的。因为一个印象若非类似于一个实体,又如何能表象那个实体呢?按照这派哲学来说,一个印象既然不是一个实体,并且没有一个实体的任何特殊性质或特征,它又如何能类似那个实体呢?"①

要想理解休谟的这段话,先要明白他对"观念"与"印象"两个术语的区分。"休谟把心灵的所有内容都称为'知觉'"②,它又可以分为两类——印象和观念。他认为:"两者的差别在于:当它们刺激心灵,进入我们的思想或意识中时,它们的强烈程度和生动程度各不相同。"③更进一步说,印象是指所有初次出现在心灵中的较强且生动的感觉、激情和情绪;而观念是指上述的感觉、激情和情绪经思维和推理的中介后所呈现的微弱意象(image)。④正是在此意义上,他才说观念来源于先前的印象。因为印象是最先出现在心中的知识素材,而观念则是思维对之加工整理后出现的高级意象。由此,他才判定,如果我们心中真有心灵实体的观念,那么首先必须已有了关于心灵实体的印象。但这种"心灵实体的印象"几乎是不可能的。因为如上所述,印象是指初次印入心中的"感觉、激情和情绪",而心灵实体却是一个高度抽象的名词或观念,根据经验论原则,人不可能在初次的"感觉、激情和情绪"中就直接地拥有一个

---

① 休谟:《人性论》(上册),关文运译,郑之骧校,北京:商务印书馆,2010年,第261页。
② 伊丽莎白·S. 拉德克利夫:《休谟》,胡自信译,北京:中华书局,2002年,第12页。
③ 休谟:《人性论》(上册),关文运译,郑之骧校,北京:商务印书馆,2010年,第13页。
④ 休谟认为,自己对"印象"与"观念"的区分可以大致对应于"感觉"与"思维"的区分。事实上,他同样接受洛克将知识的起源界定为感觉和反省的做法。不过,需要注意的是:在洛克那里,观念泛指心灵所接受的任何意象;而在休谟这里,观念却只是指经过思维加工的意象。

如此抽象的印象。更直观地说,由于印象是指人心所接受的零散杂多的感性表象,因此"心灵实体的印象"这个表述本身就是不成立的。在引文的后半部分,他还隐含地批评了贝克莱对心灵实体的规定,虽然只是点到为止地提及"这派哲学"。在上一节中我们看到,贝克莱将观念与心灵作了绝对的二分,并宣称两者是全然不同的。然而,他又判定:我们可以从与心灵不同的观念确知心灵的存在。在休谟看来,这一推论的逻辑进程是十分可笑的。在他的眼中,我们不可能在与某物存在绝对鸿沟的情况下认为自己了解该物。这完全有悖事理。因此,假使我们真有一个印象能表象(represent)心灵实体(虽然这实际是不可能的),那么这一印象也只能通过与心灵类似的方式来实现这一表象。

按照休谟的观点,这就已说明:心灵实体观念为何在知识起源上是不可能的。不过接下来,他还进一步指出该观念在现实中也是模糊不清的。他认为,如果哲学家们宣称我们有心灵实体的观念,那么他们就必须回答如下这些有关心灵实体的实际问题:哪个是产生该观念的印象?该印象以何种方式、由什么对象而来?它是一个感觉印象,还是反省印象?它是快乐的、痛苦的,还是漠然的?它是永远伴随我们,还只是间歇性地回归我们?如果它是间歇性地回归的话,那么它在原则上何时归来?这一归来又是缘何发生的呢?[1]在他看来,倘若宣称心灵实体存在的哲学家无法回答这些问题,那么这就表明:他们事实上从未了解心灵实体到底为何物。

以上是休谟对心灵实体观念从"知识起源"和"现实性"两个层面进行的批判性分析。紧接着,他还反驳了从实体的定义——"可以独立自存的某种东西"[2]——说明心灵实体的企图。这也毫不留情地消灭了哲学家们挽救心灵实体的最后一丝希望。他的理由如下:通过"独立自存的某种东西"的定义,人们绝不能将心灵实体与作为知觉的偶性分开,进

---

① 参见休谟《人性论》(上册),关文运译,郑之骧校,北京:商务印书馆,2010 年,第 261 页。
② 休谟:《人性论》(上册),关文运译,郑之骧校,北京:商务印书馆,2010 年,第 261 页。

而得到一个清楚明白的心灵实体观念。他说:"我们的全部知觉既然都是互相差异,并且与宇宙中其他一切事物差异,所以这些知觉也都是互相分别的,互相分离的,而可以被认为是分别存在的,因而也就可以分别存在,而不需要任何别的东西来支持其存在。因此,这个定义(指"独立自存的某种东西"——引者注)如果说明一个实体的话,那么这些知觉便都是实体了。"①在此,正如巴里·斯特德所分析的那样,休谟的意思是:"每个知觉都能离开其他知觉而独立存在,其存在也无需他物的支持。从上述实体定义可以推知,每个知觉都是一个实体。"②但这就意味着:"独立自存的某种东西"这个定义既能用于心灵实体,也能用于知觉。因而,我们根本不可能只依靠该定义认清何谓心灵实体。

二、作为"一束知觉"的心灵

于是,在考察了心灵实体观念的起源、现实性和定义之后,休谟断言:我们只有知觉,而根本没有心灵实体概念。哲学家们幻想着该概念可以作为知觉的寓所和支持,其实这一想象是完全多余的。但正如周晓亮所指出的那样,休谟在拒斥了传统的心灵实体观念之后,必然面临如下一个问题:"如果没有独立存在、作为意识和精神活动的寓托和发动者的心灵实体,那么什么是灵魂,什么是自我?"③对此,休谟给出了一个著名观点——自我是"一束知觉"。这一观点在他的时代是非常激进的。不过,它并非"突如其来"。如前所述,洛克将精神实体观念视作观念的恒常聚合,贝克莱则将物质实体看作感觉的集合。正是以他们的观点和处理方法为先导,休谟才提出这种"一束知觉"的观点来解释自我。他说:"就我而论,当我亲切地体会我所谓我自己时,我总是碰到这个或那

---

① 休谟:《人性论》(上册),关文运译,郑之骧校,北京:商务印书馆,2010年,第262页。
② 巴里·斯特德:《休谟》,周晓亮、刘建荣译,俞宣孟校,济南:山东人民出版社,1992年,第168页。
③ 周晓亮:《休谟及其人性哲学》,北京:社会科学文献出版社,1996年,第223页。

个特殊的知觉,如冷或热、明或暗、爱或恨、痛苦或快乐等等的知觉。任何时候,我总不能抓住一个没有知觉的我自己,而且我也不能观察到任何事物,只能观察到一个知觉。当我的知觉在一个时期内失去的时候,例如在酣睡中,那么在那个时期内我便觉察不到我自己,因而真正可以说是不存在的。当我因为死亡而失去一切知觉,并且在解体以后,再也不能思维、感觉、观看并有所爱恨的时候,我就算是完全被消灭了,而且我也想不到还需要什么东西才能使我成为完全不存在的了。"①所以,他认为,通过切近的内省,我们可以发现自己除了知觉之外一无所得。由此,他进一步认定:所谓的自我无非是"那些以不能想象的速度互相接续着、并处于永远流动和运动之中的知觉的集合体,或一束知觉"②。

　　然而,这种对自我(心灵)的说明足以让人怀疑"自我"是否还存在。因为"我之为我"必须以其同一性作为保证,而原先的心灵实体概念通常被视作上述自我同一性的根据。但现在,休谟否弃了心灵实体,任由倏忽即逝、变动不居的诸知觉构成心灵的内容。事实上,这已经取消了自我的同一性。他并不否认这一点。他这样说道:"灵魂也没有任何一种能力始终维持同一不变,哪怕只是一个刹那。"③在他看来,心灵是一个舞台,各种知觉在这个舞台上相继出现并随之消逝。当然,舞台也只是个"假托",因为"这里只有接续出现的知觉构成心灵"④,所以并不存在这些知觉可以奠立在其上的真实舞台。

　　但一个无可否认的事实是:我们确实又感到自我同一性——更确切地说,人格同一性的存在。这是每个人只要反躬自省都必须加以承认的。鉴于此,休谟针锋相对地指出,尽管上述人格同一性的观念对我们来说非常亲切和真实,但终归只是想象力的虚构。他的理由是:我们只

① 休谟:《人性论》(上册),关文运译,郑之骧校,北京:商务印书馆,2010 年,第 282 页。
② 休谟:《人性论》(上册),关文运译,郑之骧校,北京:商务印书馆,2010 年,第 282—283 页。
③ 休谟:《人性论》(上册),关文运译,郑之骧校,北京:商务印书馆,2010 年,第 283 页。
④ 休谟:《人性论》(上册),关文运译,郑之骧校,北京:商务印书馆,2010 年,第 283 页。

是混淆了"同一性"和"相关对象的接续"(a succession of related objects)
这两个不同的概念,所以才误认为自己拥有所谓的"人格同一性"。换言
之,自我在本质上只是不同知觉间的接续和推移,比如从 A→B→C……。
在这种接续和推移中,我们实际上并不能发现一种贯穿始终的关系或
基底。

那么,接下来的问题是:如果在心灵中没有这种一以贯之的东西来
维系"知觉流"的存在,那么不同知觉间的接续和推移又如何发生呢? 休
谟认为,这主要是靠"观念间的一种习惯性的联想(association)"①。这
一联想主要有两种形式,即类似联想和因果联想。所谓类似联想是指:
前后相续的知觉虽然本质上相异,但却彼此相似。比如,由于 A 和 B 相
似,B 又和 C 相似,这就使得从 A 过渡到 B、从 B 过渡到 C 成为可能,后
面的"知觉流"可以以此类推。换言之,知觉间的相似关系让前后知觉的
过渡显得"顺其自然",并进而使我们产生同一性的假象。而因果联想则
是指知觉间"互相产生、互相消灭、互相影响、互相限制"②的关系。他解
释说:"我们的印象产生它们的相应的观念,而这些观念又产生其他印
象。一个思想赶走另一个思想,跟着引进第三个思想,而又被第三个思
想所逐走了。"③借用上面的例子说,A 产生了 B,并被 B 所取代;B 又产
生了 C,随之又被 C 所取代,如此以至无穷。知觉流的因果链条就顺利
地持存下去了。但在这个持续推移的链条中,实际上只存在着产生与被
产生、消灭与被消灭、改变与被改变的关系。所谓的同一性是难觅踪迹
的。由此,通过类似关系和因果关系这两条心理联想原则,休谟成功地
解释了知觉流的相续与推移何以发生,也彻底取消了人格同一性。他尖

① 休谟:《人性论》(上册),关文运译,郑之骧校,北京:商务印书馆,2010 年,第 290 页。译文有
所改动,参考了英文版(David Hume, *A Treatise of Human Nature*, in *The Philosophical
Works of David Hume*, Vol. 1., Edinburgh: printed for Adam Black and William Tait,
1825, p. 330)。关文运先生将 association 译作"联系"。显然,该译法似乎没有突出休谟著名
的"心理联想原则",故而笔者将之改译为了"联想"。
② 休谟:《人性论》(上册),关文运译,郑之骧校,北京:商务印书馆,2010 年,第 292 页。
③ 休谟:《人性论》(上册),关文运译,郑之骧校,北京:商务印书馆,2010 年,第 292 页。

锐地作出如下判定："关于联系着的对象的同一性的一切争论都只是一些空话,实际上仅仅是部分之间的关系产生了某种虚构或想象的结合原则而已,正像我们前面所说的那样。"①

　　以上是休谟对自我(心灵)的一个相对完整的界说。应该承认,站在经验论立场上,他将自我解释为"一束知觉或知觉的集合体"是完全恰当的。②进而,他还以心理联想原则——类似关系和因果关系为基础,描绘出了内部知觉的接续推移。虽然这一分析最后取消了人格同一性的观念,但从"彻底经验主义"的视角来看,它的确达到了洛克和贝克莱所未能实现的"理论自洽"。以这种彻底经验化的自我为根基,他就消解了心灵实体与人格同一性的存在。由之,他对待灵魂不死"先天论证"的态度就昭然若揭了。他明确地说道:"证明灵魂的永生性的形而上学的论证都同样是没有决定性的。"③不过,在丽尔(Gerda Lier)看来,尽管休谟将自我解释为一束知觉,但这并不代表他拒斥了心灵(灵魂)永存的设定。她曾这般评论休谟的自我观与心灵(灵魂)持存性论题的关系:"因此,依据在《人性论》中人类本性的经验主义分析和由之导出的关于自我同一性和实体性的观点,不死问题仍旧是完全开放的——休谟在此并未谈及

---

① 休谟:《人性论》(上册),关文运译,郑之骧校,北京:商务印书馆,2010 年,第 293 页。在前两节中可以看到:洛克将人格同一性的根据归之于意识同一性,反对唯理论将心灵实体的同一性等同于人格同一性的做法,并认为意识延伸多远,人格同一性就能延伸多远;贝克莱则不同意洛克的观点,并重新要求在心灵实体同一性的立场上来理解人格同一性。(贝克莱对洛克人格同一性理论的批判可参见 Udo Thiel, *The Early Modern Subject*, *Self-consciousness and Personal Identity from Descartes to Hume*, Oxford:Oxford University Press, 2011, p. 176)而休谟则拒斥了贝克莱用实体同一性来解释人格同一性的传统方法,转而接受洛克将人格同一性归于意识的结论。但是,洛克的结论只是休谟的起点。因为休谟详细地分析了人格同一性如何在意识中形成的心理机制与方式。不过,当他更为激进地将人格同一性解读为心理的虚构或想象时,这也终结了在经验论领域内探讨该问题的可能性。
② 丽尔(Gerda Lier)认为,休谟可能是因为没有更高级的沉思经验,才没有认识到一个作为真实本质的神性自我。(Cf. Gerda Lier, *Das Unsterblichkeitsproblem-Grundannahmen und Voraussetzungen*,Göttingen:V & R Unipress,2010,S. 1289)但在笔者看来,丽尔所言的"沉思经验"与其说是一种"经验"(Erfahrung),不如说是一种"体验"(Erlebnis)。须知,经验论者所论及之"经验"只指涉人的日常意识范围,神秘的灵修或宗教体验并不在他们的视域内。
③ 休谟:《人性论》(上册),关文运译,郑之骧校,北京:商务印书馆,2010 年,第 280 页。

一种对不死假设的驳斥。附加的一点是：即便休谟是正确的，并且精神事实上是由个别的知觉所组成，而且只有这些知觉才存在，这同样不能令人信服地推论出，这些知觉的不死是不存在的。因为根据他自己的经验论出发点也不能看出：当物理性的身体在随死亡消解时，知觉为何也应该停止存在。因为对休谟来说，最原初的东西不是身体，而是知觉。"①

对于丽尔的上述观点，我们要辩证地加以看待：她指出休谟没有拒绝心灵（灵魂）永存的设定，这当然是正确的。但她得出这一结论的理由并不成立。在她看来，休谟所说的知觉不一定会随身体的死亡而停止存在，由此知觉的持存——更确切地说，心灵的持存——就是可能的。这一见解没有把握休谟所说的"知觉"之含义。不管知觉与身体有无联结（对这一联结的考察本身将是超出经验的），但知觉终究仅在经验范围内。而死亡却意味着超出经验。因此，当她断言休谟意义上的知觉有超出经验继续存在的可能性时，她无疑错解了休谟。因为他自己曾鲜明地表态说："当我因为死亡而失去一切知觉……我就算是完全被消灭了。"②所以，单从经验化、知觉化自我的理论视角出发，心灵的持存性恰恰是不可能的。因为如果自我（心灵、灵魂）只是一束知觉，而知觉又必然要在死亡时消失，那么自我（心灵、灵魂）的持存就绝无可能了。当然，他从未得出如此激进的结论。因为作为一个成长于基督教背景下的哲学家，他没有也不可能抛弃灵魂不死的信条。至少在《人性论》中，他只是想通过将自我（心灵）经验化来否认对灵魂不死的形而上学论证。在这一点上，他和洛克是一致的。并且，虽然形而上学论证是不可靠的，但在他看来，"道德的论证和根据于自然类比而得的论证都是同样有力而令人信服的"③。他甚至颇为自信地表示："我的哲学如果对于证明宗教的论证没

---

① Gerda Lier，*Das Unsterbilchkeitsproblem-Grundannahmen und Voraussetzungen*，Göttingen：V & R Unipress，2010，S. 1295 – 1296.
② 休谟：《人性论》（上册），关文运译，郑之骧校，北京：商务印书馆，2010 年，第 282 页。
③ 休谟：《人性论》（上册），关文运译，郑之骧校，北京：商务印书馆，2010 年，第 280 页。

有增添什么东西,可是当我想到我的哲学并未削弱这些论证,一切还是保持原状,我至少可以感到满意了。"①

　　最终,休谟只能强调"天启"在该问题上的绝对重要性。他总结道:"没有什么东西能完全展现人类对神圣启示的无限职责;因为我们发现,除此之外,没有什么媒介能够断定这一伟大而重要的真理(引者注:指灵魂不死)。"②由此,休谟再次和洛克走到了一起。因为他俩都认为,除了天启,任何理性论证和经验都不足以证明灵魂不死。在某种程度上,这一做法要求终结在哲学领域内探讨该问题。实际上,在经验论的路径上,休谟也穷尽了继续探讨心灵问题的可能性。

小结

　　从一开始,经验论就作为唯理论的强劲敌手而登上历史舞台。唯理论者对心灵实体的论证思路的确遭到了经验论者的尖锐反驳。然而,正如业已展示的那样,经验论者内部的态度并不相同。洛克将心灵实体视作观念的集合,并将人格同一性归之于意识的同一性。这是从经验论角度发动的对心灵实体观的首次攻击。不过,他没有彻底地贯彻经验主义原则,因为他并不否认心灵的精神性。并且,他将人格同一性直接诉诸意识的做法也引发了颇多争议。在他之后,贝克莱作为大主教,敏锐地觉察到将心灵视为观念之集合的做法蕴含着对有神论而言的危险导向。因为这必将对灵魂不死信仰产生威胁。由此,他虽然竭力消解物质实体,却坚决捍卫心灵实体。在他看来,我们从所经验的被动的可感观念可以推出一个能动的感知实体的存在。这一实体就是心灵。这样,他的哲学作为一种"新奇的嫁接",从物质实体的虚无过渡到了心灵实体的存

---

① 休谟:《人性论》(上册),关文运译,郑之骧校,北京:商务印书馆,2010年,第280—281页。
② David Hume, "Of the Immortality of the Soul", in *Essays-Moral*, *Political and Literary*, Edited and with a Foreword, Notes, and Glossary by Eugene F. Miller, Indianapolis: Liberty Fund, 1987, p. 598.

有。其中,他对物质与心灵两者的规定显然是不融贯的。休谟作为彻底的经验论者,对贝克莱哲学的不融贯性甚为不满。他在贝克莱取消"物质实体"的基础上,进一步要求将"心灵实体"也完全摒弃。在休谟看来,心灵不过是"一束知觉"。在其中发生的仅是诸知觉的接续与推移,因而根本就不存在所谓的人格同一性。在他看来,灵魂不死的议题必须被驱逐出哲学讨论的范围,而仅在关于《圣经》的启示神学中才有其位置。

从洛克、贝克莱到休谟,经验论逐步走到它最激进的一面。这也是它之所以具备巨大影响的原因。但正如我们已经描绘的那样,在反驳唯理论的立场上,洛克和休谟是更为亲近的"同盟者"。而贝克莱作为经验论者中的异类,实际上是在康德之前结合唯理论与经验论的"先驱"。不过,他的尝试很难说是成功的。相较而言,反倒是休谟的一致与融贯,使得他的哲学具备了强大的穿透性和震撼力。

众所周知,康德就明确地将休谟对自己的影响界定为"独断论迷梦的打破"。事实上,正通过休谟,经验论才对处在唯理论支配下的康德产生了一种前所未有的震动。在前批判时期,康德就曾一度倾心于经验论对唯理论心灵实体观的反驳。而到了批判时期,他对"理性心理学"的攻击也鲜明地借用了经验论的资源。当然,他并未完全投身于经验论的怀抱。我们将会看到,虽然他的批判哲学首先要驳倒唯理论的心灵理论,但它同样反对经验论将心灵观念彻底经验化的做法。所以,正如我们在第一章伊始提到的那样,康德心灵哲学的演变就体现为理性与经验两种因素此消彼长并最终融合的过程。下面就进入这一过程的具体展示。

第三章　康德前批判时期心灵哲学的演变

　　学界对于康德哲学"前批判时期"与"批判时期"的划分由来已久。早在 1911 年,卡尔·福尔伦德(Karl Vorländer)就将 1747 至 1770 年规定为康德的前批判时期。[1]他以 1770 年为界,将康德思想划分为上述两个阶段。其依据是后者在 1770 年发表的教授资格论文《论可感世界与理知世界的形式及其原则》。[2]他认为,这篇论文是康德前批判时期的最后一部和批判时期的第一部作品,"在其中,我们已经有了一个清晰的理性批判的入门在眼前"[3]。在康德于 1797 年致约翰·亨利希·蒂夫特隆克(Johann Heinrich Tieftrunk)的信中,他的这一划分似乎得到了某种程度的确证。蒂夫特隆克打算为康德的批判著述作一个解说性的摘要。对此,康德表示:"我希望其中所收的文章不要早于 1770 年,以我的论文《论可感世界和理知世界的形式及其原则》为开端吧。"[4]因此,将 1770

---

[1]　Cf. Karl Vorländer, *Geschichte der Philosophie*, Band Ⅱ, *in Philosophie der Neuzeit*, Leipzig: Verlag der Dürr'schen Buchhandlung, 1911, S. 183.

[2]　康德:《论可感世界与理知世界的形式及其原则》,李秋零译,载《康德著作全集》第 2 卷,李秋零主编,北京:中国人民大学出版社,2004 年,第 389—431 页。

[3]　Karl Vorländer, *Geschichte der Philosophie*, Band Ⅱ, *in Philosophie der Neuzeit*, Leipzig: Verlag der Dürr'schen Buchhandlung, 1911, S. 183.

[4]　康德:《康德书信百封》,李秋零编译,上海:上海人民出版社,2006 年,第 230 页。

年作为康德"前批判时期"与"批判时期"的分水岭得到了后世许多学者的认可。

但随着康德的遗稿,尤其是其学生记录的讲稿的相继出版,这种以1770 年为界划分前批判与批判时期的传统观点越来越受到质疑。我们知道,康德在 1770 年发表教授资格论文之后,进入了"沉默的十年"(silent decade)。在 1781 年《纯粹理性批判》发表之前,他没有任何作品问世。然而在 20 世纪 70 年代,由莱曼(Gerhard Lehmann)整理出版的康德讲座稿①却揭示了后者在此期间颇为让人困惑的思想动向。卡尔·阿默里克斯和斯蒂夫·纳拉贡(Steve Naragon)在康德《形而上学讲稿》的英译者导言中就宣称:在康德"沉默的十年"间所留下的讲座稿中,"存在着一些特别让人震惊的段落,它们仍然展示了对灵魂的实体性、单一性与自由的唯理论论证的赞同"②。这种"震惊"意味着:"将 1770 年视作康德进入批判时期的标志"这一观点可能并不成立。因为如果他在 1770 年的就职论文中已经进入批判时期,这就很难解释,为何他在 1770 以后的讲稿中还会对明显属于前批判时期的唯理论观点青睐有加。也许正是因为讲稿的出版,诸如赫费(Otfried Höffe)、克莱默(Heiner F. Klemme)这些当代的康德研究者,都颇为谨慎地将 1781 年发表的《纯粹

---

① 威廉·狄尔泰(Wilhelm Dilthey)在普鲁士科学院的支持下,于 1894—1895 年发起编辑了《康德全集》,即今天通行的学院版全集(Akademie-Ausgabe)。目前该全集共有 29 卷,分为四个部分:第 1 至 9 卷为康德公开发表的著作,中文版《康德著作全集》就译自这 9 卷。其中,前 2 卷为前批判时期即 1781 年以前的著作,后 7 卷为 1781 年以后的著作。第 10 卷至13 卷为康德的书信集。第 14 卷至 23 卷为康德的遗稿,由阿迪克斯(Erich Adickes)整理出版。第 24 卷至 29 卷为学生记录的康德讲座稿,由莱曼(Gerhard Lehmann)在哥廷根科学院的支持下整理出版。

② Immanuel Kant, *Lectures on Metaphysics*, translated and edited by Karl Ameriks and Steve Naragon, Cambridge: Cambridge University Press, 1997, p. xvi.

理性批判》(第一版)作为批判哲学的开场白。①

　　在此背景下,我们也将遵循上述谨慎的立场来考察康德前批判时期的心灵哲学。换言之,我们也将以 1781 年作为他前批判与批判时期的分界点。对其前批判时期心灵哲学的具体探讨,我们将采取阿默里克斯的基本路径——按照年代(十八世纪四五十年代、六十年代和七十年代)来查考该问题。②但与他仅仅追踪康德在讲稿中的观点变化不同,我们将结合著作、遗稿和讲稿三个部分来展开讨论。

第一节　1747—1759——心物交互论与唯理论的心灵实体观

一、心灵与物体间的施动力

　　在 1747 年发表的首部作品《论活力的真正测算》中,康德已经谈及心灵与肉体的交互作用问题。他在这部作品中,"处理的是 18 世纪早期德国自然哲学的核心的争议,以及关于力的测量的难题"③。在十七世纪,笛卡尔认为,一切物体都只由惯性推动,换言之,只能由外力来驱动。④但在莱布尼茨看来,这种单纯以外力解释事物运动的观点是有缺陷的,因为这种"外因说"只能导致对自然现象的唯物论或机械论的说明。

---

① 赫费(Otfried Höffe)明确地将 1770 年以后的十年也称为"通往批判哲学的道路"。他通过康德的通信集指出,后者在此期间对一些实质问题进行了修正,并完成了对概念的重新划分。这就使得"第一批判的词汇与前批判时期有了深刻的变化"(参见奥特弗里德·赫费《康德:生平、著作与影响》,郑伊倩译,北京:人民出版社,2007 年,第 20—25 页);克莱默(Heiner F. Klemme)在他的《康德的主体哲学》中,将《纯粹理性批判》中的主体概念称为"批判的主体概念"(der kritische Subjektbegriff),而将康德在十八世纪七十年代讲稿和遗稿中的主体概念置于此前,用意是很明显的(Cf. Heiner F. Klemme, *Kants Philosophie des Subjekts*, Hamburg: Felix Meiner Verlag, 1996)。
② Cf. Karl Ameriks, *Kant's Theory of Mind: An Analysis of the Paralogisms of Pure Reason*, Oxford: Oxford University Press, 2000, pp. 177 – 182.
③ 曼弗雷德·库恩:《康德传》,黄添盛译,上海:上海人民出版社,2014 年,第 122 页。
④ 显然,牛顿的经典物理学体系同样建立在这种惯性的力的基础之上。因为在他看来,一物若无他物驱使产生运动,则必然处于静止状态。

这种说明一方面与宗教信条极为不符，另一方面的确难以解释自然的系统性。于是，莱布尼茨判定：在物体中一定存在着一种自身起作用的力，或者说活力（die lebendige Kräfte），不同于笛卡尔那种由外物所施加的力抑或说"死力"。他相信，这种"活力"可以解释"自然物体本身有产生自由运动的内在力量"①。这一观点同样被他的信徒沃尔夫所接纳。后者进一步对力作了如下规定："人们将诸变化的根源称为一种力，由此在每一个自身持存之物中都有一种力，但我们在经由他物持存的物体中则找不到这种东西。"②这种"自身持存之物"就是实体。所以，在他看来，实体就必然含有这种维持自身的力。而且，又因为物质和心灵都是实体，因此它们都是内含这种力的存在者。

在崭露头角的首部学术作品中，康德显然赞同上述莱布尼茨—沃尔夫学派的基本立场。他宣称，莱布尼茨的活力的——更确切地说，本质性的力的——概念真正破解了物体发生作用的奥秘。③因为依据笛卡尔和牛顿的学说，物体只有一种运动力，换言之，一物受外物的驱迫才发生运动。换言之，这种运动力只是受动力（die leidende Kraft）或上述的"死力"。如前所述，莱布尼茨认为，物体中存在着一种本质性的力抑或施动力（die wirkende Kraft）。在康德看来，这种在事物内部的施动力对于解决心灵与物体交互作用的难题是决定性的。自笛卡尔以来，心灵和物体一直被规定为两种截然不同的实体。这就导致人们对两者何以能协调合作、相互作用的难题一筹莫展。笛卡尔的"松果腺假定"、马勒伯朗士的"偶因论"和莱布尼茨的"前定和谐说"，都试图对这个问题作出解答，但结果都不甚令人满意。年轻的康德虽然置身于莱布尼茨巨大的影响下，却借用后者所发明的施动力概念，试图对心物关系作出一种全新的

---

① 曼弗雷德·库恩：《康德传》，黄添盛译，上海：上海人民出版社，2014年，第124页。
② Christian Wolff, *Vernüfftige Gedancken von Gott, der Welt und der Seele des Menschen, auch allen Dingen überhaupt*, Franckfurt und Leipzig, 1738, S. 60.
③ 参见康德《活力的真正测算》，李毓章、郭大为、李秋零译，李秋零校，载《康德著作全集》第1卷，李秋零主编，北京：中国人民大学出版社，2003年，第16页。

解释。这一点是莱布尼茨所未能考虑到的。在康德的眼中,心物关系的难题之所以发生,就在于人们总把物质形体与外在的运动力相联系,并仅将心灵相关于内在的表象、理念。这就导致人们无法理解,两种完全不同种类的事物何以能相互发生作用。①但倘若我们承认,在物体与心灵两者那里都存在着一种本质性的力或施动力,那么这一难题也就迎刃而解了。因为据此,心灵与物体就不再相隔于不可通约的"鸿沟",而完全可以借助各自的施动力相互影响。这样,两者的交互作用就得到了绝佳的解释。

对此,康德曾这般评论道:"如果人们不是把物质的力计入运动,而是计入对其他不能更为精确地规定的实体的作用,那么两个困难就都消失了……"②这里所说的"两个困难"正是指:"心灵如何使物体运动"和"物体如何作用于心灵"两者。因此,他相信,如果我们认可心灵和物体两个实体拥有本质的施动力,那么上述两个困难就根本不存在了。对第一个困难的解决是这样的:"灵魂是否能够引起运动……就变成了这样的问题:它的本质性的力是否能够被规定为一种向外的作用呢?也就是说,它是否能够在自身之外作用于其他存在物并且造成变化?人们可以用一种斩钉截铁的方式回答这一问题:灵魂从这一理由出发必定能够向外起作用,因为它在一个地点。原因在于,如果我们分析我们称为地点的东西的概念,人们就会发现,地点暗示着诸实体相互之间的作用。"③在这里可以看到,"灵魂能否引起运动的问题"被转化为了"它能否以其本质性的力作用于物质实体"。他对此的回答是肯定的。因为在他看来,灵魂(心灵)"在一个地点(Ort)"。这个地点并不意味着:它处在一个空

① 参见康德《活力的真正测算》,李毓章、郭大为、李秋零译,李秋零校,载《康德著作全集》第 1 卷,李秋零主编,北京:中国人民大学出版社,2003 年,第 19 页。
② 康德:《活力的真正测算》,李毓章、郭大为、李秋零译,李秋零校,载《康德著作全集》第 1 卷,李秋零主编,北京:中国人民大学出版社,2003 年,第 19 页。
③ 康德:《活力的真正测算》,李毓章、郭大为、李秋零译,李秋零校,载《康德著作全集》第 1 卷,李秋零主编,北京:中国人民大学出版社,2003 年,第 19—20 页。

75

间的位置上,以便和外物发生作用。毋宁说,"地点"只是指"诸实体相互之间的作用",更确切地说,心灵与物体两个实体间的作用。这种作用正是通过彼此内含的本质力来完成的。因此,心灵对物体发生的作用正通过内含的力发生。

同样,第二个困难——"物体如何作用于心灵",也可以用物体内含的施动力来加以解释。康德写道:"被置于运动之中的物质作用于所有在空间上同它联结的东西,因此也作用于灵魂,这就是说,它改变了灵魂的内部状态,只要这种内部状态与外部的东西有关……因此,物体借助它在运动中拥有的力,改变了灵魂借以表象世界的状态。人们就是用这种方式来理解物质何以能够把表象印入灵魂的。"[1]显然,康德所说的"物体拥有的力"不是通常所理解的外在运动力,而是我们前面所强调的"本质的施动力"。正是通过这种力,物体才能真正作用于灵魂,亦即"改变灵魂的内部状态"。而单纯的运动力只能造成物体在外部空间中位置上的变化,实际上无法对心灵的内部状态施加影响。

因此,心灵的"内在性"与物体的"外部性"之二分曾是心物关系的困局所在。但现在,康德认为,此困局完全可以通过力与力的交互作用得到破解。事实上,心灵与物体原本就处于相互作用的场域之中,外在与内在的区分只是一种表面现象而已。当然,他的这一观点是否合理仍是有待商榷的。但至少在他的成熟时期,该观点无疑被抛弃了。因为物体和心灵内部的这种施动力是莱布尼茨以纯粹推论的方式得出的,因而无法用经验加以证实。这个时期的康德显然还没有认识到这一点。我们在此考察他对心灵与物体交互作用的解读,是为了对他这个时期的心灵哲学有所把握。可以看到,年轻的康德的确接受了莱布尼茨—沃尔夫学派对心灵的基本看法——心灵作为实体拥有一种本质的施动力。由此,即便没有其他材料的佐证,我们仍然可以合理地推断出:他在这个时期

---

[1] 康德:《活力的真正测算》,李毓章、郭大为、李秋零译、李秋零校,载《康德著作全集》第 1 卷,李秋零主编,北京:中国人民大学出版社,2003 年,第 20 页。

的心灵哲学理应处于莱布尼茨—沃尔夫学派的框架内。

二、对心灵的自然神学式说明

到了十八世纪五十年代中期,康德所发表的著作已经显示出新的思想走向:他开始关注物理学,尤其是天体物理学方面的问题。他在 1755 年发表的《一般自然史与天体理论》可谓这一时期的代表作。在该书中,他提出了著名的星云假说来解释宇宙的起源。其副标题为:"或根据牛顿定理试论整个世界大厦的状态和力学起源"①。这就向我们清楚地揭示出了该书的基本写作思路和方法。福尔伦德曾这般描述康德在此与牛顿的承续关系:"他想在牛顿的基础上建造,他又想进一步塑造牛顿。他不想通过任何其他的力,而只想通过'从牛顿的自然哲学中借用来的'纯粹机械式的,并且同样确定的,同样简单的,同样原始的和普遍的吸引和排斥的力把世界从它的初始的混沌中推导出来,这样就使'宇宙科学'的物理部分臻于同样的完善,'牛顿已经使这种科学的数学部分达到了那种完善'。"②福尔伦德的概述是精确的。康德的确相信:世界体系的起源、天体的产生和它们运动的原因,可以借助牛顿的力学概念得到彻底可靠的认识。③

由此,康德甚至颇为自信地宣告道:"我觉得,在这里可以在某种意义上毫不夸张地说:给我物质,我就要用它造出一个世界来!这就是说,给我物质,我就要向你们指出,世界是怎样由物质形成的。因为如果有了具有一种根本性引力的物质,那么就不难规定在大范围内看能够有助

---

① 康德:《一般自然史与天体理论》,李秋零译,载《康德著作全集》第 1 卷,李秋零主编,北京:中国人民大学出版社,2003 年,第 215 页。
② 卡尔·福尔伦德:《康德传——康德的生平与事业》,曹俊峰译,天津:天津教育出版社,2015 年,第 93 页。
③ 参见康德《一般自然史与天体理论》,李秋零译,载《康德著作全集》第 1 卷,李秋零主编,北京:中国人民大学出版社,2003 年,第 225 页。

于建立世界体系的那些原因。"①不过,他如何建立"世界体系"——太阳系的行星和彗星系统的具体过程显然不在本文的论域内。需要说明的仅是:他所设想的宇宙的起源和建构模型带有鲜明的目的论特征。这个目的就是作为最高存在者的上帝。他写道:"我发现,从物质彻底的分离和分散中能够完全自然而然地发展出一个美好的、并然有序的整体。这种情况之所以发生,并不是由于一种巧合和偶然,相反可以看到,大自然的特性必然造成这种状况……由于物质服从一个至高无上智慧的目的,所以它必然被一个支配它的初始原因置于这样协调的关系之中;而且正因为大自然即使在混沌中也只能按照规则并然有序地行事,所以有一个上帝存在。"②因此,他从宇宙天体的系统性溯归到了"一个充足的至高无上的理智"③。这就是所谓上帝存在的目的论或自然神学的证明。这一证明虽然被批判时期的康德所驳斥,但在他前后期的哲学中,以上帝为目的的世界体系一直占据着关键地位。其中的差别在于:这种体系是以建构性的(konstitutiv),还是以范导性的(regulativ)④方式出现的。显然,在《一般自然史与天体理论》这部著作中,以上帝为目的的世界体系是以建构性的方式出现的;而在随后的三大批判中,这一体系是以范导性原则为基础的。

这样,在《一般自然史与天体理论》中,尽管以建构的方式呈现的世界目的论体系有独断论之嫌,但这种目的论视野在康德哲学中的首次出现依然是非常重要的。这不仅是针对上述上帝证明而言的,而且对我们

---

① 康德:《一般自然史与天体理论》,李秋零译,载《康德著作全集》第 1 卷,李秋零主编,北京:中国人民大学出版社,2003 年,第 226 页。

② 康德:《一般自然史与天体理论》,李秋零译,载《康德著作全集》第 1 卷,李秋零主编,北京:中国人民大学出版社,2003 年,第 223—224 页。

③ 康德:《一般自然史与天体理论》,李秋零译,载《康德著作全集》第 1 卷,李秋零主编,北京:中国人民大学出版社,2003 年,第 224 页。

④ 在康德哲学中,所谓"原则的范导性"是指:它不是以一种规定或建构的方式将世界知识的体系引向一个终极目的(如上帝、灵魂、世界),而是将终极目的仅仅预设为一种方法论上的导引,以便使世界知识体系不断延展完善以致无穷。

所考察的心灵观念来说也是如此。事实上，在这部著作中，他对心灵的论述的确涵盖在以上帝为目的的世界体系中。在该书的结语中，他设问道："不朽的灵魂在就连死亡也不能打断、只能有所改变的未来时间全部无限延续中仍始终附着在世界空间的这个点上，即附着在我们的地球上吗？"①对此，他的回答是："不死的精神将迅猛超越一切有限的东西扶摇直上，在与出自同至高无上存在者更切近的结合的整个大自然的新关系中继续其存在。此后，这个提高了的、自身包含着幸福之源的物种，将不再以外界的对象为娱，在外界的对象中寻求慰藉。造物总体与至高无上原始存在者的喜悦有一种必然的协调一致，它必定把至高无上原始存在者的喜悦当做自己的喜悦，将永远使它满意。"②在这"一问一答"中，有一些值得注意的细节。而阿默里克斯虽然正确地观察到，康德在此首次提及"灵魂不死"，却错误地判定说，这种提及未指涉任何证据。③实际上，康德对心灵（灵魂）永存性的证明已经以目的论的方式呈现出来了。如上所述，以上帝为目的的世界体系是以宇宙的无限演进为前提的。因为"造化（Schöpfung）并不是一瞬间的作品"④，在大自然"以创造出无限多的实体和物质为开端之后，它就会以日益增长的衍生能力在整个永恒的序列中起作用"⑤。这种自然序列的永恒性（Ewigkeit）则意指着时间的无限延伸与空间的无穷扩展。由此，他在这部著作中对心灵（灵魂）的理解同样与这种永恒性直接相关。在上述设问中，他明确地将"灵魂不死"设想为"于无限的未来时间中在地球上的停留"。而在回答中，他又进一

---

① 康德：《一般自然史与天体理论》，李秋零译，载《康德著作全集》第 1 卷，李秋零主编，北京：中国人民大学出版社，2003 年，第 341 页。
② 康德：《一般自然史与天体理论》，李秋零译，载《康德著作全集》第 1 卷，李秋零主编，北京：中国人民大学出版社，2003 年，第 342 页。
③ Cf. Karl Ameriks, *Kant's Theory of Mind : An Analysis of the Paralogisms of Pure Reason*, Oxford: Oxford University Press, 2000, p.177.
④ 康德：《一般自然史与天体理论》，李秋零译，载《康德著作全集》第 1 卷，李秋零主编，北京：中国人民大学出版社，2003 年，第 296 页。
⑤ 康德：《一般自然史与天体理论》，李秋零译，载《康德著作全集》第 1 卷，李秋零主编，北京：中国人民大学出版社，2003 年，第 296 页。

步将这种永恒持存阐释为超越有限的、终将衰亡的事物之过程,这一过程与以上帝为目的的自然之不断演进一致。最终,自然的演进与心灵(灵魂)的持存将达到一个顶点,在那里,"不死的精神将得到解放,摆脱有限事物的依赖性,将与无限的存在者共享真正的幸福"①;同时,"整个大自然与神明的愉悦有一种普遍的和谐关系……大自然在所有方面都将呈现出完全的可靠、完全的合理"②。

概言之,康德在这里以神性自然的持续演进证明了"灵魂不死"。如前所述,自然通过"吐故纳新"而不断处于生成状态中。而在自然的这些兴衰变化中,心灵(灵魂)却岿然不动,这恰恰由此确证了它的永存。但这究竟如何可能? 原因则在于康德将心灵(灵魂)置换为精神(Geist)的操作中。在他的理论哲学中,"精神"这一概念是指"拥有理性的非物质存在者"③,由此它必定卓然独立于有限事物之上。既然整个自然无非是有限事物的变迁,那么心灵(灵魂)作为精神完全不受这些事物的影响而永存。当然,自然的演进和心灵(灵魂)作为精神的持存都是通过上帝才得到确保的。因此,我们大致可以将康德在这本著作中的心灵哲学称为"自然神学式的"。

然而,这种对心灵(灵魂)观念的自然神学式说明确实存在一定问题。如前所述,"灵魂不死"被康德理解为"于无限的未来时间中在地球上的停留"。同时,他又将心灵(灵魂)的内涵理解为一种纯粹精神。由此,在这两种理解之间就不可避免地出现了矛盾:如果心灵(灵魂)是精神,那么它就是非物质的,更确切地说,是不在时空中的。因为很明显,时空实际上都只对物质存在者才有效。但如果心灵(灵魂)的永存被理

---

① 康德:《一般自然史与天体理论》,李秋零译,载《康德著作全集》第 1 卷,李秋零主编,北京:中国人民大学出版社,2003 年,第 304 页。

② 康德:《一般自然史与天体理论》,李秋零译,载《康德著作全集》第 1 卷,李秋零主编,北京:中国人民大学出版社,2003 年,第 304 页。

③ Marcus Willaschek, Jürgen Stolzenberg, Georg Mohr, Stefano Bacin(ed.), *Kant-Lexikon*, Band 1, Berlin/Boston:Walter de Gruyter GmbH, 2015, S. 725.

解为在无限时间中在某一地点上的持存,那么即便这种时空是无限扩展的,这种对永存的理解毕竟将心灵(灵魂)限定在了物质所属的时空中。由之,心灵(灵魂)似乎又成了一个物质存在者。简言之,当康德将物质持存于其中的时空设想为心灵(灵魂)精神性延续的"场所"时,这无论如何是不妥当的。在该部著作中,他对这一理论困境还没有充分的自觉。不过在后面我们将会看到:他采纳的"两个世界"理论表明,他已充分意识到并有效化解了该困境。

对心灵(灵魂)观念的自然神学阐释虽然有着上述这般严重的缺陷,但它毕竟指示了探讨康德心灵哲学的两个重要维度:一是心灵(灵魂)的精神本性,二是"灵魂不死"与目的论体系(不论这一体系是自然的还是道德的)的关联。这两个维度在随后的讨论中还会一再凸显出来。

三、心灵与物体交互性的必要及其限度

在 1755 年,康德还发表了另一部作品《形而上学认识各首要原则的新说明》,该书是康德为获得大学执教资格而提交的论文。在这部著作中,对心灵与物体交互作用的解释仍然是值得关注的。在上文中,我们已经介绍了他在首部作品《活力的真正测算》中对心物交互作用的说明。从某种意义上说,他在 1755 年的这部论文中对上述作用的解释与首部作品中的说明有着直接的承续关系。库恩就认为,"这部论文因而是关于'活力'的著作的延续"①。这一观点有其合理之处。不过需要注意的是,康德在该文中是想探讨"真理可能性的基础问题"。由此,"康德探讨了莱布尼茨与沃尔夫的两个最重要的真理,即矛盾律(Satz des Widerspruchs)和充足理由律(Satz des zureichenden Grundes)"②。在对"充足理由律"的考察中,他引入了对实体交互作用的说明。他认为:"实

---

① 曼弗雷德·库恩:《康德传》,黄添盛译,上海:上海人民出版社,2014 年,第 134 页。
② 曼弗雷德·库恩:《康德传》,黄添盛译,上海:上海人民出版社,2014 年,第 133 页。

体只有在与其他实体结合时,才能发生一种变化;它们相互的依赖性规定着彼此状态的变化。因此,没有任何外部结合并如此离群独处的单纯实体,自身是完全不可变的。而且,即便把它包含进与其他实体的结合,如果这种关系不发生变化,在它里面也不可能发生内在状态的变化。"①由此,心灵与物体的交互作用也是在这一前提下加以理解的。康德认为,心灵首先是一个实体,而且我们分明感知到,它是不断有内在变化的。现在,他认定:一个实体如果不与其他实体发生作用则必然不可变;该实体一旦发生了变化,就必然受到了其他实体的作用。而心灵既然一直处于流变之中,这就意味着:它必然受到了外部其他实体的持续影响。他就此指出:"在灵魂之外必定存在着许多东西,灵魂凭借交互的结合与它们联系在一起……因为从已证明的东西就可以直接得出,离开与外部事物的现实结合,人的灵魂完全没有内在状态的变化。"②由此,"所有有限精神都必须被赋予一种有机的躯体"③,因为"即便是观念的交替也是与外在运动相适应发生的"④。这样,他就从心灵的内在变化推出了心灵与物体的交互作用。这一做法与在《论活力的真正测算》中的说明是不尽相同的。在首部作品中,他将心灵与物体的交互作用理解为力与力之间的关系,也即是说,"心灵实体的活力作用于物质实体"和"物质实体的活力作用于心灵实体"两个相反的过程。由此,他才解释了"物质如何在心灵内部产生表象"与"心灵如何使得物体运动"这两个难题。但在其中,他还没有将心灵内部的变化限定为"只由外部物体来触发"。这一限定是在1755年的这部论文中才出现的,并且应该视作对首部作品中心

---

① 康德:《形而上学认识各首要原则的新说明》,李秋零译,载《康德著作全集》第1卷,李秋零主编,北京:中国人民大学出版社,2003年,第397—398页。
② 康德:《形而上学认识各首要原则的新说明》,李秋零译,载《康德著作全集》第1卷,李秋零主编,北京:中国人民大学出版社,2003年,第399—400页。
③ 康德:《形而上学认识各首要原则的新说明》,李秋零译,载《康德著作全集》第1卷,李秋零主编,北京:中国人民大学出版社,2003年,第400页。
④ 康德:《形而上学认识各首要原则的新说明》,李秋零译,载《康德著作全集》第1卷,李秋零主编,北京:中国人民大学出版社,2003年,第399页。

灵与物体交互作用的一个深化说明。这也即是说：在首部作品中，康德只是解释了两者何以能够（können）作用于对方；但在 1755 年的论文中，他却证明了两者何以必须（müssen）作用于对方。这一作用之所以被他认定为是必须的，是由于他相信"它们相互的依赖性规定着彼此状态的变化"①。

然而，如果将心灵与物质的彼此作用解释为一种相互的依赖性，那么这似乎就使得心灵离不开物质。这就有向唯物主义滑落的危险。康德意识到了这一点，并作出了如下澄清："上述定律之所以也许会显得有错误之嫌，乃是因为人的灵魂以这种方式在行使思维的内在功能时受制于物质的那种牢不可破的结合，这看起来与唯物主义者们的危险见解距离并不远。然而，我并不因此就剥夺灵魂的观念状态，尽管我承认，如果灵魂完全摆脱外在的结合，这种状态就是不变的、永远与自身一致的。"②在这里，他简略地描绘了自己的解释与唯物主义的区别。在他看来，唯物主义者试图将心灵规定为身体机能的表现，进而把心灵的生灭变化完全系于外物之上，并取消了心灵的独立存在。与之不同，他自己虽然强调心灵的内在状态受制于外物的变化，但他只是声明，就心灵的状态变化而言，它依赖于外物的作用。因此，当心灵不再与外物结合时，它自身就不会有任何变化。不过，就心灵的自身持存而言，它是实体，亦即依凭自身持存的东西，当然独立于外物而存在。所以，在 1755 年的康德看来，心灵与物体的交互作用虽然是必须的，但这一作用依旧奠基在两者的实体地位之上。因此，心灵的实体本性是毋庸置疑的。这就足以表明：他在此时依然信奉唯理论的心灵实体观。这样看来，至少到 1755 年，对心灵的自然神学式说明和上述的心灵实体观都证实了，他思想的

---

① 康德：《形而上学认识各首要原则的新说明》，李秋零译，载《康德著作全集》第 1 卷，李秋零主编，北京：中国人民大学出版社，2003 年，第 397 页。

② 康德：《形而上学认识各首要原则的新说明》，李秋零译，载《康德著作全集》第 1 卷，李秋零主编，北京：中国人民大学出版社，2003 年，第 400 页。

真正转折点还没有来临。

四、鄙弃俗世的人生观

在 1756 年,康德受 1755 年年底发生的里斯本大地震的触动,还发表了三篇关于地震的文章。其中,最重要的是《地震中诸多值得注意的事件》①。在该文中,他对此次地震的前因后果和各种现象进行了全面的考察。不过,我们将只关注他在对地震的评论中展现的"人生观",因为只有这与他的心灵(灵魂)观是相关的。实际上,一个人的心灵(灵魂)观在某种意义上决定了他的"人生观"。同样,我们也可以由他的"人生观"来反观他如何看待心灵。康德是在"地震的益处"的标题下谈及自己的"人生观"的。他指出,一般人看到从有用性方面称赞地震这种可怕的灾难,一定会大吃一惊并放弃去考察它所谓的"益处","以便免除与此相联系的恐惧和危险"②。但在他看来,这种放弃和逃避是由于如下一点:我们贪图大自然给予的舒适和便利,并幻想自然应该按人的利益来加以构造。然而,我们忽视了,自然赋予我们的益处也正来源于地震所带来的变化。人类这种以自我为中心的心态几乎是不证自明的:"作为生来就注定要死的人,我们不能忍受一些人在地震中死去;作为这里的过客和一无所有的人,我们为失去不久将通过大自然的普遍道路而自动丧失的财富耿耿于怀。"③但在康德的眼中,这种最通常的心态才是亟须矫正的。他举例说,如果"认为地面上时而发生地震是必要的"④,那么我们在地面上建造高楼大厦就没有必要。所以,"人必须学会顺从大自然;但人却希

---

① 康德:《地震中诸多值得注意的事件》,李秋零译,载《康德著作全集》第 1 卷,李秋零主编,北京:中国人民大学出版社,2003 年,第 418—446 页。
② 康德:《地震中诸多值得注意的事件》,李秋零译,载《康德著作全集》第 1 卷,李秋零主编,北京:中国人民大学出版社,2003 年,第 441 页。
③ 康德:《地震中诸多值得注意的事件》,李秋零译,载《康德著作全集》第 1 卷,李秋零主编,北京:中国人民大学出版社,2003 年,第 441 页。
④ 康德:《地震中诸多值得注意的事件》,李秋零译,载《康德著作全集》第 1 卷,李秋零主编,北京:中国人民大学出版社,2003 年,第 442 页。

望大自然来顺从自己"①。在这个地方,他想表明的意思是:既然大自然使我们终有一死,由此让我们丧失在此世拥有的一切,那么我们应该知道,自己若只是汲汲于今生的功名利禄,就和大自然的规律相违背了。

当然,正如前面指出的那样,康德在此所意指的自然不是死气沉沉的机械论自然,而是上帝安排下的目的论体系。换言之,"大自然的整体是上帝的智慧及其安排的一个相称的对象"②。但我们的问题在于:总自负地以为自己是上帝安排的自然之惟一目的,"仿佛除了人自己之外,上帝的安排就没有任何别的着眼点"③。于是,他不无讽刺地总结说:"我们是大自然的一部分,但却想成为整体。"④这一虚妄的自大直到面对地震的现实时才被击破。自然的不稳定和灾难恰恰告诉我们,上帝远非为了我们的舒适和享受而创造了自然。对此,他用一种形象的说法评论道:"人生来并不是为了在这个虚荣心的舞台上建造永恒的茅舍的。由于人的整个生命有一个更高尚得多的目标,正如这个目标已与所有的毁灭都不相符,而世界自身的不稳定使我们在那些对我们来说显得最伟大、最重要的事物身上看到这些毁灭,这就提醒我们:地球的财富并不能满足我们追求幸福的欲望!"⑤这样,在他看来,如果自然使得我们在尘世所追求的外在事功最终都归于毁灭,那么我们就应该意识到:人生不应该仅仅着眼于终将消逝之物,而必须指向一个更为高尚的目标。这个目标是

---

① 康德:《地震中诸多值得注意的事件》,李秋零译,载《康德著作全集》第1卷,李秋零主编,北京:中国人民大学出版社,2003年,第442页。
② 康德:《地震中诸多值得注意的事件》,李秋零译,载《康德著作全集》第1卷,李秋零主编,北京:中国人民大学出版社,2003年,第445页。
③ 康德:《地震中诸多值得注意的事件》,李秋零译,载《康德著作全集》第1卷,李秋零主编,北京:中国人民大学出版社,2003年,第445页。
④ 康德:《地震中诸多值得注意的事件》,李秋零译,载《康德著作全集》第1卷,李秋零主编,北京:中国人民大学出版社,2003年,第445页。
⑤ 康德:《地震中诸多值得注意的事件》,李秋零译,载《康德著作全集》第1卷,李秋零主编,北京:中国人民大学出版社,2003年,第446页。译文有所改动。

纯然道德的,因为"高尚的"(edel)这个词就表明了依据道德原则行事的无私。在此,康德教导我们,人应该经历这种转变——从只关注自身的特殊利益到关注人的普遍苦难和不幸,并致力于改善这种境况。这也是上帝掌管下的"天意"(Vorsehung)或自然进程所要求的。由此,他评论道:"正是大自然的进程从中获得其无须修正的正确性的那个最高智慧,让较低级的目的从属于较高级的目的。"①换言之,上帝治下的自然进程要求人从尘世的自私欲望上升至高尚的道德使命。这一要求与前述心灵(灵魂)的持存是紧密相关的。因为只有以一个永存的心灵(灵魂)作为基底,上述要求才是真正合理且可预期的。倘若人仅有此生,则他决意只追求自己的幸福也无可厚非。但若心灵(灵魂)会随着自然进程的无限延续而持存,而上帝作为最高智慧必使得这一进程不断趋于完善,那么,人就没有理由仅对此世的福祉感兴趣,而对自己心灵(灵魂)的道德提升置若罔闻。

因此,在对地震的反思中,康德展现了对尘世俗物的鄙弃和对道德使命的某种自觉。这种人生态度和他这个时期的心灵观是相融合的。这也暗示了一点:他的心灵哲学与其道德学说有着天然联系。在随后的六七十年代,这一关联还会被提及,并最终在批判时期得到最强有力的表达。不过可以看到,至少在四五十年代,他对心灵观念的探讨更多是在理论哲学的范围内。他对心灵与物体交互关系的说明以及对心灵的自然神学式说明都体现了这一点。但更重要的是,他在这段时期处理心灵观念的方式还带有鲜明的唯理论独断论特征。他思想的转折点在六十年代才会来临。下面,我们就进入他在这个转折时期对心灵观的讨论。

---

① 康德:《地震中诸多值得注意的事件》,李秋零译,载《康德著作全集》第1卷,李秋零主编,北京:中国人民大学出版社,2003年,第446页。

第二节 1760—1769——唯理论的失势与心灵本性的经验规定

一、对心灵观念的理性根据的接受与反叛

康德的心灵观可以通过他最著名的学生——赫尔德（Johann Gottfried Herder）的笔记一窥究竟。后者曾于 1762 至 1764 年求学于哥尼斯堡，因而他关于康德的听课笔记也应该属于这一时期。阿默里克斯对这些笔记中的心灵观已经作出了很好的综述。因此，我们在下面就援引他的思路简要介绍这些笔记中涉及心灵的内容。

阿默里克斯开宗明义地判定：赫尔德在这一时期的笔记"呈现出康德早年唯理论时期的典型立场"[①]。他认为，在这些讲稿中，对心灵（灵魂）持存性的原因首先追溯到两个怪异的理由：一是世界需要理性存在者的持存，否则世界就是虚无的；二是理性存在者如果有死，那么他（她）就如同从未活过一般。在他看来，这两个理由都是不可靠的。首先，第一个理由要求从世界的持存推出理性存在者的持存，这明显是不合理的。因为即便人们承认莱布尼茨式的观念——"没有理性存在者，就没有真正的统一体"，也不能从中推出人必然永存。其次，第二个理由建基在一种荒谬感之上，亦即理性存在者居然发现他（她）的存在有一个确定的终点。但是，人们很难凭这种荒谬感就证明人是永存的。而且，就连一个人是否会产生这种感觉都是成疑的。所以，这两个别出心裁的对心灵（灵魂）持存性的论证难以令人信服。

随后，他又归纳了在这些笔记中论证灵魂不死的几种主要论据：首先可以将之区分为"经验的"或"理性的"，其中理性的论据又可以分为"形而上学—理论的"和"形而上学—实践的"，而"形而上学—实践的"论

[①] Karl Ameriks, *Kant's Theory of Mind : An Analysis of the Paralogisms of Pure Reason*, Oxford : Oxford University Press, 2000, p. 178.

据又能进一步分为"实践—神学的"和"实践—目的论的"。①在康德形而上学讲稿的流变中,这几组论据是异常关键的,因为他还会一再回到对它们的解说上来。但在这一时期,他只对后两种论据——"实践—神学的"和"实践—目的论的"有过论述,其他的只是提及而已。对出自"实践—神学的"论据,他鲜明地表达了异议。所谓灵魂不死的实践—神学式证明是指:在此世对善恶的赏罚的分配是不公的,因为我们经常见到善人受苦,恶人享福。因此,彼世的存在是必须的,在那可以弥补此世不公平的分配。当然,这同时预设了上帝的存在。正是他保证了彼世的存在,并充当了在那里对人进行赏善罚恶的裁判官。对此,康德提出的反驳是:实际上,我们不知道,是否真的在此世就存在着分配的不公。因为也许我们在判定人之善恶的时候发生了错误,又或许在今生已经有不可见的赏罚完成了道德的平衡。换言之,我们作为凡俗之人,在善恶的判断、行为与果报的匹配上都有可能出错。所以,当我们轻易地断言在此世没有公平的赏罚时,很可能这一断言本身就是错误的,更不消说随后对心灵(灵魂)永存和上帝存在的预设了。应该说,他的这一驳斥是有力的。与之相对,对于"实践—目的论的"证明,他则表达了很大程度的赞赏。并且,这一赞赏还一直维持到他的晚年。这一证明可以以如下的形式展现出来:所有的物种都被给予机会去发展它们的特殊才能。换言之,所有物种都会朝向一个目的,而不至于使它的才能荒废。这正是大自然的美妙之处。而人作为造物的顶点,拥有着令人惊羡的才能,这一才能的潜力完全不可能在短暂的今生就得到实现。因此,人为了彻底实现自己的才能,必须设定灵魂不死。然而,这一证明以对自然的类比为基础,更类似于一种推测和比附,很难说有彻底的说服力。因此,如果阿默里克斯的判断——这时的康德仍处于唯理论时期——是正确的,那么

---

① Cf. Karl Ameriks, *Kant's Theory of Mind: An Analysis of the Paralogisms of Pure Reason*, Oxford: Oxford University Press, 2000, p. 178.

可以推断的是:在这些证明中,实际上只有"形而上学—理论"的证明在康德看来拥有确定无疑的可靠性,因为唯有它是不折不扣的唯理论式的。

不过从整个六十年代来看,康德对唯理论的好感并未持续很长时间。随着他对休谟与卢梭思想的日渐熟悉,一些异于唯理论的倾向逐渐展露出来了。这一点也体现在他的心灵观之上。在 1764 年发表的《关于自然神学与道德的原则之明晰性的研究》中,康德曾对心灵的"非物质性"作出如下评论:"我承认,人们为阐述灵魂不是物质所拥有的证明是不错的。但你们要当心,不要从中推论出灵魂不具有物质的本性。因为每一个人都把这一点不仅仅理解为灵魂不是物质,而且理解为不是一种能够成为物质元素的简单实体。这就需要一种特殊的证明,即这种思维着的存在者并不像一种有形体的元素那样处在空间中,不能通过不可入性、也不能与其他东西一起构成一个有广延的事物,构成一个团块。对此,现实中尚不存在上述证明,如果人们找到这种证明,它将展示一个精神如何以那种不可理解的方式在空间中现存。"[1]可以看到,他在此对心灵的理解已不同于他在四十、五十年代的观点。如前所述,在那时,他还坚信心灵是非物质实体。也即是说,它不是物质实体。但在上述引文中,他却认为,人们不能从"灵魂不是物质"推出"它不是物质实体",因为该推论是明显的僭越判断。这种僭越之所以产生,"是因为人们虽然不知道为此所要求的一切东西,但却着手作出判断"[2]。事实上,当我们说心灵不是物质,这其实是指两者的差异性,比如心灵涵盖的表象与物质所有的广延不同。但这种不同并不直接等于两者的绝对互斥——心灵必定是非物质的实体或物质必然是一个无思想的实体。相反,心灵和物

---

① 康德:《关于自然神学与道德的原则之明晰性的研究》,李秋零译,载《康德著作全集》第 2 卷,李秋零主编,北京:中国人民大学出版社,2004 年,第 294—295 页。译文有所改动。

② 康德:《关于自然神学与道德的原则之明晰性的研究》,李秋零译,载《康德著作全集》第 2 卷,李秋零主编,北京:中国人民大学出版社,2004 年,第 294 页。

质虽然不同,但这并不妨碍两者和谐地交融在一起。事实上,经验也证实了这一点。因此,我们不能从心灵与物质的不同质直接推出两者作为实体的互斥。任何有关"物质中无思想"或"思想无需物质"的判断,都是以上述错误推论为基础的妄言。

在此,康德宣称:如果我们想进一步论证心灵不是物质实体,那么我们就必须证明它不以不可入性、广延等这些物质实体的方式存在,亦即以一种精神性的或独立于物质的方式存在。但在现实中,我们无疑找不到心灵如此存在的证明。相反,正如经验所展示的那样,心灵与物质形体处于交互作用中。但基于这种作用,我们无法看出心灵是以精神性的还是以物质性的方式存在,故而也无法对"心灵是否是物质实体"这个问题作出回答。所以,在1764年发表的这部作品里,他已经表现出对唯理论基本观点的反叛。心灵作为非物质实体的信条首次在他公开发表的著作中遭到质疑。如果库恩的判断——康德在1762—1764年间开始接触到休谟的著作①——是可取的,那么,康德心灵观的转变很有可能受到了休谟的影响。因为在上一章可以看到,休谟宣称:由于经验无法告诉我们"非物质实体"究竟为何物,所以,"心灵是非物质实体"这一断言没有意义。康德在这里的态度与休谟的观点有相似之处,虽然他要比后者温和得多。这就暗示着:心灵作为非物质实体的信条开始受到康德的怀疑。

二、心灵作为精神的存在疑难

在康德于1766年发表的《一位视灵者的梦》②中,上述质疑得到了更清晰的表达。按照库恩的说法,这部著作"可能是康德最怪异的一本

① 参见曼弗雷德·库恩《康德传》,黄添盛译,上海:上海人民出版社,2014年,第161页。
② 康德:《一位视灵者的梦》,李秋零译,载《康德著作全集》第2卷,李秋零主编,北京:中国人民大学出版社,2004年,第319—376页。

书"①。他在这部书中表现出的模棱两可的性格招致了摩西·门德尔松
(Moses Mendelssohn)的不满。而康德在答复他的信中也坦承,自己的
这部著作写得相当混乱。②在这部小书中,他意在探讨一位著名的视灵者
施魏登贝格(Emanuel Swedenborg)通灵见闻的可靠性。依据马克斯·
舍勒(Max Scheler)的观点,通灵——更确切地说,在活着时与死去的灵
魂相接触——也是一种对心灵(灵魂)永存的证明。这种证明可被视为
神秘主义或唯灵论式的。③但无疑,这种证明一般很难被理智正常的人所
接受。所以,康德也不可能赞同这种与其说是证明、不如说是迷信的说
法。在给门德尔松的信中,他就判定,施魏登贝格的言论及著作总体上
属于毫无理性根据的无稽之谈。④甚至早在 1763 年,他在写给莎洛特·
冯·克诺布洛赫(Charlotte von Knobloch)的信中就表明了自己的态度:
"对于灵神领域的现象和活动的故事,尽管我知道许多具有可能性的东
西,然而,我却总是很注意遵从健康理性的法则,转向否定的一边。这倒
不是因为我自认为洞见到了这些事情的不可能性……而是因为总的来
说,它们并没有得到足够的证明。"⑤但蹊跷的是,康德对施魏登贝格又给
予过颇为正面的评价。在七十年代中期的讲座稿中,他称赞施魏登贝格
的思想是崇高的。⑥看上去,他对施魏登贝格的这种矛盾心态似乎才塑造
了这部"模棱两可"的著作。不过,这种模棱两可只是一种假象。因为在
该书中,康德的观点实际上是明确的。他坚决否证了施魏登贝格以超感
官的方式与诸灵神(Geister)接触的可能性,但他同时吸收了后者区分物
质世界与灵神世界(理知世界)的重要洞见。因此,恰好从对施魏登贝格

---

① 曼弗雷德·库恩:《康德传》,黄添盛译,上海:上海人民出版社,2014 年,第 207 页。
② 参见康德《康德书信百封》,李秋零编译,上海:上海人民出版社,2006 年,第 20 页。
③ 参见舍勒《死亡·永生·上帝》,孙周兴译,北京:中国人民大学出版社,2003 年,第 64 页。
④ 参见康德《康德书信百封》,李秋零编译,上海:上海人民出版社,2006 年,第 21 页。
⑤ 康德:《康德书信百封》,李秋零编译,上海:上海人民出版社,2006 年,第 12 页。
⑥ Cf. Immanuel Kant, *Lectures on Metaphysics*, translated and edited by Karl Ameriks and Steve Naragon, Cambridge: Cambridge University Press, 1997, p. 105.

思想的"扬弃"(Aufhebung)中,他的心灵观逐渐有了批判时期的雏形。

在本书中,康德追问了何谓灵神。在他看来,灵神一般是指一个拥有理性的存在者(Wesen),而在人那里,此存在者恰好就是给人以生命的那部分。① 因此可以说,这个灵神与心灵的意义大致相同。而我们也正是通过灵神的概念来发掘他在此的心灵(灵魂)观。他列举了一个对心灵(灵魂)的唯理论式说明:"凡是在这里思维的,都必定是单纯的,每一个理性思维的实体都是自然的一个统一体,不可分的我不能在一个整体中被诸多结合起来的事物所分摊。因此,我的灵魂是一个单纯的实体。"② 对此,他进一步分析道:即便这一说明达到了心灵(灵魂)作为单纯实体的结论,但这仍未证明,心灵是属于一个有广延且不可入的物质整体,还是一个非物质的灵神。③ 在这里,康德对唯理论的心灵(灵魂)实体观的不信任已经愈发明显了。在 1764 年发表的著作中,他反对从"心灵(灵魂)的非物质性"推出"它是非物质实体";现在,他则反对从"心灵(灵魂)的实体性"得出它的"非物质性"。他的理由似乎是:心灵(灵魂)作为单一实体,只意味着它是一个不可分的自身持存之物。其实,这仅指涉着心灵(灵魂)是什么(was)。但这终归还没说明:它究竟如何(wie)——以物质性的抑或非物质性的方式——持存。在第一章中可以看到,在唯理论者的眼中,"心灵(灵魂)作为非物质实体"的信条是一条自明的真理。这也暗示了:在其中,"非物质性"和"实体"这两个维度可以以一种分析性的(analytisch)方式相互关联。但现在,康德对该信条内部的上述逻辑关联产生了怀疑,1764 年和 1766 年的这两部著作都流露出这种倾向。

所以,当康德在 1766 年否认从心灵(灵魂)的实体性能推出其非物

---

① 参见康德《一位视灵者的梦》,李秋零译,载《康德著作全集》第 2 卷,李秋零主编,北京:中国人民大学出版社,2004 年,第 322 页。

② 康德:《一位视灵者的梦》,李秋零译,载《康德著作全集》第 2 卷,李秋零主编,北京:中国人民大学出版社,2004 年,第 325 页。译文有所改动。

③ 参见康德《一位视灵者的梦》,李秋零译,载《康德著作全集》第 2 卷,李秋零主编,北京:中国人民大学出版社,2004 年,第 325 页。

质性时,这似乎预示着:他脱开了唯理论谈论心灵(灵魂)问题的基本框架。在他看来,我们只能假定灵神这种非物质存在者存在的可能性,但"也没有希望能够凭借理性根据证明这种可能性"①。这和批判时期的观点已经相差不远了。在此意义上,他才将施魏登贝格这样的视灵者称为狂热的妄想家。因为面对理性所无法证明的灵神性存在物,他们竟宣称自己能看见它们并与之交流。在他看来,这只是因为"通过教育得来的关于灵神形象的概念为病态的头脑提供了欺骗性想象的材料"②。

三、物质世界与理知世界的二分

不过,康德仅否认了施魏登贝格之流能通过非感知直观的方式与灵神相交流。其实,他并不否认后者所指出的灵神及其组成的灵神世界(Geisterwelt)之存在。在他的眼中,通过宇宙中那些有生命的存在者,人们已经可以预感到:这些生命原则不可能只来自无生命的物质的组合或分离,而必须源于一种非物质的存在者。这就是灵神或心灵。因此,即便理性无法证实灵神的存在,但人们依然可以预感或设想它们的存在。并且,"它们彼此之间直接地联合起来,也许能够构成一个人们可以称之为非物质世界(mundus intelligibilis[理知世界])的大整体"③。这也就意指着:"人的灵魂在当下的生命中就已经必须被视为与两个世界相联结,其中只要它与一个躯体结合成为一个人的统一体,它就只清晰地感受到物质世界;与此相反,作为灵神世界的一员,它接受并且给予非物质性物类的纯粹影响……"④这一两重世界的划分对批判哲学的形成

---

① 康德:《一位视灵者的梦》,李秋零译,载《康德著作全集》第2卷,李秋零主编,北京:中国人民大学出版社,2004年,第326页。
② 康德:《一位视灵者的梦》,李秋零译,载《康德著作全集》第2卷,李秋零主编,北京:中国人民大学出版社,2004年,第350页。
③ 康德:《一位视灵者的梦》,李秋零译,载《康德著作全集》第2卷,李秋零主编,北京:中国人民大学出版社,2004年,第333页。
④ 康德:《一位视灵者的梦》,李秋零译,载《康德著作全集》第2卷,李秋零主编,北京:中国人民大学出版社,2004年,第336页。

有着无可置疑的重要性。因为物自体与现象界的划分正源于上述两重世界的视角。但对于康德如何形成这种"两个世界"的观点,学界似乎更为重视他在 1770 年的就职论文《论可感世界与理知世界的形式及其原则》。现在,我们却看到:早在 1766 年的《一位视灵者的梦》中,通过对施魏登贝格观点的批判性继承,他已经清楚地意识到"两个世界"的理论意义。这也正是他在七十年代中期的讲稿中对施魏登贝格赞赏有加的原因。他评论道:"由此施魏登贝格的思想是非常高尚的。他说灵神世界建构了一个特殊的真实宇宙。这就是必须区别于感性世界的理知世界。他说所有的灵神性存在者都处于相互关联之中,只有诸灵神的一致与联结是不受制于身体条件的;在那里一个灵神与另一个之间是没有远近的,毋宁说存在于它们之间的是一种精神性的联系。"①因此,由灵神存在者的精神性联系所组建的"理知世界",正是施魏登贝格给予康德的一个关键启示。该启示对于后者心灵哲学的演进是决定性的。因为在上一节中可以看到,康德对心灵(灵魂)的自然神学式说明仅将心灵(灵魂)的持存理解为在感性时空,亦即物质世界中的无限延展。在某种意义上,这与心灵(灵魂)的非物质本性是相悖的。而如今,他发现了一个非物质的"理知世界"之存在。这就为心灵(灵魂)的持存找到了一个新的"场所",而该"场所"与心灵(灵魂)的非物质性是完全适合的。

而在《一位视灵者的梦》中,上述理解已经表露出来了。康德这样说道:"如果灵魂与形体世界的联系最终因为死亡而被废止,那么,在别的世界的生命就只是它与此世就已有的那种联结的自然延续,而在这里所履行的道德的全部结果将会在那里重新产生影响,一个与整个灵神世界难分难解地联系着的存在者此前已经在那里按照精神性规律施加了该影响。因此,现在与未来仿佛是出自一体,且构成一个持续的整体,即便

---

① Immanuel Kant, *Lectures on Metaphysics*, translated and edited by Karl Ameriks and Steve Naragon, Cambridge: Cambridge University Press, 1997, p. 105.

是按照自然的秩序也是如此。"①可以看到,相比于四五十年代的心灵(灵魂)观,他在此的理解的确有了鲜明的变化。如上所述,他不再将心灵(灵魂)的持存视为"在物质世界中的永存",而当作"在灵神世界中的另一生命"。但这一生命并不意味着彻底的断裂,而必须视作心灵(灵魂)在离开物质世界后的自然延续。由此,这一延续必然是精神性的。因为当心灵(灵魂)通过身体处身在物质世界中时,它同样处身在灵神世界(理知世界)中,只是后一世界不可能为人所直观。但若死亡带走人在此世的身体,亦即将心灵(灵魂)带离此物质世界,那么心灵(灵魂)将径直处于灵神世界中。正在此意义上,心灵(灵魂)在身体死后进入灵神世界只意味着:它脱掉了身体的桎梏,自由地将先前活着时在灵神世界中的状态延续下去。这样,灵魂不死就不再是在无限时空中的扩展,而是精神性的维持。另外,在康德看来,这种维持又必须与道德相关联。在第一章对鲍姆嘉登思想的介绍中,我们已经提及他心灵(灵魂)观的道德内涵。在此可以看到,康德同样强调了这一内涵的重要性。因为他认为,我们在此世所行的道德后果也将会在彼世,亦即在灵神世界产生影响。也就是说,"由此自然而然地产生出一个或善或恶的灵魂与众多或善或恶的灵神的联系,而且该灵魂自身由此加入灵神共和国符合道德性质的部分,分享由此按照自然的秩序可能产生的一切结果"②。换言之,心灵(灵魂)在灵神世界里会依据其善恶程度被归入不同的灵神群体中,并承担与其善恶程度相匹配的果报。在七十年代中期的讲稿中,上述见解还会更清晰地呈现出来。于此,他还只是稍有提及。

所以,在康德的眼中,当心灵(灵魂)在生前或死后置身于灵神世界抑或理知世界中时,这仅仅意味着:心灵(灵魂)处于一种与其他心灵(灵

---

① 康德:《一位视灵者的梦》,李秋零译,载《康德著作全集》第2卷,李秋零主编,北京:中国人民大学出版社,2004年,第340页。译文有所改动。
② 康德:《一位视灵者的梦》,李秋零译,载《康德著作全集》第2卷,李秋零主编,北京:中国人民大学出版社,2004年,第340页,注①。

魂)的协同性关系中。而这一关系也很好地解释了为何康德的心灵(灵魂)观会拥有道德内涵。因为心灵(灵魂)作为一个理性存在者的本性就朝向"理性的统一"。正是这种理性本性的趋同性,才使诸心灵得以组建一个灵神世界——更确切地说,灵神共和国。因此,当我们处于灵神世界中时,我们理应遵循理性统一性的强制要求。这一要求指向的是诸心灵(灵魂)或理性存在者的公益,因而该要求恰好是纯然道德的。由此,他才说:"我们看到自己在最秘密的动机中依赖于普遍意志的规则,而且由此在所有思维着的物类的世界里产生出一种道德的统一和仅仅依据灵神规律的系统状态。"①这也即是说,灵神世界是一个由普遍的道德法则所规制的世界,而心灵(灵魂)在此世界中必将依循上述普遍的道德法则而持存。由此,心灵(灵魂)的持存不是一个空洞的无始无终,而必须是无限的道德改善过程,倘若心灵(灵魂)意识到:自身内部存在着自私自利与理性本性的普遍公益之冲突。随着心灵(灵魂)不断减除自私自利并向理性本性统一提升,心灵(灵魂)的现在与未来才能按照自然的秩序成为一个持续的整体。在第一章中可以看到,鲍姆嘉登的心灵(灵魂)观已涵盖了"道德使命的无限担承"这一维度。但在他的体系内,心灵(灵魂)在永恒持存中的道德自觉只关乎自身的改恶迁善,进而获得与道德成比例的赏罚。然而,康德在此却清晰地认识到:心灵(灵魂)的德性改进不仅是"独善其身"的过程,而且必须同时指向他人,更确切地说,指向一个诸心灵(灵魂)共同体的普遍意志。这一理解具有非常重要的前瞻性。在后面我们将会看到,他在批判时期的实践哲学中同样吸纳了此种理解。

如前所述,尽管康德对施魏登贝格提出的"灵神世界"给予了极高评价,但他完全不相信后者能直接洞见到这一世界。换言之,对于后者凭借肉体凡胎直接看见灵神并与之交流的本领,他更愿意将之判为"狂乱

---

① 康德:《一位视灵者的梦》,李秋零译,载《康德著作全集》第 2 卷,李秋零主编,北京:中国人民大学出版社,2004 年,第 338 页。

的妄想和奇特的怪诞"①。所以,当丽尔(Gerda Lier)认定康德相信"存在着通过一些活着的人对精神性直观与心灵感应的证明,更确切地说是通过斯威登贝格(1688—1772)的证明"②之时,这一判断无疑是与康德的本意相反的。事实上,他在这部著作中毫不认同斯威登贝格式的精神性直观或心灵感应。否则,他不会在写给门德尔松的信中坦言:"我在写作时怀着一种不愉快的心情。"③

因此,虽然康德非常愿意相信"灵神世界"(理知世界)的存在,但他鲜明地反对施威登贝格以违反健康知性的迷信方式去接纳它。他承认,人类知性有着天然的"对未来的希望"。也正是这一希望,才使得"关于死者灵魂出现或者灵神感应的所有故事、关于灵神性存在者的可能本性及其与我们的联结的所有理论"④有着显著的重要性。而在思辨或理论哲学的范围内,这些理论则"似乎是纯由空气所构成"⑤。所以,在康德看来,在人类知性那里确实存在着对心灵(灵魂)持存性的希望。这一希望也是合理的。正基于此,各种各样的灵神性故事或理论才被人们广泛接受。因为它们"说明人的灵神如何离开这个世界,也就是说,说明死后的状态的程度"⑥。无论如何,它们没有任何经验的支撑,因而在思辨哲学的范围内只能算作空想。由此,"灵神世界"虽然在人类知性看来是美好的希望,但它毕竟不具备经验的凭据来证明自身的现实性。这一点使得康德实际上无法以合乎理性的方式认可它。概言之,这也是这部著作表

① 康德:《一位视灵者的梦》,李秋零译,载《康德著作全集》第2卷,李秋零主编,北京:中国人民大学出版社,2004年,第344页。
② Gerda Lier, *Das Unsterblichkeitsproblem-Grundannahmen und Voraussetzungen*,Göttingen:V & R Unipress,2010,S. 1353.
③ 康德:《康德书信百封》,李秋零编译,上海:上海人民出版社,2006年,第20页。
④ 康德:《一位视灵者的梦》,李秋零译,载《康德著作全集》第2卷,李秋零主编,北京:中国人民大学出版社,2004年,第353页。
⑤ 康德:《一位视灵者的梦》,李秋零译,载《康德著作全集》第2卷,李秋零主编,北京:中国人民大学出版社,2004年,第353页。
⑥ 康德:《一位视灵者的梦》,李秋零译,载《康德著作全集》第2卷,李秋零主编,北京:中国人民大学出版社,2004年,第353页。

现出"模棱两可"或"有一定张力"的原因。因为一方面,他认识到了灵神世界(理知世界)的巨大价值;但另一方面,他又反对以超验的方式确认其存在。与此同时,他还没找到合适的方式来指明其存在。的确,这显示出他在找寻其哲学发展方向时的一丝逡巡。

四、心灵的经验性与道德意蕴

但在这部著作中,他总的方向依然是明确的,亦即绝不能在认识的范围内接纳任何灵神性存在者的学说。他鲜明地表态说:"这种学说可以完成,但却是在消极的意义上,因为它确定无疑地设定了我们认识的界限,并使我们坚信:生命在自然中的不同表现及其规律是我们可以认识的一切,而这种生命的原则,也就是说,我们并不认识、而是推测的灵神本性,却绝不能被设想为积极的,因为在我们的全部感觉中找不到与此相关的材料。"①由此,"人的灵神学可以称为在一种猜测的存在者方面必然无知的学说"②。这是康德在该书中树立的一个基调——要将灵神性学说从思辨或认识领域内排除出去,或者用他自己的话说,必须由此为形而上学划定界限。在他看来,有关灵神的物类及其持存性问题都是无须在思辨领域加以讨论的问题。因为它们完全处于人的经验视野之外。这里清楚地显示出:他对心灵(灵魂)问题的态度不再局限于唯理论者的内部批评。相反,休谟所带入的经验性因素已经占据了首要地位。他就此宣称:"我在作为一个有生命的主体的我里面认识到变化,即思想、任性等等;而且由于这些规定与共同构成我关于躯体的概念的一切都不同类,我理应设想一个非形体的、常驻不变的存在者。至于这个存在者如果不与躯体相结合是否也会思维,却绝不能凭借这种从经验出发

① 康德:《一位视灵者的梦》,李秋零译,载《康德著作全集》第 2 卷,李秋零主编,北京:中国人民大学出版社,2004 年,第 354 页。
② 康德:《一位视灵者的梦》,李秋零译,载《康德著作全集》第 2 卷,李秋零主编,北京:中国人民大学出版社,2004 年,第 355 页。

认识到的本性来推论……因此，我们必须等待，直到我们也许在未来的世界里凭借新的经验和新的概念，对于我们思维的自我里面还对我们隐蔽着的力量获得教益。"①由此可知，康德的心灵（灵魂）观已经和早年的观念发生了很大的偏离。在四五十年代，他不会怀疑心灵（灵魂）是"一个非形体的、常驻不变的存在者"。但现在，他却声明：虽然我们理应按照内在的生命原则这般设想，但按照从经验中得来的"自我认识"，我们却必须判定上述设想是一种僭越。所以，至少从现有的经验来看，我们无法从中推论出：我们的自我（心灵或灵魂）是持存常驻的，甚至在脱离开身体后也将一直持续下去。当然，我们也不能从中推断出：心灵（灵魂）在与身体分离后必将消逝。因此，对于心灵（灵魂）是否会永恒持存的问题，他认为我们需要等待人类经验在未来的不断扩展。到那时，也许"思维着的自我"之真相会向我们呈现。他在给门德尔松的信中，同样强调了经验对于认识心灵（灵魂）本性的重要性。他写道："如果我们询问，从我们的经验中，是否可能有朝一日得出一种关于灵魂本性的知识……那么，就可以说明，生育（在形而上学的知性中）、生命和死亡是否就是某种我们通过理性将来能够认识的东西。这个问题的关键就在于确定，是否真的存在着某种界限，这种界限不是由理性的局限性，而是由经验的局限性规定的，在经验中，包含着为理性所提供的资料。"②这里可以看到："经验"在他对心灵（灵魂）的认识中已经有决定性的影响了，这一影响还会一直持续到批判时期。

总之，康德在这部著作中的心灵（灵魂）观还是清楚的。一方面，他汲取了"灵神世界"（理知世界）这一对心灵哲学异常重要的思想资源，并充分挖掘了其中的道德性因素。但另一方面，他却要求在思辨哲学的领域内彻底清除与灵神世界有关的学说。早年对心灵（灵魂）实体的唯理

---

① 康德：《一位视灵者的梦》，李秋零译，载《康德著作全集》第2卷，李秋零主编，北京：中国人民大学出版社，2004年，第374页。

② 康德：《康德书信百封》，李秋零编译，上海：上海人民出版社，2006年，第23页。

论式"确知",也转变为了经验论意义上的"无知"。这两个方面对他批判时期心灵哲学的形成都是关键性的。

在本书的末尾,康德还反驳了一种流行的观点,即"对于灵魂的灵神本性的理性洞识对于相信死后的存在来说是必需的,而这种相信又是一种有德的生活的动机所必需的"①。对此,他用一种强烈的口气诘问道:"怎么?难道只是因为有另一个世界,有德才是善的吗?或者毋宁说是,行为有朝一日得到酬报,岂不是因为它们本身是善的和有德的?人心岂不是包含着直接的道德规范,而为了使人在此世行动符合其使命,人们就绝对必须到另一个世界发动机关吗?"②在这里,他的态度是很明确的。他认为:一个有德之人之所以按照道德行事,并不是因为他考虑到在未来世界的酬报而行善,而仅由于他的心灵(灵魂)本身是高尚的,是自愿遵循道德的。而那种并不自愿遵循道德的人,在很大程度上只是考虑到死后有可能遭受的责罚才不去作恶。倘若来世责罚的"紧箍咒"一旦消除,那么这些人必将大肆作恶。他借此断言,这类人"虽然不敢作恶,但恶的意念却存在于他的灵魂中,他喜欢类似德性的行为的好处,但却憎恶德性本身"③。

在此意义上,他才认定,将道德的动机奠基在对灵魂不死的信仰之上是不可靠的。因为这将使上述假意尊崇道德,实则充满恶念的伪君子列入有德之人的行列。这无疑是荒谬的。当然,他同时也意识到:一个高尚的心灵(灵魂)的确需要对永存的信仰,尽管该信仰不能视为它行善的动机。他这般写道:"但是,从来没有一个正直的灵魂能够忍受随着死

---

① 康德:《一位视灵者的梦》,李秋零译,载《康德著作全集》第2卷,李秋零主编,北京:中国人民大学出版社,2004年,第375页。

② 康德:《一位视灵者的梦》,李秋零译,载《康德著作全集》第2卷,李秋零主编,北京:中国人民大学出版社,2004年,第375—376页。

③ 康德:《一位视灵者的梦》,李秋零译,载《康德著作全集》第2卷,李秋零主编,北京:中国人民大学出版社,2004年,第376页。

亡一切终结这种思想,且其高贵的意念不为未来的希望而奋起。"①因此,尽管一个高尚的心灵(灵魂)之所以高尚,并不取决于它在未来世界所获得的赏赐或酬报,但如果它秉持如此高贵的意念却随死亡湮灭,亦即无法拥有一个与其道德相匹配的理想未来,这确实是不公平的。事实上,正因为一个有德之人的心灵(灵魂)是高尚的,他才有权要求永存。一个作恶多端的人最希望的反倒是"只此一生"。这样,他的累累恶行都能在死时一笔勾销。所以,灵魂不死的信仰只有以道德为前提才是有价值的。这也在另一种意义上佐证了,为何心灵(灵魂)观念必须具有道德内涵。用康德自己的话说,灵魂不死是一种道德信仰。这就是说,灵魂不死的信仰必须基于道德,而非反过来,道德必须奠基于灵魂不死的信仰。在后面我们将会看到,这种将灵魂不死视为道德信仰的态度在批判时期得到了继承,并以更系统的方式呈现出来。张会永分析说,康德在此描绘的"道德信仰"具有三个特征:1. 质朴性和直接性;2. 对人之高贵灵魂的导引性;3. 对任何状态下的人的普适性。②这一判断是比较准确的。总的说来,上述道德信仰呼吁在此世勤勉修善,而中止任何关于来世的思辨性争论。这是因为:"我们真正需要的,只是一个纯朴的道德信仰。我们必须明白,关于另一个世界的知识既不可能也无必要。它是'无关紧要的'。"③。

最后,康德还在文末告诫说:"我们未来世界的命运在很大程度上取决于我们在当前的世界里如何掌管我们的职责。"④所以很明显,他上述"道德信仰"的重心的确落在此世道德的教化之上。由此,库恩认为:"整

---

① 康德:《一位视灵者的梦》,李秋零译,载《康德著作全集》第2卷,李秋零主编,北京:中国人民大学出版社,2004年,第376页。
② 参见张会永《批判哲学的定向标——康德哲学中的道德信仰》,北京:光明日报出版社,2011年,第26页。
③ 曼弗雷德·库恩:《康德传》,黄添盛译,上海:上海人民出版社,2014年,第211页。
④ 康德:《一位视灵者的梦》,李秋零译,载《康德著作全集》第2卷,李秋零主编,北京:中国人民大学出版社,2004年,第376页。

本书可以看作是为道德的自然主义辩护的论证,反对把道德奠基在更好的来世的希望上面。"① 这个判断在某种程度上是合理的。不过,另一点也是同等重要的,即"将对未来世界的期待建立在一个高贵灵魂的感觉之上"②。因为未来世界依然是必需的,只是我们要在完成此世道德责任的基础上再对之有所希冀。

由此观之,《一位视灵者的梦》必须被作为康德讨论心灵(灵魂)问题最重要的著作之一。虽然它写就于前批判时期,但是批判时期一些重要观点的雏形都已孕育其中了,比如对心灵(灵魂)实体思辨性论证的驳斥、对灵神世界(理知世界)的强调和对灵魂不死的道德信仰式解读。这些因素充分预示了康德在接纳了经验主义的思想元素之后在心灵(灵魂)问题上的走向。唯理论的论证似乎在他的思想中逐渐失势了。然而,正如我们在本章开头所提示的那样,在他七十年代中期的讲稿中存在着一些段落,它们仍然表现出对心灵(灵魂)的实体性、单一性和自由的唯理论论证的赞同。③这一点确实让人感到迷惑。因此,在进入康德的批判时期之前,他七十年代的心灵(灵魂)观依然值得我们去发掘。下面就进入他在沉默的十年间对心灵(灵魂)问题的考察。

第三节　1770—1779——复归于唯理论的心灵观

一、心灵的精神性

康德在七十年代发表的唯一著作就是他于 1770 年发表的就职论文《论可感世界与理知世界的形式及其原则》。这部著作向来被认作是

---

① 曼弗雷德·库恩:《康德传》,黄添盛译,上海:上海人民出版社,2014 年,第 211 页。

② 康德:《一位视灵者的梦》,李秋零译,载《康德著作全集》第 2 卷,李秋零主编,北京:中国人民大学出版社,2004 年,第 376 页。

③ Cf. Immanuel Kant, *Lectures on Metaphysics*, translated and edited by Karl Ameriks and Steve Naragon, Cambridge: Cambridge University Press, 1997, p. xvi.

他进入批判时期的"风向标"。比如，福尔伦德就将之视为康德批判时期的开山之作①，库恩也赞同他的这一判断②。在本章伊始，我们就已经表明上述判断是存在争议的。因为值得怀疑的是：康德在整个七十年代的思想动向是否能完全归于批判时期。接下来，对康德手稿与讲稿的探究将间接关涉该问题。然而，我们的主要工作仍是探究他这一时期的心灵（灵魂）观。不过，在这篇就职论文中，他的确展示出一些对批判时期非常重要的观点，例如将感性与知性作为两个独立的认识原则的并举、将空间与时间视为感性的形式法则和对可感世界与理知世界的明确划分等。这些议题与本文的主题没有直接关联，因而我们在此存而不论。

在这部论文中，真正与心灵（灵魂）问题相关的，只是他在文末简要提及的"心灵（灵魂）的位置性问题"。该问题可以视作之前"心物交互作用"问题的一个变形。对此，康德写道："因为灵魂与肉体结合，并不是因为它被束缚在某一个确定的位置上，而是它由于同某一个肉体相互结合，从而被赋予一个在宇宙中确定的位置，如果与肉体分离，它就会失去在空间中的任何地位。因此，它的位置性是一个派生的和偶然归属于它的、而不是原初的和属于它的存在的必然条件，这是因为，凡自身不能是外部感官（例如人的外部感官）的对象的东西，也就是说非物质性的（immaterialia）东西，都完全被排除在外部可感事物的普遍条件即空间之外。因此，可以断然否认灵魂有一种无条件的、直接的位置性，但却可以赋予它一种假定的和间接的位置性。"③在此，他的意思是：心灵（灵魂）只是借助与肉体的结合才获得"一种假定的和间接的位置性"，而就心灵（灵魂）本身来说，它是非物质的，所以不可能受制于物质空间中的某个

---

① Cf. Karl Vorländer, *Geschichte der Philosophie*, Band II, *Philosophie der Neuzeit*, Leipzig：Verlag der Dürr'schen Buchhandlung，1911，S. 183.
② 参见曼弗雷德·库恩《康德传》，黄添盛译，上海：上海人民出版社，2014年，第226页。
③ 康德：《论可感世界与理知世界的形式及其原则》，李秋零译，载《康德著作全集》第2卷，李秋零主编，北京：中国人民大学出版社，2004年，第431页。李秋零先生将"immaterialia"译作"非质料性的"，笔者认为应将其译作"非物质性的"，因为灵魂一般被认为具有"非物质性"，而不是"非质料性"。

位置。就此而言,心灵同样不受限于肉体。上述观点是重要的,因为它暗示了心灵的精神性与独立性。这与唯理论的心灵观有内在的一致性。由此,库恩才宣称:"康德在 1770 年仍然相信……可以对于'自身不是外部感官(例如人的外部感官)的对象的东西'作出有意义和重要的主张。他认为,我们可以谈论非物质性的东西……他主张知性有独断性的目标,而不仅是消极地区分感性和本体而已。"①库恩的这一论断是合理的。因为康德的确相信我们可以谈论非物质性的东西——心灵(灵魂)。这就表明了:虽然康德由于受到了休谟的巨大影响,在 1766 年发表的《一位视灵者的梦》中对唯理论的心灵观表达了明确的反感,但到了 1770 年左右,他在某种程度上又"折回到"唯理论的基本立场,尽管并不是"彻底的退回"。这主要表现在他对心灵的非物质性——更确切地说,精神性的强调上。

这一态度充分体现在他在 1770 年给鲍姆嘉登的《形而上学》所作的评注遗稿中。他在其中写道:"人有两重生命:1. 动物性的 2. 精神性的。后者是人格性。它不是潜在地,而是现实地被采纳的。在人之灵魂的存在(Daseyn)中需要考虑的是:1. 实体的实存;2. 作为灵魂的(动物性的)一般生命;3. 人格性,亦即作为一种人类精神的生命。需要询问的是,如下一点是否是可能的,亦即人的灵魂在没有肉体的情况下,是否也是一个特殊的人格(至少灵魂此后无法再意识到它的外部状态,因为人通过那种感知外物的感官所感觉到的东西属于灵魂的外部状态)。这个问题并不是指灵魂人格性的中断(亦即作为睡眠)是否会发生,而是指灵魂没有肉体时是否会意识到它自己。"②这里,他对人的两重性划分以及将人格性归于精神性的做法显然是唯理论式的。在第一章中可以看到,莱布

---

① 曼弗雷德·库恩:《康德传》,黄添盛译,上海:上海人民出版社,2014 年,第 228 页。译文有所改动,参见 Manfred Kuehn, *Kant: A Biography*, Cambridge: Cambridge University Press, 2001, p.191。
② Immanuel Kant, "Handschriftlicher Nachlaß: Metaphysik-Erster Teil", in *Kant's Gesammelte Schriften*, Band 17, Berlin und Leipzig: Walter De Gruyter&Co. , 1926, S. 472.

尼茨将人视作精神,并认为只有精神性的人才被赋予了人格同一性。在此,康德似乎承续了莱布尼茨的上述见解。所以,对于上述"心灵没有肉体时是否会意识到它自己"的问题,康德的回答也是肯定的。他反问道:"如果他(引者注:指人)拥有一个精神性的部分,该部分在整个肉体毁灭之后依然可以思考:那么它在联结肉体之前为何就不该理性地思考呢。"①不过,他承认这种说法存在着某种程度的困境。因为我们很难说明,精神如何使得物质形体"活起来"(beleben)这个过程。当然,上述困境并不妨碍他对精神与肉体的划分。正是这一划分决定了他于此处理心灵(灵魂)问题的基本走向。在他看来,"对于永恒的诉求不能取决于与肉体的偶然联结;因为这种完善性不能在没有与诸形体性之物联结的情况下产生,也不能在没有与它们联结的情况下持存。因此灵魂先于肉体就已经有了一种精神性生命;由此动物性生命不能决定灵魂的永恒命运。"②换言之,心灵(灵魂)的永恒持存只在于它的精神性,而无关乎与之相连的肉体或动物性生命。这是在他七十年代的心灵(灵魂)观中一以贯之的观点。这充分证明了唯理论因素在某种程度上在他思想中的"复活"。

随后,他还对心灵(灵魂)的"持存性生命"(das Fortdauernde Leben)与"不死"(die Unsterblichkeit)进行了区分。他认为:"第一个意味着,它(引者注:指心灵或灵魂)不会死,也许是由于上帝安排的缘故;第二个意味着,它按自然本性的方式不会死。第一种论证是道德式的,第二种是形而上学式的。"③不过,他并未对两种论证加以展开论述,只是再次强调了心灵(灵魂)与"人格性"的重要关联:"灵魂的持续生命不在于灵魂的

---

① Immanuel Kant, "Handschriftlicher Nachlaβ: Metaphysik-Erster Teil ", in *Kant's Gesammelte Schriften*, Band 17, Berlin und Leipzig:Walter De Gruyter&Co., 1926, S. 472.

② Immanuel Kant, "Handschriftlicher Nachlaβ: Metaphysik-Erster Teil ", in *Kant's Gesammelte Schriften*, Band 17, Berlin und Leipzig:Walter De Gruyter&Co., 1926, S. 473.

③ Immanuel Kant, "Handschriftlicher Nachlaβ: Metaphysik-Erster Teil ", in *Kant's Gesammelte Schriften*, Band 17, Berlin und Leipzig:Walter De Gruyter&Co., 1926, S. 473.

实体或留存的力之持存,而在于灵魂的人格性。如果灵魂不再有意识,它就如同一棵枯萎的不再能结果的树。"①人格同一性对心灵(灵魂)观的重要性是我们在第一章中多次强调的要点。因为心灵(灵魂)如果在没有意识到自己的情况下持存,那么它的持存就像一块石头的持存一样,是毫无意义的。唯有当它意识到自己在持存时,它的持存才具备意义。正如我们早已揭示的那样,这种源于自我意识的人格同一性指向的是人的道德属性。这一点早已由莱布尼茨指出了。他曾作出如下评论:"人格通过保存意识或关于人格性质的内在反思性知识保有了其道德性质。"②这一判断同样被康德所认可。他写道:"在灵魂中只依据其精神本性才被发现的道德性的东西是与精神性的生命联系在一起的,并且因为道德性的东西属于人格的内在价值,因此这种道德性的东西是不会消失的,与此同时,由于幸福与不幸只属于流逝的状态,因此它们在短暂停留之后就失去了所有的价值。"③他就此认为,我们理应鄙弃此世的生命。因为它是渺小的,在其中所遭遇的幸福与不幸都注定将烟消云散。由此,生命与死亡无非是精神性生命在此世的开始和终结。而在此世的历程中,唯有植根于上述精神性生命的道德是无比崇高的,其他的都不值一提。因此,在康德的眼中,心灵(灵魂)之精神性或人格性的支点还在于道德。这是他一如既往的观点。这样,心灵(灵魂)的永存就意指着精神性生命的持存,而这种持存具有鲜明的道德意味。不过,在1770年的遗稿中,康德只是稍稍提及这种道德内涵。他更关心的是对这种精神性生命的说明。如前所述,人在此世是动物性生命和精神性生命的结合体。现在,他则进一步指出两者的结合使后者受限,而"完全的精神生命

---

① Immanuel Kant, "Handschriftlicher Nachlaβ: Metaphysik-Erster Teil", in *Kant's Gesammelte Schriften*, Band 17, Berlin und Leipzig: Walter De Gruyter&Co., 1926, S. 473.

② Cf. Quirin Huonder, *Das Unsterblichkeitsproblem in der abendländischen Philosophie*, Stuttgart: Verlag W. Kohlhammer GmbH, 1970, S. 67.

③ Immanuel Kant, "Handschriftlicher Nachlaβ: Metaphysik-Erster Teil", in *Kant's Gesammelte Schriften*, Band 17, Berlin und Leipzig: Walter De Gruyter&Co., 1926, S. 473.

只有在动物性的生命死后才会出现"①。康德在此展露的这种理解非但是唯理论的,而且跟柏拉图《斐多篇》中对心灵(灵魂)独立于肉体的描述如出一辙。②

二、另一世界与另一生命

在上述遗稿中,另一要点是康德对"另一世界"(die andere Welt)的说明。因为它相关的是心灵(灵魂)在死后的去向。在《一位视灵者的梦》中,他已经对作为"另一世界"的理知世界作出了很好的解释。在那里,他将理知世界解释为"心灵(灵魂)的精神性生命的共同体"。在这里,他则强调指出:"另一世界不是被视为另一些对象,而是以不同的(智性的)方式和在与我们的另一种关系中加以观察的同一些对象。在上帝关照下的物的知识,和同样经由上帝的至福感就不再是此世,而是天堂。"③这也即是说,另一世界其实就是此世,只是观看的视角不同而已:以感性的方式观之,它仅是此世;以上帝才有的智性方式观之,它就是另一世界。当然,这另一世界是精神性生命的共同体。不过在这里,康德并未展开说明。在其后的讲稿和遗稿中,这一点才会清晰地呈现出来。

在随后 1770—1771 年的遗稿中,康德列举了四种对灵魂不死的论证,即基于生命原则的先验论证、心灵(灵魂)独立于肉体的心理学论证、源于上帝目的的道德神学式论证和对自然的类比式论证。④但他对前三种论证都没有展开论述,只对最后一种论证作出了比较详细的说明。这种自然类比的论证就是在上一节开始时提到的"实践—目的论"证明。

---

① Immanuel Kant, "Handschriftlicher Nachlaß: Metaphysik-Erster Teil ", in *Kant's Gesammelte Schriften*, Band 17, Berlin und Leipzig: Walter De Gruyter&Co. , 1926, S. 474.

② 参见柏拉图《裴洞篇》,王太庆译,北京:商务印书馆,2013 年,第 32—41 页。

③ Immanuel Kant, "Handschriftlicher Nachlaß: Metaphysik-Erster Teil ", in *Kant's Gesammelte Schriften*, Band 17, Berlin und Leipzig: Walter De Gruyter&Co. , 1926, S. 474 – 475.

④ Cf. Immanuel Kant, "Handschriftlicher Nachlaß: Metaphysik-Erster Teil ", in *Kant's Gesammelte Schriften*, Band 17, Berlin und Leipzig: Walter De Gruyter&Co. , 1926, S. 512.

这再次说明了他对此种论证的青睐。在他看来,"类比的论证不认可我们所不能拥有的经验,在缺乏经验的情况下,它不认可任意接纳进来的力量"①。这可以视作为何他对该论证欣赏有加的原因,因为其余三种论证都有越出经验的嫌疑。正由我们具有的经验之类比,我们发现,在自身内部存在着一种超越感性经验的动机和一种开放自己的力量——使命。而当我们意识到自己的高贵使命时,我们就会发觉:此世的生命对于这种使命来说是太过短暂了。总之,"人在自身内部就有一个他还未到达的完善性理念"②。这正是我们必须预设灵魂不死的原因。如前所述,这种经验类比论证称不上是一个严格的论证,倒不如说是一种希望。比如,休谟更愿意将经验自然类比为一种心灵(灵魂)无法持存的说明。在他看来,这个色色流转的自然恰好展示了无物常驻的真相。因而,这似乎证明了心灵(灵魂)的存在是无法持续的。而康德之所以能从经验类比中推出灵魂不死,是因为他相信:自然界中一切造物的才能都与其目的相匹配。而人作为上帝造物的顶点,志向高远,因而只有被给予不朽生命,才能完全实现他(她)自身的目的。由此观之,休谟眼中的自然是漠然的、机械式的,而康德的自然则是活的、有目的的。这种不同决定了两人从经验类比中得出了截然相反的结论。因此,至少在自然观上,这个时期的康德显然更倾向于唯理论。这是对他七十年代立场的又一暗示。

在 1771 年的另一遗稿中,康德点明了"另一世界"的道德内涵,虽然他采用了"另一生命"(ein ander Leben)的说法。这是对 1770 年遗稿中"另一世界"说明的有益补充。他这般写道:"我们之所以希望另一生命,是为了终点更符合道德一些。但这只有在伪装的手段消失时才会发生,

---

① Immanuel Kant, "Handschriftlicher Nachlaß: Metaphysik-Erster Teil", in *Kant's Gesammelte Schriften*, Band 17, Berlin und Leipzig: Walter De Gruyter&Co., 1926, S. 512.

② Immanuel Kant, "Handschriftlicher Nachlaß: Metaphysik-Erster Teil", in *Kant's Gesammelte Schriften*, Band 17, Berlin und Leipzig: Walter De Gruyter&Co., 1926, S. 513.

因为由此好人不久将结成社会并驱逐邪恶,并为自身带来至福。并非曾经的罪恶,而是由此塑造的性格造成了未来世界的惩罚。"①在1770年的遗稿中,他说明了另一世界与此世的差别只在于两种视角(感性与智性)的差别;在此,他则强调对另一世界的希望只能源于道德。这和《一位视灵者的梦》结尾时的观点是一致的。换言之,在他看来,对灵魂不死的期望实际上仅是为了继续提升道德。由此,好人在来世将形成德福一致的共同体,而恶人则由于恶行所塑造的品格承受与之相应的惩罚。在另一世界所形成的善恶共同体之分野,是他"另一世界"理论中非常关键的一环。不过在此,他还只是略微提及。在下面,我们将看到更详细的阐释。

在大约1772年的遗稿中,值得关注的还是他对"另一世界(生命)"的继续说明。他写道:"我不能说,我知道存在着另一生命;而我只能说,我相信如此。就我所知,没有人能够证明存在着另一生命。人们也不能说,自己相信不存在着另一生命;而是说,人们只是无法相信存在着另一生命。这展示了洞见的一种持续缺失,而非一种相反的洞见。对另一世界的期望是理性基于目的的一个必要假设和心灵鉴于道德的一个必要假设。这一期望在实践上是建立在确定的理由上的,但在理论上则是模糊的和不确定的。人们对于此世的彼岸,只能知道我们在此世有责任做的事情。"②这里的说明和批判时期的观点已经很接近了。他认为,我们只能相信,而不能证明有彼世。当然,我们也不能证明没有彼世。在此意义上,休谟式的否定彼世的断言也是没有道理的。所以,在康德看来,我们的确不可能对有无彼世的问题作出理论性的回答。但在实践的意义上,我们无疑需要有彼世,因为它是我们在道德上不懈精进的通途。不过,他也承认,这种通过道德设立的彼世或来生只对有德之人才有效。

---

① Immanuel Kant, "Handschriftlicher Nachlaβ: Metaphysik-Erster Teil", in *Kant's Gesammelte Schriften*, Band 17, Berlin und Leipzig: Walter De Gruyter&Co., 1926, S. 549.

② Immanuel Kant, "Handschriftlicher Nachlaβ: Metaphysik-Erster Teil", in *Kant's Gesammelte Schriften*, Band 17, Berlin und Leipzig: Walter De Gruyter&Co., 1926, S. 593.

而对那些不重视道德的人,来生实际上是不必要的。他这样论述道:"当一个人将道德、神圣法则和连同有效政府的公正法庭认定为是重要的时,他将很容易相信来生。而在另一个人看来,这些东西看上去似乎只具有一种有条件的必然性,那么他将根本不会相信来生。因为若一种生命是纯粹源于享乐的,这种生命中的享乐为何还会在死后延续下去呢?"①

康德在七十年代早期的遗稿中所展露的上述观点,无疑是非常有价值的。因为我们从中看出,他在心灵(灵魂)问题上已经有许多有新意的思考了。不过,这些观点还处于零散、不成体系的状态。由之,我们很难从中提炼出他在这一时期完整的心灵哲学。而波理茨所编辑的康德在七十年代中期的形而上学讲稿,就很好地解决了这一困难。②因为它在内容、体例上的系统性使得我们对康德的核心观点和思路演进有了相对整体的把握。阿默里克斯就曾作出如下概括:"七十年代的讲稿被标记为一种特殊的对形而上学—理论证据之偏爱的发展,这种根据来自自我的单纯表象。"③他的这一判断是正确的。这也充分证明了康德在七十年代对唯理论思路的某种复归。下面,我们就进入这一讲稿来考察他的心灵哲学。

三、对理性心理学的重新接纳

在第一章中我们已经提到,康德的形而上学讲座主要以鲍姆嘉登的《形而上学》为教科书,而由波理茨整理的讲稿也是依据这本书的篇章

---

① Immanuel Kant, "Handschriftlicher Nachlaβ: Metaphysik-Erster Teil ", in *Kant's Gesammelte Schriften*, Band 17, Berlin und Leipzig: Walter De Gruyter&Co. , 1926, S. 593.

② 卡尔·亨利希·路德维希·波理茨(Karl Heinrich Ludwig Pölitz, 1772—1838)是学生记录的康德讲稿的最早收集者和编辑出版人。他所编辑的康德形而上学讲稿目前收于全集第28卷。

③ Karl Ameriks, *Kant's Theory of Mind :An Analysis of the Paralogisms of Pure Reason*, Oxford: Oxford University Press, 2000, p.179.

结构安排的。由于鲍姆嘉登主要在"理性心理学"(Rationale Psychologie)的部分讨论了心灵(灵魂)问题,所以,康德的形而上学讲稿相应地也在这部分对该问题有详细论述。如前所述,所谓"理性心理学"是一门对人类心灵进行先天考察的学问,亦即"去探究我们通过理性能认识人类灵魂到多深的程度"①。在理性心理学讲稿的开篇部分,康德就声称:"人类最大的渴望不是去认识人们通过经验认识的灵魂的行动,而是去认识灵魂的未来状态。"②但在此,认识它未来状态的方式将不依靠任何经验,而只依循对心灵的形而上学认知。这一认知主要有四条定理构成:1. 心灵(灵魂)是一个实体;2. 心灵(灵魂)是单纯的;3. 心灵(灵魂)是一个独一的实体;4. 心灵(灵魂)是一个自主的行动者。康德认为,这些定理就是关于心灵(灵魂)的先验概念。③显然,它们都是从鲍姆嘉登那直接继承过来的。因而,关键之处在于康德对它们持有何种态度。如果以《一位视灵者的梦》中的观点来看,他理应对它们都予以驳斥。但这样的情况并未发生。实际上,他在此反而表达了对它们的认可。这和他自十八世纪七十年代早期以来对唯理论观点的"重新接纳"是一致的。对此,他评论道:"当我们现在先天地谈论灵魂时,那么我们就仅在那种程度上谈论它,亦即我们能从'我'的概念中推出所有的东西并将那些先验的概念应用到这个'我'的程度上。而且,这是真正的哲学,它揭示了认识的起源,因为否则一个人不可能知道'我'怎么去认识灵魂的先天部分,而且为何先验的概念就不再能够应用于灵魂之上了。"④

随后,康德就对上述四条定理进行了逐一分析。他分析了"心灵(灵

---

① Immanuel Kant, *Lectures on Metaphysics*, translated and edited by Karl Ameriks and Steve Naragon, Cambridge: Cambridge University Press, 1997, p. 76.

② Immanuel Kant, *Lectures on Metaphysics*, translated and edited by Karl Ameriks and Steve Naragon, Cambridge: Cambridge University Press, 1997, p. 76.

③ Cf. Immanuel Kant, *Lectures on Metaphysics*, translated and edited by Karl Ameriks and Steve Naragon, Cambridge: Cambridge University Press, 1997, p. 78.

④ Immanuel Kant, *Lectures on Metaphysics*, translated and edited by Karl Ameriks and Steve Naragon, Cambridge: Cambridge University Press, 1997, p. 79.

魂)是一个实体"的命题。他认为:"这个'我'意味着主词(主体),只要它不是其他东西的谓词。不是其他东西谓词的东西就是一个实体。这个'我'是一个普遍主词(主体),它相关于我们加到作为思考者的我们自身之上的所有谓词、所有思想、所有动作、所有可能的判断。'我'只能说:我是,我想,我做。因此如下一点是完全不可靠的,即'我'可以是其他某物的一个谓词。'我'不能成为其他存在者的一个谓词;但谓词确实属于'我';但我不能述谓他人的'我','我'不能说:其他存在者是'我'。因此,这个'我',或者'我'被表达出来所经由的灵魂,是一个实体。"①这种对心灵(灵魂)实体性的分析是对以往唯理论观点的精确概括。在第一章中可以看到,笛卡尔、莱布尼茨、沃尔夫和鲍姆嘉登都将"心灵(灵魂)是一个实体"当作无可辩驳的命题。在此,康德准确地抓取了该命题的核心论据。它以如下三段论的形式展开。大前提:所有只能作为主词(主体),不是其他东西谓词的东西就是一个实体。小前提:我是一个普遍主词(主体),不能成为其他存在者的一个谓词。结论:我,或者我被表达出来所经由的心灵(灵魂),是一个实体。很明显,这个三段论正是他在《纯粹理性批判》中所批驳的"心灵(灵魂)实体性的谬误推理"。不过在此,他似乎还未对上述三段论的谬误之处有清楚的认识。接下来,他又分析了心灵(灵魂)的单纯性、独一性和自主性:单纯性是指,心灵是一个单纯的主体表象,因而是不可分的;独一性意味着,心灵或自我意识到它作为实体的唯一性或人格同一性;自主性是指,心灵在先验的意义上是自由的,依据自由选择的内在原则而行动。②这些分析都表明了:他在七十年代中期重新接纳了唯理论的心灵(灵魂)观。

---

① Immanuel Kant, *Lectures on Metaphysics*, translated and edited by Karl Ameriks and Steve Naragon, Cambridge: Cambridge University Press, 1997, p. 79. subject 这个词既可译作"主词",亦可译作"主体"。实际上,这两种含义在西文中是合一的,但由于汉语刻意做了区分,反而容易造成理解上的障碍,故而笔者在翻译时只能一并列出。

② Cf. Immanuel Kant, *Lectures on Metaphysics*, translated and edited by Karl Ameriks and Steve Naragon, Cambridge: Cambridge University Press, 1997, pp. 79 - 80.

不过如前所述,康德的这种"重新接纳"带有批判性的反思,不能等同于全盘复归于唯理论。这种倾向体现在他对心灵(灵魂)非物质性问题的判断上。我们知道,在传统的唯理论者那里,心灵的非物质性是自明的。而康德则认为,虽然对我们来说,心灵(灵魂)的非物质性无疑是正确的,但唯理论者所设想的"自明性"却是过于武断的判定。他相信:我们仅仅通过经验才认识到,外感官的对象是物体,而内感官的对象则是心灵。这样,心灵就不是外感官的对象,故而也不可能是物体,更确切地说,只能是非物质的。"但是我们不能如此严密和确定地维持这一观点,而只能停留在我们对灵魂的熟识范围内。"①由此而来的推论是:"我们不能先天地证明灵魂的非物质性,只能如此这般地规定:灵魂的所有性质和行动都不能通过物质性来认知。但这些性质并未证明灵魂不能有任何外部的东西,而仅是如此这般地规定了,我不能将物质性设定为解释行动的一个根据。所以我单单排除了物质性。因为如果我想要设定它,我将无法再认识有关灵魂的任何东西。"②并且,如果心灵(灵魂)是物质性的,那么心灵(灵魂)就必然是在空间中无限可分的。很显然,这与心灵(灵魂)的上述单纯性是相悖的。由此,我们也必须推定心灵(灵魂)是非物质的。总之,在他看来,心灵(灵魂)的非物质性是我们解释心灵(灵魂)行动或状态时必须假定的。但需要牢记的是:我们无法如唯理论者所指示的那样直接证实它。

这种看待心灵(灵魂)非物质性的方式也改变了康德对心灵(灵魂)精神性的判断。因为"非物质性"与"精神性"是相通的。他这样宣称道:"精神性的存在者的确是与身体相联结的,但它们的表象、思想与意愿都能在与身体分离之后继续下去。现在要问的是:人类灵魂是一个精神性

---

① Immanuel Kant, *Lectures on Metaphysics*, translated and edited by Karl Ameriks and Steve Naragon, Cambridge: Cambridge University Press, 1997, p. 84.

② Immanuel Kant, *Lectures on Metaphysics*, translated and edited by Karl Ameriks and Steve Naragon, Cambridge: Cambridge University Press, 1997, p. 84.

的存在者吗？——如果它可以在没有身体时继续存活下去，那么它就是精神性的……现在我们能先天地从诸精神中认识到什么吗？我们只能悬拟地（problematically）思考诸精神，亦即没法引入什么先天的理由来拒斥它们。经验教导我们，当我们思考时，我们的身体参与进来；但我们不将这种情况理解为是必须的。我们能轻易地想象完全没有身体却依然能思考和意愿的存在者。因此，我们能悬拟地设定意识到自己是非物质的理性思考者……我们不能确凿无疑地证明它，但也没有人能反驳我们说这样的精神不存在。"①从这段话中可以看出，虽然康德依然对心灵的精神性抱有好感，但他却鲜明地意识到：我们只能悬拟地预设它的精神性，却绝无可能证明它。因为经验仅仅告诉我们心灵与肉体交相作用的实例。从这些实例中，我们既无可能证明心灵可以脱离肉体而存活，也不可能证明它将随肉身一起湮灭。但无论如何，我们毕竟能设想心灵独立于肉体的独立存在状态。所以，心灵的精神性始终是可能的，并非经验论所宣称的那样是不可能的。因此，他在此对心灵精神性的判断表现出对唯理论和经验论两者的"折中"。在此意义上，库恩的下述判断是颇具洞见的："康德不仅自始就不算是正统的沃尔夫主义者，而且他也未曾成为心悦诚服的经验主义者……康德是个'折中主义者'，跟那个时代里大部分的人一样，是个独立思考者（Selbstdenker）。"②所以，即便他在七十年代中期的确偏向唯理论多一点，但他依然吸取了经验论的有益成果。

这种折中主义倾向也体现在康德对灵魂不死的"经验心理学论证"中。这个论证和他对上述心灵精神性的说明是基本一致的。他认为，一个既定的经验事实是：心灵的力量与肉体的力量是同步增减的。然而，从此事实并不能推出：在肉体减灭至无时，心灵也将归于虚无。事实上，

① Immanuel Kant, *Lectures on Metaphysics*, translated and edited by Karl Ameriks and Steve Naragon, Cambridge: Cambridge University Press, 1997, p. 88.
② 曼弗雷德·库恩:《康德传》,黄添盛译,上海:上海人民出版社,2014年,第220页。

只是依靠着心灵与肉体的协同作用,我们才获得了心灵的内部经验。但从这种内部经验中,我们既不可能推出心灵在肉体死后依旧持存,也不能推出它会随肉体一起消灭。在此意义上,这一经验心理学论证其实并不能完全证明灵魂不死。康德承认这一点,但他认为这一论证依然是有用的,更确切地说,有一种否定性的用处。也即是说:"我们不能从经验中得出任何确定的反对灵魂之生命的推论;因为从肉体停止存在不能推论出灵魂也将停止存在。——因此,没有反对者能从经验出发设计出展示灵魂有死性的论证。因此,灵魂不死至少免于受到任何源于经验的反驳。"①不过很明显,这种出自经验的论证并不能积极地证明心灵(灵魂)的持存。所以,康德还需要其他论证。这些论证其实在上述遗稿的评述中都有提及,即基于生命原则的先验论证、源于上帝目的的道德神学式论证和对自然的类比式论证。只是在遗稿中,他对它们语焉不详。而在讲稿中,这一缺憾得到了很好的弥补。下面就来分析这些论证的具体展开。

四、对灵魂不死的三种理性论证

首先让我们来看一下"基于生命原则的先验论证"。如前所述,依据阿默里克斯的判断,康德在讲稿中的灵魂不死论证表现出"对形而上学—理论证据的偏爱"②。而这种偏爱主要体现在他对基于生命原则之论证的高度认同。他明确地将这一论证称为"唯一能被先天给予的从灵魂的认知和本性中得出的证据"③。我们知道,对于唯理论传统来说,导源于心灵(灵魂)本性的先天论证一般是指出自心灵(灵魂)实体性的证

---

① Immanuel Kant, *Lectures on Metaphysics*, translated and edited by Karl Ameriks and Steve Naragon, Cambridge: Cambridge University Press, 1997, p. 99.

② Karl Ameriks, *Kant's Theory of Mind: An Analysis of the Paralogisms of Pure Reason*, Oxford: Oxford University Press, 2000, p. 179.

③ Immanuel Kant, *Lectures on Metaphysics*, translated and edited by Karl Ameriks and Steve Naragon, Cambridge: Cambridge University Press, 1997, p. 96.

明。而康德在此声称，心灵（灵魂）的实体性和单纯性就是生命原则。①这改造了传统的奠基于心灵（灵魂）实体性的不死证明。他进一步指出，生命是一种从内在原则出发的自发性能力。由于人由心灵（灵魂）与身体两个部分所组成，因此两者中的其一必然是人之生命的起因。显然，身体由惰性的、无生命的物质所构成，因而不可能是生命的原因，反倒是生命的障碍。这样，"生命的根据必须位于……灵魂之中，但并不依赖于它与身体的联结，而只依赖于它自发性的内在原则"②。既然生命的根据在灵魂之中，那么灵魂之生命的起始和终结都可以无关乎肉体。这就意味着："即便身体停止存在了，生命原则依旧将延续下去。"③换言之，心灵（灵魂）作为生命原则的动因必将在死后持存。由此，灵魂不死就得到了证明。

但在阿默里克斯看来，这一证明是不成立的。他写道："从一种现代视角来看，生命原则的整个观念就是可疑的……由它而来的论证看上去依赖于一种原始观念，亦即某些特性或存在者比其他的更高贵，而且它们也不可能以更低级的为条件。进言之，即便这一论证是有效的，它也不能展示出人拥有一种不死性，它不同于最简单动物的不死性，而这些动物据说也有一种'生命原则'。"④不过，这一反驳并不十分有效。因为实际上，他误解了康德所说的"生命原则"。康德于此正如先前在遗稿中一样，明确宣称人有两重生命：动物性的和精神性的。动物性生命以肉体为条件，而精神性生命则寄寓在心灵（灵魂）中，因而两者是断然有别的。"现在如果肉体机器被摧毁了，由此灵魂不再能在其中工作，随之动

---

① Cf. Immanuel Kant, *Lectures on Metaphysics*, translated and edited by Karl Ameriks and Steve Naragon, Cambridge: Cambridge University Press, 1997, p. 93.

② Immanuel Kant, *Lectures on Metaphysics*, translated and edited by Karl Ameriks and Steve Naragon, Cambridge: Cambridge University Press, 1997, pp. 94 – 95.

③ Immanuel Kant, *Lectures on Metaphysics*, translated and edited by Karl Ameriks and Steve Naragon, Cambridge: Cambridge University Press, 1997, p. 95.

④ Karl Ameriks, *Kant's Theory of Mind: An Analysis of the Paralogisms of Pure Reason*, Oxford: Oxford University Press, 2000, p. 179.

物性生命会终止,但精神性的则不会。"①所以,康德所谓"基于生命原则的先验论证"想证明的是:心灵(灵魂)作为精神性生命的载体是永存的。而阿默里克斯似乎并未意识到康德所说的生命原则是精神性的。这就导致他无法理解,为何康德将生命原则奠基在心灵之上,而非物质之上。并且,他还误以为,康德所说的人之生命原则与最低级动物的并无区别。事实上,如果我们认识到康德生命原则的"精神性",我们就会理解它与心灵(灵魂)的直接关联及与动物性生命原则的区别。另外,从上述精神性生命原则出发的论证是先天的,这也杜绝了该原则源于物质形体的可能性。不过,虽然阿默里克斯的反驳是未中目标的,但这并不代表康德的论证就无可指摘了。实际上,他始终缺乏一个对心灵(灵魂)精神性生命的有力证明。他只能说:在我们对心灵(灵魂)的熟识范围内,我们应"预设"心灵(灵魂)的精神性。但"预设"不等于"证明"。因此,当他说人存在着身心之分——动物性和精神性生命之分——的时候,这一区分仍是一个假设,而非一个确然的前提。所以,这似乎才是康德"生命原则"论证的真正问题所在。也即是说,他作为论证前提的精神性生命之存在是成疑的。当然,在前述分析中可以看到,他从经验观察中已经意识到了这个问题。但从先天的角度看,他似乎仍愿意相信精神性生命的存在。这里无疑潜藏着一个矛盾,无论他是否意识到了它。直到批判时期,这一矛盾才会得到解决。但那也就意味着上述论证被否弃了。

在介绍了"基于生命原则的先验论证"后,让我们来看一下康德的"道德神学式论证"。这一论证在上一节开始时已经提及,这里他对它的阐释又有所深化。他认为,我们的所有行为都必须遵循一种责任的实践法则,这一法则就是神圣的道德律。它教导我们,任何时候都应使自己行为的动机是道德的。因为只有当我们的行为是出于道德的,我们才使

---

① Immanuel Kant, *Lectures on Metaphysics*, translated and edited by Karl Ameriks and Steve Naragon, Cambridge: Cambridge University Press, 1997, p. 95.

得自己配享幸福。换言之,道德是我们得享幸福的先决条件。但我们必须同时看到,"我们使自己配享幸福的行为并不能为我们在此挣得幸福"①。因为合乎道德的行为只是让我们有了获得幸福的资格,但这并不意味着,幸福就会随之自动前来。在现实中屡见不鲜的是:善人受苦,恶人享福。不过,这种德福不一致的情况毕竟是不合理的。因为当我们完全依循道德律行动,却不能希望某一天获得与之相配的幸福,这将使任何道德规范失去效力。很明显,倘若道德律只能给行善的行为招致种种苦痛,那么人们为何必须牺牲自己当前的幸福而遵照道德律而生活呢?在这种情况下,毋宁说,一个不择手段追逐自身幸福的人是最聪明的,而那个放弃种种好处并坚守道德律令的人才是最愚蠢的。于是,为了解决上述德福不一致的悖论,"上帝"和"另一世界"才必须被引入:"我要求一个绝对必然的存在者,他处在那个位置上,分配给我通过遵守道德律而使自己配享的幸福。但我看到,我在此世根本不可能享有我所配享的幸福,而是我经由我的道德行为和正直必须经常牺牲我暂时的幸福,因此必须存在着另一个世界或国度,在那里所有造物的福祉与它们的合适行为是一致的。"②换言之,为了弥补我们在此世行善而承受的不幸,我们必须预设一个赏善罚恶的上帝和心灵(灵魂)在另一世界的持存。由之,我们将在那里并通过上帝获得与我们的德行相配的幸福。这样,灵魂不死就得到了证明。

但在康德看来,这一道德神学式的论证只是"在实践上够用来相信未来状态"③。也就是说,它只对那些依从道德律的人才算是合适的证明,而对那些视道德为无物的人来说,它就是毫无说服力的。不过,即便

---

① Immanuel Kant, *Lectures on Metaphysics*, translated and edited by Karl Ameriks and Steve Naragon, Cambridge: Cambridge University Press, 1997, p. 97.

② Immanuel Kant, *Lectures on Metaphysics*, translated and edited by Karl Ameriks and Steve Naragon, Cambridge: Cambridge University Press, 1997, p. 97.

③ Immanuel Kant, *Lectures on Metaphysics*, translated and edited by Karl Ameriks and Steve Naragon, Cambridge: Cambridge University Press, 1997, p. 97.

承认它在实践上这种有限的合适性,但"依据思辨、依据逻辑正确性及其准则"①,它依旧是不够妥当的。这体现在我们在上一节中已提到的一个反驳上,即我们不能从此世善恶与果报的不相称推出另一世界的存在。因为当我们判断说在此世善人受苦、恶人享福时,也许我们的判断是错误的。说不定,与善恶相应的果报在此世就已被给予了。换言之,善人受苦,可能是因为我们喜爱的善人并不足够好;恶人享福,或许是因为我们反感的恶人并不那么坏。总之,此世的善恶与果报可能本身是相称的,那么我们就无须再预设作为补偿的来世。由此,从此世善恶与果报的不相称推出另一世界的存在,就不一定成立了。灵魂不死的道德神学式论证也就陷于困境了。除上述反驳外,一个新的反驳则是这样的:即便人们同意,由于此世善恶与果报的不相称必须预设另一世界的存在,但这依旧不能推出心灵(灵魂)的永恒持存。因为既然另一世界只是为补偿心灵(灵魂)在今生善恶分配的不公而存在的,那么在对善恶的处置达致公平之后,心灵(灵魂)就应该停止存在了。仅由于人在短暂的今生所行的善或恶就判定他(她)在另一世界中的永福或永罚,这无论如何是不合理的。因此,我们并不能从心灵(灵魂)由于善恶的赏罚所需的持存,直接推出它的"永恒持存"。换言之,灵魂不死的"必然性"并未从中得到证明。最后一个反驳则来源于早逝的婴儿与尚未开化的野人的实例。这个例子的意思是说:由于上述婴儿和野人都还没有使用理性,也不懂得什么是道德律,因而对他们而言,对心灵(灵魂)持存性的道德神学论证就毫无意义了。正是从这三组反驳出发,康德认为,这一论证很难令人信服地证明灵魂不死。而只有前一种出自心灵本性和精神概念的论证才能证明灵魂不死。②这再次验证了他在七十年代中期对唯理论

---

① Immanuel Kant, *Lectures on Metaphysics*, translated and edited by Karl Ameriks and Steve Naragon, Cambridge: Cambridge University Press, 1997, p. 97.

② Cf. Immanuel Kant, *Lectures on Metaphysics*, translated and edited by Karl Ameriks and Steve Naragon, Cambridge: Cambridge University Press, 1997, p. 98.

式论证的偏爱。

最后来介绍下康德的"自然类比式论证"。在上一节中,这一论证已经作过论述。在此处有新意的是他对科学与道德追求的强调。如前所述,在自然中没有任何事物的才能或能力是无用处的(也即无目的的)。但我们发现,自己心灵(灵魂)的能力在此世没有一个确定的目的。因而,我们必须假定心灵(灵魂)的持存以便施展心灵(灵魂)的全部能力。在此意义上,心灵(灵魂)必须是永恒的。随后,他认为:人类心灵(灵魂)超出此世的能力和诉求尤其体现在对科学与道德的追求上。首先,人类对科学的追求往往是无关乎此世利益的。事实上,许多献身科学的人往往放弃了许多此世的好处,甚或危害了他(她)的健康和生命。"由此,生命的短暂与人类知性的任何才能都是不成比例的。现在因为无物在自然中是无用的,那么人类知性的才能必须是为另一生命所储备的。科学是知性的奢侈品,它预示了我们在未来生命中会是什么样子。"①其次,我们在意志中能发现道德的深切动机,而如果这一动机仅仅是为此世而设立的,那么自然就是在愚弄我们。因为一切都将是无意义的,倘若心灵(灵魂)的道德规定没有未来维度的话。更合理的情况应该是:由于心灵(灵魂)内在的道德动机没有在此世完全实现,那么它显然也针对未来生命,以便促使人在来世同样能不断修善。这样,他就从心灵(灵魂)所蕴含的科学和道德禀赋中推出了其永存性的结论。

如前所述,康德一向对此论证较为赞赏。但在此,他也为它构造了一个反驳:"现在没有任何一个在其父母的偶然决定之下通过出生来到这个世界的造物,是受更高级目的和来世生活规定的。"②不过,这一反驳在他看来并不是有效的。因为它只意味着:人作为动物性生命的出生是

---

① Immanuel Kant, *Lectures on Metaphysics*, translated and edited by Karl Ameriks and Steve Naragon, Cambridge: Cambridge University Press, 1997, p. 101.

② Immanuel Kant, *Lectures on Metaphysics*, translated and edited by Karl Ameriks and Steve Naragon, Cambridge: Cambridge University Press, 1997, p. 102.

偶然的,因此,一个这样的个体当然不会不死。"但我们看到……灵魂的生命并不依赖于动物性生命生育的偶然性,相反,它在动物性生命之前就已存在,而且它的存在取决于一个更高的规定性。因此动物性生命是偶然的,精神性生命则不然。精神性生命仍将存续和活动,即便它曾偶然地与肉体相联结。"[①]所以,和道德神学式论证的结尾相似,他同样回到了出自心灵(灵魂)本性与精神概念的证明来保卫这个自然类比式论证。由此观之,这个出自心灵(灵魂)本性与精神概念的论证才是他在七十年代最为倚仗的。这也充分表明了他在这一时期的唯理论倾向。

小结

康德前批判时期心灵观的演变是值得关注的。在其中,唯理论和经验论的交替影响表现得十分明显。从 1747 至 1759 年的青年时代,他对心物交互作用的阐释表明:他始终将物质和心灵视作两个独立的实体。并且,他还发展出了对心灵的自然神学式说明。这一证明将心灵(灵魂)的延续界定为在时空中的无限扩展。这显示出唯理论,尤其是莱布尼茨—沃尔夫学派对他的主导性影响。不过,他始终不是这一学派亦步亦趋的追随者。即便在唯理论的基本框架内,他也在寻求不同于前人的,对心物交互难题的解决方案,亦即用力与力的相互作用来解释心物关系。而从 1760 到 1769 年,在他的思想进程中,唯理论因素开始式微,经验论因素则日益凸显。在 1762 年以前,他似乎还倾心唯理论的心灵观。但在逐渐接触到经验论,尤其是休谟的著作后,他对唯理论基本观念的反叛日渐萌发。在 1764 年发表的著作中,他已对"心灵作为非物质实体"的主张表达了鲜明的异议。而在 1766 年发表的著名的《一位视灵者的梦》中,他对心灵本性的经验性规定就展露无遗了。并且,他还拒斥通

[①] Immanuel Kant, *Lectures on Metaphysics*, translated and edited by Karl Ameriks and Steve Naragon, Cambridge: Cambridge University Press, 1997, p. 102.

过神秘主义来通达心灵(灵魂)的死后状态。对于这时的康德而言,健全理性必须以经验为界限,对心灵问题的探讨同样不能越过此界限。然而,在 1770—1779 年这"沉默的十年"间,康德的观点却又一次经历了转折。从遗留的手稿和讲稿中,我们发现了唯理论因素在其思想中的某种"复归"。这突出体现在他对灵魂不死的如下论证中——基于生命原则的先验论证、源于上帝目的的道德神学式论证和对自然的类比式论证。实际上,这些论证都建基于心灵的精神性规定之上。不过,他在讲稿中依旧存有对心灵观念的经验心理学说明。这就表明:在这"沉默的十年"间,唯理论元素虽然呈现出复活之势,但经验性因素同样得到了保留。

从康德前批判时期心灵观的演变中,我们发现:他在其中存在着许多观点的交织往复,因而对他思想的"线性"发展描述是不太可能的。相反,他的探索是"多面向的"。事实上,正如赫费所说的那样,"康德……不断制定了一套又一套计划和项目,这些计划和项目一再地互相超越,互相交错;转向批判哲学的道路并不是直线发展的。"①然而,经由前批判时期的艰辛探索,康德哲学终于进阶到"粉碎一切"的形而上学批判的时期了。②在心灵问题上,他也来到了思考最成熟的阶段。在其中,理性和经验的因素终于有机地融合了。这体现在他对"理性心理学"的系统性批判中。在这一批判过程中,他不仅要使唯理论引以为豪的"纯粹心灵知识"趋于破灭,也要将经验论彻底搁置心灵问题的偏执导向正途。下面,我们就探讨他在批判时期的心灵哲学。

---

① 奥特弗里德·赫费:《康德:生平、著作与影响》,郑伊倩译,北京:人民出版社,2007 年,第 24 页。
② 参见曼弗雷德·库恩《康德传》,黄添盛译,上海:上海人民出版社,2014 年,第 277 页。

第四章 心灵诸谬误推理的批判性分析

康德哲学的批判时期以《纯粹理性批判》的发表(初版于 1781 年,再版于 1787 年)为序幕。该书标志着康德思想的成熟,因为在其中,他终于将唯理论和经验论两种对立的思潮有机结合在了一起。与之相对,在前批判时期,他思想中的理性和经验因素并未有效地调和起来。时而前者是主流,时而后者占优势。在上一章对他心灵观的考察中,这一点已经鲜明地表现出来了。但在《纯粹理性批判》中,他就对两者等而视之,并"取其精华、去其糟粕",由此获得了一种全新的洞见。众所周知,这一洞见主要体现在康德对如下三个问题的回答中:我能知道什么? 我应该做什么? 我可以希望什么? 一般而言,《纯粹理性批判》被视为对第一个问题的回答。不过诚如库恩所言,康德感兴趣的是这样一个有限制性的问题:"我们可以先天且独立于经验地认识到什么? 换句话说……形而上学家(包括他自己)所寻找的那种知识是否可能?"[①]而《纯粹理性批判》则无可辩驳地证明了:传统的形而上学知识是不可能的,因为它错误地预设"我们对于独立于经验以外的世界可以拥有实质的知识"[②]。

---

① 曼弗雷德·库恩:《康德传》,黄添盛译,上海:上海人民出版社,2014 年,第 281 页。
② 参见曼弗雷德·库恩《康德传》,黄添盛译,上海:上海人民出版社,2014 年,第 281 页。

　　库恩的上述判断是正确的。因为康德在该书第一版序言中就宣称："但我所理解的纯粹理性批判……是对一般理性能力的批判,是就这批判可以独立于任何经验而追求的一切知识来说的,因而是对一般形而上学的可能性或不可能性进行裁决,对它的根源、范围和界限加以规定,但这一切都是出于原则。"①所以,对于康德来说,纯粹理性批判首先是对人类理性能力的批判,进而对基于理性之上的形而上学的命运作出裁决。而在形而上学讲稿中,他则按照鲍姆嘉登《形而上学》一书的划分,将形而上学分为三个部分:即本体论、宇宙论和神学。第一部分"本体论"是一门关于我们所有先天认识之要素的纯粹科学;第二部分即广义上的"宇宙论",包含了研究心灵本性的理性心理学、研究自然本性的理性物理学;第三部分是研究上帝的理性神学。②这三者都只能以思辨的形式加以把握。显然,这正是唯理论——更确切地说,莱布尼茨—沃尔夫学派对形而上学的基本理解。

　　结合赫费的解释,我们发现:《纯粹理性批判》中分析论与辩证论的结构,暗中对应了莱布尼茨—沃尔夫学派对形而上学的三重划分:分析论将传统本体论降级为纯粹知性的单纯分析,而"'辩证论'可以将特殊形而上学的三个学科,即理性心理学、先验宇宙论和自然神学从科学的宇宙中直接抹去"③。这种处理形而上学的方式无疑是颠覆性的。康德自己也毫不讳言:"纯粹思辨理性的这一批判的任务就在于进行那项试验,即通过我们按照几何学家和自然科学家的范例着手一场形而上学的完全革命来改变形而上学迄今的处理方式。"④这正是门德尔松将他斥为

----

① 康德:《纯粹理性批判》,邓晓芒译,杨祖陶校,北京:人民出版社,2004 年,第 3—4 页,A Ⅻ。
② Cf. Immanuel Kant, *Lectures on Metaphysics*, translated and edited by Karl Ameriks and Steve Naragon, Cambridge: Cambridge University Press, 1997, p. 308.
③ 奥特弗里德·赫费:《康德的〈纯粹理性批判〉——现代哲学的基石》,郭大为译,北京:人民出版社,2008 年,第 216 页。
④ 康德:《纯粹理性批判》,邓晓芒译,杨祖陶校,北京:人民出版社,2004 年,第 18 页,B Ⅻ。

可怕的"毁灭一切者"①的原因。当然,门德尔松的上述指责更多源自一种误解。因为正如赫费所说的那样,"康德并没有足够彻底地解构形而上学,并且他对丁这一解构所做的建构性转向表明其自身是一种回复"②。

　　在此背景下,本章将着重考察《纯粹理性批判》中的"谬误推理"(Paralogismen)这一章。在其中,康德解构了唯理论形而上学中研究心灵(灵魂)本性的"理性心理学",也消解了心灵(灵魂)的各种理性特征。不过,值得注意的是,他在批判唯理论心灵观的同时,也反对经验论对心灵(灵魂)观念的彻底拒斥。这一点容下文详述。下面将主要根据"纯粹理性的谬误推理"这一章 A 版的演进逻辑——对关于心灵(灵魂)的四个谬误推理(实体性、单一性、同一性、观念性)的逐次分析来展现他如何反驳理性心理学,并逐步揭示从新方向探讨该问题的可能性。另外,我们也将充分注意吸收他在"谬误推理"一章 B 版中所作的重要补充。③

----

① Moses Mendelssohn, *Phädon oder über die Unsterblichkeit der Seele*, Hamburg: Felix Meiner Verlag, 1979, S. ⅩⅫ.

② 奥特弗里德·赫费:《康德的〈纯粹理性批判〉——现代哲学的基石》,郭大为译,北京:人民出版社,2008 年,第 222 页。

③ 本文将只综合考察康德在其中对理性心理学的反驳与他自己给出的替代性证明,而不会详细考察 A、B 两版"谬误推理"的异同。在霍尔斯特曼(Rolf-Peter Horstmann)看来,它们的异同主要表现在如下方面:"康德在《纯粹理性批判》的两版中所作的理性心理学批判的努力,取得了这种对理性心理学认识诉求之解构的效果,而他的努力取得的这一结果也以两种不同的观念——这两种观念是基于必须被视为对'我思'表象的有效解释的某物的——为出发点。如果康德在 A 版中设置了一个模式,该模式将上述表象归置在一个我们在认识上无法通达的基底,亦即一个'自在的'灵魂之下,那么他在 B 版中更偏爱如下一种解释,根据该解释,自我之表象标示了该行动与思想之行为(Akt des Denkens)不可分地联系在一起的那一方面。两种观念被证明是足够有力的,以便——与康德认识理论的标准化规定相联合——将理性心理学置入一种逻辑的和形而上学的困难境地中。但两种观念也拥有——在各自不同的评价体系中——它们的价值(Preis),由此它们中的每一个引发的问题都明确地比它们所能回答的更多。"(Cf. Rolf-Peter Horstmann, „Kants Paralogismen", in *Kant-Studien*, Vol. 84, Nr. 4, 1993, S. 425.)因此,在霍尔斯特曼看来,两版"谬误推理"在摧毁作为知识的理性心理学的目标上是一致的。它们的差别则在于对"我思"表象的不同解释方向:A 版倾向于将其表述为一个不可认识的基底,而 B 版则偏爱将其与思想的行动联系在一起。如果他的这一解读是正确的,这也许就表明:康德对"我思"概念的理解必须区分为不同层次。下文也将尝试论及这些层次的划分。

第一节　心灵实体性的谬误推理

一、心灵实体的理念化

　　将心灵视为实体虽然可以追溯到柏拉图和亚里士多德的伟大传统那里,但近代对于心灵实体性(Substantialität)的断言无疑起自笛卡尔。这一断言主宰了整个唯理论讨论心灵的基本方向。因为随后的莱布尼茨、沃尔夫、鲍姆嘉登、贝克莱①甚至前批判时期的康德都认可了这一点。如前所述,心灵的实体性是上述唯理论者——更确切地说,是理性心理学家——最为核心的观点。因为心灵实体是变动不居的偶性持存的基底。在此意义上,康德对心灵实体性的驳斥对摧毁唯理论的心灵哲学是决定性的。

　　康德在 A 版"谬误推理"一章中认为,理性心理学对心灵实体性的一般论证是按如下三段论推理展开的。大前提:"这样一个东西,它的表象是我们判断的绝对主词(主体),因此不能被用作某个他物的规定,它就是实体。"②小前提:"我作为一个思维着的存在者,就是我的一切可能判断的绝对主词(主体),而这个关于我本身的表象不能被用作任何一个他物的谓词。"③结论:"所以,我作为思维着的存在者(灵魂),就是实体。"④在上一章第三节中可以看到,这个三段论已经出现在他十九世纪七十年

---

① 在第二章中可以看到,贝克莱在其著述中公开接纳了心灵实体的存在,这就导致他成了一个试图将唯理论与经验论结合的先驱;就否认物质实体存在而言,他是一个经验主义者;就承认心灵实体而言,他又是一个唯理论者。由于所有的理性心理学家都承认心灵实体,因此即便他不是一个完全的唯理论者,我们仍可将他归入理性心理学家的行列。
② 康德:《纯粹理性批判》,邓晓芒译,杨祖陶校,北京:人民出版社,2004 年,第 310 页,A348。译文有所改动。
③ 康德:《纯粹理性批判》,邓晓芒译,杨祖陶校,北京:人民出版社,2004 年,第 310 页,A348。译文有所改动。
④ 康德:《纯粹理性批判》,邓晓芒译,杨祖陶校,北京:人民出版社,2004 年,第 310 页,A348。

代中期形而上学的讲稿中。在那时，他对这一论证还抱有好感。^① 不过在此，他就态度鲜明地对它加以拒斥。

　　康德是从"实体"概念入手来解构这一论证的。要理解他的实体观，我们将有必要回顾一下唯理论与经验论对实体的不同见解。如前所述，唯理论将实体解释为"仅依凭自身而不依赖他物的持存之物"，并认为它们除非经由上帝的干预，就它们自身的本性而言必然是不生不灭的。而经验论（贝克莱除外）则将实体视为偶性的纯粹集合，认为它绝非支撑偶性的主体，倒是一个可有可无且含糊不清的概念。休谟更是要将实体概念彻底清除出哲学领域。面对着双方截然对立的观点，康德既反对唯理论者对实体的独断设定，也不同意经验论对实体弃之如敝屣的态度。他认为："纯粹范畴（其中也包括实体范畴）就自在的本身而言根本没有任何客体意义，在此没有一种直观被归摄于它们之下，它们作为综合统一机能可以被运用于这直观的杂多之上。没有这种直观杂多，它们就只是一个判断的没有内容的诸机能。对任何一般的物，我们都可以说它是实体，只要我们把它与物的单纯谓词和规定区别开来。"^②在此，康德的意思是：实体作为范畴，亦即纯粹知性概念，只是一个主谓判断的机能或形式。因此，从纯粹思维的角度来说，只要我们将作为主词的某物与作为它谓词的那些规定区别开来，那我们就可以将该物称为实体。但由此，这种实体的意义就仅是一个主谓判断的主词。如果我们要使实体概念指涉一个经验中的现实之物，那么我们就必须用作为内容的直观杂多来充实该概念。这也是第一批判的主导观念——"直观无概念则盲，概念无直观则空"的题中之义。

---

① Cf. Immanuel Kant, *Lectures on Metaphysics*, translated and edited by Karl Ameriks and Steve Naragon, Cambridge: Cambridge University Press, 1997, p. 79. 这就表明：对于康德而言，对理性心理学的批判不仅是针对他之前与同时代的唯理论者，也针对信奉上述信条的那个曾经的自己。这也是通过追踪他思想的演进所给予我们的启示。

② 康德：《纯粹理性批判》，邓晓芒译，杨祖陶校，北京：人民出版社，2004 年，第 310 页，A348 - 349。译文有所改动。

所以依照康德的观点，当唯理论将实体径直视作在现实中的自身持存之物，它就说得太多；而当经验论将实体视作偶性的集合加以彻底拒斥，它又说得过少。他的观点则是"适中的"：将实体概念仅视为判断的绝对主词（主体），也即一种单纯的思维机能。这就大大削减了理性心理学设定在大前提中的实体的原先含义——非物质性、不可毁灭和永恒持存等。接下来，在小前提中，他对"自我"（心灵）的理解同样只在纯粹思维层面展开：我作为思维着的存在者（心灵）就是我的一切判断的绝对主词，不能被作为谓词。需要注意，将自我视为所有判断的逻辑主词是他先验统觉学说的自然结果。他认为："但一切经验性的意识又都与一个先验的（先行于一切特殊经验的）意识有一种必然的关系，这种先验意识就是作为本源的统觉的对我自己的意识。所以，在我的知识中一切意识都属于一个（对我自己的）意识，这是绝对必要的。"①因此，所有的经验性意识都必须与一个先验自我意识（先验统觉）相关，进而一切意识才成为我的意识。这就等于说：所有的判读都必须以一个形式化的"我"作为绝对主词，才能成为我的判断。这样，在结论中，"我（灵魂）是实体"只等于如下一点：我是"思维的那个持久不变的逻辑主词"②。这就彻底消解了理性心理学孜孜以求的那种心灵实体的永存："我，作为一个思维着的存在者，是由自身持存着的，当然就是既不产生也不消逝的"③。对此，他有针对性地评论道："然而人们仍然可以使得'灵魂是实体'这一命题依然有效，只要我们满足于：这个概念丝毫也不会带领我们走得更远……例如教导说在一切变化中，甚至在人死时灵魂的永久延续，因而这个概念只会在理念中，而不会在实在性中表示一个实体。"④

---

① 康德：《纯粹理性批判》，邓晓芒译，杨祖陶校，北京：人民出版社，2004 年，第 125—126 页注①，A117。
② 康德：《纯粹理性批判》，邓晓芒译，杨祖陶校，北京：人民出版社，2004 年，第 311 页，A350。
③ 康德：《纯粹理性批判》，邓晓芒译，杨祖陶校，北京：人民出版社，2004 年，第 311 页，A349。译文有所改动。
④ 康德：《纯粹理性批判》，邓晓芒译，杨祖陶校，北京：人民出版社，2004 年，第 312 页，A350 - 351。译文有所改动。

　　从上述分析中可以看出：虽然康德在 A 版中认定理性心理学关于心灵实体性的三段论推理本身就存在着谬误，但他的解释却更多指向理性心理学对此推理的不当理解。阿利森(Henry E. Allison)就指出："按照康德的正式诊断，推论犯了语言形态的诡辩的错误，也即是说，显示在有歧义的中项中的含混错误。更确切地说，康德的论断是，大前提只作了实体范畴的先验运用，然而小前提和结论对同一范畴作了经验性运用，将灵魂归摄于作为规则之条件的后者(A402)。易言之，因为'实体'在大前提和小前提中在不同意义上被采纳了，三段论就由四名词所组成，这就使三段论失效了。但是，在他对第一个谬误推理的批判性注释中，康德集中关注的是推论的无结果性，而非无效性。"①阿利森的这一论述是合理的。因为在这一谬误推理的结尾，康德所强调的正是：我们可以接纳心灵的实体性，但必须在理念或纯粹思维的层面上，不能在实在性的层面上，例如不能想当然地从心灵的实体性中引申出其持存性。这样，在他依照先验分析论的结论对上述三段论推理进行解释之后，他就将理性心理学所预想的从心灵实体性中偷运出来的结果——"不死""不可腐坏"等取消了。因此，他完全改变了心灵实体性的内涵，也阻断了从原先的那种实体含义中导出灵魂不死的任何可能。当然，他在这里的说明还只是纲领性的。在后面对心灵的单一性和同一性的反驳中，他对灵魂不死的理性论证的批驳才会完整呈现出来。

二、推理的"无结果性"与"无效性"之争

　　然而，尽管康德对第一个谬误推理的前述分析将心灵实体性限定在无结果的理念性之中，但该推理的"无结果性"毕竟不同于推理本身的"无效性"。因为他所意指的"无效性"是指：大前提在先验的意义上使用实体范畴，而小前提和结论在经验的意义上使用同一范畴，这就导致理

---

① Henry E. Allison, *Kant's Transcendental Idealism*, New Haven and London: Yale University Press, 2004, pp. 334 - 335.

性心理学家将大前提中先验意义上的实体冒充为结论中经验意义上的实体。这样,心灵实体就从中获得了一种骗取来的现实性。不过,问题在于,理性心理学家真的是以他描述的这种方式推出心灵的实体性的吗? 我们认为,答案是否定的。因为他在此推理中对理性心理学观点的上述归纳是不当的。为了更清晰地呈现这一点,现将该推理简要概括如下:实体是绝对主词(主体),而我(心灵)就是绝对主词(主体),因此我(心灵)是实体。按照他的说法,理性心理学是在先验的意义上将实体规定为绝对主词(主体),而在经验意义上将我(心灵)规定为绝对主词(主体),这样,结论中的心灵实体性只能在一种骗取来的经验意义上成立。

然而,康德的上述判定是有问题的。首先,在大前提中,理性心理学家绝非只在先验意义上才将实体视作绝对主词(主体)。毋宁说,对他们来说,实体既是谓词所述谓的"逻辑主词",更是偶性所依存的"实存主体"。换言之,实体的先验意义可以直接过渡到经验意义。因此,对他们而言,实体的思想性与现实性是须臾不可分的。其次,在小前提中,当他们将自我(心灵、灵魂)视作我的一切判断的绝对主词(主体)时,这倒是只在先验意义上说的。这一点恰好是康德自己总结的。在他看来,理性心理学就是一门"纯粹理性关于我们的思维着的存在者之本性的科学"①。"但我们为这门科学所能找到的根据,只不过是这个单纯的、在自身的内容上完全是空洞的表象:我……通过这个思维着的我或者他或者它(物),所表象出来的不是别的,而只是思维的一个先验主体(主词)=X,它只有通过作为它的谓词的那些思维才被认识,而孤立地看我们对它永远也不能有任何起码的概念。"②因此,他早在"谬误推理"一章的序言

---

① 康德:《纯粹理性批判》,邓晓芒译,杨祖陶校,北京:人民出版社,2004 年,第 291 页,A345/B403。译文有所改动。

② 康德:《纯粹理性批判》,邓晓芒译,杨祖陶校,北京:人民出版社,2004 年,第 291 页,A346/B404。译文有所改动。

中就判定:理性心理学的根据或惟一文本,正是作为思维先验主词的逻辑自我。但在 A 版对第一个谬误推理的批判中,他反倒认定,理性心理学在经验意义上将"我"规定为绝对主词(主体)。这种自相后矛盾的说法,无论如何是有问题的。总之,在 A 版第一个谬误推理中,他将"实体"先验化和"自我"经验化的解读,不符合理性心理学对这两者的原初设定。在此意义上,理性心理学家们完全可以将他随后的反驳斥为"欲加之罪,何患无辞"。因为他在曲解他们的基础上,再对之进行了攻击。所以,他对第一个推理"无结果性"的洞见,于反驳灵魂不死的理性证明诚然是有效的。但他对此推理的后续解读确实既不合乎理性心理学的原初教条,又和他前面对理性心理学的规定有抵牾之处。因而在总体上,他在 A 版中对心灵实体性谬误推理的解说似乎不甚令人满意。

不过,阿利森站在为康德辩护的立场上指出,该推论中"绝对主词(主体)"这个中项的确存在含混之处。因而,该推论的"无效性"是毋庸置疑的。他写道:"康德在他对第一谬误推理的批判性讨论中确认了它的错误,当他声称'它将思维的常驻不变的逻辑主词冒充为对依存性的实在主体的知识'(A350)。……由于大前提只提供了等于实体(纯粹范畴)名义上的定义的某物,因此很清楚的是,这一冒充必然出现在小前提之中……尽管小前提并未提及'思维的常驻不变的逻辑主词(主体)',但是它有效地将这样一个主词(主体)概念归摄在大前提中所刻画的实体的纯粹范畴之下,这个主词(主体)概念伪装在作为'所有我的可能判断的绝对主词(主体)'的我之表象下面。然而,不应设定的是,问题在于'绝对主词(主体)'两种意义的混同,亦即作为述谓根据与作为思维主题的两种意义的混同。那将会产生康德所声称的那种类型的错误,但它是让人感到极其无趣的。毋宁说,该表述在第一层意义上在两个前提中都被采纳了,但在小前提中,它经由它作为逻辑主词的功能被运用到统觉的我上面,该逻辑主词就是作为'必须能伴随着我的一切表象'(作为它们常驻不变的逻辑主词)的那个不可取消的我思。因此,三段论就混同了我思在逻辑上的不可取消性与作为客体的思维主体真实的不可取消性(永存性)。"①阿利森对第一个谬误推理无效性的分析是正确的。因为在小前提中,"作为思维的绝对主词的我思"被暗中塞进了"思想所依存于的现实自我"这层含义。这一操作正是使得推理发生谬误的原因。由此,心灵的现实持存就被偷运进结论中了。

然而,即便我们认可阿利森的上述辩护,但这依然无法改变如下一点:该推理对大前提的"先验界定"与对小前提的"经验界定",不符合理性心理学的基本前提。这样,虽然康德所持的核心观点——理性心理学将思维自我的持存混同于现实自我的持存是合理的,但他在表述和注解这个推理时的失误依然是很明显的。克琪尔(Patricia Kitcher)就认为,康德批判理性心理学犯了"中词含混"的错误这一点并不十分有用,因为他没有对上述先验—经验的混淆为何产生作出清晰的说明。她评论道:"到目前为止,对于我们为何从被给予的前提那里得出那个结论,我们只有一个令人困惑的表述,也即是说,因为我们没有认识或理解那个含混的术语。为何任何人(或者每个人)要接受这些前提呢?"②所以,如果康德没有很好地解释清谬误推理的来源,那么即使这些推理真的犯有"中词含混"的错误,这也会使它们被指为他自己的思想游戏,而它们对理性心理学的批判力也就大打折扣了。

三、从逻辑主词到实存主体的"非法过渡"

也许通过同时代学者的外部批评与他自己的反省,康德逐渐意识到了上述问题。这很可能是他在 B 版中对灵魂实体性的谬误推理加以重述的原因。在 B 版中,他对"谬误推理"一整章都进行了改动。由此,在

① Henry E. Allison, *Kant's Transcendental Idealism*, New Haven and London: Yale University Press, 2004, p. 336.
② Patricia Kitcher, *Kant's Transcendental Psychology*, Oxford: Oxford University Press, 1990, p. 185.

其中得到详细讨论的,只剩下这个新改动的关于心灵实体性的谬误推理,其他的都被简化了。它被表述如下:"凡是只能被思考为主词的东西也只能作为主体而实存,因而也就是实体。现在,一个思维着的存在者仅仅作为一个这样的存在者来看,只能被思考为主词。所以,它也只作为一个这样的存在者,也就是说,作为实体而实存。"①由此观之,他在 B 版中总结的谬误推理和 A 版中的是有所不同的。这一点结合他随后的分析来看会更明显:"在大前提中所谈到的是一个存在者,它可以一般地在任何方面中,因此也可以像它可能在直观中被给予的那样被思考。但在小前提中所谈到的同一个存在者,则只是相关于思维和意识的统一性,却不同时在与它作为思维的客体被给予所凭借的直观的关系中把自己视作主体。所以,这一结论是 per Sophisma figurae dictionis[通过修辞格的诡辩]、因而是通过某种错误的推论而得到的。"②

可以看到,在上述推理的大前提中,康德归纳出实体不仅被思考为判断的主词,而且也作为主体而实存。他随后的解释表明:这里的实体不仅在思维中,也在可直观的经验现实中持存。显然,这种实体观是作为唯理论者的理性心理学家所认可的。因为大前提中的"实体"是在先验和经验的双重意义下被采纳的。而在 A 版的大前提中,他只点出了"实体是我们判断的绝对主词(主体)",并声称这一实体只在先验意义上成立。因而,这种实体观就不是唯理论式的,毋宁说是康德自己的。然而在总结唯理论的实体观时,他毕竟不能越俎代庖,将前者的观点置换为自己的。这正是 A 版中大前提的失误所在。而在 B 版中,他显然很好地修正了这一错误。其次,上述推理的小前提和 A 版中的相比在论述上做了简化,但意思实际上是一致的。也即是说,一个思维着的存在者(自

---

① 康德:《纯粹理性批判》,邓晓芒译,杨祖陶校,北京:人民出版社,2004 年,第 295 页,B410 - 411。译文有所改动。

② 康德:《纯粹理性批判》,邓晓芒译,杨祖陶校,北京:人民出版社,2004 年,第 295—296 页,B411。译文有所改动。

我、心灵)只能被思考为主词(主体),不能用作谓词。B版中真正与A版有差别的是对这个小前提的解释。康德在此强调指出,小前提中的"思维着的存在者"只是相关于思维和意识的统一性才作为主词,却不同时在可直观的经验现实中作为主体。换言之,这里对"思维着的存在者"的规定是仅在先验意义上,不再是在A版中所称的经验意义上。这一规定的颠倒是合理的。因为如前所述,当康德在A版的小前提中将"思维着的存在者"界定为在经验意义上成立时,这也只是他自己看待该存在者的方式。该方式与理性心理学对它原初的先验设定是正相反对的。而在B版中,和对大前提的处理相契合,他在小前提中就如其所是地表达了理性心理学的观点,而没有在其中再混入他自己的观点。这样,在B版的这个三段论中,大小前提就都维持了理性心理学家们的基本观点。

在此前提下,康德再阐明他们所犯的"中词含混"之错误,就让他们心悦诚服了。他们现在必须承认:他在大小前提中的归纳是正确的。首先,他们眼中的实体就是"逻辑主词"和"实存主体"的合一。其次,理性心理学实际上只针对思维着的存在者(自我、心灵)作为逻辑主词的先验规定。这样,他们在推论中"通过修辞格的诡辩"所犯的错误就昭然若揭了。大前提中的实体是逻辑和现实双重含义上的主词(主体)。而小前提中的思维着的存在者只意味着"逻辑主词"。但最后的结论,却让自己从"逻辑主词"这层含义中偷取到了"实存主体"的意义。这一推论无疑是非法的。因为事实上,我们只能从中得出"思维着的存在者"是一切判断的"逻辑主词",此外无他。这一点也为康德所认可。他写道:"前者(引者注:指大前提)所谈及的是只能作为主体(主词)来思考的物;但后者(引者注:指小前提)所谈的并不是物,而是思维(因为人们已抽掉了一切客体),在其中这个'我'总是被用作意识的主词;因此在结论中不能推出:'我只能作为主体实存',而只能推出:'我只能在对我的实存的思维中将我用作判断的主词',而这是一个同一性命题,它对我的存有方式不能有丝毫揭示。"[1]

　　由此观之,赫费对这个著名的三段论推理的注解是存在问题的。他认为:"这一谬误推理违反了一个合理推论的条件,即概念的同一性。大前提中的主词(主体)是指一个客体化的自我,亦即作为内在经验对象的实在自我,与之相对,小前提中的主词(主体)是指单纯被思考而内容空洞的'所有一般概念的载体'(B399)。"[2]虽然他正确地指出了该推论的错误在于违反了概念的同一性原则,但他对这种"违反"的解释是不当的。在他看来,大前提的主词(主体)是指一个客体自我或作为内在经验对象的自我,而小前提中的主词(主体)则是指形式化的"思维的自我",这就导致了主词(主体)概念在大小前提中的不一致。进而,这个推论就失效了。很明显,他在小前提中将主词(主体)视为形式化的"我思"合乎康德的原意。可他在大前提中将其径直定为客体化的经验自我则是不准确的。由上面的分析可以看出,大前提中的主词(主体)只是泛指一般意义上的实体,而非特指经验自我,后者毋宁说是这个谬误推理所力图达到的结论。因此,该推理对主词(主体)概念的规定的确是不一致的。但这种不一致并非发生在上述两种自我之间,而发生在主体(主词)概念的逻辑和现实两种含义之间,更确切地说,发生在逻辑主词与实存主体之间。当然,就理性心理学家所预想的实体概念中,主体(主词)概念的两种含义是完全兼容的。然而,当他们将实体概念运用到自我(心灵、灵魂)概念上时,这两种含义就不能自然过渡了。相反,自我只能取其中的逻辑主词之义,而无法兼得实存主体之义。换言之,自我在逻辑上可以将自己保持为不变的主词,在现实中却无法作为主体持存下去。这样,

---

① 康德:《纯粹理性批判》,邓晓芒译,杨祖陶校,北京:人民出版社,2004 年,第 296 页注①,B411-412。译文有所改动。

② 奥特弗里德·赫费:《康德的〈纯粹理性批判〉——现代哲学的基石》,郭大为译,北京:人民出版社,2008 年,第 232 页。译文有所改动,参考了德文本(Otfried Höffe, *Kants Kritik der reinen Vernunft-Die Grundlegung der Modernen Philosophie*, München: Verlag C. H. Beck, 2003, S. 228)。

理性心理学所宣称的"我可以作为实体而实存"的命题就宣告破产了。

不过如前所述,理性心理学的实体概念归根到底也是一种幻象。因为单纯依靠该概念,从逻辑主词到实存主体的直接过渡也是不成立的。康德写道:"一个可以独自作为主词而不能单作为谓词实存的物的概念还根本不具有任何客观实在性,就是说,人们不能知道是否在任何地方可以将一个对象归之于它,因为人们看不出这样一种实存方式的可能性,因此这概念根本没有提供任何知识。所以如果它理应在实体这个名称下标志一个能被给予出来的客体;如果它理应成为一种知识,那么就必须有一个持久的直观作基础,该直观是一个概念的客观实在性不可缺少的条件,籍此该对象才被惟一地给予出来。"①所以对他而言,如果一个号称实体的某物只是作为逻辑主词而成立,那并不代表它直接就晋升为实存主体了。相反,它任何时候还要有一个持久的直观做基础才能成为真正的实体,也即真正在现实中持存常驻。

以此类推,自我(心灵)要想成为实体,就不仅要把自己确立为一切思维的逻辑中项,还要将自己证明为一个在现实中持存的自我。显然,它也需要一个持存的内直观才能达成这一目的。"但现在我们在内直观中根本没有什么持久性的东西,因为自我只是我的思维的意识;所以如果我们只是停留在思维上面,我们也就缺乏把实体概念、即一个独立持存的主体概念用在作为思维着的存在者的自我本身上的必要条件……"②因此,这正是我们无法由自我(心灵)的实体性证明其永存性的原因。因为内感官以时间为先天直观形式,而在时间中根本不存在任何持存之物。相反,"一切皆流,无物常驻"。这样,内感官所呈现的自我必然只是休谟意义的"知觉流",在其中,根本不会有任何持存性的自我。

---

① 康德:《纯粹理性批判》,邓晓芒译,杨祖陶校,北京:人民出版社,2004 年,第 296 页,B412 - 413。译文有所改动。

② 康德:《纯粹理性批判》,邓晓芒译,杨祖陶校,北京:人民出版社,2004 年,第 296—297 页,B413。译文有所改动。

事实上,这正是康德对内感官的定义。他写道:"意识对其自身的意识,根据我们状态的诸规定,在内知觉中仅是经验性的,是随时可变的,它在内部诸现象的流变中不可能给出任何固定的或常驻的自我,并且它通常被称为内感官,或经验性的统觉。"①

因此,内感官或经验性的统觉其实就是他所称的经验自我意识。它区别于他所说的先验自我意识或先验统觉。这两层自我意识是康德理解自我(心灵)的基本框架。由这两层区分,我们可以更清晰地看到,为何自我(心灵)是无法被证明为持存常驻的。如前所述,先验自我意识只意指着一个持存常驻的逻辑自我。它是形式化的"我思"表象,是一个伴随着一切概念的空洞意识。而对心灵实体性谬误推理的批判则从逻辑的角度证明了:我们无权从形式化的"我思"表象推论出质料化的"我思"实体。与之相对,所谓经验性的自我意识可以被称为经验性的"我思",更确切地说,"我实存于进行思维时"②。它正是以我内部的经验性直观杂多来充实形式化的"我思"表象才出现的。但很明显,这种"充实"不可能在时间中无限延伸下去。这是因为:"我们只拥有灵魂一直到死时的经验。我无从知道上述经验是否会在死后留存下来"③。因此,一个经验性的自我意识所能了知的范围就是它的此世。对它而言,此世之外就属不可感知的超验之域了。然而,一个质料化的"我思"实体所要求的正是该实体超出此世的永恒性。以经验现实的视角观之,这一要求无疑是僭越的。因而在经验中,一个质料化的"我思"实体没有任何成立的理由。当然,上述论证早在经验论者如洛克和休谟那里就被揭示出来了。康德接纳了它并用作反对心灵实体观的利器。总之,无论从逻辑还是经验现实的角度,一个质料化的"我思"实体都必须被判定为一种无根据的存在

---

① 康德:《纯粹理性批判》,邓晓芒译,杨祖陶校,北京:人民出版社,2004 年,第 119 页,A106。译文有所改动。

② 康德:《纯粹理性批判》,邓晓芒译,杨祖陶校,北京:人民出版社,2004 年,第 307 页,B428。

③ Immanuel Kant, *Lectures on Metaphysics*, translated and edited by Karl Ameriks and Steve Naragon, Cambridge: Cambridge University Press, 1997, p. 271.

者。进而,任何奠基在该实体上的灵魂不死论证就难免于失败的命运了。

四、先验我思的"我在"

从康德对两层自我意识或"我思"的双重区分来看,自我(心灵、灵魂)作为实体实存是不可能的。但蹊跷的是,他对自我意识或"我思"的余下表述,却保留了自我以一种非实体的方式实存的可能性。之所以要将自我的这种实存方式称为"蹊跷的",是有原因的。如前所述,经验性的自我意识所提供的也是一种非实体化的实存方式。但这种实存是我们能清晰觉察的内在知觉过程,因而是一种稀松平常的内在体验。从这种熟知的体验中,我们在理论上否认了在它之外心灵的持存。但与上述通常意义上的非实体的实存方式不同,那种蹊跷的非实体的实存方式在康德看来,竟然是由先验自我意识提供的。这正是他的自我(心灵、灵魂)学说中最令人困惑的地方,并且他还不止一次强调这一点。早在 B版范畴的先验演绎的第 25 节,他就写道:"在统觉的综合的本源统一中,我意识到我自己,既不是像我对自己所显现的那样,也不是像我自在地本身所是的那样,而只是'我在'(ich bin)。"[①]在此,他将先验的自我意识规定为"我在",但这一规定并不十分好理解。因为如果先验自我意识所表达的这个"我在",既非现象之我,也非自在之我,那么我们该如何把握它呢? 实际上,现象之我就是经验性的"我思",而自在之我则是实体化的"我思"。根据前述内容,先验自我意识作为形式的"我思"表象,的确与这两者是不同的。但这只是告诉我们,先验自我意识不是什么,却依旧没有说明它所意指的"我在"具体是什么。

不过,康德在本节的一个注释里说的话,可以稍稍缓解我们的上述困惑。他写道:"'我思'表达了对我的存在(mein Dasein)进行规定的行

---

① 康德:《纯粹理性批判》,邓晓芒译,杨祖陶校,北京:人民出版社,2004 年,第 104 页,B157。

动（Actus）。由此，存在已被给予了，但我应当如何规定它，亦即我应当如何把属于它的杂多设定在我之中，这种方式由此还未被给予。"①这里的"我思"是在先验意义上说的，因而就是先验自我意识的代称。他的意思是：先验的"我思"作为行动就规定了我的存在，但我存在的方式仍未被给予。所以，当他说先验自我意识是单纯的"我在"时，其所指也是这层含义。②

但问题在于："我思"作为行动何以就直接规定了我的存在呢？虽然康德没有明确指出这个问题的答案，但我们可以尝试从他的先验统觉学说中寻找答案。一般而言，康德先验统觉的综合统一性原理能以如下方式表述出来："我思"表象"必然能够伴随所有其他的表象、并且在一切意识中都是同一个表象"③。由此，它才以"我思某物"的形式将一切表象统摄在先验自我意识的统一性之下。邓晓芒认为，这种"我思"一方面体现为一种先天固定的形式化表象，另一方面又表达了一种自发性的行动。④他所分析的这两重含义是颇具洞见的。其中，作为形式化表象的"我思"是我们所熟知的，但它如何成为自发性行动这一点还有待进一步说明。事实上，这一点解释清楚了，我们也就明白了：为何"我思"作为行动就规定了我的实存。如上所述，"我思"表象作为我之意识的普遍形式，对我意识中呈现的任何表象都具有统摄作用，而这一作用只能体现在它对其他表象的主动伴随中。但是，我思表象对其他表象的这种伴随活动并非外在的。相反，它必须以"我思某物"的形式完全渗入那些表象之中。由此，"我思"就不再是一个单纯的术语或表象，而是一个表达了我之统一

---

① 康德：《纯粹理性批判》，邓晓芒译，杨祖陶校，北京：人民出版社，2004 年，第 104 页，B157。译文有所改动。
② 在这里，邓晓芒先生将 Dasein 译作"存有"，笔者将之改译为了"存在"，是为了体现出我的存在（mein Dasein）与我在（ich bin）在词源上的相关性。因为 bin 是系动词 sein 第一人称的变式，而 Dasein 则是一种特定的 Sein。因此，康德在两个词组中所表达的意思是一致的，借助两者在词源上的关联会更看清楚这一点。
③ 康德：《纯粹理性批判》，邓晓芒译，杨祖陶校，北京：人民出版社，2004 年，第 89 页，B132。
④ 参见邓晓芒《康德〈纯粹理性批判〉句读》（上），北京：人民出版社，2010 年，第 391 页。

性行动的命题(Satz)。

因此,康德认为,"这个命题表达了对自我本身的知觉,从中我拥有了某种内经验……这种内部的知觉不是别的,只是作为纯粹统觉的'我思'"①。乍看上去,他的上述说法已使"作为纯粹统觉的我思"与前述的"经验性我思"完全混同了。在被阿利森戏称为"冗长"和"臭名昭著"的一个脚注里②,他似乎继续加重了这种混同:"'我思'正如已经说过的,是一个经验性的命题,并且自身包含有'我实存'这一命题……这一命题(引者注:指'我思')表达了某种不确定的经验性直观,也即知觉……但它(引者注:指'我思')先行于那个应当通过范畴在时间上规定知觉客体的经验,并且实存在这里还不是范畴,因为范畴并不与一个不确定的被给予出来的客体相关,而只与一个我们对之有一个概念,并且想知道它是否也被置于这一概念之外的客体相关。一个不确定的知觉在此只意味着某种已被给予的实在之物,它只被归于一般思维,因此不是作为现象,也不是作为自在的事物本身(本体),而是作为在事实上实存着的某物,并且在'我思'命题中被标示为一个这样的物。因为必须注意,当我把'我思'命题称之为一个经验性的命题,我由此并不想说,这个'我'在此命题中是一个经验性的表象;毋宁说,它是纯粹智性的,因为它属于一般思维。只是若没有一个经验性的表象来充当思维的材料,这个'我思'的行动就毕竟不会发生,而这种经验性的东西只是纯粹智性能力的应用或运用的条件而已。"③

这是 B 版"谬误推理"中颇具争议的一段话。它既可以视作康德自己的"我思"学说的展示,也可视为潜在的对笛卡尔"我思故我在"命题的

———————————

① 康德:《纯粹理性批判》,邓晓芒译,杨祖陶校,北京:人民出版社,2004 年,第 289 页,A342/B400 - 401。译文有所改动。

② Cf. Henry E. Allison, *Kant's Transcendental Idealism*, New Haven and London: Yale University Press, 2004, p. 352.

③ 康德:《纯粹理性批判》,邓晓芒译,杨祖陶校,北京:人民出版社,2004 年,第 303 页,B422 - 423。译文有所改动。

批判。①在其中可以看到,上文所说的"作为纯粹统觉的我思"与"经验性我思"的混淆并未发生。因为虽然康德明确声称,"先验的我思"是一个经验性命题,并包含有"我实存"的命题,但这并不代表,他将"先验的我思"降格为了休谟式的"经验性我思"。因为他认为,"先验的我思"表达的只是某种不确定的经验性直观,仅意味着在一般思维(Denken überhaupt)被给予的"我实存"。这一实存既非现象意味上的,亦非物自体意义上的。与之相对,经验性的"我思"却表达了一种确定的与思维之外的客体相关的经验性直观,进而意指着在现象中可见的"我实存"。就此而言,即便两种"我思"都可以被统称为经验性命题,但其内涵是不一致的。

而与这两者都不同的是,笛卡尔的"我思"所描绘的是一个超验的自我(心灵、灵魂)实体,并表征着在物自体意义上的"我实存"。这就是理性心理学奉为圭臬的准则。但如前所述,康德已借由先验的和经验的"我思"两个层面的分析消解了自我(心灵、灵魂)实体实存的可能性,所以自我(心灵、灵魂)实际上只能以非实体的方式实存。但由于经验性"我思"与先验"我思"的区别,它们所提供的"非实体化的实存"也是不同的。正如已经说过的,前者所提供的是内感官所接受的现象之实存。而后者提供的则是在一般思维被给予的实存,该实存"直接从统觉观念推导而来,而统觉则是对思想之行动的意识"②。由此,如果说前一种在现象上可感知的实存是基于确定的经验性直观,那么后一种在一般思维中的实存则立于不确定的经验性直观之上。这一差别是很重要的。因为一般人往往只注意到:康德在"谬误推理"一章中,摧毁了以笛卡尔为代表的理性心理学家对自我(心灵、灵魂)实体性的论证。但他们却忽视

---

① Cf. Henry E. Allison, *Kant's Transcendental Idealism*, New Haven and London: Yale University Press, 2004, p. 352.

② Henry E. Allison, *Kant's Transcendental Idealism*, New Haven and London: Yale University Press, 2004, p. 353.

了:康德也批驳了洛克和休谟将自我(心灵、灵魂)完全经验化的倾向。进一步来讲,唯理论者对心灵实体性和持存性的论证虽然失败了,但这并不标志着经验论者对心灵观念的否证就自然成功了。因为在康德看来,经验性的我思只是表达了对超出自我(心灵、灵魂)的经验之事的谨慎态度。它对于心灵的永存性既不能申认也不能否认。因此,当经验论者从对心灵在与肉体分离后的"不可知状态"直接推论出"它必然在这一分离后消逝",这和唯理论者一样是非法的和僭越的。更为重要的是,经验论完全忽略了如下一点:先验的"我思"作为行动,直接就规定了我在思维中实存,虽然这一实存是未被规定的。在此,正如阿利森所评论的那样:"意识到自己参与到这一行动(引者注:指'我思'的行动)就意味着意识到自己实存着,尽管这并不给出一个人作为思维着的存在者之本性的任何进一步知识。"[①]

这样,先验的我思就已确证了我的实存,虽然我应如何(wie)实存这一点仍是未被规定的。即便内感官所提供的确定性的经验性直观在现象上规定了我的实存,但这只是规定我实存的一种方式,别种方式于我而言仍是开放的。在下一章中我们将会看到,康德说的别种方式所指为何。概言之,尽管他将"我实存"带入先验"我思"的做法,不可能直接替代唯理论者的心灵实体观,但心灵永恒持存的可能性无疑被保留了。并且,经验论者对此发动的任何攻击就此都将流于破产。因为这种可能性是由先验"我思"所保存的,经验性条件并不能使之受到丝毫影响。在随后的行文中,这一点将会被证明是意义重大的。

不过接下来,我们仍将继续展示康德如何批判理性心理学对心灵单一性(Einfachheit)的论证。原则上来说,心灵的单一性特指它作为实体的单一性。因而在摧毁了心灵的实体性之后,它的单一性就无立足之地了。但康德对其单一性的批判性分析依然有其特色。下面就进入这一分析。

---

① Henry E. Allison, *Kant's Transcendental Idealism*, New Haven and London: Yale University Press, 2004, p. 353.

第二节　心灵单一性的谬误推理

一、思维统一性的起源

在第一节中可以看到,心灵的实体性是理性心理学得以成立的核心观念。现在,当该实体性被康德证明为出于谬误推理的幻象,理性心理学就难免于失败的命运了。不过,这一失败的宣判仍是纲领性的。为了达成对理性心理学的彻底摧毁,他仍需要对它的观念进行各个击破。在第一章中我们已经揭示出,理性心理学包含有以实体性为基础的两个要素:不可朽坏性与人格同一性。前者来源于心灵的不可分解性,也即单一性;后者则意指着心灵在时间中对自己的同一性意识。这两者对于理性心理学的成立而言都是不可或缺的。但由于它们都导源于心灵的实体性,因而对于唯理论者来说,它们的成立并不构成什么问题。然而,现在通过康德的犀利批判,作为它们支柱的心灵实体性已然走向坍塌。由此,它们被确认为"知识"的可能性也就覆灭了。这也是 B 版"谬误推理"一章处理它们的方式。不过在此,我们将主要跟随 A 版的讨论模式,在本节中展现他对心灵单一性的批判,在后面两节描绘他对其同一性与观念性的批判。同时,我们也将充分吸收 B 版中一些重要的说法。

在 A 版中,理性心理学对心灵单一性的论证被称为"一切辩证推论中的阿基里斯"[①]。因为"它……似乎是一个经得起研究工作的最严格的检验和最大质疑的推论"[②]。当然,康德对它的分析就是为了发现它的

[①] 康德:《纯粹理性批判》,邓晓芒译,杨祖陶校,北京:人民出版社,2004 年,第 312 页,A351。阿基里斯为《荷马史诗》中的著名英雄,是一名大力士,无所不能。康德用它类比灵魂的单一性论证,意在强调该论证在整个理性心理学中的重要地位。

[②] 康德:《纯粹理性批判》,邓晓芒译,杨祖陶校,北京:人民出版社,2004 年,第 312 页,A352。译文有所改动。

"阿基里斯之踵"①,以便将其彻底击败。它可以以如下三段论形式表述出来。大前提:"这样一种物,它的活动永远不能被看作许多活动着的物的合作,它就是单一的。"②小前提:"现在,灵魂,或者思维着的我,就是这样一个物。"③结论:"所以就如此如此。"④阿利森认为:"由于大前提只提供了一个对单一性的名义上的定义,批判再一次几乎完全集中在小前提之上,而且因此集中在并未在推论中提供出来的诸理由之上,这些理由将所理解的单一性归于那个思考着的我。"⑤这一分析是合理的。因为,这个三段论推理的关键正在于确认如下一点:心灵或一个思维着的存在者的活动不可能由许多部分的活动的合作所构成。简言之,思维活动不可能在一个复合物内部发生。

依据康德,对上述观点的论证可以被复述如下:"每一个复合的实体都是许多实体的一个集合(Aggregat),并且一个复合物的活动,或者依存于这个复合物本身的东西,则是分布在大量实体中的许多活动或偶性的集合。现在,虽然从诸多活动着的实体的合作中产生出来的一个结果是可能的,只要这一结果是纯然外在的(例如一个物体的运动就是它所有部分的联合运动)。但思想,即内在地属于一个思维着的存在者的偶性,就是另一回事了。因为假定这个复合物在思维:那么它的每一部分都将包含该思想的一部分,而所有的部分合起来才包含整个思想。但这是矛盾的。因为,由于分布于不同存在物中的表象(例如一首诗的各个个别的词)永远也不能构成一个完整的思想(一首诗);所以该思想不可

---

① 阿基里斯唯一的弱点就是他的脚后跟,他后来就因为被人用毒箭射中这一要害而死去。所谓"阿基里斯之踵"是喻指强大的人或物的致命缺陷。

② 康德:《纯粹理性批判》,邓晓芒译,杨祖陶校,北京:人民出版社,2004 年,第 312 页,A351。译文有所改动。

③ 康德:《纯粹理性批判》,邓晓芒译,杨祖陶校,北京:人民出版社,2004 年,第 312 页,A351。译文有所改动。

④ 康德:《纯粹理性批判》,邓晓芒译,杨祖陶校,北京:人民出版社,2004 年,第 312 页,A351。

⑤ Henry E. Allison, *Kant's Transcendental Idealism*, New Haven and London: Yale University Press, 2004, p. 341.

能依存于一个复合物本身。因此，思想只有在一个实体中才是可能的，这个实体不是许多实体的一个集合，因而是绝对单一的。"①克琪尔认为，这个对心灵单一性的论证实际上源于莱布尼茨，在他的著作《单子论》中可以发现与之相似的推论。因而，康德在此只是将它摘引过来而已。②考虑到康德与莱布尼茨的密切关联，他的这一推断应该是可取的。因为在第一章中可以看到，在莱布尼茨的眼中，世界倘若可以无穷分割，就必然会陷入无穷倒退的逻辑困境。所以，他认为，世界必须由不可分割的终极单子或实体所构成。由于心灵也属于单子，因此它的单一性就毋庸置疑了。

不过我们同时要注意到，也许康德不仅仅针对莱布尼茨本人对心灵单一性的论证。毋宁说，他想以莱布尼茨为例，批判整个唯理论传统对心灵单一性的态度。因为在第一章已经看到，从笛卡尔、莱布尼茨、沃尔夫一直到鲍姆嘉登，他们都对"心灵之为单一实体"的信条深信不疑。因此，康德想做的或许是，以批判莱布尼茨的论证为引线，进而摧毁理性心理学的上述传统信条。

现在让我们看一下这一论证的构成以及康德对它的批判。在它的构成上，诚如阿利森所指出的那样，它"清晰地导向对唯物论者的反对，后者考虑到物质的本质在于由相互外在的诸部分所组成，就理应认可如下论题：思想可以被理解为这样一个复合物的集合性产物"③。但在以莱布尼茨为首的理性心理学家们看来，唯物论者的上述理解④是错误的。

---

① 康德：《纯粹理性批判》，邓晓芒译，杨祖陶校，北京：人民出版社，2004 年，第 312—313 页，A351 - 352。译文有所改动。

② Cf. Patricia Kitcher, *Kant's Transcendental Psychology*, Oxford：Oxford University Press，1990，p. 198.

③ Henry E. Allison, *Kant's Transcendental Idealism*, New Haven and London：Yale University Press，2004，p. 342.

④ 其实经验论者也持这一立场，所不同的是：唯物论认为思想的统一来自物质的复合，而经验论则相信它起源于观念的集合。而按照赫费的说法，唯物论不过是一种"准经验论"，正如唯灵论是"准唯理论"。（参见奥特弗里德·赫费《康德的〈纯粹理性批判〉——现代哲学的基石》，郭大为译，北京：人民出版社，2008 年，第 229 页）

因为物体由于其广延性是可分的，因而可以看作由各部分复合而成。这样，它的整个运动也可视为它各个部分运动的集合。但如果这个复合物在思维，我们却不能将它的思想视作它各个部分思想的集合，因为思想的要素无法以机械集合的方式成为"整个思想"（比如，一些零散个别的词语堆砌在一起并不能成为一首诗）。由此，一个完整的思想要想出现，就必须拥有一个统一性（又比如，只有当上述那些语词所表达的意象统摄在一个主题之下，那首诗才能成形）。而在理性心理学家们的眼中，思想的统一性不可能源于一个复合物，只能来自一个单一实体。所以，一个思想依存于复合物是不可能的。相反，它只能依存于一个单一实体，因为只有实体的这种单一性才能给它以统一性。现在，如果人们承认，人的思想必然具有一种统一性（这是每个人反躬自省都能觉察到的事实），那么他们将必须同时认可，这种统一性不可能源于人的肉体（因为肉体仅仅是复合之物）。这样，这种统一性只能来自人的心灵。如上所述，又由于思想的统一性所寄寓的东西必须是一个单纯的实体，因此心灵作为单一的实体就得到了证明。

康德认为："这个论证的所谓 nervus probandi［证明的关键］在于这一命题：许多表象必须被包含在思维着的主体的绝对统一中，以便构成一个思想。"[1]这一归纳是正确的。因为该论证的关键就在于：从思想的统一性（亦即一个思想）推论出思维着的主体的绝对统一性，也即单一性。但在他看来，理性心理学家所笃信的这一推论是不成立的。"因为由诸多表象所组成的思想的统一是集合性的，而且按照单纯的概念来看既可以与一起参与这一思想的诸实体的集合性的统一发生关系……同样也可以与主体的绝对统一性发生关系。所以，按照同一律，在一个复

---

① 康德：《纯粹理性批判》，邓晓芒译，杨祖陶校，北京：人民出版社，2004 年，第 313 页，A352。译文有所改动。

合的思想那里将一个单一实体设为前提的必要性是看不出来的。"①所
以,他并不否认理性心理学家的前述设定,亦即思想需要统一,故不同于
物质的复合。关键在于,思想这种独特的统一到底源于何处。理性心理
学家将这种统一直接归于思维主体的绝对统一性。换言之,在他们看
来,"我"思想的统一只是因为"我"作为思维着的存在者是统一的(也即
单一的)。但这种对思想统一性的解释是康德所不认同的。在他看来,
思想的统一性由各表象集合而成。比如,一首诗当然是由不同语词有机
组合而成,这一结合正以这首诗在思想上的统一性为基础。但从这首诗
思想上的统一性,我们并不一定能推出这个作者本身的统一性(单一
性)。换言之,我们无法判定:这首诗的创作是作者身体各部分(手、眼、
脑等器官)协调合作的结果,还是来源于作者作为思维主体的统一性,抑
或两者兼而有之。由此观之,思想统一性的成因就是开放的:它既可能
与提供表象的复合物(如身体各部分的联合)相互合作的统一性相关,也
可能与思维主体的绝对统一性相关。所以,我们并不能断定,"思维的统
一性"与"思维主体的绝对统一性"之间有必然的关联。也即是说,我们
绝不可能以理性心理学所预想的先天的方式从前者推出后者。那么,既
然后者——思维主体(心灵)的绝对统一性无法通过纯粹概念的方式得
到证明,这也就意味着:心灵作为单一实体同样无法借此被证实。

　　与之相似,康德也否认,我们能以经验论的方式推论出思想的统一
性起源于诸经验表象的复合。由休谟的学说可知,经验中呈现的自我或
心灵只是一束知觉,亦即知觉的复合,这一复合主要通过心灵的三种联
想关系——邻近、类似和因果而出现,因此在其中并没有一个真正统一
的自我可言。无疑,康德深知这一点,所以才会有如下断言:"但现在,从

---

① 康德:《纯粹理性批判》,邓晓芒译,杨祖陶校,北京:人民出版社,2004年,第313页,A353。
译文有所改动。Einheit一词一般译作"统一性",而邓晓芒先生在上段译文中将之译作"单
一性",笔者以为不妥,遂改译回"统一性"。另外在笔者看来,在康德的文本中,Einfachheit
一词更适合译作"单一性"。但两者在这个"谬误推理"中,在含义上是一样的,可以互换
使用。

经验中推导出主体的这种……必然统一性也是不可能的。因为经验并不提供任何必然性来加以认识,更不用说绝对统一性的概念是远远超出经验范围之外的。"①换言之,思维主体的绝对统一性(单一性)也绝不可能以经验的方式得到证明。因此,无论以先天的还是经验的方式,我们实际上都无权"认识"思维主体的绝对统一性(单一性)。

二、心灵的逻辑单一性

既然如此,理性心理学家为何依然对思维主体的这种绝对统一性(单一性)信赖有加呢? 在康德看来,这"只是由于若不然,我们就不能说:我思维(在一个表象中的杂多)"②。"因为,虽然思想的整体可以被划分,并且被分配于多个主体之间,但主体性的我却是不能被划分和分配的,而这个我毕竟是我们在一切思维中所预设的。"③显然,这就是先验统觉的综合统一性原理。由此,他宣判道:"所以在这里,也正如在前一个谬误推理那里一样,统觉的形式性命题,即'我思',依然是理性心理学敢于扩展自己知识的全部理由……"④这正是康德想要达到的基本判断。因为在上一节中已经表明,先验统觉所提供的只是由"我思"表象伴随一切其他表象而来的形式统一性。但理性心理学却将这种形式统一性直接等同于现实的统一性。它之所以这么做的根源在于,它所理解的"我思"是一个实存的实体化主体。由此,这一"我思"实体所提供的统一性当然是现实的了。与之相对,康德强有力地批驳了理性心理学将"我思"实体化的做法,并将"我思"限定在了一个作为逻辑主词的形式化表象

---

① 康德:《纯粹理性批判》,邓晓芒译,杨祖陶校,北京:人民出版社,2004 年,第 314 页,A353。译文有所改动。
② 康德:《纯粹理性批判》,邓晓芒译,杨祖陶校,北京:人民出版社,2004 年,第 314 页,A354。译文有所改动。
③ 康德:《纯粹理性批判》,邓晓芒译,杨祖陶校,北京:人民出版社,2004 年,第 314 页,A354。
④ 康德:《纯粹理性批判》,邓晓芒译,杨祖陶校,北京:人民出版社,2004 年,第 314 页,A354。译文有所改动。

上。这样,"我思"表象所能提供的就只是一种逻辑上或形式的统一性(单一性)了。对此,他明确地说道:"但我自己(作为灵魂)的这种单一性……在任何一个思想本身中就已经包含着了。'我是单一的'这一命题必须被视为统觉的一个直接的表达……'我是单一的'则无非意味着:'我'这个表象并不在自身中包含丝毫杂多性,而且它是绝对的(虽然只是逻辑上的)统一性。"①

所以,康德承认思想所具有的统一性,更确切地说,"我"的单一性。但他既不认同唯物论或经验论将思想的统一性归之于物质或表象的复合,也不赞赏唯理论把这种统一性追溯到思维主体的绝对统一性(单一性)。在他看来,这两种观点都没有把握思想统一性的真正来源——先验统觉的综合统一性。对此,克琪尔针对性地评论道:"一个带有复杂内容的思想必须通过诸认知性状态的一个综合来产生,而这些状态必须全部属于统觉的一种统一性。"②这一解释是合理的。因为如前所述,先验统觉的综合统一性主要就体现为:"我思"表象对一切"我之所思"表象的伴随。在这一伴随过程中,后者就被前者综合在一个统一性中了。这正是一个思维着的"我"之统一性(单一性)的起因。但是,这个"我"的统一性(单一性)却只是一种思维的单纯形式,"因为当这个主体只是通过在内容上完全空洞的术语'我'(我可以将之应用在每个思维着的主体上)来表示时,它的各种属性就被完全抽象掉了"③。因此,"我通过这个'我'任何时候都思考到了一个绝对的、但却是逻辑上的主词的统一性(单一性),但由此我并非就认识到了我的主体的现实的单一性"④。

---

① 康德:《纯粹理性批判》,邓晓芒译,杨祖陶校,北京:人民出版社,2004 年,第 314—315 页,A354 - 355。译文有所改动。
② Patricia Kitcher, *Kant's Transcendental Psychology*, Oxford:Oxford University Press,1990,p. 201.
③ 康德:《纯粹理性批判》,邓晓芒译,杨祖陶校,北京:人民出版社,2004 年,第 315 页,A355。译文有所改动。
④ 康德:《纯粹理性批判》,邓晓芒译,杨祖陶校,北京:人民出版社,2004 年,第 315 页,A356。译文有所改动。

这样看来,和第一个谬误推理的发生相一致,理性心理学认为自己证明了心灵(自我、灵魂)单一性的原因在于:思维所预设的作为逻辑主词的"我"的单一性被误认作了"我"作为实存主体的单一性。换言之,理性心理学家轻易地从"思维之我"的单一性"跳跃"到了"现实之我"的单一性。正如在分析上一个谬误推理时所指出的那样,这属于"先验"与"经验"两个层面的混淆。也即是说,"我(心灵、灵魂)是单一的"这个命题事实上只是自我意识的先验表达,但要让我(心灵、灵魂)的先验单一性成为现实的单一性,我们就不得不求助于经验。然而,任何时候在经验中所给予出来的都是杂多表象的组合,我们无法从中看出心灵作为单一存在者的任何可能性。由此,理性心理学家对心灵单一性的证明注定是失败的。因为缺乏经验的支撑,他们永远也无权从心灵在思维上的单一性推论出它在现实中的单一性。

不过,这并不意味着:经验论者和唯物论者将心灵看作纯然的复合之物就直接成功了。针对唯物论将心灵视为在空间中的复合物的观点,康德写道:"统觉的这个绝对统一性,这个单一的我,在形成思维的一切结合和分离都与之相关的表象中,哪怕我对于主体的性状或自存(Subsistenz)还没有发现任何东西,就自身来说已是重要的了。统觉是某种实在的东西,它的单一性已经蕴含在其可能性之中了。现在,在空间中没有任何实在的东西是单一的;因为点(它们在空间中构成唯一的单纯之物)只不过是界限,但本身却不是某种作为部分用来构成空间的东西。所以由此就得出,由唯物论的根据来解释我作为单纯思维着的主体的性状是不可能的。"[1]因此,在康德看来,我在思维中的统一性(单一性)作为先验统觉的直接应用,不可能用唯物论加以解释。由于物质都存在于空间中,而在空间中又没有单纯之物(古语云"一尺之锤,日取其半,万世不竭"就是在讲这个道理),所以任何物质都必定是复合的。而

---

[1] 康德:《纯粹理性批判》,邓晓芒译,杨祖陶校,北京:人民出版社,2004 年,第 301 页,B419 - 420。译文有所改动。

要想从物质的复合中产生出一种思维主体的单一性,就无异于痴人说梦了。同样地,当我们依循经验论从观念或知觉的聚合来解释我的统一性时,这毋宁说直接取消了这种统一性。因为在洛克和休谟看来,自我或心灵不过是观念或知觉的简单集合。而在观念或知觉所构成的集合体之中,还根本谈不上什么自我的统一性。所以,统觉的"我"的统一性(也即单一性),也不可能以经验论的方式得到说明。[①]

总之,以唯理论式的实体单一性来证明心灵的单一性虽然失败了,但站在唯物论或经验论的立场上来取消心灵单一性的尝试同样未获成功。因为"统觉的我、因而在每次思维中的我是一个单数,它不能被分解为诸主体的复数,因此标明了一个逻辑上单一的主词,这已经包含在思维的概念中了,所以是一个分析命题"[②]。这一点是很重要的。现在,虽然心灵的单一性无法以一种知识的方式被证明,但这种单一性依然可以被保存在思维的可能性中。换言之,对于"我是否是单一的"这个问题,康德的回答是肯定的,但仅在思维的意义上。这样,他虽然远没有如唯理论者一般证实"我"的单一性,但却已驳斥了经验论和唯物论消灭这种单一性的妄念。因而自我依然可以凭借这种思维中的单一性,宣称自己不受制于分解消散的命运。这样,即便"我"之实存的单一性是不可证明的,但它依然是可期望的。

三、对心灵非物质性的"扬弃"

康德上述对心灵单一性的理解,也改变了理性心理学对"心灵非物

[①] 也许,经验论者中真正可以谈论心灵的统一性的只是我们称为"半截子经验论者"的贝克莱。在第二章中可以看到,他正是从表象(知觉)的被动性推论出主动的知觉者——心灵或自我实体的存在。然而,这就使他对心灵实体的规定与唯理论者实际上并无二致。可以说,他也和唯理论者一样,将心灵实体的统一性认作一种被证成的知识。因此,他虽然没有以洛克和休谟的方式受到康德的批判,但无可置疑的是,康德对唯理论者的批判同样适用于他。

[②] 康德:《纯粹理性批判》,邓晓芒译,杨祖陶校,北京:人民出版社,2004 年,第 293 页,B407 - 408。译文有所改动。

质性"(Immatrialität)的传统定义。这一改变对康德自己心灵观念的转变也具有重要意义。因为他由此否弃了自己在十八世纪七十年代基于生命原则的心灵观。不过,在描绘他反驳这一心灵观念的过程之前,我们仍需查考一下他如何决定性地扭转了"心灵非物质性"的一般含义。如前所述,对理性心理学来说,心灵的单一性与非物质性实际上是一体两面的东西。因为"对灵魂单一本质的主张只有当我能由此将这个主体与一切物质区别开来、因而能使它免除物质所永远屈从的溃灭时,才具有某些价值。上述命题(引者注:指'灵魂是一个单纯实体')本来也是完全针对着这样一种运用的,因此它在大多数情况下也被表述为:灵魂不是物体性的(körperlich)"。①上述这段话要结合笛卡尔著名的"心物二元论"来看才会更好理解一点。在第一章中可以看到,笛卡尔认为:由于心灵的特征是思想,故而是单一的;而物体的属性是广延,因此是可分的。这一区分也为随后的唯理论者们所继承。由之,心灵的单一性就是它区别于物质的一个根本特性,因为物质都是可分的。这样,从心灵的单一性就顺其自然地推出了它的非物质性或非物体性。

而唯理论者之所以能这般推论,是因为他们已将心灵的单一性理解为现实的单一性。但对于康德而言,这一观点当然是不成立的。因为心灵的单一性只是思维形式上的,而非现实中的。这样,与之相关联的心灵非物质性的内涵也就发生了变化。如前所述,心灵(自我、灵魂)在思维形式上的单一性是先验统觉内含的分析命题,是我们在思维中所必须预设的。由此,我们倒可以推出这个先验的心灵是非物质性的,因为它不可以唯物论的方式加以解释。但在康德的体系中,这个先验的心灵还不是我们所熟识的经验性心灵,因而我们虽然可以证明前者的非物质性,但对于后者的非物质性与否,我们还需要进一步的说明。

---

① 康德:《纯粹理性批判》,邓晓芒译,杨祖陶校,北京:人民出版社,2004 年,第 316 页,A357。译文有所改动。

在前一节中已经表明,先验的心灵(自我、灵魂)是经验性心灵(自我、灵魂)的逻辑主词,而要使前者成为后者,我们就需要从内感官中接受杂多材料,并用这些材料充实前者。所以,只有在内感官中,经验性的心灵(自我、灵魂)才会出现,这也是我们的反思体验所揭示的。这样看来,就经验性的心灵(自我、灵魂)寓于内感官中而言,它理应和作为外感官对象的物体是截然不同的。我们知道,在康德哲学中,知识的来源分为接受性的感性与自主性的知性。而其中的感性又可分为内感官和外感官两种接受形式,其作用是不同的:前者以时间为自己的先天形式,接受心灵内部的各种意识状态;而后者以空间为自己的先天形式,接受外部物体的诸表象。①就此而言,一个经验性的心灵(自我、灵魂)不可能出现在外感官中,而一个物体也不可能出现在内感官中,所以经验性的心灵(自我、灵魂)和物体是断然有别的。这样,经验性心灵(自我、灵魂)的非物质性似乎就得到了最好的证明。

然而事实并没有这么简单。因为在康德看来,无论是内感官中的心灵还是外感官中的物体都只是现象,而非物自体。由此,心灵与物体"只是就一个在外部对另一个显现出来而言才相互区别开来"②。换言之,两者之间仅是现象在内部与外部上的区分,而不是一种自在的或根本的区别。所以,所谓经验性心灵(自我、灵魂)的"非物质性"只是指它不可以外部现象的方式来理解,但这并不意味着在物自体层面它与物质的截然二分。因为"尽管广延、不可入性、关联和运动,总之,外感官所能给我们提供的一切东西,都并非思想、情感、偏好或决断,或者说不会包含有这样一些全然不是外感官对象的东西,然而,为外部现象奠定基础、如此刺

---

① 在这里,"感性"和"感官"在德语中都是"Sinn"。"感性"的翻译是为了与"知性"相对应,而"感官"的翻译则是为了对应内外感官的区分。但我们却需要注意,"感官"和"感性"在康德哲学中所指是相同的,不要因为两种译名对此产生误解。

② 康德:《纯粹理性批判》,邓晓芒译,杨祖陶校,北京:人民出版社,2004 年,第 306 页,B428。"显现"这个词的德语为"erscheinen",是现象"Erscheinung"一词的动词形式。由此可知,上文灵魂和物体"由一个对另一个的显现"所致的区分,必然是在"现象"意味上的。

激我们的感官来使得感官由此获得空间、物质、形状等等表象的这个某物，作为本体……来看，却毕竟可以同时也是思想的主体，虽然我们通过我们的外感官由此被刺激的方式并没有得到诸表象、诸意志等等的直观，而只是得到了关于空间及其诸规定的直观"①。康德在这里想说的是：外感官所提供出来的物体属性（如"广延、不可入性、关联和运动"），当然不同于内感官所展示出来的心灵属性（如"思想、情感、偏好或决断"）。由此，外部现象意义上的物体与内部现象意义上的心灵的确是不同的。那么，既然物体和心灵都只是现象，这就已预设了为它们各自奠基的物自体之存在。"因为现象就其自身来说，和在我们的表象方式之外什么都不是，因而在不应当出现一种循环论证的地方，现象这个词已经指明了与某物的一种关联，该物的直接表象虽然是感性的……却必须自在地是某物本身，即一个独立于感性的对象。"②

所以，如果说作为外部现象的物体需要作为基底的物自体的话，那么作为内部现象的心灵同样需要以自在的思维主体为基底。但问题的关键在于：无论是作为现象化物体基底的物自体，还是作为现象化心灵基底的自在主体，实际上都是在其自身的（an sich selbst），进而对我们而言都是不可知的。因此，我们根本不可能将两者区别开来。也即是说，即便物体作为外部现象与心灵作为内部现象是毋庸置疑地有差别的，但我们仍然不能从中推断出：两者在基底——更确切地说，在自在的层面上是相区分的。

据此，在康德看来，"即使承认了本质的单一性，人的灵魂也根本不足以与物质从彼此的基底上区别开来，如果人们把物质（如人们应该的那样）只看作现象的话。"③换言之，由心灵在思维形式上的单一性，我们

---

① 康德：《纯粹理性批判》，邓晓芒译，杨祖陶校，北京：人民出版社，2004 年，第 316—317 页，A358。
② 康德：《纯粹理性批判》，邓晓芒译，杨祖陶校，北京：人民出版社，2004 年，第 229 页，A251 - 252。译文有所改动。
③ 康德：《纯粹理性批判》，邓晓芒译，杨祖陶校，北京：人民出版社，2004 年，第 317 页，A359。译文有所改动。

根本不足以如唯理论者所设想的那样,推断出心灵在事实上的非物质性。而那个臭名昭著的心物交互难题之所以产生,只是因为唯理论者预设了:心灵与物体是两种截然不同的实体。这样,如何在两个就自在的层面来说完全不同质的实体间构筑一种协同性关系,就成了一个无法完成的任务。虽然笛卡尔经由松果腺的"身心交互论"、斯宾诺莎的"泛神论的实体一元论"、莱布尼茨的"前定和谐说"与马勒伯朗士的"偶因论"都试图对该难题作出解释,但又不可避免地陷入新困境。站在康德的视角上,这是由于,他们对心物两者的"绝对分离"预设就是错误的。实际上,就自在的层面而言,它们根本就不可能区分开来,即便两者在现象层面来说是有差别的。

由此,赫费认为,康德将唯理论的心物二元论改造为了"先验理念论的实体一元论"①。也即是说,在他看来,既然康德将心物区分限定在现象上,那么这就意味着,两者自在地都归属于一个不可知的实体,亦即"先验理念的实体"。这样,心物在现象上的区分就不是一种断然的区分。毋宁说,"根据这种实体一元论,'我们的肉体是基本的现象','感性的全部能力及与之相伴随的一切思维……都是与这个作为条件的基本现象相关的'(B806)。"② 而这种身心间的相关性既然在现象上是可感知的,那么这也就最好地解释了两者在唯理论那里匪夷所思的"交互性"。对此,赫费评论道:"在康德看来,自然世界完全是因果性的。如果事物的进程原则上能够根据因果规则加以说明,它们就只能是客观的。身体与精神现象的交互关系也属于此列,因而行为世界本身从经验方面来看也完全是因果性的。"③这一评论是合理的。因为康德的确将身心间超验的交互因

---

① 奥特弗里德·赫费:《康德的〈纯粹理性批判〉——现代哲学的基石》,郭大为译,北京:人民出版社,2008年,第236页。
② 奥特弗里德·赫费:《康德的〈纯粹理性批判〉——现代哲学的基石》,郭大为译,北京:人民出版社,2008年,第237页。
③ 奥特弗里德·赫费:《康德的〈纯粹理性批判〉——现代哲学的基石》,郭大为译,北京:人民出版社,2008年,第238页。

果性在经验的层面上加以说明了。借此,先前唯理论所面临的困境就自然消除了。但仍可追问的是:身心间这种经验的交互因果性为何会发生呢?并且,为何它们能汇归于一个不可见的作为基底的实体呢?不过,这些问题在康德看来是无法回答的。因为对它们的解决"是完全处于心理学的领域之外的……毫无疑问也是处于一切人类知识的领域之外的"①。

四、对心灵生命性的质疑

既然心物最后必然归属于一个不可见的基底,那么心灵实质上的非物质性(虽然如上所述,就思维形式而言,它的非物质性是我们必须预设的)就难以成立了。这摧毁了康德自己在七十年代所钟情的心灵的生命原则。因为该原则正以心灵的非物质性为基础。在那时的康德看来,心灵的非物质性是毋庸置疑的,因为心灵与物体是绝对不同的。这正体现在:前者基于其单一性是主动的、不可分解的,是人之生命的源泉;后者基于其复合性是被动的、无生命的和终将解体的,是人之生命的障碍。他宣称:"一个灵魂被系缚上肉体,这正如一个人被系上推车……因为肉体是无生命的物质,是生命的障碍。但只要灵魂被系于肉体之上,它就必须忍受这一障碍并试图以各种方式减轻它。但现在如果肉体全然终止了,那么灵魂将从它的障碍中解放出来,而且只有从现在起它才开始合适地生活。因此死亡不是一个生命的绝对搁置,而是从障碍中解放出来,到一个完全的生命去……我的单纯意识证明了,生命不在于肉体,而在于与肉体不同的一个分离原则中;因此这一原则可以没有肉体而存活,而且它的生命不会减弱,反会增强。"②所以,既然生命只在心灵,不在肉体,后者毋宁说是生命的障碍,那么在肉体消逝后,生命的阻碍反而祛除了,心灵作为生命的载体也将永存。这样看来,传统的灵魂不死的证

---

① 康德:《纯粹理性批判》,邓晓芒译,杨祖陶校,北京:人民出版社,2004 年,第 306 页,B428。

② Immanuel Kant, *Lectures on Metaphysics*, translated and edited by Karl Ameriks and Steve Naragon, Cambridge: Cambridge University Press, 1997, pp. 95 - 96.

明非但以心灵与肉体在性质上的区分为基础,而且所要达到的论证目标更是两者在事实上的"绝对分离"。由此,唯理论式的"心灵非物质性"在此得到了最为强烈的表达。

不过到了八十年代,康德对这个证明已由曾经的赞同转为审慎的怀疑了。[①]他认为,该论证的论据并不严格。这是由于:"物质的无生命性只是现象的一种性质,亦即物体的一种性质。但我们并不知道为物体奠基的实体是否也拥有生命……"[②]这就意味着:他对原先认同的物体的无生命性产生了质疑。这一观念的变化与上述心灵与物体关系的变化密切相关。在七十年代的康德看来,心灵与物体是截然二分的,这一差别主要体现在:前者拥有单一性所致的生命性,后者则归于复合性所致的无生命之物;但在批判时期的康德看来,心灵和物体只是在现象上有着相对的区分,在基底上并无不同。由此,两者有无生命之辨就只是一种现象的区分。换言之,我只能在现象层面上说:心灵是有生命的,而物体是无生命的,但我无权在本质层面上这般判断。因为如上所述,我远不能从两者在现象上的区分推断出:它们在基底上存在着有无生命的差别。所以在康德看来,物体在现象上也许确实是无生命的,但为它奠基的终极实体是否也是无生命的却不可知了。

与之相对,在现象上所见的心灵生命性当然也无可置疑,但我们同样不知道,为它奠基的实体是否也一定有生命。这样,我们就不能从心灵在现象上的生命性推出它在基底上的生命性了。就此而言,心灵的生命性原则宣告失败了。因为首先,心灵在基底上的生命性是无法证明的(正如物体在基底上的无生命性也不可证明一样),而上述论证所寻求的

---

① 这再一次印证了我们在上一节中表明的判断:康德对唯理论的批判并非仅仅针对他的前辈,而且也朝向那个曾相信唯理论的自己。同样,对于经验论,他实际上也采取同样的态度。在第三章中可以看到,《一位视灵者的梦》是他受经验主义影响最明显的一部著作。因此可以说,他在批判时期也反对那个曾接受经验论的自己。这正是本书力图表现的"理性"与"经验"在康德思想中的论争、扬弃和融合。

② Immanuel Kant, *Lectures on Metaphysics*, translated and edited by Karl Ameriks and Steve Naragon, Cambridge: Cambridge University Press, 1997, p. 279.

正好是心灵脱离物体的永恒生命。这样,心灵在其自身意义上的生命原则是不为人知的。其次,心灵在现象上的生命非但没有表明心灵脱离物体的独立性(更确切地说,它的非物质性),毋宁说反倒确证了它在现象层面上与物体的不可分割。这是因为:"即便物体对生命毫无助益,却依然可以是生命所依赖的唯一条件。如果灵魂没有感官和感觉,那么它将因此没有思考的材料。因此如果灵魂与物体相分离,它的生命力也许确实不会停止,但它的生命却会停止。"①由此,就心灵在现象上的生命而言,它必须依赖于物体,因为只有后者才给它提供感觉或思维的材料。而经验早就证实了这一点。基于心灵和物体在现象上的交互因果性,我当然只能说:在离开物体后,心灵可见的诸生命现象(思维、意愿和情感等)就消失了。这样,即便我不能证实心灵在肉体死后必将消逝,但它与肉体联系在一起的生命现象却必定消逝了。这就是康德为何会在上述引文中作出如下断言的原因:心灵的生命力在肉体死后也许确实不会停止,但它的生命却会停止。由此,我再也不能从心灵可见的生命性推断出心灵的永存性,虽然我从中也不能得出心灵在死后就一定消失的相反结论。于是,这个发源于心灵单一性——更确切地说,非物质性的生命论证——就彻底行不通了。

但如果心灵的单一性不能用来证明它的非物质性和与之相关的生命原则,那么这就意味着:"这个概念(引者注:指心灵的单一性概念)并不适宜在它唯一可用的场合,即在对我自己与外部经验对象的比较中,去规定我自己的独有与特殊之处,那么人们尽可以宣称知道:这个思维着的我,即灵魂……是单一的;但这一表述并不因此有任何延伸到现实对象上的应用,因而丝毫不能扩展我们的知识。"②所以,对于理性心理学

---

① Immanuel Kant, *Lectures on Metaphysics*, translated and edited by Karl Ameriks and Steve Naragon, Cambridge: Cambridge University Press, 1997, p. 279.

② 康德:《纯粹理性批判》,邓晓芒译,杨祖陶校,北京:人民出版社,2004 年,第 318 页,A360 - 361。译文有所改动。

而言,心灵单一性概念的唯一应用只是针对心灵区别于物体的特殊性质。但现在,康德将这一应用的可能性完全消除了。因为他证明了:依凭着心灵在思维形式上的单一性,我们绝对不能推出心灵在现实中区别于物体的特殊性。这样看来,理性心理学关于心灵单一性的"知识性判断"注定是无效的。因为"我们很少有希望……通过我们一切概念的纯然主观形式即意识,无须与可能经验相关就扩大洞见,尤其是因为一个单一本性的基本概念……绝不可能在任何经验中遇到,因而根本不存在任何途径,把它作为一个客观有效的概念来获得。"①由此可知,和对心灵实体性的判断一样,理性心理学家的——更确切地说,唯理论者的——失误之处还是在于:忽视了经验的限制,直接将思维主体必须构设的单一性定为经验现实中的单一性。②但在我们所能经验的范围内,根本不存

---

① 康德:《纯粹理性批判》,邓晓芒译,杨祖陶校,北京:人民出版社,2004年,第318—319页,A360-361。译文有所改动。

② 在第一章中可以看到,莱布尼茨的"单子论"就是唯理论这一思路的典型代表。因为他直接从世界的逻辑构造所必须预设的单一性(否则,世界的构造在逻辑上将陷于无穷倒退的困境),推出了世界实质上的最小元素——单子(意为最后的、不可分割的实体)。严格说来,康德对于这一思路的真正反驳出现在他对纯粹理性的第二个"二律背反"的解决中。这个"二律背反"正好表达了物质在终极意义上的可分性问题,亦即"单一"与"复合"之辨。正题:"在世界中每一个复合的实体都是由诸单一的部分所构成,而且除了单一之物和由它复合而成的东西外,在任何地方都没有任何东西实存着。"反题:"在世界中没有任何复合的事物是由诸单一的部分所构成的,并且在世界中任何地方都没有任何单纯之物实存着。"(参见康德《纯粹理性批判》,邓晓芒译,杨祖陶校,北京:人民出版社,2004年,第538—539页,A434-435/B462-463)译文有所改动。很明显,正题表达了唯理论者(康德称之为单子论者)的观点,而反题则表达了经验论者的观点。两方各自以证明对方判断为错误的方式,来确证己方的正确性。比如,唯理论者认为,如果世界是复合的,那当复合取消,一切分解,世界就要归于毁灭了。但这是荒谬的,因此世界上必须存在着单纯的不可再分之物。与之相对,在经验论者看来,假定一个复合物由单一的部分构成,而任何物体又必定存在于空间中,这样,这个复合物及其诸单一部分当然也必须存在于空间中。但由于空间是由复合的空间所构成,由此,这个复合物的单一部分就必然占据相应的空间。但空间必然是可再分的,而诸单一部分却是不可再分的。最后,一个不可分的单一物就占据了一个可分的空间了。这显然是不可能的。所以,世界上实际上根本不存在任何单一之物,所有的事物都由复合而成。由之,双方就各执一词,但始终无法使另一方屈服。对此,康德认为,只有从现象与物自体的二分才能真正解决双方的对立。也即是说,事物事实上只是以现象,而非以物自体的方式呈现在我们面前,但我们却想就事物的自在本身来判定其复合或单一的性状。于是,这就产生了上述在"复合"与"单一"之间的二律背反。实际上,世界中的事物自身是单一的还是复合 (转下页)

在后面那种单一性。所以,康德还是在经验的维度上,将唯理论关于心灵单一性的论证归于失败的。

同样地,如前所述,唯理论的失败并不代表经验论的天然胜利。的确,通过经验论的资源,康德摧毁了唯理论对心灵单一性的独断信条。不过,他同样注意,经由唯理论的要素拒斥经验论对它的彻底消解。在此,他一再强调的心灵在思维形式上的先验统一性(单一性)就是从唯理论承继而来并加以改造的。②这一统一性(单一性)凭由其先验性,必然是经验论者无法解构的。事实上,经验论在休谟那里之所以陷入怀疑主义的困境,就是由于后者认为,从"知觉束"或"知觉流"的归纳中无从获得一种知识的客观统一性。故而,他将知识贬为一种习以为常的信念(belief)组合。但现在,心灵的先验统一性(单一性)为知识的客观统一性提供了必要保障,这就免除了知识大厦遭受经验论攻击的危险。所以,康德对心灵单一性的先验设定,不仅反对唯理论对它的超验扩展,也拒

(接上页)的,我们是无从知道的。因为我们了解的,只是作为现象的事物。因此,我们根本不必去对事物可分的有限与无限作出一个非此即彼的回答。相反,我们只需看到:就现象界而言,对事物的分割可以前进到多么远,这只能取决于经验。由于经验远不能将事物的"终极分割序列"呈现在我们面前,所以我们既不能说世界在基底上是单一的,也不能说它就是复合的,即无限可分的。我们可说的只是:就当存在着最后的基本粒子一样,去不断探索物质的最小部分,但永远不要误以为,在找到某一种粒子时可以停止工作。

② 康德先验统觉思想的莱布尼茨渊源是毋庸置疑的,因为我们早在第一章第二节中就已指出,统觉(Apperzeption)本就是康德取自莱布尼茨的术语,但莱布尼茨的"统觉"只是意指一般性的对知觉的知觉,并无康德这种鲜明的先验统觉的内涵。对两者使用统觉概念之同异感兴趣的读者,可以参阅阿默里克斯的"Apperzeption und Subjekt. Kants Lehre vom Ich heute"(Cf. *Warum Kant heute?*; *Systematische Bedeutung und Rezeption seiner Philolosophie in der Gegenwart*, hrsg. von Dietmar H. Heidemann und Kristina Engelhard, Berlin: Walter de Gruyter, 2004, S. 76 - 99)。同样,笛卡尔的"我思"对康德的影响更是显而易见的:从积极的层面上看,笛卡尔的"我思"是整个近代哲学的起点,康德无疑清楚地意识到了笛卡尔思想的开创性意义。这一点鲜明地体现在:在范畴的先验演绎中,他将先验的"我思"表象及其综合统一性视作他为知识奠基的两个立足点之一(还有一个是"感性直观杂多")。由此可以说,他是笛卡尔所开创的主体性哲学的坚定推进者。而从消极的层面看,他对灵魂实体性的批判可以视为对笛卡尔"我思"学说的一个集中回应。因为在上一节中,我们可以看到,他对笛卡尔"我思故我在"的命题进行了彻底的批判性分析。概言之,笛卡尔无论从积极还是消极层面都对康德的心灵(自我、灵魂)学说产生了巨大影响。

斥经验论对它的纯经验性拘囿。这样，唯理论式的从心灵单一性出发的
灵魂不死证明理所当然地垮台了，但经验论经由否认心灵单一性，进而
否认其持存性的意图同样被驳回了。因此，正如对心灵实体性的批判一
样，他在化解唯理论和经验论的对立中，为心灵的单一性找到了合理中
立的解释。这一点是关键性的。因为对这种可能性的预示同样出现在
他对心灵同一性的批判中。如前所述，由于心灵同一性对理性心理学的
重要性丝毫不亚于其单一性，因而他对心灵同一性的分析也需要我们的
重点关注。接下来就进入这一分析。

第三节　心灵同一性的谬误推理

一、人格同一性的形式与现实之分

我们在第二节伊始就已表明，心灵实体的单一性和同一性是理性心
理学的两个核心要素：前者相关于心灵实体在空间中的统一性，而后者
则相关于它在时间中的持存性。阿利森则将两者都表述为"同一性"，差
别在于：前者是共时的同一性（synchronic identity），而后者是异时的同
一性（diachronic identity）。①这种解释有一定道理。因为对于康德而言，
空间中的对象是同时存在的，而时间中的对象则是前后相继的。②由此，
心灵在空间中的单一性就只意味着它在一个瞬间中的同一性；而它在时
间中的同一性则意指着它在前后相继的时间流中的同一性。后一种同
一性正是人们通常所说的人格同一性（personal identity）。

因此，康德批判的心灵同一性就是人格同一性。这也是他称 A 版的
第三个谬误推理针对"人格性"的原因。该谬误推理具体表现如下："凡

---

① Cf. Henry E. Allison, *Kant's Transcendental Idealism*, New Haven and London: Yale
University Press, 2004, pp. 343 - 344.

② 参见康德《纯粹理性批判》，邓晓芒译，杨祖陶校，北京：人民出版社，2004 年，第 34 页，A31/
B47。

是在不同的时间中意识到它自己的号数上的同一性的东西,就此而言是一个人格。现在灵魂就是如此如此。所以灵魂就是一个人格。"①阿利森认为:"遭受攻击的论证再次被给了三段论的形式,在其中大前提相当于人格性的一个名义上的定义,而小前提将灵魂归摄于这一概念之下,事实上承担了所有的重量。"②这一判断无疑是准确的。因为正和康德对前两个谬误推理的批判一样,他在此的锋芒之所向依旧是小前提——心灵是在不同时间里意识到它自己号数上同一性的东西。而这个小前提对于理性心理学来说是异常关键的。如前所述,心灵只有意识到自己在不同的时间里是同一的,那么永恒的持存对它而言才有价值。如若它在死后遗忘了自己生前之所是,那么即便它可以免于朽坏,却也只能如顽石枯木般漠然流变,了无生机。换言之,心灵如果缺失了在时间中的同一性,就和物质的永恒持存无异了。同样,人如果丧失了对自身同一性的指认,那么他就丧失了人格而不复为人,无由与物区分开来。

正是出于上述考虑,理性心理学家从一开始就寻求通过心灵的实体同一性捍卫其人格同一性。从前两章可以看到,笛卡尔、莱布尼茨、沃尔夫、鲍姆嘉登和贝克莱都是从心灵实体的永恒基底作用出发,来证明这种人格同一性。其中,莱布尼茨还第一次将人(Mensch)与人格(Person)区分开来,并阐明了人格同一性对心灵持存性的重要性:同一的人格才使得人之行为具有可归咎性(Imputabilität),也即是说,才能公正地面临上帝在人死后所给予的赏善罚恶。沃尔夫、鲍姆嘉登和贝克莱③也认可他的说法。然而,唯理论者从心灵实体同一性解释人格同一性的路径,

① 康德:《纯粹理性批判》,邓晓芒译,杨祖陶校,北京:人民出版社,2004 年,第 319 页,A361。译文有所改动。
② Henry E. Allison, *Kant's Transcendental Idealism*, New Haven and London: Yale University Press, 2004, p. 344.
③ 贝克莱对心灵实体的承认,使得他将人格同一性也系于实体同一性。(Cf. Udo Thiel, *The Early Modern Subject*, *Self-Consciousness and Personal Identity from Descartes to Hume*, Oxford: Oxford University Press, 2011, p. 176)所以从各方面看,贝克莱的确是经验论中的"异类"。因为如前所述,他完全可以被划归到理性心理学家的行列中。

首先遭到了洛克从经验论角度发起的尖锐反驳。在他看来，心灵实体的概念不过是一些内心观念的集合，因而根本不可能充当人格同一性的根据。他认为，人格同一性只源于意识的同一性。意识（记忆）能延伸多远，人格同一性就延伸多远。因此，倘若意识能穿越多个所谓的实体保持同一，人格同一性就不会因为实体的更替而消解。洛克的上述理解深刻地影响了休谟。休谟同意洛克将人格同一性从心灵实体的窠臼中解救出来并归于意识的做法。但是，他激进地要求借此消灭人格同一性。在他看来，意识中根本不存在任何同一性，因为一切知觉都是变动不居的。由此，所谓的人格同一性，都不过是"相关对象的接续"（a succession of related objects）——更确切地说，不同知觉间的接续、推移。在由诸知觉构成的意识中并没有一以贯之的东西。这样，休谟作为彻底经验主义的代表，就否认了人格同一性的任何可能性。

　　唯理论与经验论关于人格同一性的争论构成了康德处理心灵同一性"谬误推理"的核心背景。虽然正如对待前两个谬误推理一样，他集中批判的是唯理论的人格同一性表述，但对经验论的回应也已暗含在他的批判中。易言之，他既不同意唯理论基于实体同一性来解释人格同一性，也反对经验论将人格同一性彻底经验主义化的做法。他指出："所以，在不同的时间内对我自己的意识的同一性只是我的各种思想及其关联的一个形式条件，但它根本不证明我的主体的号数上的同一性，在这个主体中，尽管有'我'的逻辑同一性，但仍有可能发生一种这样的变更，这一变更不允许保持这个主体的同一性；尽管可以使这个主体分有字面相同的'我'，但这个'我'在任何其他情况下，甚至在主体都变了的情况下，都仍然还可以保有前一个主体的各种思想，这样也就能把这些思想传给后一个主体。"①这里，我们可以看到他对待人格同一性的态度：他赞同在不同的时间里的"我"拥有"逻辑同一性"，但他否认这个"我"由此拥

① 康德：《纯粹理性批判》，邓晓芒译，杨祖陶校，北京：人民出版社，2004年，第320页，A363。译文有所改动。

有实质上的"号数同一性"。

无疑，上述观点是针对唯理论的。在康德看来，当唯理论试图从实体同一性证实人格同一性，这必然是越界的。本章第一节已经表明，他鲜明地拒斥将"我"（心灵）视为实体。借此，"我"（心灵）就不可能拥有实体化的同一性，但仍拥有逻辑同一性。具体而言，这种同一性表达的是："在我意识到我自己的整个时间中，我都意识到了这个时间是属于我自身的统一性的"。①因而，它是"自我意识在时间中的一个完全同一性命题"②。但和前面所述的心灵在逻辑上的实体性和单一性一样，它也仅是思想的形式条件。所以，我不能由我在形式上的同一性，直接过渡到我在现实中的"人格同一性"。唯理论的——更确切地说，理性心理学家的——失误正在于混同了这两者。

值得关注的是，康德在 AB 两版中指明这一错误的方式有所不同。由于 B 版于此的说明较为简略，我们将先关注 B 版，随后考察 A 版。他在 B 版中开宗明义地说道："我意识到我自己在一切杂多中的同一性，这个命题是一个……分析性的命题；但这个我能在我的一切表象中意识到的主体同一性，却并不涉及使这个主体作为客体被给予出来的对它的直观，因而也不可能意味着那种人格同一性，籍此主体自己的实体……的同一性意识被理解为在诸状态的一切变更中，为此，要证明这种同一性，单凭对'我思'这个命题的分析是办不到的，需要的是建立在被给予的直观之上的各种综合判断。"③

这里的论证思路主要基于著名的分析命题与综合命题的区分。康德指出，就主词与谓词的关系而言，一切判断可以区分为两种类型：分析判断和综合判断。前者以谓词属于主词的关系为前提，因而"通过谓词

① 康德：《纯粹理性批判》，邓晓芒译，杨祖陶校，北京：人民出版社，2004 年，第 319 页，A362。译文有所改动。
② 康德：《纯粹理性批判》，邓晓芒译，杨祖陶校，北京：人民出版社，2004 年，第 319 页，A362。
③ 康德：《纯粹理性批判》，邓晓芒译，杨祖陶校，北京：人民出版社，2004 年，第 294 页，B408 - 409。译文有所改动。

并未给主词概念增加任何东西,而只是通过分析把主词概念分解为它的分概念"①;而后者则以谓词完全外于主词的关系为前提,因此"在主词概念上增加了一个在它里面根本未被思维过,且不能通过对它的任何分析得出的谓词"②。由此,在他看来,理性心理学家对人格同一性的错误判断之所以出现,正由于他们混淆了分析判断与综合判断。心灵形式上的同一性显然是先验自我意识的分析命题。换言之,只要我们承认先验自我意识的存在,那么我们必然直接意识到,这个形式化的先验自我在杂多变更的时间之流中保持着同一。与之相对,心灵实体性的同一性却不是先验自我意识的分析命题,而是它的一个综合命题。也即是说:如果理性心理学家想要证明"我"的实体同一性,就必须在先验自我的形式同一之外,加上"我"作为客体被给予的直观。但是,这一直观并不包含在先验自我之中。

因此,理性心理学家忽视了:人格同一性在先验自我意识的分析命题和综合命题中的意味是完全不同的。先验自我意识的分析命题原本就包含人格的先验同一性。因此,人格的先验同一性没有为"我"(心灵)增添任何新内容。与之相对,先验自我意识的综合命题却寻求一种人格实体同一性的新知识。后者并不作为可分析的部分包含在先验自我意识的概念之中。这样,理性心理学家对人格同一性的判断是不成立的。因为他们罔顾分析命题与综合命题的差别,将人格先验同一性的"假知识"冒充为了人格实体同一性的"真知识"。在 B 版中,康德对心灵其他性质(实体性、单一性和观念性)谬误推理的批判也是从分析命题与综合命题的区别入手的。他由此总结道:"通过对在一般思维中的我自己的意识的分析,对于我自己作为客体的知识而言,没有丝毫收获。"③也就

---

① 康德:《纯粹理性批判》,邓晓芒译,杨祖陶校,北京:人民出版社,2004 年,第 8 页,A7/B11。
② 康德:《纯粹理性批判》,邓晓芒译,杨祖陶校,北京:人民出版社,2004 年,第 8 页,A7/B11。译文有所改动。
③ 康德:《纯粹理性批判》,邓晓芒译,杨祖陶校,北京:人民出版社,2004 年,第 294 页,B409。译文有所改动。

是说,我们不能从对先验自我意识的诸分析命题,直接跳跃到作为客体的自我认识的诸综合命题。理性心理学家的方向性错误即在此。①

二、第一和第三人称视角的对比

在 A 版中,康德虽然并未突出分析与综合的区分,但论证的理路和寓意和 B 版是基本一致的。他认为,关于纯粹理性谬误推理的一切幻相都可以归因于:"思维的主观条件被当作了客体的知识。"②这和上述 B 版

---

① 康德在 B 版"谬误推理"中专设一节(B413－415),反驳了与他同时代的理性心理学家的著名代表——门德尔松对灵魂不死的新证明。后者的"新意"主要体现在:他将心灵的单一性不但理解为通常意义上的"空间意义上的不可分割",而且理解为"在时间中的永不消逝"。其理由具体表述如下:"一个单一的存在者根本不可能停止存在,因为既然它不可能被减弱,因而在其存有上渐渐失去某种东西,并这样逐渐转变为虚无(因为它没有任何部分,所以也不包含任何复多性),那么在它存在的一个瞬间和它不再存在的另一个瞬间之间就会根本遇不到任何时间了,而这是不可能的"。(参见康德《纯粹理性批判》,邓晓芒译,杨祖陶校,北京:人民出版社,2004 年,第 297 页,B413－414。译文有所改动)门德尔松似乎认为,心灵既由其单一性不可分割,那么它必然整全地在时间中持存,不会丧失任何部分。倘若它遭遇消逝的命运,那也就意味着,它只能被突然地取消整个的存在。这样,它从存在到不存在的过渡就必须以超常规的方式出离时间流才可能发生。然而,这种情况只会在上帝最终灭世时才会出现,而在自然条件下绝不可能。这样,心灵在自然时间中的持存性似乎就得到了最好的护卫和证明。面对门德尔松这个貌似无懈可击的证明,康德敏锐地发觉了其中的缺陷。他针锋相对地指出:"即使我们承认灵魂有这种单一的本质,就是说不包含任何相互外在的杂多的东西,因而不包含任何外延的量(extensive Größe)······我们对于灵魂毕竟也不能否认它有内包的量(intensive Größe),亦即不能否认就它的一切能力,甚至一般说来就构成其存有的一切东西而言的实在性的某种程度,而这种程度是有可能经过所有那些无限多的更小的程度而减少的,这样,那所谓的实体(即其持存性并未确立的某物)就有可能虽然不是通过分割、但却是通过逐渐减弱(remissio)其力量······而转变成虚无。"(参见康德《纯粹理性批判》,邓晓芒译,北京:人民出版社,2004 年,第 297—298 页,B414。译文有所改动)他的意思是说:即便我们认可门德尔松所说的心灵的单一性,因而心灵不是复合物,但这只意指着它不含外延的量,因而不可被分割为相互外在的部分。但我们依然可以设想它含有内包的量,即实在性程度的强弱(如红色的深浅变化)。这样,通过在时间中不断减弱这个程度,门德尔松口中那个不可毁灭的单一心灵实体,依然可以被逐步削弱直至减灭为无。(Cf. Rudolf Eisler, *Wörterbuch der philosophischen Begriffe-Dritter*, Band SCI-Z, Berlin: Ernst Siegfried Mittler und Sohn, 1910, S. 1589)所以,门德尔松从心灵的单一性来证明其在时间中的永存的做法是注定失败的。既然理性心理学这个最新版本的证明都是无效的,那么它所有先前旧证明的垮台也就毫不奇怪了。

② 康德:《纯粹理性批判》,邓晓芒译,杨祖陶校,北京:人民出版社,2004 年,第 341 页,A396。

中的总结性说法别无二致。不过,A 版对心灵同一性这个谬误推理的处理有其特殊之处。阿利森指出:"尽管(对该谬误推理的)①基本分析跟随了对第二个谬误推理的分析,但我们在此应集中关注使该谬误推理凸显出来的特征。在这些特征中首要的是第一人称视角与第三人称视角之间的对比"。②他的这一解读是正确的。因为 A 版对"人格同一性"谬误推理的处理的确建立在上述两种视角的对比上。从第一人称视角出发,康德承认,"人格同一性在我自己的意识中是不可避免地要遇到的"③,因为"在我意识到我自己的整个时间中,我都意识到了这个时间是属于我自己的统一性的"④。但他接下来指出,如果"我"从第三人称视角,亦即"从另一个人的观点来观察我自己"⑤,就发生了如下变化:"这个外部的观察者才首先在时间中考虑我,因为在统觉中时间真正说来是在我之中被表象出来的。因此,即使他承认这个在所有时间里在我的意识中、并以完全的同一性伴随着一切表象的'我',却毕竟还没有从这个'我'推论出我自己的客观持存性。"⑥

　　这也就是说:站在第一人称视角,"我"完全体验到自己意识流中的任何东西都必须归于一个同一的"我"之下。这样,"我"似乎拥有了对人格同一性永恒持存的自我确证。但站在第三人称视角,一个外部观察者就只把"我"当作他外部直观的对象。由之,他虽然认可一个同一之"我"在"我"所属的时间中伴随着一切表象,但他并不能借此推定这个"我"将获得永恒的持存。康德给出的理由是:"因为既然观察者将我置入的那

---

① 为补足文意,括号内的文字由笔者所加。
② Henry E. Allison, *Kant's Transcendental Idealism*, New Haven and London: Yale University Press, 2004, p. 344.
③ 康德:《纯粹理性批判》,邓晓芒译,杨祖陶校,北京:人民出版社,2004 年,第 319 页,A362。
④ 康德:《纯粹理性批判》,邓晓芒译,杨祖陶校,北京:人民出版社,2004 年,第 319 页,A362。
⑤ 康德:《纯粹理性批判》,邓晓芒译,杨祖陶校,北京:人民出版社,2004 年,第 319 页,A362。译文有所改动。
⑥ 康德:《纯粹理性批判》,邓晓芒译,杨祖陶校,北京:人民出版社,2004 年,第 319—320 页,A362‑363。译文有所改动。

个时间并非是在我自己的感性中、而是在他的感性中遇到的时间,所以与我的意识必然联结在一起的同一性就并不因此与他的意识、亦即与对我的主体的外部直观相联结。"①

　　然而,这一理由是令人费解的。诸家的解释也不尽相同。在阿利森的眼里,上述两种视角的区分"是从号数同一性所归因的诸根据之区分背景中被引入的,亦即在空间中外感官对象的同一性与在时间中作为内感官对象的自我之同一性的区分"②。换言之,第三人称视角下"我"的同一性必须类比于观察者外感官对象的空间同一性,而第一人称视角下的"我"作为内感官对象,在时间中就可以保持自同一。"在前一种情况下(引者注:指第三人称视角),这种归因存在于一个经验性判断中,该判断建基于被经验为在一个客体诸规定的变化中始终持存的东西。然而,在后一种情况下(引者注:指第一人称视角),并不存在这样的经验性规定,即便同一性被归之于作为内感官客体的自我。但与之相反的断言是,自我不会不发现自己在意识到自己为客体的通盘时间里是一个同一的自我。"③在阿利森看来,这一断言就是康德所反对的理性心理学家的观点,因而理所当然是不成立的。因为理性心理学家只是从第一视角出发证明了自我在时间中有着不容置疑的同一性。但此种同一性只是先验自我意识在时间中的一个表达,并不表示自我成了客体。倘若他们要使自我成为客体,就必须让自我拥有外感官对象在空间中的持存性——用阿利森的话说就是——共时的同一性。然而,这是不可能的。由之,他认为自己理解了康德基于两重视角对理性心理学的批判。也就是说,理性心理学的错误可以被描述为"将自我号数同一性问题作为第三人称视角

---

① 康德:《纯粹理性批判》,邓晓芒译,杨祖陶校,北京:人民出版社,2004 年,第 320 页,A363。译文有所改动。

② Henry E. Allison, *Kant's Transcendental Idealism*, New Haven and London: Yale University Press,2004, p. 344.

③ Henry E. Allison, *Kant's Transcendental Idealism*, New Haven and London: Yale University Press,2004, p. 344.

的问题类型,亦即一个有关客体(尽管是在内感官中被给予的)的问题,当人们试图去回答它时单单诉诸第一人称的思考,该思考相关于自我怎样必然意识到它自己,当它将它的诸表象(它自己的时间)归之于作为思考主体的自己"①。阿利森认为,康德的批判揭示出了如下一点:理性心理学家所寻求的自我的号数同一性是第三人称视角下的客体同一性。但他们却试图通过第一人称视角下意识的自同一来证明这种客体的同一性,所以他们的失败就显而易见了。

与之不同的是,克琪尔则宣称康德提供的第三人称——更确切地说,外部观察者——视角,是为了"生动地展现……确立一个关于同一性与连续性的客观的(亦即交互主体的)有效论断是不可能的"②。她写道:"无论何时他(引者注:指外部观察者)将一个认知状态归之于他所观察的那个人,他因现在所熟悉的理由必须视那个状态属于一个连续性的'我'。"(A363)然而,他不会推断出这个'我'不间断的连续和永存,因为最简单的理由在于,存在着他根本没有或不能将一个意识状态归之于那个人格的诸时间。所以这个'我'在他的经验中不是一个永存的要素。(A362—363)因此,'我'在时间的每个瞬间中都存在的断言在交互主体间不是有效的。"③很明显,在克琪尔看来,人格同一性的客观性意指着交互主体间对此种同一性的指认。换言之,即便第一人称视角下的"我"证明了"我"在所有时间中的持存性,但此持存性毕竟就单个主体而言才成立;而从第三人称(外部观察者)的视角来看,上述"我"的持存性就不能在交互主体间——更确切地说,被另一个人——所认可。因为"我"在自身内部遭遇的时间,与在外部观察"我"的另一方所处的时间并不一样。

---

① Henry E. Allison, *Kant's Transcendental Idealism*, New Haven and London: Yale University Press, 2004, p. 345.

② Patricia Kitcher, *Kant's Transcendental Psychology*, Oxford: Oxford University Press, 1990, pp. 196 – 197.

③ Patricia Kitcher, *Kant's Transcendental Psychology*, Oxford: Oxford University Press, 1990, p. 197.

由此,"我"在"我"的时间中的同一不可能直接置换到另一方的时间中,因而也不可能在交互主体间得到承认。由克琪尔的观点来看,理性心理学家的错误虽然依旧在于混淆了第一人称与第三人称视角,但并非如阿利森所说,混淆了时间中的同一性与空间中的同一性,而是混淆了两种主体的不同时间。

那么,我们该如何评价阿利森和克琪尔在解读这一难点上的分歧呢?应该承认,他们的分歧主要来自康德文本本身的晦暗不明。在前述引文中可以看到,康德一方面承认,"观察者将我置入的那个时间并非是在我自己的感性中、而是在他的感性中所遇到的时间"①,这似乎支持了克琪尔将"两种人称视角"解读为"两种时间"的做法。另一方面他又指出,"我从一个别人的观点来观察我自己"②就"作为他的外部直观的对象"③;并且,"和我的意识必然联结在一起的同一性就并不因此而与他的意识、亦即与对我的主体的外部直观相联结"④。这样,他的说法又给阿利森将"两种人称视角"解读为"时间与空间的差异"提供了理由。由此观之,A 版从两种视角对心灵同一性谬误推理的说明自身似乎就包含着不一致之处。这或许可以解释:为何康德在 B 版中会抛弃基于两种视角的说明,而转向更为可靠的从分析命题与综合命题之区分出发的解释。

总的看来,阿利森与克琪尔的解读各有合理和不足之处。阿利森认为,第一人称视角下的"我"作为内感官对象在时间中保持同一,这一评判是正确的;但当他说,第三人称视角下的"我"通过类比外感官的,亦即空间中的对象而保持同一,这就有待进一步的补充。因为康德明确地说道,当一个外部观察者将"我"作为他外部直观的对象时,他"才首次在时

---

① 康德:《纯粹理性批判》,邓晓芒译,杨祖陶校,北京:人民出版社,2004 年,第 320 页,A363。译文有所改动。
② 康德:《纯粹理性批判》,邓晓芒译,杨祖陶校,北京:人民出版社,2004 年,第 319 页,A362。译文有所改动。
③ 康德:《纯粹理性批判》,邓晓芒译,杨祖陶校,北京:人民出版社,2004 年,第 319 页,A362。
④ 康德:《纯粹理性批判》,邓晓芒译,杨祖陶校,北京:人民出版社,2004 年,第 320 页,A363。译文有所改动。

间中考虑我,因为在统觉中时间真正说来只是在我之中被表象出来
的"①。因此,即便康德在第三人称视角下考察"我"的同一性,他也更倾
向于在时间中而非空间中完成这一考察。所以当他说,观察者视"我"为
外部直观的对象时才在时间中考虑"我",这一说法乍看上去就很怪异,
至少显得与他自己的体系有矛盾之处。因为依照批判哲学,外部直观的
对象处在空间中,而内部直观的对象则在时间中。这样,如果观察者将
"我"视为其外直观的对象,那么"我"必然只能"形体性地"出现在作为外
直观形式的空间中,而不会在作为内直观形式的时间中。因为后者只能
容许我"以精神性的方式"出现。所以,阿利森才倾向于将第三人称视角
下的"我""类比于"外直观的——更确切地说,空间中的——对象。然
而,我们需要防范他的上述解读会诱导我们进入歧途,也即是说我们不
可直接将第三人称视角下的"我","等同于"空间中的对象。理解这一点
是非常关键的。因为康德所采取的两种视角之对比并非实有所指,毋宁
说更近于一场思想实验。因而,他只是想象:一个外部观察者可以如同
观察空间中的对象一般,观察"我"的意识在时间中的同一性。但这远非
直接指涉着这种现实性。在此种设想的场景中,那个观察者看待在其外
部直观中"我"在时间里的同一性,就如同看待他面前一条不停流逝的河
流。由此,他当然无法断定,这个"我"一定能在这变动不居的意识流中
永存不失。

接下来,我们来考察一下克琪尔的解读。她认为,两种人称视角之
对比表达了两种时间——"我"的时间和外部观察者的时间的区分。相
对而言,这一解读似乎更符合康德想表达的意思:"我"在自己时间中的
同一,不能直接置换为"我"在外部观察者的时间中的同一,因为观察者
在时间中的同一只能指向他自己,而不能指向对他而言异己的"我"。克

---

① 康德:《纯粹理性批判》,邓晓芒译,杨祖陶校,北京:人民出版社,2004 年,第 319—320 页,
　A362‐363。译文有所改动。

琪尔认为,"我"与观察者之所以拥有两种不同的时间,是因为两者拥有不同的主体所致。可惜,这一解释并未深入,因为为何两者拥有不同的主体仍可继续追问。并且就批判哲学的整体而言,既然时间是感性直观的一种先天形式,那么它就理应拥有对我和观察者一样的"普遍性"。而倘若"我"和观察者必然共处于时间的普遍性之下,那么康德又有何理由声称,两者拥有不同的时间呢? 这里貌似又出现了一种"矛盾"。当然,该矛盾实际上并不存在。因为上述两者只是处于时间的普遍形式之下,但各自充实这种时间形式的经验质料却是特殊的。正是两者提供的质料上的差别确定了他们各自时间的不同。明白了这一点,我们也就清楚了:为何两者拥有的是不同的主体。因为时间是内感官的先天形式,而内感官则是经验性自我意识的"居所"。这样,时间就构成了经验性自我意识成立的形式条件。事实上,我们正以前后相继的时间形象来描述经验自我。借此,每个人各自有差别的时间流呈现出的"自我"是不同的。所以,我们的主体作为经验性自我意识的表达也就各异了。

由此观之,休斯(R. I. G. Hughes)的下述观点是过于激进的。因为他宣称:"根据康德,我们之所以被误导,是因为我们每个人都沿着一条纯粹私人的时间轴来安放'他自己'的连续性图画。但在这个谬误推理中这一私人的时间并未与一个'公共的'时间相对置;相反,康德只是将我内省时的视角与一个外部观察者的视角相对比,而他的时间轴与我自己的一样是私人性的……这暗示着时间本质上是主观性的,并且不存在'公共的'时间……从二十世纪的观点看,我们认为可惜的是,康德并未清楚地诉诸公共时间与私人时间的区分,而这一区分预示了对他所处理诸问题的一个非常总体性的诊断。"[1]应该承认,康德的确没有在对第一人称和第三人称的对比中诉诸公共时间与私人时间的区分。休斯的这一判断无疑是正确的。但他由此断言,康德意义上的时间本质上是主观

---

[1] R. I. G. Hughes, "Kant's Third Paralogism", in *Kant-Studien*, Vol. 74, Nr. 4, 1983, pp. 409 - 410.

性的,不存在'公共的'时间,这就有歪曲康德观点的嫌疑。因为正如我们已经指出的那样,就时间作为感性直观的先天形式而言,它具有普遍性或公共性;仅就充实时间形式的个别化质料的不同而言,时间才呈现出私人性。因此在我们看来,即便康德没有清楚地诉诸公共时间与私人时间的区分,但这一区分已暗含在其思想内部了。换言之,他的总体时间观已蕴含了普遍性与特殊性——用休斯的话说——公共性与私人性的统一。所以,我们不能因为康德对这个谬误推理的处理没有涉及公共时间,就径直认定:在他的哲学中只存在私人时间,不存在公共时间。这是休斯的判断稍显偏颇和武断的地方。总的看来,休斯显然离克琪尔的观点更近,离阿利森的更远。因为阿利森强调的是第一和第三人称视角的时空差异之辨,而克琪尔和休斯则偏重于两种视角指示的不同时间维度。我们认为,后两人的观点更合乎康德的原意。因为康德对理性心理学人格同一性论证的批驳,的确植根于"我"的时间意识与外部观察者的时间意识之区分。

事实上,正是这一区分主导了 A 版对心灵同一性谬误推理的批判。这一点结合康德的下述表述看会更鲜明。他写道:"即使某些古代学派的命题:一切皆流,世界上无物持存和常驻,只要人们接受了实体,就不可能成立,然而这个命题却并不被自我意识的统一性所反驳。因为我们自身不能依据我们的意识来判断,我们的灵魂是否是持久的,因为我们只把我们所意识到的东西归于我们同一的自我,并且这样一来当然就必然作出判断:我们在我们所意识到的整个时间里都是同一个。但站在一个外人的立场上,我们由此还不能宣布这是有效的,因为,既然我们在灵魂中没有遇到任何持存的现象,而只有伴随和联结所有现象的'我'这个表象,所以我们绝不能断定,这个'我'(一个纯然的思想)是否不会像其他通过它而相互链接的思想那样流逝。"①很明显,康德在此依然凭借第一和第三人称视角的对比,来反驳理性心理学对人格同一性的自我确

---

① 康德:《纯粹理性批判》,邓晓芒译,杨祖陶校,北京:人民出版社,2004 年,第 320—321 页,A364。译文有所改动。

证。基于上述两种视角指示的不同时间维度,这段话可以得到很好的理解:在自身的时间意识中,我们必然可以通过主观确证的方式,将意识中的变动不居之物收归于同一的"自我"。但在一个外人的时间意识中,"我"的表象对"我"的同一性指涉就无法通过纯粹的"主观化"来完成,而必须经由"我"在这个外人意识到的时间流中的"客体化"来实现。简言之,我只对我自己来说才是一个主体。对这个外人而言,我仅是一个被打量的客体,与其他客体似乎无甚差别,同样处于生灭变化的流逝中。由此,他当然不能断定:这个作为客体的"我"在他自己的时间意识中必定持存常驻。

但正如阿利森所指出的那样,心灵的号数同一性本质上是处在第三人称视角下的作为客体的我自己的属性。而当理性心理学家们试图去证明该同一性时,却只能提供一种主观化的进路,亦即"单单诉诸第一人称的思考,该思考相关于自我怎样必然意识到它自己,当它将它的诸表象(它自己的时间)归之于作为思考主体的自己"[1]。这正是为何他们对人格同一性的"自我确证"陷于失败的原因。在康德看来,这种"自我确证"实则是"同义反复"。他由此宣判道:"但由于当我想要在一切表象的更替那里观察这个纯然的'我'时,除了又是我自己连同我的意识的普遍条件之外,没有任何我进行比较的其他相关物,所以我就只能对一切问题给出同义反复的回答,因为我把那些归之于作为客体的我自己的属性强加给了我的概念及其统一性,并把人们想要知道的东西设为了前提。"[2]这里,他的意思是:当"我"试图观察这个纯然的"我"自己的同一性时,"我"只能说,那个无时无刻地观察着的"我"就证明了"我"的同一性。这样,"我"对自身同一性的追问只得到了一种反求诸己式的回答。但这一回答不过是围着"我"在绕圈,因而犯了乞题(beg the question)的错

---

① Henry E. Allison, *Kant's Transcendental Idealism*, New Haven and London: Yale University Press, 2004, p. 345.

② 康德:《纯粹理性批判》,邓晓芒译,杨祖陶校,北京:人民出版社,2004 年,第 322 页,A366。译文有所改动。

误。也即是说,该回答只是以隐蔽的方式回到了本来设问的前提。这样,在前提和作为回答的结论之间不过是进行了一种同义反复,对"我"作为客体的同一性实际上没有作出有效的论证。由此观之,理性心理学家对人格同一性的自我确证非但混淆了思维的主观性与知识的客观性,而且在逻辑上也是行不通的。

三、先验人格同一性的意义

总之,通过 AB 两版对心灵同一性谬误推理的分析,我们可以清晰地看到:无论是通过 B 版中分析命题与综合命题的区分,还是借由 A 版里第一人称和第三人称视角的对比,康德对理性心理学人格同一性论证的驳斥都是十分有力的。就此而言,唯理论在论证心灵同一性上的失败就无可避免了。然而,正如我们在本章前两节所强调的那样,唯理论的失败绝不意味着经验论的天然胜利。在此,即便唯理论对人格同一性的自我确证被康德拒斥了,那也并不意味着:他就接受了经验论对人格同一性的否证。事实上,他反倒注意捍卫人格同一性。这样,虽然他没有在任何地方道明对经验论的反驳,但他无疑已站到了它的对立面。这突出地体现在 A 版的下述段落中:"但值得注意的是,灵魂的人格性及其条件,即灵魂的持存性,因而它的实体性现在才必须被证明。因为如果我们可以预设它们,那么虽然从中还不会推论出在一个常驻的主体中意识的延续,但毕竟会推出某种持续意识的可能性,这对于人格性来说就已经足够了,人格性并不由于它的作用被中断了一段时间就马上自己停止。但这种持存性在我们由同一的统觉推论出我们自己号数上的同一性之前,是不能通过任何东西给予我们的,而是首先从这种同一性中推论出来的(并且如果事情顺利的话,跟随在这种持存性之后的就必须是那仅可经验性地加以运用的实体概念)。"[1]

---

[1] 康德:《纯粹理性批判》,邓晓芒译,杨祖陶校,北京:人民出版社,2004 年,第 321 页,A365。译文有所改动。

康德在此对人格同一性的辩护很少被认真对待。①原因可能在于:这一辩护连同由该辩护导出的心灵持存性和实体性的"新证明",似乎与他对理性心理学的整体批判产生了背离。但这种"背离"不过是假象而已。因为如前所示,他虽然反对唯理论对人格同一性的论证,但并未借此如经验论一般完全否弃该同一性。毋宁说,他依然坚决要求维护其存在,当然是以与唯理论不同的方式。这一方式正是这段话中提到的"由同一的统觉而来的推论"。也就是说,在他看来,上述同一性就包含在先验统觉中。由此,他再次回到了对人格先验同一性的强调。如上所述,他早在 A 版中就已指出,先验同一性是"自我意识在时间中的一个完全同一性命题"②;而在 B 版中,他也认定,此种同一性是"一个同样在概念自身中包含着的、因而也是分析性的命题"③。这样,它作为单纯分析先验自我意识的结果,以消极的方式限制了理性心理学的僭越。因为后者凭这种意识分析就胆敢骗取人格实体性的——更确切地说,客观的——同一性。正如本节展示的那样,这一企图已被康德彻底消解了。

不过,只在 A 版的上述引文中,他才首次谈及人格先验同一性的积极意义——对心灵持存可能性的证明。这一点是非常关键的。那么,为何从人格的先验同一性中可以得出心灵持存的可能性呢?这一问题还需进一步阐释。我们知道,在康德看来,人格的先验同一性是先验自我意识所必然蕴含的。因此,我们在任何情况下都必须接纳该同一性。从这种同一性出发,他认为,人格不会"由于它的作用被中断了一段时间就马上自己停止"④。换言之,即便人格——更确切地说,心灵——的先验同一性在经验层面上的作用有告终之时,因为人皆有一死,但经验性意识的生灭毕竟不会影响到这种同一性本身。所以,虽然经验论否证了心

---

① 阿利森、克琪尔和休斯对第三个谬误推理的分析,都没有涉及对上述如此重要的引文的分析。这一点无疑是令人遗憾的。
② 康德:《纯粹理性批判》,邓晓芒译,杨祖陶校,北京:人民出版社,2004 年,第 319 页,A362。
③ 康德:《纯粹理性批判》,邓晓芒译,杨祖陶校,北京:人民出版社,2004 年,第 294 页,B408。
④ 康德:《纯粹理性批判》,邓晓芒译,杨祖陶校,北京:人民出版社,2004 年,第 321 页,A365。

灵经验上的同一性和在经验中持存的可能性(这事实上也的确不可能)，但它无法驳倒其先验的同一性和持存的可能性。由此，康德总结道："正如实体和单纯之物的概念一样，人格性的概念(就其只是先验的而言，亦即是主体的统一性而言，该主体在别的方面不为我们所知，但在其规定中却是经由统觉的一种通盘联结的)也同样可以保留。"①这样，人格同一性、实体性和单一性都可以作为先验统觉的分析性表述而被保留。但如前所述，它们都只是心灵永存的可能性根据，不能直接充当现实根据。不过，相比于实体性和单一性这两个概念，人格(同一)性这个概念有其特别之处，因为它"对于实践上的运用也是必要和充分的"②。对此，戴克(Corey W. Dyck)认为，在康德那里，"人格性概念被置入的实践运用只能是……它在灵魂不死的证据中的运用"③。这一评价有一定道理。因为康德对心灵观念的后续谈论的确和人格性概念的实践运用休戚相关。然而，戴克似乎忽视了：对于康德而言，人格性概念的实践运用在一个独立的道德维度上就是有效的。因此，戴克将人格性直接限定在康德灵魂不死论题中的做法并不合适。因为在康德的实践哲学中，人格性是一个极其重要的概念。正是从这个概念中，他的心灵观才具备了实践运用的可能性。这一点暂且等到下一章再详加论述。接下来，我们进入对心灵观念性谬误推理的考察，这将有利于更好地把握康德独特的心物交互理论。

第四节　心灵观念性的谬误推理

康德心灵哲学中至关重要的一个问题是心物交互性。实际上，在以

---

① 康德：《纯粹理性批判》，邓晓芒译，杨祖陶校，北京：人民出版社，2004 年，第 321—322 页，A365－366。译文有所改动。
② 康德：《纯粹理性批判》，邓晓芒译，杨祖陶校，北京：人民出版社，2004 年，第 322 页，A365－366。
③ Corey W. Dyck, "The Aeneas Argument: Personality and Immortality in Kant's Third Paralogism", in *Kant Yearbook*, ed. by Dietmar Heidemann, Vol. 2, No. 1, 2010, p. 119.

笛卡尔为代表的唯理者看来,理性心理学的一个核心信条是论证心灵与物质两个实体的截然二分。①而心物的相互独立既是理性心理学能够夸赞自己为先天科学的最终依据,也是让后世在心物关系难题上争论不休的根源。

早在前批判时期,康德就对这一难题产生了强烈兴趣。正如第三章展示的那样,他在首部学术作品《活力的真正测算》(1747)中就认为,心物的相互影响完全可以用力与力的交互作用来理解。②随后在《形而上学认识各首要原则的新说明》(1755)中,他虽然坚持心灵与物体的实体性,但也强调两者之间的交互作用带来了彼此内在状态的改变,故而是不可或缺的。③但到了1764年的《关于自然神学与道德的原则之明晰性的研究》中,他已经开始质疑心灵与物体作为相互独立实体的二分。④而在他发表的著名的《一位视灵者的梦》(1766)中,批判时期一些观点的雏形已经出现了,例如他认为心灵的概念是含混不清的,它与物体之间的相互作用问题也是远远超出人类的知识之外的。⑤最后,他在教授资格论文《论可感世界与理知世界的形式及其原则》(1770)的末尾已经判定,心灵不可能占据在形体中的一个直接的空间性位置,而只具有一种假定的间接位置。⑥可见,康德在前批判时期对于唯理论的心物实体二元论逐渐从赞同转向反对,这也预示着批判时期对心物交互问题的独到见解即将出现。

---

① 参见笛卡尔《第一哲学沉思集》,庞景仁译,北京:商务印书馆,2010年,第11页。
② 参见康德《活力的真正测算》,李毓章、郭大为、李秋零译,李秋零校,载《康德著作全集》第1卷,李秋零主编,北京:中国人民大学出版社,2003年,第18—20页。
③ 参见康德《形而上学认识各首要原则的新说明》,李秋零译,载《康德著作全集》第1卷,李秋零主编,北京:中国人民大学出版社,2003年,第397—400页。
④ 参见康德《关于自然神学与道德的原则之明晰性的研究》,李秋零译,载《康德著作全集》第2卷,李秋零主编,北京:中国人民大学出版社,2004年,第294—295页。
⑤ 参见康德《一位视灵者的梦》,李秋零译,载《康德著作全集》第2卷,李秋零主编,北京:中国人民大学出版社,2004年,第322—332页。
⑥ 参见康德《论可感世界与理知世界的形式及其原则》,李秋零译,载《康德著作全集》第2卷,李秋零主编,北京:中国人民大学出版社,2004年,第431页。

一、心物的现象性

实际上,康德在《纯粹理性批判》中对于心物交互性的看法建基于他对近代哲学中观念论(Idealismus)与二元论(Dualismus)的批判之上。因此,要想理解他独特的心物交互理论,我们必须首先弄清他的这一批判是如何进行的。由于第四个谬误推理在 B 版中相对简略,因而我们将以 A 版的思路为主进行论述,并在需要的时候将 B 版的内容补充进来。他在 A 版的第四个谬误推理的开端,借三段论的样式阐明了什么是他所谓的"观念论"与"二元论"。他认为:由于外部对象只能作为被给予知觉(Wahrnehmung)的原因推论出来,而无法被直接知觉到,因此"外部感官的一切对象的存有都是可疑的"[①]。在他看来,对外部对象的存在持不确定主张的叫做观念论,而确定外部对象与我们心灵同时存在的叫做二元论。[②]

在康德眼中,传统意义上的观念论与二元论都是不合理的。他分析了观念论是如何出现的。他指出,观念论的出发点是:"只有那在我们自身中的东西才能被直接知觉到,而只有我们自己的实存才能够是一个单纯知觉的对象。"[③]所以,在观念论看来,在"我"之外的现实对象不可能直接呈现在"我"的知觉中。对此,有人可能会反驳说:假如我在眼前真真切切地看到了一棵树,那么为什么我就不能认为这棵树就直接呈现在我的知觉中呢? 这一反驳当然是无效的。因为对于观念论者来说,他当然可以承认"我"对于这棵树的知觉是非常真实的,但"我"的这一知觉也仅仅是在"我"之中的一个观念,根本就不同于这棵树在"我"之外的确定实存。毋宁说,这棵树在"我"心中的知觉也许来源于在"我"之外这棵树的

---

① 康德:《纯粹理性批判》,邓晓芒译,杨祖陶校,北京:人民出版社,2004 年,第 322 页,A367。
② 参见康德《纯粹理性批判》,邓晓芒译,杨祖陶校,北京:人民出版社,2004 年,第 322—323 页,A367。
③ 康德:《纯粹理性批判》,邓晓芒译,杨祖陶校,北京:人民出版社,2004 年,第 323 页,A367。

实存,那么这仅仅意味着:这棵树的实存是"我"对它知觉的外部原因。
"所以真正说来我并不能知觉外物,而只是从我的内知觉中推论出外物
的存有,因为我将这种内知觉看作结果,某种外部的东西是它的最近的
原因。"①

不过,当我们将外物仅仅视为我们内知觉的外部原因之时,我们就
缺失了对于外物存在的确定性。因为"从一个给予的结果推论到一个确
定的原因,这任何时候都是不可靠的"②。康德由此认为:观念论者并不
是直接否定外物存在,而是在发现外物存在无法直接被知觉到后,否定
我们可以在经验中证明外物的实存。这种观念论,他明确地将之称为
"经验的观念论"。该理论的代表有笛卡尔、洛克、休谟等人。同时,这一
理论又叫做"怀疑的观念论",因为持有该理论的人"是那种对物质置疑
的人,因为他认为这种物质是不可证明的"③。在他看来,这种观念论之
所以认为我们无法证明外物的实存,是因为我们预设了独立于我们知觉
而存在的外物本身。于是,他颇具洞见地指出:"一切信奉经验性的观念
论的心理学家……都是先验的实在论者。"④而"先验的实在论者把外部
现象(当人们承认它们的现实性时)表象为自在之物本身,它们是不依赖
于我们和我们的感性而实存的"⑤。由此可知,先验实在论又可以说是真
正意义上的"先验二元论",即认为心灵与物体是相互独立的两个实体。
实际上,这就是传统意义上的二元论的由来。这种二元论的始作俑者正
是笛卡尔。

因此,在康德看来,传统的观念论与二元论实际上是暗通款曲的。
因此毫不奇怪的是,笛卡尔既是怀疑的经验论者,又是先验的二元论者。
正由于二元论独断设定了心物两个实体的独立实存与绝对区隔,所以观

---

① 康德:《纯粹理性批判》,邓晓芒译,杨祖陶校,北京:人民出版社,2004 年,第 323 页,A368。
② 康德:《纯粹理性批判》,邓晓芒译,杨祖陶校,北京:人民出版社,2004 年,第 323 页,A368。
③ 康德:《纯粹理性批判》,邓晓芒译,杨祖陶校,北京:人民出版社,2004 年,第 329 页,A377。
④ 康德:《纯粹理性批判》,邓晓芒译,杨祖陶校,北京:人民出版社,2004 年,第 326 页,A372。
⑤ 康德:《纯粹理性批判》,邓晓芒译,杨祖陶校,北京:人民出版社,2004 年,第 324 页,A369。

念论在这一设定的前提下,宣布自己无法从自己的心灵出发通达外物,因而将外物的存在视为不可证明的。对此,康德指出,必须对两种观点进行批判性的综合与改造才能建构谈论心物交互性的正确前提。首先,观念论认为,我们只能认识我们自己表象之内的东西,这肯定是准确的,但如果它由此断定在我们之外的物体的实存是不可证明的,这就走入怀疑论的怪圈了。其次,二元论相信,心灵与物体两者的实存都有着不可置疑的确定性,这当然是真实的,但倘若它宣称物体可以独立于我们的心灵状态而存在,这就陷于虚假的常识无法自拔了。康德认为,在心物问题上最正确的观点应该是他自己的"先验观念论"。它"是这样一种学说概念,依据它我们就把一切现象全都看作单纯的表象,而不是看作自在之物本身,因此时间与空间就只是我们直观的感性形式,却不是那些作为自在之物本身的客体独自给出的规定或条件"①。

乍看之下,康德的"先验观念论"与他所反对的"经验观念论"似乎并无多大差别。因为两者都要求只承认作为我们表象的东西,而认为超出我们表象的东西是不可认识的。当然,这种相像只是一种假象。经验观念论认为,超出我们表象的东西正是外物的实存,故而它对外物持有一种深深的疑虑;而先验观念论却相信,外物的确定实存就在我们的表象内,而自在之物才是超出我们表象的不可认识之物。实际上,经验观念论并不否定我们拥有对外物的观念,但它认为,我们远不能借此断定外物的实存,因为在它看来,外物总归"在我们之外"实存。但在先验观念论的理解中,我们所以为的"在我们之外的物体"其实还是"在我们之内"。而外物之所以被表象为"在我们之外",只是我们把它们表象在空间之中,"在空间中一切都是相互外在的,但它本身,即空间,却是在我们里面的"②。那么,为什么先验观念论可以将空间视为"在我们之内"呢?很明显,这是由于:空间和时间两者不过是我们感性直观的形

---

① 康德:《纯粹理性批判》,邓晓芒译,杨祖陶校,北京:人民出版社,2004年,第324页,A369。
② 康德:《纯粹理性批判》,邓晓芒译,杨祖陶校,北京:人民出版社,2004年,第325页,A370。

式。这样,从先验观念论的观点来看,外物在空间中的实存也直接出现在"我"的意识之中,正如"我"自己在时间中的实存也为"我"直接意识到那样。

由此,康德认为:心物两者的实存都有自我意识的直接证据,两者的区别仅仅在于:"对于我自己作为思维着的主体的表象只是与内感官相关,而表示有广延的存在者的那些表象却也与外感官相关"①。可见,先验观念论依旧支持心物二元论,但是心物两者都丧失了原先在先验实在论视域下的意义。也即是说,两者不再作为完全异质的独立实体相互作用,而是作为同质的现象中的实体发生关联。他明确地说道:"在经验的关联中物质作为现象中的实体是现实地对外感官给予的,正如思维着的我同样作为现象中的实体是在内感官面前给予的一样,而且这两方面的现象也必须按照这个[实体]范畴带入到我们的外部知觉和内部知觉对一个经验的关联中去的那些规则而相互连结起来。"②就此而言,心物之间的交互性完全可以通过经验因果性的方式得到理解。正如赫费所指出的那样:"如果事物的进程原则上能够根据因果规则加以说明,它们就只能是客观的。身体与精神现象的交互关系也属于此列,因而行为世界本身从经验方面来看也完全是因果性的。"③这样,康德将心物之间的交互作用归于自然因果性,把心物问题完全留置在自然科学的范围内加以解决。无疑,这驱散了围绕着心物问题的重重迷雾,也使得心物问题在经验科学的视域下得到合理的审视。换言之,在他看来,心物两者及其相互作用都是客观存在的,但我们必须时刻注意,我们并不能由此就探知这两者自在的本身是什么,更不消说能够像笛卡尔那样,对这两者先天地形成清楚明白的观念。

---

① 康德:《纯粹理性批判》,邓晓芒译,杨祖陶校,北京:人民出版社,2004 年,第 325 页,A371。
② 康德:《纯粹理性批判》,邓晓芒译,杨祖陶校,北京:人民出版社,2004 年,第 330 页,A379。
③ 奥特弗里德·赫费:《康德的〈纯粹理性批判〉——现代哲学的基石》,郭大为译,北京:人民出版社,2008 年,第 238 页。

　　而对灵魂不死的传统证明之所以构想出心灵（灵魂）的实体性、单一性与同一性等虚假性质，就因为它从一开始想当然地将心灵设定为与物质完全不同质的。但真实的情况是："通过内感官在时间中表象出来的'我'，和在我之外的空间中的对象，虽然特殊地看是完全不同的现象，但它们并不因此就被思考为不同之物。"①所以，理性心理学对灵魂不死的证明的前提是错误的。不过，同康德对前三个谬误推理的处理相一致，他并没有从心物在现象上的同质性出发直接否证灵魂不死观念的可能性。因为在他看来，心物的现象同质性已经是我们在心物关系问题上所能了解的极致了，至于心物关系本身如何可能的问题"是完全处于心理学的领域之外的……毫无疑问也是处于一切人类知识的领域之外的"②。

二、心物现象的物自体根据

　　康德在心物关系问题上的中立性无知态度不仅体现在他对这一关系的来源不再追究，更体现在他坚持心物两者就其自身而言是不可知的。他这样说道："为外部现象奠定基础的先验客体，与为内部直观奠定基础的先验客体一样，就自在的本身来说都既不是物质，也不是思维着的存在者，而是诸现象的一个我们不知道的根据。"③所以，虽然康德似乎成功地将"先验的"心物二元论转换成了"现象的"心物二元论，但实际上依旧保有着一种更深层次的二元论，亦即心物在现象层面与其物自体层面之二分。因此，心物的物自体层面才是心物在现象层面的交互作用得以出现的源泉。这样，对于康德的先验观念论来说，就出现了一个赫费口中的"先验身心问题"，"即那还不是现象的'实在的东西'如何成为感

---

① 康德:《纯粹理性批判》，邓晓芒译，杨祖陶校，北京:人民出版社，2004 年，第 331 页，A379。
② 康德:《纯粹理性批判》，邓晓芒译，杨祖陶校，北京:人民出版社，2004 年，第 306 页，B428。
③ 康德:《纯粹理性批判》，邓晓芒译，杨祖陶校，北京:人民出版社，2004 年，第 331 页，A379 - 380。

觉现象世界的不可知的诱因?"①可以说,这是康德心物交互理论所遭遇的真正困难。这也正是雅可比对于康德物自体学说的著名批评:"我必须承认,在我研究康德哲学的时候经常陷于这样的困难,以至于我必须在一年又一年中从头开始研读《纯粹理性批判》,因为我不停地在如下问题上犯错,即没有这一预设(引者注:指物自体)我无法进入这一体系,但带着这一预设我又无法在其中停留下来。"②

因此,康德在现象与物自体之间的二分最终带来的是,心物之基底如何触发心物现象的难题。对他来说,既然引起这一触发的基底无从得知,那么"给我们留下的只剩下以经验为线索对我们的灵魂的研究,并把自己保持在这样一些问题的限度内,这些问题都不再超越内部的可能经验能够摆明其内容的范围"③。这样,他就将自己在心物问题上的观点限制在可能经验的范围内。不过,他同时指出,这种限制还有着一种重要的否定性的用处,亦即代替理性心理学保护心灵免受唯物论的危险。这一点是如何实现的?很明显,虽然康德认同心物在现象层面的同质性,但作为现象的心物终归不过是我们主体的表象。因此,先验"我思"依旧享有逻辑上的优先性,因为"假如我去掉了思维着的自己,整个物体世界就必然会消除"④。

康德承认,凭借先验我思的优先性,我们当然不会对这个心灵的本性有任何更深的洞见。理性心理学的错误就在于,认为自己可以达到对于心灵的本质认识。不过,虽然唯理论无法通过单纯的理性推论洞见到心灵的本质,但这并不意味着:作为其对手的唯物论可以顺理成章地宣布心灵必须还原到物质之上。事实上,如果唯理论将心灵划归思想实体

① 奥特弗里德·赫费:《康德的〈纯粹理性批判〉——现代哲学的基石》,郭大为译,北京:人民出版社,2008年,第238页。
② Cf. Heiner Klemme, *Kants Philosophie des Subjekts*, Hamburg: Felix Meiner Verlag, 1996, S. 245.
③ 康德:《纯粹理性批判》,邓晓芒译,杨祖陶校,北京:人民出版社,2004年,第332页,A382。
④ 康德:《纯粹理性批判》,邓晓芒译,杨祖陶校,北京:人民出版社,2004年,第333页,A383。

的做法是非法的,那么唯物论将心灵还原到物质的做法同样是僭越的。因为两者对心灵概念的判断都不过是独断性的成见,没有人单凭心物的现象交互性可以对心物自在的根据做出任何断言。更确切地说,心灵究竟是否在与物体进行交互作用之前就已存在,还是会在交互作用结束后继续存在等问题都是无法得到解答的。不过,康德相信自己的做法已经排除了唯物论的独断论的攻击。因为"要否认我的这些期望(引者注:灵魂不死)的可能性,他关于我的主体的本质所能知道的永远也不比我为了坚持这些期望所能知道的更多,那么这就已经是很大的收获了"①。

因此从这个角度来看,康德依旧希望可以保有心灵永存性的期望。他认为,我们可以"从别的什么地方找来理由,以希望我的思维着的本质有一个独立的、在我的状态的一切可能的变动中持存着的实存"②。这个理由当然只能出现在实践中。不过,他并没有展开论述这一点,毋宁说,他只是一再强调我们无法洞察心物的物自体基底。诚如赫费所说,康德在此表露的这种无知"并不是暂时的,而是最终的"③。但问题恰恰在于:当康德将作为心物基底的物自体称为"未知对象"之时,他也指出,这个"未知对象"是心物现象的"未知原因"。这样,这个未知原因变成了他心物现象交互性成立的关键环节。但由此说来,他并未真正解决心物关系的问题。因为虽然他宣称,心物问题"只是有关内感官的表象和我们的外部感性的各种变形之间的连结问题,以及它们如何能依照固定的法则相互连结、以至于在一个经验中相关联的问题"④,但对心物自在地究竟如何作用却始终一筹莫展。因此,他看似解决了近代哲学自笛卡尔而来的心物交互难题,但在他的解决方案之中依旧疑问重重。最主要的是,

---

① 康德:《纯粹理性批判》,邓晓芒译,杨祖陶校,北京:人民出版社,2004 年,第 333 页,A384。
② 康德:《纯粹理性批判》,邓晓芒译,杨祖陶校,北京:人民出版社,2004 年,第 333 页,A383。
③ 奥特弗里德·赫费:《康德的〈纯粹理性批判〉——现代哲学的基石》,郭大为译,北京:人民出版社,2008 年,第 238 页。
④ 康德:《纯粹理性批判》,邓晓芒译,杨祖陶校,北京:人民出版社,2004 年,第 335 页,A386。

康德似乎裁定了我们永远也不可能认识心物作用的本质。于是,我们还是沉陷在一种心物的"可知现象"与"未知原因"的新二元论之中。进言之,这种新的二元论在本质上还是一种心物二元论。只不过,心灵在此所包含的不是原先的"我思"实体,而是在"我思"表象统摄下由内感官与外感官接纳进来的全部现象。同样,物质也不是原先的物质实体,而是我们永远也无法认识的物自体。

从某种意义上说,这种新的心物二元论不过是原先"心物对立"的一种扩展。因为它将心物两者都囊括进了先验"我思"统括下的现象界,却暗自设定了可望而不可即的物自体。回过头来说,康德当然可以指责原先解释心物交互关系的自然影响说、前定和谐说与超自然干预说都是毫无根据的,因为它们"把那些外部现象不是作为表象归于主体,而是把它们像感性直观所提供给我们的那样作为客体置于我们之外、并将其与思维着的主体完全分离开来"①。换言之,关于心物关系的这三种学说都预设了心物自在地是两个独立的实体。而在这个错误假设之上提出的种种学说自然是站不住脚的。然而,康德自己的心物"现象—物自体"二元论同样面临着困境,因为如何理解物自体就成了最大的困扰。倘若物自体仅仅标志着经验的界限,不指涉真正的外物,那么他就难逃主观主义的(subjectivist)指责,既然他将心物都已经视为先验自我的表象了。可以看到,康德之所以在 B 版中改写"纯粹理性的谬误推理"一章,正是为了避免 A 版为人诟病的贝克莱式主观观念论的嫌疑,亦即避免被误认为取消了外物的存在。康德是否真正在 B 版达到了这一目标,不是我们在此关注的主题。不过,从我们的分析来看,康德鲜明地反对经验观念论对外物的否定与质疑,因而很难想象,康德的物自体只是一个没有任何所指的空洞概念。但若物自体指示着真正意义的外部对象,那么这一外部对象在何种意义上成了心物现象的原因了呢? 按照他的说法,这个外

---

① 康德:《纯粹理性批判》,邓晓芒译,杨祖陶校,北京:人民出版社,2004 年,第 337 页,A389。

部对象通过刺激(affizieren)我们感官而成为现象的原因。[①]可以看到,外部对象的刺激给予了我们形成内外感官对象的质料。但他并未明确告诉我们,该如何界定这种刺激作用。归根结底,这是由于作为刺激者的物自体是无法被探知的。正如赫费所指出的,"由于刺激者根据定义既不能从直观方面加以处理,也不能从知性方面加以处理,它就具有前现象的特征……这一刺激者必然隔绝于一切认识"[②]。

但如此一来,康德似乎又犯了"心物二元论"原先将心物隔绝起来的老毛病。不过,他在第四个谬误推理中的主要工作是,能够对传统经验论与唯理论在心物关系上的争论做一个裁断。正是通过对心物在现象与物自体层面的二分,他能够将两者相对立的主张都视为无根据的。换言之,无论唯理论将心物视为截然不同的实体的主张,还是经验论将心物完全表象化的主张都是"在一个诸种模糊性和自相矛盾的永远循环中转来转去"[③]。他颇具洞见地指出:"一切有关我们思维的存在者及其与物体世界的关系的本性的争执,都不过是人们在他所不知道的东西上就用理性的谬误推理来填补漏洞的结果。"[④]因此,最重要的不再是殚精竭虑地对我们不可能一探究竟的心物关系做出本质性的论断,而是坦承自己只能对心物关系做现象性的观察,无法真正深入到心物的自在层面。对唯理论所信奉的心灵持存性证明来说,心物实体的截然二分无疑构成该证明的关键环节。然而,这一环节也在康德将心物之自在本质判为不可知的论断中全然消解了。由此,理性心理学中曾最引以为傲的"心物二元性"跌落神坛。因此,要想在思辨领域证明灵魂不死,这终究是不可能的。不过,要想就此否证灵魂不死同样是不可能的。这

---

① 参见康德《纯粹理性批判》,邓晓芒译,杨祖陶校,北京:人民出版社,2004 年,第 316—317 页,A358。

② 奥特弗里德·赫费:《康德的〈纯粹理性批判〉——现代哲学的基石》,郭大为译,北京:人民出版社,2008 年,第 238 页。

③ 康德:《纯粹理性批判》,邓晓芒译,杨祖陶校,北京:人民出版社,2004 年,第 340 页,A395。

④ 康德:《纯粹理性批判》,邓晓芒译,杨祖陶校,北京:人民出版社,2004 年,第 340 页,A395。

正是康德在心物关系问题上得出的最重要结论。下面,我们将详细
阐释这一点。

三、心灵实存的先验性向实践性的过渡

可以说,康德对于心物关系的探讨虽然涉及外部世界的存在证明,
但其核心的关切依旧落在灵魂不死问题之上。与前面三个谬误推理的
处理相一致,他在第四个谬误推理中的主要工作也是否定唯理论从思辨
角度对灵魂不死的证明。这一任务是通过否定唯理论心物二元论的方
式进行的。不过,对于他来说,否定灵魂不死的思辨证明并不等于否定
灵魂不死观念本身。毋宁说,他在第四个谬误推理中一个隐藏的关键任
务是保卫灵魂不死观念的必要性。他认为:对于心物协同作用进行解释
的直接后果是,"对涉及到思维的本质在这种协同作用之前(生前)或这
种协同作用消除之后(死后)的状态的一切争执和反驳作出裁决"①。这
一裁决如下:"现在,虽然没有任何人能够从思辨的原则中为这样一种主
张(引者注:指心灵的持存性)引出丝毫的根据,甚至就连阐明它的可能
性也不行,而只能加以预设;但同样也没有任何人能够对此作出任何一
个有效的独断的反驳。"②

这是 A 版对灵魂不死观念的最终定论。也即是说,虽然唯理论想要
在思辨领域证明灵魂不死是痴心妄想,但经验论与唯物论想要在该领域
内否证灵魂不死同样毫无可能。因此,心灵(灵魂)持存的可能性是无论
如何必须保留的。实际上,康德在 A 版谬误推理的最后也强调:"'我在'
这一单独的表象……正因为表达了我的一切(未规定的)经验的纯粹公
式,它就宣称自己如同一条适用于一切思维着的存在者的普遍原理。"③
正如本章第一节第三部分所展示的那样,作为先验思维形式的"我思"虽

---

① 康德:《纯粹理性批判》,邓晓芒译,杨祖陶校,北京:人民出版社,2004 年,第 339 页,A393。
② 康德:《纯粹理性批判》,邓晓芒译,杨祖陶校,北京:人民出版社,2004 年,第 340 页,A394。
③ 康德:《纯粹理性批判》,邓晓芒译,杨祖陶校,北京:人民出版社,2004 年,第 347 页,A405。

然无法直接证明自身的永存,但也让其实存完全免受经验论与唯物论的影响。这也是康德敢于声称"我思"所表达的"我在"是一条普遍原理的原因。不过,这种"我在"仅仅表达了一种"我"的未经规定的经验,这种未经规定的经验如何能够得到规定呢?事实上,对于"我在"(抑或"我实存")的更精确规定是在 B 版中给出的。下面,我们将进入 B 版来深入探寻康德对"我实存"的阐释。这一阐释也包含着康德心灵观从思辨领域向实践领域的转化过程。

可以看到,B 版对心物关系的解释更加言简意赅。它从一开始针对这样的问题:我是否可以仅仅作为思维者而实存。康德认为:先验"我思"在分析的意义上的确将自己视为与外物有别的纯思的存在者,但这并不代表"我"可以作为纯思的存在者而实存。因为我是否在脱离外物(包括我的身体)的情况下可以作为一个纯粹思维者而实存,这需要内直观的验证。因而,对这个问题的回答将变成综合命题,但这种持存的内直观恰好是我们在思辨领域里无法提供的。由此,对"我实存"的探讨才真正得以展开。

康德指出:"我实存于进行思维时,那么这个命题就是经验性的,它只是就我在时间中的表象而言才包含有我的存有的可规定性。"[①]因此,只有用内直观充实先验"我思"的形式,我们才会发现"我思"的经验性实存。"但现在我们在内直观中根本没有什么持久性的东西,因为自我只是我的思维的意识。"[②]这样看来,"我思"的经验性实存表征着在内感官中诸表象的相继更替造成的时间流。但这一时间流很难以一种持存性的方式延续。因为我们只能在自己生命的延续范围内感知到这一时间流的存在,一旦超出这一范围,我们将无法对"我思"的经验性实存之存续与否作出任何判断。所以依康德之见,笛卡尔的"我思故我在"实质上

---

① 康德:《纯粹理性批判》,邓晓芒译,杨祖陶校,北京:人民出版社,2004 年,第 301 页,B420。
② 康德:《纯粹理性批判》,邓晓芒译,杨祖陶校,北京:人民出版社,2004 年,第 296 页,B413。

是"对我自己的思维被应用于对同一个主体的经验性直观之上了"①。从此视角来看,经验性我思是先验我思的逻辑机能与内直观提供的客体的结合,最终不过是现象。然而,"我思"在现象层面的实存不同于其本体层面,因而我们并不知道"我思"就其自在地而言究竟拥有何种实存。

由此观之,理性心理学对"我实存"的判断失误恰好在于:"我为了某种可能的经验之故,通过我还把一切现实的经验抽掉来思考我自己,并从中推论出我哪怕在经验及其经验性的诸条件之外也有可能意识到我的实存。"②但现实却是:我们在思辨领域内仅仅拥有"我思"的经验性实存,无从探知我们在经验之外的实存究竟是什么。不过,康德在 B 版中确实指示了一条规定"我实存"的新路径。他这样说道:"但假定将来不是在经验中、而是在纯粹理性运用的某些(不只是逻辑的规则,而且是)先天确立的、与我们的实存相关的法则中,会发现有理由完全先天地在我们自己的存有方面把我们预设为立法的、以及对这种实存本身也进行规定的,那就会由此而揭示出某种自发性,借此我们的现实性将会是可规定的,为此不需要经验性直观的条件。"③在此,他的意思是说:我们可以通过一条不需要以经验性直观为条件的理性法则来规定我们的实存,由此我们会发现,我们自身的实存不再仅仅受制于经验性我思的时间流,而是可以在这一全新的法则之下发现"我实存"的自发性。这就告诉我们:我不仅拥有感性经验意义上的实存,而且拥有与理知世界相关的实存。这后一种实存正是通过我心中的道德律才得以呈现的。因此,虽然我在思辨领域仅仅能够揭示自己在现象层面的实存,但我通过心中的道德律却洞见到自己在本体层面的实存。

① 康德:《纯粹理性批判》,邓晓芒译,杨祖陶校,北京:人民出版社,2004 年,第 308 页,B430。
② 康德:《纯粹理性批判》,邓晓芒译,杨祖陶校,北京:人民出版社,2004 年,第 305—306 页,B426‑427。
③ 康德:《纯粹理性批判》,邓晓芒译,杨祖陶校,北京:人民出版社,2004 年,第 308 页,B430。

这样看来,虽然我们在思辨领域证明灵魂不死的意图失败了,毋宁说我们借由"我思"的先验性只保有了灵魂不死观念的可能性,但我们却同时得到了"按照那些与思辨的理性运用结合着的实践的理性运用的原理来设想来世的权限、甚至必要性"①。易言之,正通过道德律在我心中的至高无上性,我们才首次注意到:"人由此作为自由的超感性领域的主体,必须同时拥有一种在时间上不受限制的实存。"②某种意义上说,理性心理学家所力图证明的恰是"我"的这一实存。然而,由于这一实存超出了我们的时间性表象,因而也无法在知识上得到证实。不过,对于康德来说,道德律已经完全揭示出该实存的实在性,因为它"这样来规定行为,仿佛我们的使命无限远地超出了经验、因而超出了此生似的"③。

不过,康德在此对心灵在道德律下实存的阐述虽然为心灵观的实践转向铺平了道路,但也让实践领域中的心灵观念从一开始就面临质疑。因为如果他对灵魂不死的规定是在道德律之下的非时间性实存,那么人们的灵魂不死观念似乎在他新的道德视域下完全失效了。然而,他又在此强调了道德使命的无限延伸与拓展。但在一个完全适合"道德律"的本体人之中,好像根本不需要这种使命的变更。所以,正如安德雷·哈曼(Andree Hahmann)所指出的,"必须承认,一种非时间性的实存不同于永恒持存的实存,特别不同于一种现世生活的延续"④。但对两种实存的区分在 B 版的谬误推理一章中是没有出现的。事实上,这两种实存都隐含在他对灵魂不死的规定之中。可见,虽然康德在 B 版中成功地将对心灵观念的思辨性规定与其实践转向结合起来,但在实践领域中应该如

① 康德:《纯粹理性批判》,邓晓芒译,杨祖陶校,北京:人民出版社,2004 年,第 304 页,B424。
② Andree Hahmann, "Kant's Critical Argument(s) for Immortality Reassessed", in *Kant Yearbook*, Vol. 10, Issue 1, 2018, p. 26.
③ 康德:《纯粹理性批判》,邓晓芒译,杨祖陶校,北京:人民出版社,2004 年,第 302 页,B421。
④ Andree Hahmann, "Kant's Critical Argument(s) for Immortality Reassessed", in *Kant Yearbook*, Vol. 10, Issue 1, 2018, p. 26.

何界定心灵的实存这一点是不甚清晰的。归根结底,康德在此对于心灵与道德律的关系也缺乏明确的认识。即便 B 版谬误推理一章在目的论的视域下将人的行为与道德律的一致视为人的最高目的,并由此设定在人的来世来实现与道德律的最终符合[①],但这个论证的效力依旧是薄弱的。因为我们很容易设想:一旦人在来世实现了与道德律的符合,那么人的永存是否就该终止了呢? 如果答案是肯定的话,那么心灵(灵魂)观念中内含的永恒持存性就被消解了。因此,以目的论的方式,我们很难必然地证实灵魂不死,只能或然地预设它。

对于康德心灵哲学的整体演进来说,B 版谬误推理对于"我实存"的论述更像是实践领域的"敲门砖"。它宣告了在心灵问题上从思辨理性转入实践理性的契机与必要性,同时带来了在实践领域里探讨心灵问题的诸多疑难。这些疑难只有在康德实践哲学的整全视域内才能得到解答。我们将在下一章对此进行探讨。

小结

在《纯粹理性批判》中,康德对心灵观念的"批判"具有无可置疑的关键作用。这不仅就他自身思想的演进而言是成立的,而且对整个近代哲学在心灵问题上的转向来说,也是决定性的。如前所述,在他前批判时期的思想进程中,理性和经验的元素未能有效融合;而在批判时期,他就成功地达成了两者的合一。这充分表现在他心灵哲学的变迁之上。在前批判时期,他在"唯理论的心灵实体观"与"心灵的经验论规定"之间多有"摇摆"。而在第一批判中,这种"摇摆"消失了。通过对上述两者的辩证综合,他自己的心灵观清晰可见了。易言之,通过对心灵实体性、单一性、同一性与观念性四个谬误推理的分析,他驱散了笼罩在心灵上述四

---

① 参见康德《纯粹理性批判》,邓晓芒译,杨祖陶校,北京:人民出版社,2004 年,第 304—305 页,B425 - 426。

种性质上的概念迷雾,维护了它们的先验性。①基于此,他既反驳了唯理论对灵魂不死的经典论证,也抵制了经验论和唯物论对灵魂不死的拒斥。这样,他就使心灵(灵魂)持存的可能性得到了中立性的保留。这种"中立性的保留态度"是非常重要的。因为它"提醒我们,我们的理性拒绝对新奇的超出此生的问题作出满意回答"②。因而,无论是理性心理学还是经验心理学都必须归于失败。

但这两种反对意见的失败并不意味着:我们只能就此对"灵魂不死"

---

① 心灵(自我)的先验性乃至于先验哲学本身的存废问题,一直是围绕着康德哲学的一个争议。有人指出,康德所谓的先验论证不过是一种"乞题性的循环论证"。也即是说,他只是以需要论证的先验性设定为前提,并在结论中以一种隐蔽的方式回到了该设定。这就犯了循环论证的错误。但在我们看来,这一指责是不成立的。我们知道,康德提出先验性概念,是为了解决"经验何以可能"的问题。进言之,对于"经验为何必须并且仅能前进到先验",他在著名的"范畴的形而上学演绎"与"范畴的先验演绎"部分有着非常详尽的分析。所以,他之所以需要先验性概念,有着鲜明的理论针对性。经验论将自己困于经验所证实的世界中,并宣称对超出经验之物不再关注;唯理论则试图去寻求支撑经验的超验之域,却沉溺于这个虚假的领域中不能自拔。就此而言,康德的"先验性概念"是折中性的。换言之,经验论对现实经验的强调是完全正确的,但对经验缘何发生的漠不关心就是错误的;而唯理论为经验找寻天赋观念的努力是高尚且可取的,但对这些观念的独断性规定就谬于千里了。康德则认为:重要的是看到,经验何以可能的根据在于范畴(纯粹知性概念)的先验性——独立于经验却又构成经验的形式条件。所以,他所说的先验性指向的是,理性所具有的普遍必然性。经验论者如休谟要求抛弃此种普遍必然性,同时也就使人类理性屈从于日常的"习惯"和"信念",而唯理论者则坚决捍卫它,却往往将它溯归于一种实体性概念之上。而他对先验性的发现,既维护了理性的普遍必然性,又尊重了日常经验的种种展示。因此,他的先验性概念是"理性"与"经验"相融合的产物,有着深厚的哲学史背景。如果我们仅以一种简单的循环论证的错误来批评他先验性概念的提出,似乎完全忽略了这一重要背景。另外,就范畴的上述两个演绎的论证来看,所谓"乞题性的循环论证"的错误并没有发生。简言之:他在"范畴的形而上学演绎"中,只是从逻辑判断的机能中抽引出了诸范畴;而在"范畴的先验演绎"部分,他则从范畴的先验性直接导向了范畴对经验的普适性。这里的推理过程实际上是合理的。又若批评者指出,康德整个先验哲学是从"先验"回到"先验",故而是"乞题性的循环论证"。那么,许多伟大的哲学家也许都将招致这一所谓的"逻辑错误"的指责。君不见,柏拉图是从"理念"回到"理念",黑格尔是从"精神"回到"精神",海德格尔是从"存在"回到"存在"。难道这些人都对循环论证的逻辑错误掉以轻心了? 我们更愿意相信的是:哲学探究原本就不是一个简单的形式逻辑考察。以创造性的观照来剖析世界,需要一个决定性的原点,正如同上述的"理念""精神"和"存在"。试问:从这个原点出发,再回到这个原点,岂能以循环论证的逻辑错误目之?

② 康德:《纯粹理性批判》,邓晓芒译,杨祖陶校,北京:人民出版社,2004 年,第 302 页,B421。译文有所改动。

存而不论。相反,正如赫费所说的那样,"《批判》打开了一个新的通往灵魂不死这一论题的入口:在理论理性失灵之处,纯粹实践理性及其上帝与灵魂不死的悬设开始发挥作用"①。因此,我们理应"把我们的自我认识由无结果的夸大其词的思辨应用到富有成果的实践运用上来"②。这正是康德处理心灵问题的基本走向:从思辨性的知识进入实践性的信仰。对他来说,这一走向是必然的。因为这一走向契合了在心灵观论争中最深层的道德和宗教关怀。对于唯理论者和经验论者来说是如此,对于康德来说亦如是。在下一章中,我们将看到,康德如何在实践领域里对心灵问题展开有益的探索。

---

① 奥特弗里德·赫费:《康德的〈纯粹理性批判〉——现代哲学的基石》,郭大为译,北京:人民出版社,2008 年,第 234 页。译文有所改动。
② 康德:《纯粹理性批判》,邓晓芒译,杨祖陶校,北京:人民出版社,2004 年,第 302 页,B421。译文有所改动。

第五章　心灵观念的道德意涵

　　康德对心灵诸谬误推理的批判是决定性的,因为它终结了唯理论与经验论在心灵问题上旷日持久的争论。实际上,心灵观念既不能通过前者完全实体化,也不可经由后者全盘经验化。可以看到,康德的做法是:对两者的极化处理加以调和,中立性地保留心灵观念的先验可能性,但同时阻断任何一种对该观念的认知性探索。换言之,在理论理性的范围内,对于心灵的性状到底为何的问题,我们必须承认自己一无所知。

　　但正如上一章结尾处所提示的那样,对康德而言,理论理性一筹莫展之处正是实践理性发挥功用的所在。在心灵问题上,这一点同样适用。不过,在进入他对心灵观念的实践性追问之前,我们仍需明白的是:为何他能够——更确切地说,必然要——转入实践或道德领域来谈论该问题。这一点仍需结合上述唯理论与经验论的论争背景来理解。在第一章中可以看到,唯理论者之所以精心构造心灵(灵魂)的性质,主要是想捍卫道德和宗教。莱布尼茨就颇具代表性地指出:"对宗教和道德来说,尤其是在我们这个时代(现在许多人对于单单的天启和奇迹是几乎不尊重的),指出灵魂就自然本性说是不死的……比之于主张我们的灵魂就自然本性说是应该死的,但由于一种奇迹的恩惠,仅仅基于上帝的恩许,它才不死,要有无限地更大的好处。"①康德洞察到了唯理论的这一倾向。他说,纯粹理性的独断论(即唯理论)表现了某种实践的旨趣,因为唯理论所力证的意志自由、灵魂不死和上帝存在"都是道德和宗教的基石"②。与之相对,经验论之所以反对赋予心灵以理性性质,是因为它相信:对心灵这些独断特性的置信,阻碍了我们在可能经验的领域探求心灵的真实本性。然而,经验论的上述做法对于理性的思辨旨趣来说固然是有益的,对道德和宗教的伤害却是巨大的。鉴于此,康德尖锐地指出,在经验论里"找不到这样一种像道德和宗教所带来的出自纯粹的理性原则的实践旨趣"③,"毋宁说,纯然的经验论看上去剥夺了道德和宗教的一切力量和影响"④。因为如果灵魂不死、意志自由和上帝存在这些道德和宗教的核心理念以经验性的方式被否认了,那么道德和宗教就彻底垮台了。

所以,在了解了上述背景后,我们就明白了:为何康德对心灵哲学的讨论必然会转向实践领域——更确切地说,道德和宗教领域。更进一步说,围绕着该问题的争论从一开始就相关于道德和宗教问题。实际上,他在前批判时期对心灵哲学的关切已经鲜明地体现其实践维度了。而在批判时期,这一维度依旧保持着。并且,我们将会看到,在经历了对心灵理念的形而上学批判之后,他的心灵(灵魂)观念最终走向了一种特殊的道德信仰。具体说来,我们将分四个步骤来阐明他的这一进程:第一步是说明心灵的道德人格性,第二步是描绘灵魂不死悬设被树立为实践理性信仰的三重论证,第三步是分析心灵(灵魂)观念所包含的无限进

---

① 莱布尼茨:《人类理智新论》(上册),陈修斋译,北京:商务印书馆,2010年,第27—28页。
② 康德:《纯粹理性批判》,邓晓芒译,杨祖陶校,北京:人民出版社,2004年,第389页,A466/B494。
③ 康德:《纯粹理性批判》,邓晓芒译,杨祖陶校,北京:人民出版社,2004年,第390页,A468/B496。译文有所改动。
④ 康德:《纯粹理性批判》,邓晓芒译,杨祖陶校,北京:人民出版社,2004年,第390页,A468/B496。译文有所改动。

程,亦即时间与永恒之辨,最后一步是阐明康德道德神学的结构。这就是本章所要展开的内容。

第一节　道德人格性——心灵观念的实践转向

康德在实践领域中对心灵哲学的讨论主要是指"心灵(灵魂)"在其批判哲学中的道德内涵。我们将会看到,正是心灵的这种内涵,使得康德的灵魂不死悬设及其相关的道德神学得以可能。但此内涵所指为何呢? 事实上,它就是我们在第四章第三节所针对的人格性概念。如前所述,虽然康德对于传统的理性心理学,也即理性心理学所包含的四个基本概念:实体性、单一性、人格(同一)性和观念性都进行了细致的分析,却唯独在人格性上标注了其在实践领域中的重大作用。[1]当然,他对该概念的"青睐"绝非兴之所至。实际上,正如第一章所展示的那样,莱布尼茨及其追随者沃尔夫和鲍姆嘉登都已清晰地意识到了"人格"(Person)的道德特性。他们都认为,人格是理性赋予人的独特同一性,是人确立自身为道德主体的标志。康德接纳了莱布尼茨—沃尔夫学派的上述基本观点。不过,他的接纳同时意味着批判性的改造。因为后者的人格或人格性概念[2]隶属于心灵的实体性,而他批判心灵诸谬误推理的首要目的就是摧毁心灵实体性的传统信条。在上一章中可以看到,他成功地完成了这一任务。但问题在于:如何理解脱开心灵实体性的人格性呢? 并且,这种人格性的道德属性又作何解呢?

一、自我意识与两个世界的划分

现在,我们必须开始考察康德独特的人格性概念。在此,海德格尔

---

[1] 参见康德《纯粹理性批判》,邓晓芒译,杨祖陶校,北京:人民出版社,2004 年,第 322 页,A365 - 366。

[2] 对于唯理论者来说,人格和人格性两个概念似乎并不需要加以特别的区分。但在康德那里,我们将会看到,对于两者的区分是决定性的。换言之,康德给予了两者完全不同的运用。

对该概念的解读是值得借鉴的。他对它做了三重区分,即先验的人格性、心理学的人格性和道德的人格性。其中,先验的人格性是指人格性的形式结构,是基于先验统觉的"我思"的。①人格性的这种先验含义确是康德人格性概念的题中之义,我们在上一章第三节中也说明了这一点。而所谓心理学的人格性,在海德格尔看来则是由作为内感官对象的经验自我塑造的。②虽然"心理学的人格性"的说法在《纯粹理性批判》中并未出现,但康德确实有意识地区分了经验的自我意识与先验的自我意识。③在此意义上,"心理学的人格性"也可被称为"经验性的人格性",亦即经验性自我意识的一种表达。最后,海德格尔强调指出,只有道德的人格性才是本真的(eigentlich)人格性。这是因为:"如果人格性一般之形式结构包含在自我意识之中,那么道德的人格性就必定表达了自我意识之某种变样,于是它就必定呈示了自我意识的一个固有种类。这一道德的自我意识才真正就人格之所是刻画了人格之特征。"④海德格尔将"道德人格性"解读为"道德自我意识"是非常深刻的。长久以来,人们虽然意识到,道德人格性概念对于康德的伦理学乃至整个批判哲学有着不容忽视的重要意义,但很少有人能从自我意识的层面上将这种重要性揭示出来。但实际上,道德人格性不仅开放出了自我意识的道德属性,更将这种属性树立为自我意识最本质的特征。我们知道,在康德理论哲学的范围内,自我(心灵、灵魂)之本质——更确切地说,我作为自在之物——不可以认识的方式被把握。无论是先验自我意识,还是经验自我意识,都不能做到这一点。因为前者只是自我意识的纯然形式,是空洞的形式之我;而后者虽然包含感性杂多,却是处于生灭变幻中的现象之我。所以,

---

① 参见海德格尔《现象学之基本问题》,丁耘译,上海:上海译文出版社,2008年,第164—170页。
② 参见海德格尔《现象学之基本问题》,丁耘译,上海:上海译文出版社,2008年,第170—173页。
③ 参见康德《纯粹理性批判》B版范畴的先验演绎§18,具体位置在B139-140。还有一处是在A版范畴的先验演绎"概念中认定的综合"中,具体位置在A107。
④ 海德格尔:《现象学之基本问题》,丁耘译,上海:上海译文出版社,2008年,第174页。

经由这两者，我们都不能认识到真实的自我为何物。但现在，道德人格性，亦即道德自我意识，以实践性的方式第一次向我们"彰显了"自我本身。此种彰显的过程正是我们下面所要揭示的。

康德的道德人格性概念与其"两个世界"的学说直接相关。所以，我们将从其对"两个世界"——感官世界（Sinnenwelt）与理知世界（intellctuelle Welt）的划分开始，展开对这一关键概念的论述。在康德哲学中，两个世界的划分最早出现在前批判时期的《一位视灵者的梦》中。但在批判哲学的视域下，这一划分则来源于著名的现象与物自体之分。他在《道德形而上学的奠基》中写道："人们必须承认并假定在现象背后毕竟还有别的不是现象的东西，亦即物自体……既然我们绝不可能认识物自体……这就必然给出一个感性世界与知性世界的粗糙区分，其中第一个世界在某些世界观察者那里根据感性的差异性也可以极为不同，但作为其根据的第二个世界始终保持为同一个世界。"①很明显，在康德那里，现象对应的是感官世界，而物自体则对应着理知世界。他在《纯粹理性批判》中就认为：将对象区分为对象与物自体，也就意味着将世界区分为感官世界与知性世界（Verstandeswelt）。其中，后者与理知世界是同义的。②不过，他之所以将现象与物自体的区别描述成上述两个世界的划分，还有其特殊的用意，因为两个世界的说法主要针对的是作为主体的"我"。换言之，"我"必须"就纯然的知觉和感觉的接受性而言把自己归入感官世界，但就在它里面可能是纯粹活动的东西……而言把自己归入理知世界"③。这样，"我"作为感性的理性存在者，就不可避免地同时处身于两个世界中。而在这双重世界中的处身则标示着：两种不同的法则对"我"

① 康德：《道德形而上学的奠基》，李秋零译，载《康德著作全集》第4卷，李秋零主编，北京：中国人民大学出版社，2005年，第459页。译文有所改动。
② 参见康德《纯粹理性批判》，邓晓芒译，杨祖陶校，北京：人民出版社，2004年，第227页，A249。
③ 康德：《道德形而上学的奠基》，李秋零译，载《康德著作全集》第4卷，李秋零主编，北京：中国人民大学出版社，2005年，第459页。

自身的规约。就置身于感官世界而言,"我"服从现象界的自然法则;就置身于理知世界而言,"我"听从仅仅基于理性的法则。①这就意味着:"我"作为感官世界的存在者,必然只在现象的层面上看待自己。由此,"我"在外部身体和内心状态上都受制于机械作用的自然法则。与之不同的是,"我"作为理知世界的存在者,必须在自在的(an sich)层面上观察自己。此时,我就成了一个纯粹的理知存在者,只遵从理性法则。但问题在于,这理性法则指的是什么呢? 如果说我们的观感证实了机械作用的自然法则在我们身上与周遭世界中毫厘不爽地发生着,那么适用于我们"自在主体"的理性法则依然有待揭示。

在康德看来,理性是人区别于一切非理性存在者的标志。"人在自己里面确实发现一种能力,借此他把自己与一切其他事物区别开来……而这种能力就是理性。"②那么,理性究竟是一种怎样的能力,能够使人区别于其他造物呢? 通过与感性的对比,康德对理性作出了如下规定:"理性在理念的名义下展现出一种如此纯粹的自发性(Spontaneität),以至于它由此远远超出了感性所能提供给它的一切,并在下面一点证实了它最重要的工作,即把感官世界与知性世界彼此区别开来……"③所以,在他眼中,理性就表现为一种"纯粹的自发性"。正是这种特性,把人的理性内核从一切感性之物(甚至包括作为现象的我自己)中剥离开来。因为所有感性之物必然受制于呈示为因果链条的自然法则,是无任何自发性可言的。事实上,理性的这种自发性才塑造了感官世界与理知世界的二分。因为在纯然感性的意味上,世界只是一个按照因果律漠然流变的机械自然;但人的理性本性打开了一个有别于上述机械因果作用的理知

① 参见康德《道德形而上学的奠基》,李秋零译,载《康德著作全集》第 4 卷,李秋零主编,北京:中国人民大学出版社,2005 年,第 460 页。
② 康德:《道德形而上学的奠基》,李秋零译,载《康德著作全集》第 4 卷,李秋零主编,北京:中国人民大学出版社,2005 年,第 460 页。译文有所改动。
③ 康德:《道德形而上学的奠基》,李秋零译,载《康德著作全集》第 4 卷,李秋零主编,北京:中国人民大学出版社,2005 年,第 460 页。译文有所改动。

世界。其中，人是完全自主的，亦即自由的。这就说明："作为一个……从属于理知世界的存在者，除了在自由的理念之下，人绝不能以其他方式思考他自己意志的因果性；因为对感官世界规定性原因的独立性（理性必须在任何时候都把诸如此类的独立性归于自己）就是自由。"①

因此，当人处身于理知世界中时，其意志恰恰是自由的。不过，这种自由不是不受法则制约的无拘无束，反而必须依照一种不变的法则。这一法则并不是指我们所熟知的自然必然性的因果法则，而是指"意志在一切行为中都对自己是一个法则"②。更确切地说，意志"并不依照其他任何准则而行动，而只能将自己的准则作为一个普遍法则的对象"③。这种对意志的规定就是作为定言命令的道德律本身。所以，在康德看来，意志的自由意指着它对道德律的服从。由此观之，人在理知世界所遵循的理性法则实际上也就是道德律。如前所述，人在感官世界中必然受制于自然法则，是不自由的。与之相对，人在理智世界中之所以是自由的，正因为他（她）遵守道德律。因此，"两个世界"的对比展现了人的两重生活状态——依从自然法则或道德律。但在康德看来，人在本质上是一个自由的理性主体。因此，对人而言，两个世界是有高下之别的：一个由道德律所规制的自由世界，理应高于自然必然性的机械化世界。

二、道德律规制下的绝对主体

以上简要勾勒了康德的"两个世界"学说，他的人格性概念正导源于此。在《实践理性批判》中，他对"道德人格性"作出了如下清晰的表述："这个东西绝不会逊于把人（den Menschen）提升到自己本身（作为感官

---

① 康德：《道德形而上学的奠基》，李秋零译，载《康德著作全集》第4卷，李秋零主编，北京：中国人民大学出版社，2005年，第460—461页。译文有所改动。
② 康德：《道德形而上学的奠基》，李秋零译，载《康德著作全集》第4卷，李秋零主编，北京：中国人民大学出版社，2005年，第454页。
③ 康德：《道德形而上学的奠基》，李秋零译，载《康德著作全集》第4卷，李秋零主编，北京：中国人民大学出版社，2005年，第454页。译文有所改动。

世界的一部分)之上的东西,逊于把人与惟有知性才能思考的事物秩序联系起来的东西,这个事物秩序同时下辖整个感官世界,以及人在时间中可经验性地规定的存在和一切目的的整体(只有这个整体才是与作为道德律的这样一些无条件的实践法则相适合的)。这个东西不是别的,正是人格性(Persönlichkeit),亦即对整个自然的机械作用的自由和独立,但它同时被视为某个存在者的能力,这个存在者服从自己特有的、亦即由他自己的理性给予的纯粹实践法则,因而人格(Person)作为属于感官世界的,就其同时属于理知世界而言,服从于他自己的人格性;这就不必奇怪,人作为属于两个世界的,不能不带有崇敬地在与他的第二个和最高的使命的关系中看待自己的本质,并以最高的敬重看待这种使命的法则。"①

结合康德的"两个世界"学说,我们从上述引文中可以对他的人格性概念作出如下分析:从词源上来说,"人格性"显然来源于"人格"。但从原文中可以看出,他对于两者的使用是加以区分的。他明确地说道,人格既属于感官世界,又属于理知世界;而只有当人格属于后者时,才服从于自己的人格性。由此,邓晓芒认为:"人格……是跨两界的,即一方面是此岸的,是在时间中的人身,另一方面是彼岸的,是灵魂的性质。而人格性……则是完全彼岸的。"②他的分析有一定道理。人格性的彼岸性,亦即纯粹性,使它必然归属于理知世界。借此,人格性才是不逊于,甚至就是把人提升至感官世界之上的东西。如前所述,对人来说,理知世界远高于感官世界。同理,人格性作为理知世界对人的开显,实际上打开了人的知性才能思考的事物秩序。该秩序既然只由知性的思考而来,那么它自然是超感性的,因而高于整个感官世界和人在其中经验性的

---

① 康德:《实践理性批判》,邓晓芒译,杨祖陶校,北京:人民出版社,2003年,第118—119页。译文有所改动。

② 邓晓芒:《关于 Person 和 Persönlichkeit 的翻译问题——以康德、黑格尔和马克思为例》,载《哲学动态》,2015年第4期,第44页。

存有。

由此,我们就理解了康德对人格性的两个正面规定:1. 对整个自然的机械作用的自由和独立;2. 一个理性存在者的能力,该存在者服从自己的理性所给予的纯粹实践法则。先来看第一个规定。为何人格性对整个自然的机械作用是自由和独立的呢? 我们知道,理知世界与感官世界是断然有别的。现在,人格性被裁定为属于理知世界,那么它必然以该世界的法则为根据,进而也就独立于感官世界的运作法则——自然的机械作用。所以,人格性对于机械自然的独立与自由就顺理成章了。不过,第一个规定只是表达了:我们不能以自然法则的方式看待人格性。因而,这是对人格性的一个"消极"规定,因为它只说明了人格性不是什么。显然,我们仍需要对人格性的一个"积极"规定来阐明它到底是什么。这正是第二个规定所告诉我们的:人格性就是一个理性存在者的能力(Vermögen),而这个存在者的特殊之处在于,他(她)服从自己理性所立的纯粹实践法则,亦即道德律。这个规定仍需结合理知世界的特殊性状来理解。如前所述,理知世界与感官世界的分立表征了人在两种不同法则支配下的生存样态:人处于理知世界中服从于道德律,而置身感官世界中则服从于自然法则。既然人格性可以被视作理知世界的别样表述,那么对道德律的遵守同样是人格性概念的题中之义。就此而言,人格性的确表达了一个理性存在者遵从道德律(纯粹实践法则)的能力。事实上,正是这种能力使人回归了自己的理性本性。由之,"人……不能不带有崇敬地在与他的……最高的使命的关系中看待自己的本质"①。

对此,达尼尔·格海纳(Daniel Greiner)有针对性地评论道:"人格性概念是一个自律的理性存在者之理念。因此,人格性被置于所有经验的彼岸,并标示着那个纯粹的、不受任何感性利益所染污的人性理想,而人性在自身中把握了它的客观化的普遍意志……就此而言,人格性作为自

---

① 康德:《实践理性批判》,邓晓芒译,杨祖陶校,北京:人民出版社,2003 年,第 119 页。

律的存在者是道德律的主体。"①这一评论无疑是正确的。如前所述,康德的人格性概念可以被视为理性存在者遵循道德律的能力。而道德律事实上是一条纯粹实践法则,它可以被表述如下:"要这样行动,使得你的意志的准则任何时候都能同时被看作一个普遍立法的原则。"②所以,道德律"只是形式上的(也就是只要求准则的形式是普遍立法的)"③,并不对人发出任何实际的道德规训。它深深扎根于理性存在者的本性之中。它要求的只是理性所内含的普遍必然性:人作为理性存在者,理应将自己行为的准则做普遍立法的观想。因此,"我"在任何时候都必须扪心自问:支配"我"个人行为的准则能否"推而广之",为所有理性存在者所认可? 因此,道德律必须是纯粹的,不能包含任何经验性的内容。因为经验的掺杂会使得它丧失普遍必然性。如此,它就无法成为普遍立法的原则了。现在,道德律的纯粹性不可避免地规定了人格性的纯粹性。因为人格性所表达的正是一个在道德律规制下的理性主体之理念。用格海纳的话说,它是一个不受感性经验染污的纯粹人性理想。

因为此种纯粹性,道德律和由它而来的人格性都必须被视作神圣的(heilig)。康德以不容置疑的口吻宣判道:"道德律是神圣的(不可侵犯的)。人虽然是够不神圣的,但在其人格中的人性(die Menschheit in seiner Person)对人来说却必然是神圣的。"④这里所谓"人格中的人性"正是指人格性。于人而言,人格性的神圣意味着"成为自在的目的本身"。这就是《道德形而上学的奠基》中著名的"目的公式":"你要如此行动,即无论是你的人格中的人性,还是其他任何一个人的人格中的人性,

---

① Daniel Greiner, „Der Begriff der Persönlichkeit bei Kant", in *Archiv für Geschichte der Philosophie*, Vol. 10, Issue 1-4, 1897, S. 63-64.
② 康德:《实践理性批判》,邓晓芒译,杨祖陶校,北京:人民出版社,2003年,第39页。
③ 康德:《实践理性批判》,邓晓芒译,杨祖陶校,北京:人民出版社,2003年,第150页。
④ 康德:《实践理性批判》,邓晓芒译,杨祖陶校,北京:人民出版社,2003年,第119页。译文有所改动。

你在任何时候都同时用作目的,绝不仅仅用作手段。"①这就是说,人之行动的终极目的必须是自己人格中的人性(人格性)。舍此,人就丧失了人本身的尊严。一切非理性的造物,只能将它的周遭外物,甚至自己的感性生命都视为手段。甚至身为感性存在者的人也只能如此这般地生活。但人作为理性存在者却可以庄严地宣告:自己就是目的本身。因为人的理性本性是普遍必然的,对所有人都构成目的,必然可以作为目的本身实存。②这一实存如何可能? 正是经由对道德律的遵守。也即是说,"每个人格自己特有的、针对他自己的意志,都被限制在与理性存在者的自律相一致这个条件上,也就是说,不使该存在者屈从于任何不依据从这个承受主体本身的意志中能够产生出来的法则而可能的意图"③。

　　人——更确切地说是人格——是同时处于感官世界与理知世界中的,所以是兼具感性欲求与理性本性的统一体。而道德律作为理知世界的法则,当然源于人的理性本性。因此,人对道德律的服从就意味着理性存在者的自律,所谓"自己立法、自己服从"。但同时,人又是感官世界的存在者,天然地有着"不够神圣"的一面,因为感性欲求和偏好是他(她)与生俱来的窠臼。就此而言,人对道德律的遵从绝不是顺其自然或轻而易举的。相反,"对人……来说,道德的必然性都是强制,即约束性(Verbindlichkeit),而每个基于此约束性的行动都必须被表现为义务,而不是被表现为已被我们自己所喜爱或能被自己所喜爱的行为方式"④。所以,对道德律的遵循固然是人理性的自律,但此种自律必须表现为约束性,亦即完全将自己限制在对理性的普遍本性的持守之上,绝不让感

---

① 康德:《道德形而上学的奠基》,李秋零译,载《康德著作全集》第4卷,李秋零主编,北京:中国人民大学出版社,2005年,第437页。译文有所改动。
② 参见康德《道德形而上学的奠基》,李秋零译,载《康德著作全集》第4卷,李秋零主编,北京:中国人民大学出版社,2005年,第436页。
③ 康德:《实践理性批判》,邓晓芒译,杨祖陶校,北京:人民出版社,2003年,第119页。译文有所改动。
④ 康德:《实践理性批判》,邓晓芒译,杨祖陶校,北京:人民出版社,2003年,第112页。译文有所改动。

性的私欲或偏好对自己的行为产生丝毫侵扰。如前所述,这种经由道德律对理性本性的持守正是人格性的理念(Idee)。因此,人格性确是神圣的,因为它与尘世俗物(包括我们的肉体凡胎)之间有如天壤之别。而它也是崇高的(erhaben),进而与它相比,我们本性中固有的卑劣之处就无所遁形了,"因为它同时让我们注意到我们的行为在这种崇高性方面缺乏适合性"①。

那么,为何我们会无法与人格性的崇高性相适合呢? 很明显,因为我们归根结底是有限的理性存在者。此种"有限性"则是指:感性欲望构成了我们无法逃脱的牢笼。由此,尽管经由心中的道德律,我们洞见到了自己人格性的崇高,但我们毕竟仍是身处尘世的芸芸众生。这样,就我们的现实境况而言,在人格性中展现的"绝对的理性主体之理念"是可望而不可即的。不过如前所述,我们的理性本性必须被视为我们实存的终极目的。这也就意味着:尽管人格性所表征的"绝对理性主体"是我们这些有限的理性存在者所不可企及的,但它依然是我们孜孜以求的最后目标。由此,在神圣的人格性与有限生命之间就产生了一种张力。为了消除这种张力,康德设定了朝向神圣的永恒修善。我们的推论如下:由于人根本不可能在此世里达致人格性的神圣理念,要想实现这一理念,他只能寄望于来生——更确切地说,永存。也即是说,他所希冀的是:通过心灵的永恒持存,消弭自己感性生命的干扰,逐步靠近理性本性的终极目的——"绝对的理性主体"。因而在《实践理性批判》中,虽然直到对"至善"的讨论,"灵魂不死"才在其中正式被引入,但其实对道德人格性的谈论已潜藏着对"灵魂不死"的预设。换言之,康德通过"至善"走向"灵魂不死"的正式进路正是对我们上述"假想推论"的进一步阐明与发挥。在下一节中,我们将详述这一点。

基于此,我们现在可以仔细评估一下戴克的下述说法——"人格性

---

① 康德:《实践理性批判》,邓晓芒译,杨祖陶校,北京:人民出版社,2003 年,第 119—120 页。

概念被置入的实践运用只能是……它在灵魂不死的证据中的运用"①。应承认的是，戴克的观点有一定的合理之处。因为从康德哲学的内在理路来看，人格性概念的实践运用，亦即道德人格性概念，确实很自然地会走向心灵永存性的预设。我们在上面也阐明了这一点。不过，在更深层的意义上，他完全混淆了"道德人格性"与"灵魂不死"的主从次第关系。可以看到，道德人格性概念在康德哲学中占据着非同寻常的关键地位。诚如格海纳所言，"人格性概念……是康德伦理学的中心概念，一切都为之所牵引"②。更确切地说，"从人到人格性的提升与许可可以说是康德哲学的终极话语"③。所以，人格性概念在康德哲学，尤其是在伦理学中，有着极为重要的功能。我们在上面已对此加以论述。因此，戴克将人格性概念仅仅限制在灵魂不死论证上的做法，无论如何是不妥的。

三、先验自我与道德自我的合一

不过，在我们看来，康德人格性概念的核心价值也不在对伦理学的构设之中，而在于它与心灵（自我、灵魂）概念的内在关联。这种核心价值是指：前者从一开始就是后者的一个特殊表述。在此意义上，"道德人格性"即是"道德自我意识"。换言之，从道德人格性中，我们看到了一个无比崇高的道德自我，这个自我统摄着所有个体性的"小我"。因为事实上，它就是那条纯粹而神圣的道德律的化身。而道德律是所有作为理性存在者的"小我"理应遵从的。所以，从道德人格性中引申出来的道德自我，实际上为康德的自我（心灵、灵魂）学说打开了一个重要维度。

---

① Corey W. Dyck，"The Aeneas Argument：Personality and Immortality in Kant's Third Paralogism"，in *Kant Yearbook*，ed. by Dietmar Heidemann，Vol. 2，No. 1，2010，p. 119. 在本文第四章的第三节末，我们已对戴克的观点稍作评述。此处，我们将加以详细展开。

② Daniel Greiner，„Der Begriff der Persönlichkeit bei Kant"，in *Archiv für Geschichte der Philosophie*，Vol. 10，Issue 1 - 4，1897，S. 83.

③ Daniel Greiner，„Der Begriff der Persönlichkeit bei Kant"，in *Archiv für Geschichte der Philosophie*，Vol. 10，Issue 1 - 4，1897，S. 47.

在第四章中可以看到,康德既反对唯理论将自我实体化的僭越,也拒斥经验论将自我碎片化的决绝。在他看来,自我首先必须维持在一个先验形式之中。这一形式性的先验自我拥有自主性,能够对感性材料加以综合,但不能直接产生感性材料。与之相对,一旦先验自我被感性所接受的材料所充实,它就变成了个体化的经验自我。随之,一个关键性的问题在于:在理论层面出现的先验自我与经验自我,与在实践层面展现出来的道德自我又有何关系呢? 在康德的文本,我们很难找到前两者与第三者关系的说明。不过,按照批判哲学的内在逻辑,我们可以厘清它们之间的关系:首先,道德自我绝非任何个体化的经验自我,毋宁说是后者行动的终极榜样。因为如前所述,道德自我是源于道德人格性的"绝对理性主体""纯粹的人性理想",与经验没有任何牵涉,当然也就不可能是经验性的自我。与之相对,道德自我与先验自我的关系似乎就不那么容易分辨了。由此,海德格尔认为:"康德那里有着一个特别的疏忽,他未能本源地规定理论自我与实践自我之统一性。"[1]海德格尔的评判在某种程度上是正确的。因为康德的确缺乏一个对理论自我与实践自我(亦即先验自我与道德自我)之关系的明确论述。但从根本上来说,这一观点是有失偏颇的。因为先验自我与道德自我的统一性,已经在批判哲学中本源地被规定了。也即是说,在批判哲学的整体视域内,从来都只有一个"本源自我"。仅由于在两个不同的应用领域中,该自我才呈现出两种不同的面相:在理论理性的范围内,它现身为先验自我;在实践理性的范围内,它演变为道德自我。事实上,只要我们考察一下两种自我的特征,就会认识到它们是同一个自我。如前所述,先验自我意识是作为思维形式的"我",在它的名下以普遍必然的方式综合着一切其他表象;而道德自我同样是纯形式的"我",以普遍立法的方式成为人所有行为理应(sollen)朝向的终极目的。这样,两者相同的"形式化特征"无可

---

① 海德格尔:《现象学之基本问题》,丁耘译,上海:上海译文出版社,2008年,第194页。

置疑地证明了:它们源出同一个自我。由此可知,康德的"先验人格性"与"道德人格性"是同一的。因为支撑两者的先验自我意识与道德自我意识是同一的。

现在,我们就可以洞察到:通过与唯理论与经验论自我(心灵、灵魂)观的争辩,康德获得的成就——先验自我意识(先验人格性)是具有多么重大的意义了。诚然在理论理性的范围内,这一自我(人格性)只是空洞的形式化表象,只不过表明了自我意识的一般性结构——"我思一切表象"。然而,同样是这个形式化的自我(人格性)却在实践领域将自己树立为所有行为的最终指向。这一形式化的自我为何具有此种效力呢?这是由于,在批判哲学中,形式化就意指着普遍必然性。这样,先验自我的普遍必然性就体现在对所有其他表象的恒常伴随之上;而道德自我的普遍必然性则表现在对所有经验个体自我的规约之上。所以,在理论哲学的领域内,形式化的自我似乎只是中止了唯理论与经验论的论争,并表明自己仅停留于思想的普遍性之中,而无法获得关于自我的客观知识;但在实践哲学的范围内,形式化的自我却发现:自己以普遍立法的形式直接就是一切"小我"的理想和蓝图。

因此,康德"道德人格性"的真实意味恰恰在于:将"先验人格性"所表达的先验自我在实践领域中的作用彻底展示出来。由之,自我(心灵、灵魂)在根本上就被赋予了道德内涵。这样,为何他对心灵哲学的讨论能够——更确切地说必然要——转入实践哲学这一点就昭然若揭了。因为心灵(自我、灵魂)在本质上就具有道德性。用康德自己的话说,"纯粹理性单就自身而言就是实践的"①。这里的"纯粹理性自身"就是先验自我的代名词,后者的普遍必然性正源于前者。当理性从驳杂不一的经验性质料中剥离出来时,它发现了自己的本来面目就是纯粹的抽象形式。它不得不接受自己的空洞与贫乏,但却同时发现,也正借由自己的

---

① 康德:《实践理性批判》,邓晓芒译,杨祖陶校,北京:人民出版社,2003年,第41页。

纯粹性,自己才刚好拥有了对一切其他对象的普遍必然性。现在,这种将一切对象统括在自己之下的普遍必然性就是先验自我。所以,如果纯粹理性自身是实践的,那么先验自我也将无可置疑地是实践的。这样,心灵(自我、灵魂)的实践本性就夯实了在实践哲学中讨论心灵永存性(亦即灵魂不死)的地基。这一讨论正是我们在下一节中所要展开的内容。

第二节 对灵魂不死的三重道德论证——类比与悬设

一、道德律的核心地位

我们在上一节中已经证明,心灵(自我、灵魂)在本质上就具有道德性。这样,在实践领域讨论"灵魂不死"的通途已经打开了。这是一个非常重要的转折。因为在上一章中可以看到,在理论领域中对该问题的讨论,终结于一种中立性的思想可能性之中。康德的结论是:我们既不能如唯理论般申认,也不能像经验论般否认"灵魂不死"。这样,他就将自己的理论态度维持在苏格拉底式的审慎之中:我唯一知道的是我一无所知。但他在理论上的中立并不代表着:他在实践上对此也不置可否。在《纯粹理性批判》中,他就已明确地说道:"如果这三个命题(引者注:指"意志自由""灵魂不死"和"上帝存在")对我来说根本不是知识所必需的,而仍然被我们的理性迫切地推荐给我们,那么它们的重要性真正说来也许必定只关涉到实践的东西。"[1]而且,我们在本章开头就已提及,唯理论与经验论在这三个问题上之所以产生激辩,就缘于道德和宗教的考量。由此,康德同样从这一角度切入关于这三个问题的谈论:"如果意志

---

① 康德:《纯粹理性批判》,邓晓芒译,杨祖陶校,北京:人民出版社,2004年,第608页,A799 - 800/B827 - 828。译文有所改动。

自由,如果有上帝和一个来世,那么应该做什么?"①这也就是说,关于三个问题的讨论最终必须落实到"应该做什么"之上,因为它们并不属于我们"能够知道"的内容。因此,"灵魂不死"在批判哲学中也必须从"应该做什么"开始谈起,才能获得它最合适的位置。

众所周知,回答"我应该做什么"的问题,正是康德整个实践哲学的工作之所向。但如果我们被允许略过其中丰富的内容(这些在他的《道德形而上学》中有着精细的讨论),那么我们可以将他的回答简要概括如下:按你作为理性存在者(Vernunftwesen)的本质(Wesen)行事。②试问理性存在者的本质是什么? 它就是他反复强调的普遍必然性。于是,他得出了那条著名的纯粹实践法则(道德律):"要这样行动,使得你的意志的准则任何时候都能同时被看作一个普遍立法的原则。"③所以,依据康德的观点,我们理应依照源出于自己理性本性的道德律而行动。因为如前所述,它所要求的只是:我们的行为任何时候都必须合乎理性所包含的普遍必然性,亦即普遍立法的形式。在此意义上,道德律是纯粹的形式性法则,因而并不给人以实际的道德信条(譬如"己所不欲,勿施于人")。但在最根本的意义上,它其实已经指明了人之行为是否合乎道德的标准,也即可否普遍化。用康德的原话说就是:"问问你自己,你所计划的行动如果按照……自然的一条法则应当发生的话,那么你是否能将它(引者注:指计划的行动)视为通过你的意志而可能的?"④在此,行动对自然法则的"依照",正是指它对自然法则的普遍必然性的接受。因此,在康德看来,行动是否合乎道德的标准在于:能否如自然法则一般"放之

---

① 康德:《纯粹理性批判》,邓晓芒译,杨祖陶校,北京:人民出版社,2004 年,第 609 页,A800 - 801/B828 - 829。译文有所改动。
② 在康德的使用中,"Vernunftwesen"这个词不仅表达了一个"拥有"理性的存在者,更重要的是,还表达了这个存在者的本质(Wesen)就是理性(Vernunft)。显然,这一点在"理性存在者"的汉译中并未展示出来,但目前我们也缺乏对"Vernunftwesen"这个词的更好译法。
③ 康德:《实践理性批判》,邓晓芒译,杨祖陶校,北京:人民出版社,2003 年,第 39 页。
④ 康德:《实践理性批判》,邓晓芒译,杨祖陶校,北京:人民出版社,2003 年,第 95 页。译文有所改动。

四海而皆准"——更确切地说,对所有人都行之有效。概言之,人理应依照本自具有的道德律行事,而后者要求的无他,只是一种普遍必然性。就此而言,心灵(自我)的道德性实际上植根于人心中的道德律。

所以,毋庸置疑的是,道德律是康德实践哲学的中心概念。由之,正如我们将会看到的那样,他在实践领域中对"灵魂不死"的论证也与它息息相关。但需要提示的是,康德在其中所采纳的论证,不再是为了寻求唯理论意义上的"独断性知识",而是为了将"灵魂不死"树立为实践理性的"信仰"。换言之,"灵魂不死"是从理性中自然生长起来的道德信仰,而非经验论所宣称的隔绝理性的天启式信仰。在此意义上,康德依然是安瑟伦"信仰寻求理解"这一著名原则的追随者。

根据刘易斯·怀特·贝克(Lewis White Beck)的研究,在批判哲学的著述中总共包括三个不同的灵魂不死论证。《纯粹理性批判》包含了如下两个最终被康德抛弃的论证:"其一是一个类比性的证明,即每个器官都适合于它的特定功能,并且我们'人类的禀赋'是如此地超出了'此世生活'的功利所限,以至于它的特定功能和命运都不能限定在它的肉身存在之上。另一个是对至善直接必要的灵魂不死之悬设,没有这个悬设,'德性的诸高尚的理念虽然是赞许和惊叹的对象,但却不是决意和实行的动机'。第一个是康德敬重和推许的目的论论证的范例……第二个论证是与自律学说不相容的,并在应受的遗忘中消逝了。"①而在《实践理性批判》中,康德则给出了第三个论证,亦即那个广为人知却又颇受争议的"道德论证"。在贝克看来,它是"简洁明了的论证典范"②。应该承认,贝克对康德这三个论证的归纳是十分准确的。不过,在我们看来,贝克

---

① 刘易斯·贝克:《〈实践理性批判〉通释》,黄涛译,上海:华东师范大学出版社,2011年,第329—330页。译文有所改动,参考了英文本(Lewis White Beck, *A Commentary on Kant's Critique of Practical Reason*, Chicago & London: The University of Chicago Press, 1960, pp. 266 - 267)。以下皆同,不再赘述。
② 刘易斯·贝克:《〈实践理性批判〉通释》,黄涛译,上海:华东师范大学出版社,2011年,第331页。

的上述归纳依然忽视了这三个论证中一脉相承的实践特征。因为道德律在这三者中都扮演了重要角色。康德对"灵魂不死"的讨论与道德律的相关性正是我们在上文所强调的。下面,我们就对这三个论证进行逐一考察。

二、实践目的论论证

先来看第一个论证——基于目的论的类比性论证。它可以简要表述如下:根据我们的观察,大自然是一个合乎目的的整体,因此其中的造物全都是合目的的存在者。这也即是说,它们的禀赋各有其特定目的,绝不会荒废。现在,人作为整个造物系列的顶点,拥有着无与伦比的禀赋(尤其是科学和道德禀赋)。但在现实中,人的科学和道德禀赋在今生远未达到完全实现的目的。所以,为了彻底实现人的上述禀赋,我们必须设定来生的存在。

如前所述,康德对此论证的赞赏是贯彻始终的,在前批判时期是这样,在批判时期亦如是。这一点充分体现在他的形而上学讲稿的演变中。在他由学生记录于 1782 年的讲稿(Metaphysik Mrongovius)中,他就宣称:"这个证据(引者注:指'我们灵魂的本性与自然整体的类比性证据'①)是值得赞许的,因为我们从自然的一个普遍规律中作出了推论。"②同样,在 1790—1791 年的讲稿(Metaphysik L2)里,他也对该论证推崇备至:"源于自然与其他一般活物的类比性……证据是所有已被引介的证据中最好的。"③在稍晚于 1791 年的讲稿(Metaphysik K2)中,他再次表达了这一倾向:"根据自然类比性的合适的目的论证据是最高尚

---

① Immanuel Kant, *Lectures on Metaphysics*, translated and edited by Karl Ameriks and Steve Naragon, Cambridge: Cambridge University Press, 1997, p. 279.

② Immanuel Kant, *Lectures on Metaphysics*, translated and edited by Karl Ameriks and Steve Naragon, Cambridge: Cambridge University Press, 1997, p. 281.

③ Immanuel Kant, *Lectures on Metaphysics*, translated and edited by Karl Ameriks and Steve Naragon, Cambridge: Cambridge University Press, 1997, p. 352.

的,最多地提升了人类并且教导我们正确地研究我们自己的本性。"①在此意义上,这个论证实际上到康德的晚年都没有被抛弃。贝克认为康德最终抛弃了该论证,这一判断也许并不确切。不过,对比他前批判时期的表述,我们发现,他在批判时期的确对该论证施以了某种程度的改造。具体到《纯粹理性批判》中,这种改造最突出地体现在他对道德律的强调之上。在第三章中可以看到,这个论证的"前批判形态"虽然包含了对人道德禀赋的强调,但以道德律来突出人道德禀赋的方式只出现在了《纯粹理性批判》中。

康德在其中这样写道:"理性在此世有生命的存在者那里必须接受为必然的原理是,不能发现任何器官、任何能力、任何动机是因此多余或与应用不相称、进而不合乎目的东西,而是一切都恰好合乎它在生命中的规定;根据与此世诸生物本性的类比来判断,那在自身中毕竟惟一能够包含所有这些的最后终极目的的人,就必定是惟一被排除在这之外的造物。因为人的自然禀赋,不仅是按照可从中加以运用的才能和动机,而且是他心中的道德律,如此远地超出了他在此生中能够从中引出的一切用途和好处,以至于道德律甚至在缺少任何好处、甚至缺少死后荣耀的虚幻的情况下,就将人对正直意向的单纯意识推崇到一切之上,而他就感到出自内心的召唤,要通过他在此世的行为,借放弃许多好处,而使自己适合于成为一个他在理念中所拥有的更好的世界的公民。"②

这段引文是一个对"灵魂不死"的标准的目的论论证。它的结构基本上符合康德一以贯之的表述。不过如上所述,他之前对这类论证的表述,大多着眼于人与自然整体的类比。也即是说,自然万物之天赋皆合乎目的,惟人之天赋在此生尚未完全施展并达其目的,故人之来生乃成

① Immanuel Kant, *Lectures on Metaphysics*, translated and edited by Karl Ameriks and Steve Naragon, Cambridge: Cambridge University Press, 1997, p. 407.
② 康德:《纯粹理性批判》,邓晓芒译,杨祖陶校,北京:人民出版社,2004 年,第 304—305 页,B425‑426。译文有所改动。

必然。而在此,他第一次将人心中的道德律树立为人之天赋中最重要的一面。由此,原先的"自然目的论论证"就转变为了"实践目的论论证"。这是很关键的一步。因为在第三章中可以看到,他在前批判时期还只是泛泛地指出:人的科学和道德天赋在此世都没有得到彻底实现,因此人之心灵(灵魂)的永存才是必要的。但到了批判时期,他就认为人的天赋集中体现在"心中的道德律"之中。而人心中的这一律令清晰地表明了:人的使命远超乎此生而指向来世。这是为何呢? 因为正如我们在上一节中所展示的那样,道德律是纯粹而神圣的。因此,它全然独立于我们在此世中的种种感性利益,指明了一个在我们理念中存在的更好的世界,而这个世界才是人的终极目的。所以,人心中的道德律实际上表达了人超出此世、归于"更好世界"的强大信念。现在,根据康德的观点,道德律在人心中是自明的。由之,在他看来,这个建立在它之上的目的论论证,就是一个"强有力的、永远不可能被驳倒的证明根据"①。

在此,康德言之凿凿的态度似乎与他在讲稿中的观点形成了有效的相互印证。有趣的是,贝克虽然看到了康德对于该论证的推崇,但仍将它视为"在理论上是无效的"②。这是否正确呢? 某种程度上说,贝克的判断有其合理之处。因为在批判哲学的视域内,无论是关于上帝还是关于心灵(灵魂)的问题,目的论原则都只能被视为范导性的(regulativ),而不能用作建构性的(konstitutiv)。进言之,我们不可以目的论原则来现实地建构自然体系,以便对"上帝存在"或"灵魂不死"作出确定性的最终断言。因为这种体系的整体完全处于我们的经验之外。毋宁说,我们只能在假想中预设,存在着一个按目的论原则构建的自然体系,依此上帝"好似"存在,而心灵(灵魂)"似乎"永存。也即是说,我们之所以依据目的论原则接纳"上帝存在"和"灵魂不死",只是为了指导自己的理论活

---

① 康德:《纯粹理性批判》,邓晓芒译,杨祖陶校,北京:人民出版社,2004年,第305页,B426。
② 刘易斯·贝克:《〈实践理性批判〉通释》,黄涛译,上海:华东师范大学出版社,2011年,第330页。

动,远非为了"证实"上帝和心灵(灵魂)的知识。而康德对灵魂不死的"自然目的性论证"的强烈赞许,很容易让人相信他是在建构的意义上接受它的。但在批判哲学中,对自然目的论体系的建构性理解是必须被抛弃的。因为我们不可能洞察到自然体系的整体,以便对"灵魂不死"抱有确然的知识。由此,我们即便不能如贝克一般,将康德的上述论证直接指为无效,但依然可以怀疑该论证的所谓"有力"和"不可驳倒"。因为倘若该论证是建构性的,那么它恰恰是站不住脚的;又若它是范导性的,那么它就只是说明了"灵魂不死"必须被预设,但这并不显得那么"有力"和"不可驳倒"。

不过,从另一角度来说,贝克将康德的上述论证判为无效却是有问题的。如上所述,康德在《纯粹理性批判》中所采纳的是基于道德律的"实践目的论论证"。而贝克所针对的其实是"自然目的论论证"。在此意义上,贝克对后一种论证的指责很难直接挪用到前一种论证上。换言之,目的论原则在"建构"与"范导"两重意味上的区分只适用于理论哲学,并不适合实践哲学。因为基于道德律的"实践目的论论证",原本就不可能以建构性的方式"证实"心灵(灵魂)的持存。但这并不意味着该论证只拥有薄弱的范导性效力。毋宁说,借由道德律的巨大力量,它完全可以维持为"强有力的、永远不可能被驳倒的证明根据"①。在此,康德也许并未言过其实。如前所述,道德律是纯粹理性无可争辩的唯一事实,是人直接意识到并理应遵循的。由之,它规制下的"人在理念中所拥有的更好的世界"②,就是人毋庸置疑的"来生之所在"。

然而,这个"更好世界"所指为何呢?康德对此语焉不详。不过,我们完全可以根据批判哲学的整体思路来解释它。按照本章第一节中"两个世界"的划分,道德律治下的"更好世界"理应是与感官世界相对的理知世界。由此可知,现实可见的"此世"自然是感官世界,而不可见的"来

---

① 康德:《纯粹理性批判》,邓晓芒译,杨祖陶校,北京:人民出版社,2004 年,第 305 页,B426。
② 康德:《纯粹理性批判》,邓晓芒译,杨祖陶校,北京:人民出版社,2004 年,第 305 页,B426。

世"或"更好世界"就必须归入理知世界了。而在第三章的后两节中就可看到,康德在前批判时期已经认识到:区分感官世界意味上的"此世"与理知世界意义上的"来世",是基于视角的不同。也就是说,以属人的感性直观到的世界是"此世",而以上帝或其他神灵才有的智性直观到的世界是"来世"。这样,从"此世"进入"来世"并不指示地点上的迁移,而只关乎视角的变换。两者在基底上其实是同一的。不过,在他看来,由于人只有感性直观的能力,而无智性直观的能力,所以"来世"对我们而言自然是不可见的。但它在感性中的不可见,并不妨碍我们通过道德律觉察到它的存在。因此,道德律早就为我们打开了"来世"的大门,只是我们受限于感性直观而无以得见。一旦死亡将我们的身体连同诸感性条件拔除,我们就会以全新的方式"看到"这个作为"来世"的理知世界。

在记录于1782年的讲稿中,康德也这般说道:"但我们必须将灵魂与身体的分离想象为何事呢? 无过于智性生活的开始与感性生活的结束……通过理性,我们现在已意识到自己处身于一个理知的领域中;在死后我们将会直观并认识它,而那时我们就在一个完全不同的世界中,然而,此世界只是在形式上调整了,也就是说,是我们如其自在的那样去认知诸事物的所在。"[1]上述这段话清楚地描述了康德所想象的心灵(灵魂)在死后的去向:心灵(灵魂)原本就处于道德律所规制的理知世界中,死亡只是祛除了肉身给予灵魂的羁绊。由此,心灵(灵魂)得以返归于那个合乎本性的"更好世界",亦即理知世界。

不过,需要注意的是:这种对心灵(灵魂)死后状态的描述只是一种出自实践理性的信仰,远不具有客观的确定性。换言之,在康德哲学中,人"理所应当"去期许那个道德律所主宰的理知世界,作为他(她)死后的最终归宿。他(她)作为一个服从于道德律的人,完全有理由相信:自己死后将"看到"那个此生无以得见的理知世界。所以,在某种程度上,基

---

[1] Immanuel Kant, *Lectures on Metaphysics*, translated and edited by Karl Ameriks and Steve Naragon, Cambridge: Cambridge University Press, 1997, p. 283.

于道德律的"实践目的论论证"是有效的。贝克将之斥为失败是不妥的。

三、陷于意志他律的至善悬设

接下来,让我们来看一下在《纯粹理性批判》"先验方法论"部分出现的第二个论证——"对至善直接必要的灵魂不死之悬设"[①]。贝克认为,该论证之所以被康德放弃,因为它"是与自律学说不相容的,并且在应受的遗忘中消逝了"[②]。众所周知,在《实践理性批判》中出现的第三个论证,同样是作为"对至善直接必要的灵魂不死之悬设"而出现的。相对于更著名的第三个论证,在《纯粹理性批判》中先行给出的第二个论证有何特殊之处呢? 如上所述,贝克的答案是:"它与自律学说的不相容性"。正由于它的不相容性,康德才对之加以改动,并在《实践理性批判》里给出了与自律学说相容的第三个论证。贝克的这一判断是否正确呢? 我们下面将集中考察这个问题。

依照上述贝克的判断,第二个和第三个论证虽然都是"对至善直接必要的灵魂不死之悬设",但两者的区别在于:与"自律学说"相容与否。那么,这个"自律学说"是指什么? 它在康德哲学中又有何地位? 我们知道,批判哲学的两大任务是分别为知识和道德奠基。如果说先天综合判断是他为知识奠基的最高原则,那么自律(Autonomie)(意志自律学说)就是他为道德奠基的最高原则。"意志自律"是指"意志自己立法、自己服从"。而意志自己所立与服从之法为何呢? 正是道德律。"因此道德律所表达的,无非是纯粹实践理性的自律……而这种自律本身是一切准则的形式条件,只有在这条件之下一切准则才能与最高的实践法则相一

[①] 刘易斯·贝克:《〈实践理性批判〉通释》,黄涛译,上海:华东师范大学出版社,2011年,第330页。译文有所改动。

[②] 刘易斯·贝克:《〈实践理性批判〉通释》,黄涛译,上海:华东师范大学出版社,2011年,第330页。

致。"①所以,对康德来说,意志自律就意味着对道德律的服从。因为如前所述,道德律只是要求,规定我们意志的准则同时拥有普遍立法之形式,亦即上述"一切准则的形式条件"②。但实际上,这个普遍立法的形式条件才是意志自身唯一拥有的。由之,意志自律的真实意味在于:"每一个理性存在者的意志都是一个普遍立法的意志"③。换言之,如果意志是自律的,这也就等于说:它拥有普遍立法的特性。这是为何呢? 这是因为:"如果意志在它的准则与它自己的普遍立法的适宜性之外的某处,从而超出它自身,在它的某个客体的性状中,找寻理应规定它的法则,那么在任何时候都将出现他律(Heteronomie)。"④

因此,倘若在贝克看来第二个论证与康德的自律学说不相容,那么这就意味着:该论证实际上引入了"他律",故而与康德视为道德最高原则的"自律"相冲突了。在某种意义上,贝克的这一判断是颇具洞见的。事实上,一直到《道德形而上学的奠基》和《实践理性批判》中,自律学说才清晰地呈现出来。⑤而从《纯粹理性批判》的"先验方法论"部分中可以看出,那时的康德对该学说还没有充分的自觉。他只是在其中这样说道:"因此,没有一个上帝和一个我们现在看不见但却希望着的世界,德性的诸高尚的理念虽然是赞许和惊叹的对象,但却不是决意和实行的动

---

① 康德:《实践理性批判》,邓晓芒译,杨祖陶校,北京:人民出版社,2003 年,第 44 页。译文有所改动。

② 康德:《实践理性批判》,邓晓芒译,杨祖陶校,北京:人民出版社,2003 年,第 44 页。

③ 康德:《道德形而上学的奠基》,李秋零译,载《康德著作全集》第 4 卷,李秋零主编,北京:中国人民大学出版社,2005 年,第 439 页。

④ 康德:《道德形而上学的奠基》,李秋零译,载《康德著作全集》第 4 卷,李秋零主编,北京:中国人民大学出版社,2005 年,第 449 页。

⑤ 如果说在 1781 年出版的 A 版《纯粹理性批判》中,康德对于道德自律学说还缺乏明确的观念,那么在 1787 年出版的 B 版《纯粹理性批判》中,他理应意识到:他在 A 版中对道德规定性的论说是存在问题的。因为《道德形而上学的奠基》的出版是在 1785 年,是早于 B 版的。在那本书里,康德的自律学说已经比较清晰了。不过康德在 B 版中也没有对这部分进行改写。实际上,他在 B 版中的所有改动,都集中在"先验要素论"部分。"先验方法论"部分只字未动。依据我们的推测,他之所以没有改写涉及道德的这部分,很可能是因为:他已准备在 1788 年出版的《实践理性批判》中对道德奠基问题作出最适合的论述。

机,因为它们并不实现对每一个理性存在者来说都是自然的、并通过同一个纯粹理性先天规定的、必然的全部目的。"①

对于上面这段话,赫费作出了如下分析:"他(引者注:指康德)……区分了承认的两个阶段,一个是单纯评判的阶段,即评价('赞许和惊叹'),一个是执行的阶段,即贯彻('决意和实行')。然后,他把道德律的'纯粹性'只归于评价,并将德性的实行与对于一个由上帝创立的、与幸福成比例的世界结合起来……因此,道德意志只有与第一个承认阶段相一致才是自律的,而它在第二个阶段由于他律的要素变得不纯粹了。虽然道德律本身是独立于动机的,但在道德行动的驱动中却出现了对全能上帝的考虑,也就是说残余的外在影响。直到在《奠基》和第二批判中,康德才清除了这一影响。"②赫费的上述解读是比较深刻的。因为康德的确只是在单纯评判的阶段("赞许和惊叹"),才谈到德性的纯粹性和意志的自律,但在执行的阶段("决意和实行")就必须引入"一个上帝和一个我们现在看不见但却希望着的世界"③。这样,道德行为的实施就不可避免地陷于他律了。在此,这个我们现在看不见却希望着的世界就是"灵魂不死"的意思。因此,在《纯粹理性批判》中,康德恰恰以为:单纯的道德律或意志的自律只是我们赞许和惊叹的对象,而我们在道德上决意和实行的动机就必须在道德律之外再加上"上帝存在"和"灵魂不死"。很明显,这和之后在《奠基》中和第二批判中的观点是不尽相同的。因为他在那里坚决要求:道德的唯一动机必须建立在意志自律的唯一法则——道德律之上。由之,在第二批判中,"上帝存在"和"灵魂不死"只是被设定为实现"至善"(das höchste Gut)的必要悬设,但两者并不具备对道德

---

① 康德:《纯粹理性批判》,邓晓芒译,杨祖陶校,北京:人民出版社,2004年,第617页,A813/B841。译文有所改动。
② 奥特弗里德·赫费:《康德的〈纯粹理性批判〉——现代哲学的基石》,郭大为译,北京:人民出版社,2008年,第303页。译文有所改动。
③ 康德:《纯粹理性批判》,邓晓芒译,杨祖陶校,北京:人民出版社,2004年,第617页,A813/B841。

动机的直接影响。与之相对,在《纯粹理性批判》中,上述两者虽然也是作为实现"至善"的必要悬设而出现,但它们对道德行为的动机有着直接的规约性。正是这种"僭越"的规约性,使得贝克和赫费都认为:康德在此对道德的规定和他随后大肆鼓吹的"意志自律"学说相违背。事实证明,他们的这一判断确实是合理的。由此观之,在第一批判和第二批判中,"灵魂不死"所处的位置并不相同。在前者中,"灵魂不死"对道德行为的动机有着直接影响;但在后者中,这种影响就被消除了,进而它只关涉道德完满性的实现,亦即"意志与道德律的完全适合"。那么,为何在两者中会呈现出这种差别呢?其实,这源于康德在其中对"至善"概念理解的逐步深化。正是这种深化,使得他在第二批判中更清晰地界定了"灵魂不死"的位置。

我们知道,"至善"概念在批判哲学中是非常重要的。在第一批判中,他就对它作出了如下规定:"我把这样一种理智的理念称之为至善的理想,在其中,与最高幸福结合着的道德上最完善的意志是世上一切幸福的原因,只要这幸福与德性(作为配享幸福的)处于精确的比例中"。① 所以,"至善"就是德性和与之成比例的幸福的统一体,是"纯粹理性最后目的之规定根据"②。换言之,它是理性存在者所寻求的终极目标。这是为何呢?这是因为:"在努力变得有德的时候,一个道德主体事实上也在努力达到受道德律规定的幸福……一个道德努力的客体包含了德性与幸福两者。最终,一个人力求完善的德性和与之适合的幸福,亦即至善。"③

现在的问题是:一个人如何实现这种"至善"? 在康德看来,"这只有在理知的世界中,在一个智慧的创造者和统治者之下才有可能"④。这是

---

① 康德:《纯粹理性批判》,邓晓芒译,杨祖陶校,北京:人民出版社,2004 年,第 615 页,A810/B838。译文有所改动。
② 康德:《纯粹理性批判》,邓晓芒译,杨祖陶校,北京:人民出版社,2004 年,第 611 页,A804/B832。
③ A. T. Nuyen, "Kant on God, Immortality and the Highest Good", in *The Southern Journal of Philosophy*, Vol. 32, Issue 1, 1994, p. 123.
④ 康德:《纯粹理性批判》,邓晓芒译,杨祖陶校,北京:人民出版社,2004 年,第 616 页,A811/B839。

由于:"理性看到自己要么必须假定这样一个创造者和统治者,连同在我们必须看作来世的这样一个世界中的生活,要么它就必须把诸道德律(die moralische Gesetze)①看作空洞的幻影,因为诸道德律的必然后果(理性把这后果与道德律连接起来)没有这种预设就必然会取消。因此每一个人也会把诸道德律视为命令,但如果它们不是先天地把相应的后果与它们的规则连接起来,因而具有预兆作用和威胁作用的话,它们就不会是命令。"②这段话表明:康德在第一批判中就已认定,至善的实现需要"上帝存在"与"灵魂不死"的预设。不过,在那时的他看来,只有接纳这两个预设,道德律才不会沦于空洞的幻影,因而对我们产生实际效果,亦即对我们有预兆作用和威胁作用。这也就意味着:道德律自身还不足以实现一个人的道德行为。因而在第一批判中,对道德行为的终极推动必须另加上述两个预设。如前所述,康德的这一观点不合乎在《奠基》和第二批判中更为成熟的自律学说。在第三章的第二节末尾可以看到,早在前批判时期的《一位视灵者的梦》中,他就鲜明地拒斥了将有德生活的动机奠定在来世的酬报之上。因为一个高尚心灵(灵魂)的动机必然在自身之内,而绝不能到来世去寻求。否则,那些只因来世幸福而假意行善的人,就必须算入"高尚者"之列了。然而,在第一批判中,他在某种程度上背离了这一早先的观点。因为道德行为的动机被加入了"上帝存

---

① 有趣的是,在第一批判和第二批判中,对道德律的使用有单复数的差别。也即是说,在第一批判中,康德多使用道德律的复数形式(die moralische Gesetze);而在第二批判中,他则采用道德律的单数形式(das moralische Gesetz)。这一转变是值得关注的。因为在第一批判中,他还只是泛泛地将道德律规定为纯粹先天的、独立于经验的"绝对命令",但到了《奠基》和第二批判中,他就对道德律作出了更为清晰的表述。这尤其体现在《奠基》中意思相同,却形式各异的三大公式中:一、"要只按照你同时能使它成为一个普遍法则的那个准则去行动";二、"你要如此行动,即无论是你的,还是其他任何一个人的人格中的人性,任何时候都同时用作目的,绝不仅仅用作手段";三、"每一个理性存在者的意志都是一个普遍立法者的意志"。这种对道德律的清晰表述体现了他在道德问题上思考的深入。随着这一深入,心灵观念与道德律的关系也就得到了更完善和准确的规定。

② 康德:《纯粹理性批判》,邓晓芒译,杨祖陶校,北京:人民出版社,2004年,第616页,A811/B839。译文有所改动。

在"与"灵魂不死"。这一点恰恰是《一位视灵者的梦》这篇早期著作所不赞同的。这样看来,他在此的失误是很明显的。

　　总之,在第一批判中,康德虽然已经意识到,至善的实现需要"上帝存在"与"灵魂不死"两个预设,但他似乎还缺乏这两者与道德律关系的明确界定。这突出地表现在:两者给予道德律和道德动机的影响没有被合理地评估,以至于道德律自身的效力在某种程度上被削弱了。在此意义上,贝克把在第一批判中对"灵魂不死"的第二个论证判为失败是合理的。因为在整个至善体系的结构中,"灵魂不死"施于道德律的"过强影响"是不恰当的。而在《实践理性批判》里,两者的关系就得到了更合适的规定,至善内部的结构也获得了更清晰的表述。这造就了批判哲学对"灵魂不死"的第三个,亦即最著名的道德论证。该论证是康德在灵魂不死问题上最具代表性的陈述,也是后世学者争论的焦点所在。我们现在就进入这最后的论证。

四、与意志自律兼容的至善悬设

　　如前所述,康德的第三个与第二个论证都基于为实现至善而悬设灵魂不死,但两者的差别在于与"自律学说"相容与否。现在,第二个论证之所以不成立,正由于它与《奠基》和第二批判中所高扬的"意志自律"不兼容。因为"自律"所要求的是:道德律——那条纯粹的形式化实践法则,必须成为人之意志唯一的规定根据(Bestimmungsgrund)。也即是说,道德行为的动机必须是道德律本身。任何其他经验性的因素[偏好(Neigung)①或自身幸福]或超验性的因素("上帝存在"和"灵魂不死")都应该被排除在外。而第二个论证的失败正因为如下一点:它虽然正确

---

① Neigung 这个词在康德伦理学中是一个重要概念,译名在汉语学界却并不统一。苗力田和邓晓芒两位先生将之译作"爱好",牟宗三先生则译作"性好",而李秋零先生译作"偏好"。在本文中,笔者从李秋零先生,将之译作"偏好"。原因如下:Neigung 在德语中是名词,其动词形式为 neigen,意为"使倾斜,使弯曲"。在笔者看来,"偏好"的译法最突出地体现了这种倾斜、弯曲的特征。因此,人一旦沉湎于自己的偏好,就不可能遵从公正无私的道德律了。

地排斥了经验性的因素(偏好或幸福),但却将至善内部的"上帝存在"和"灵魂不死"接纳进对道德行为动机的考量。这就使道德行为的动机、亦即意志的规定根据无法维持为"自律",而变成在至善名义下的"他律"了。与之相对,在第二批判中,康德显然已意识到了自己在第一批判中所犯的这一错误。他明确地说道:"道德律是纯粹意志的唯一的规定根据……因而尽管至善是一个纯粹实践理性、亦即一个纯粹意志的全部对象(der ganze Gegenstand),但它却并不因此就能被视为纯粹意志的规定根据。"①所以,在第二批判中,"道德律"相对于"至善"获得了某种意义上的优先性。也即是说,至善作为德福一致的完满整体是人之意志的全部对象,但在任何时候,道德律都必须是意志唯一的规定根据。因此,于人而言,首要的是作为其意志之规定根据的道德律,然后才谈得上作为意志之全部对象的至善。

当然,道德律并非异于至善的东西,毋宁说它"作为至上条件也已经被包括在至善概念中了"②。易言之,遵循道德律与追求至善对人来说是一致的,因为道德律是至善概念的至上条件。这就意味着:只有在遵循道德律的条件下,人才有资格去追求至善。但有资格去追求至善,并不代表直接能实现至善。如前所述,至善意味着最完善德性和最高幸福合比例的统一体。而这种统一单靠道德律是无法实现的。正是这一点使康德在第一批判中意识到:他需要灵魂不死和上帝存在的预设(Voraussetzungen)。不过,在其中,他只是泛泛地将至善的实现与上述两个预设勾连起来,并未作出更深入的说明。但在第二批判里,他就清晰界定了两者与至善的两个组成部分——德性与幸福的对应关系:对人来说,德性的完满实现需要"灵魂不死",而与之相匹配的最高幸福则有赖于上帝的赐予。这样,康德对"灵魂不死"的最后一个论证就"浮出水面了"。也即是说,在第二批判中之所以出现"灵魂不死"的悬设(Postulat),

---

① 康德:《实践理性批判》,邓晓芒译,杨祖陶校,北京:人民出版社,2003年,第150页。
② 康德:《实践理性批判》,邓晓芒译,杨祖陶校,北京:人民出版社,2003年,第150页。

是因为德性的完满性所需。那么,这一完满性所指为何呢? 康德认为,它就是"意志与道德律的完全的适合"①,亦即"神圣性"②。对此,格海纳认定,这种神圣性就是人格性的神圣性。③这一判断无疑是正确的。因为在上一节可以看到,人格性意指着遵循道德律的"绝对主体"。因此,人格性的神圣性就等同于对道德律的绝对服从。但这种"绝对服从"对于有限的理性存在者而言是可望而不可即的。所以,人格性的神圣性——意志与道德律的"全适状态","是任何时候在感官世界中的理性存在者在其存有的任何时刻都不能做到的完满性"④。

但是,这种德性的完满性作为至善的第一个要素,"仍然作为实践上的而被必然要求着,所以它只是在一个朝着那种完全适合而进向无限的进程中才会遭遇到,而按照纯粹实践理性的原则是有必要假定这样一个实践的进步作为我们意志的客体的"⑤。但在康德看来,这种实践进步只有在一个理性存在者的人格的无限延续的悬设之下才是可能的,而这个悬设也就是"灵魂不死"。

现在,康德关于"灵魂不死"的终极论证已经展现出来了。贝克将此论证归纳为如下六步:"1. 至善是意志的必然客体。2. 神圣性或意图之于道德律的完全适合,是至善的一个必要条件。3. 神圣性无法在一个感性的理性存在者那里被发现。4. 神圣性只有在一个无限的进程中才能达到,并且,因为需要神圣性,这个朝向它的无限进程就是意志的真正客体。5. 这一进程唯有在理性存在者的人格能永恒持续时才是无限的。

---

① 康德:《实践理性批判》,邓晓芒译,杨祖陶校,北京:人民出版社,2003 年,第 167 页。

② 康德:《实践理性批判》,邓晓芒译,杨祖陶校,北京:人民出版社,2003 年,第 168 页。

③ Cf. Daniel Greiner, „Der Begriff der Persönlichkeit bei Kant", in *Archiv für Geschichte der Philosophie*, Vol. 10, Issue 1-4, 1897, S. 81.

④ 康德:《实践理性批判》,邓晓芒译,杨祖陶校,北京:人民出版社,2003 年,第 168 页。译文有所改动。

⑤ 康德:《实践理性批判》,邓晓芒译,杨祖陶校,北京:人民出版社,2003 年,第 168 页。译文有所改动。

6. 因此,至善只有在'灵魂不死的假设'之上才可能实现。"①贝克的这一归纳是精当的。如前所述,至善作为德福一致的整体是人之意志的全部客体。而德性的完满性或神圣性,亦即意志与道德律的完全符合,必须视作至善的首要组成部分。但现实的境况是:这种完满性或神圣性虽然为人的意志所必需,却不可能在人这样一个有限的理性存在者身上得到实现。于是,我们"理应相信",即便人可见的肉身会朽坏,但其不可见的心灵(灵魂)却将永存。因为只有这永存的心灵(灵魂)才保证了:人可以不断荡涤自己的感性污浊,以便在无限进程中绵绵修善、稳步提升,实现与道德律的"全适"。

康德对自己关于"灵魂不死"的最后论证是颇为满意的。他这样写道:"关于我们本性的道德规定的这一命题,即只有在一个无限行进的进步中才能到达与道德律的完全适合,具有最大的用处……缺少这个命题,要么道德律就会完全不配有它的神圣性,因为人们要么把它矫饰为宽纵的(宽容的),以适合于我们的惬意,要么就把自己的天职、同时也把自己的期望绷紧到某种无法达到的规定,亦即一种所希望的对意志之神圣性的完全获得,而迷失在狂热的、与自我认识完全相矛盾的通神论的(theosophisch)梦幻之中,通过这两者,所阻碍的只是那种不停息的努力,即努力准确而彻底地遵循一种严格而不宽纵、但却并非理想化而是真实的理性禁令。对于一个理性的、但却有限的存在者来说,只有从道德完善性的低级阶段到高级阶段的无限进程才是可能的。"②

所以,在康德看来,"灵魂不死"之所以为道德律所必需,是为了将道德律的作用"落到实处"。如前所述,道德律是出于理性的纯粹实践法则,故而对人这样的"感性的理性存在者"具有强制作用。而这种强制作用就意味着:人虽然"应该"服从道德律,但受困于自己的感性而不可能

---

① 刘易斯·贝克:《〈实践理性批判〉通释》,黄涛译,上海:华东师范大学出版社,2011 年,第 331 页。译文有所改动。
② 康德:《实践理性批判》,邓晓芒译,杨祖陶校,北京:人民出版社,2003 年,第 168—169 页。译文有所改动。

轻易达成这一要求。因此,人在任何时候都需要不懈精进的道德努力。而这种努力就集中体现在灵魂不死所代表的绵绵修善的无限进程之中。换言之,道德律无疑对意志有着直接的规约性。进言之,它在理性的普遍必然性之中,直接规定着人的实存。①然而很明显,此种规定在任何时候都远远超拔于人的感性之上。在面对如此超拔的道德律令时,一个在现世中生活的人稍有不慎和惰怠,就有可能或在假意尊崇道德律的名下肆意妄为,或如施威登贝格一般陷入神秘而狂热的通灵迷梦。要想避免上述两种情况的发生,作为理性存在者的人就必须在伦常日用之中严格和彻底地遵循道德律。但由于人在本性上是重浊的,与道德律天然的纯粹性之间有着无可弥合的差距,因此人需要一个不断纯化自己的过程,亦即向道德完善性无限进阶的过程。而这种道德的无限进阶必然远超出短暂的此生。在此意义上,灵魂不死悬设乃成必要。

不过需要注意的是,正如我们一再强调的,"灵魂不死"作为悬设并非在知识的意义上获得证成,而只能视作纯粹实践理性的信仰。这一信仰意味着:"如果承认这个纯粹道德律作为命令⋯⋯毫不松懈地约束着每个人,一个正直的人就完全可以说⋯⋯我的延续是无穷的,我持守这些并且非要有这种信仰不可。"②因此,"灵魂不死"作为实践理性的信仰就是基于道德律的信仰。换言之,一个人只要承认心中的道德律,就不可避免地意识到对自己心灵(灵魂)永存的需要,亦即"一个在绝对必要的意图中的需要"③。因为他(她)只有相信自己是永存的,才能期许自己

---

① 在康德看来,在实践领域内,道德律对人之实存有着直接的规定性。这正是我们在前一章第一节末所提到的人在经验性实存之外的别种实存方式。这一点是很重要的。因为人在经验上的实存表明,心灵(灵魂)的持存在经验领域中绝对不可被证明,也不能被否证。但道德律所规制下的实存却无关乎经验,并开启了心灵(灵魂)观念在实践领域中被确证的进路。虽然这种确证不可达到知识的客观确定性,但却拥有了主观上认之为真(Fürwahrhalten)的必要性。康德认为,这对灵魂不死信仰来说就已足够了。
② 康德:《实践理性批判》,邓晓芒译,杨祖陶校,北京:人民出版社,2003 年,第 196 页。译文有所改动。
③ 康德:《实践理性批判》,邓晓芒译,杨祖陶校,北京:人民出版社,2003 年,第 196 页。

企及与道德律的完全适合。

这样看来,康德心灵哲学的最终趋向是实践理性的信仰。这一发展趋势符合批判哲学的内在精神。在调停了唯理论和经验论关于"心灵"的思辨性争论后,他将心灵观带到了实践领域中。上述三个与道德律紧密联系的论证也确证了这一点。因此,从批判哲学的发展逻辑来看,他的处理无疑是恰当的。"灵魂不死"作为实践理性的信仰是顺理成章的。不过,他的这一处理并未"顺理成章"地为世人所接受。人们争论的焦点在于:心灵(灵魂)观念代表的"道德进步的无限进程"到底所指为何?这一问题正是本章下一节所要关注的内容。

第三节 心灵的无限进程——时间与永恒之辨

一、心灵的时间化与永恒化之争

康德眼中"灵魂不死"的真实含义是耐人寻味的。在第二批判中,当他将心灵(灵魂)的持存规定为道德进步的无限进程时,他事实上并未清楚地说明:这一进程在何种意义上成立——是在时间中的持存常驻还是在超时间的永恒之中?但正如汉斯·普舍尔(Hans Poser)所说的那样,"从一开始,时间和时间性在与永恒的关系中就被看作基本的对立一极。"①所以,"灵魂不死"究竟是在时间中还是在永恒中,这一直是康德哲学中的一个"未解之谜"。

在第一章中可以看到,唯理论所证明的"灵魂不死"是指在时间中的无尽延续。这和我们的通常理解是一致的。前批判时期的康德在早年也持同一看法。不过,在《一位视灵者的梦》之后,他逐渐形成"两个世界"(感官世界与理知世界)的观点,越来越倾向于将心灵(灵魂)的来生设定在他所谓的"另一世界",亦即不可见的"理知世界"之中。很明显,在康德哲学中,感官世界是在时间中的,因为时间就是内感官的形式条

———————

① 参见张荣《创造与伸展:奥古斯丁时间观的两个向度》,载《现代哲学》,2005 年第 3 期,第 100 页。

件。与之相对,理知世界则是超感性的,故而不受时间条件的限制。这样,如果心灵(灵魂)的永存是指在理知世界中的延续,那么它就是超时间的,亦即永恒的。在上一节中也可以看到,他在其 1782 年的形而上学讲稿中,就已明确地将心灵(灵魂)在死后的归宿归之于理知世界中的存有。换言之,心灵(灵魂)原本就在理知世界之中,只是在它与身体结合时,受困于身体的感性条件,而无法得见那个本自居有的世界。而当死亡卸去身体的枷锁之后,心灵(灵魂)就直观到了自己所处的理知世界。由之,心灵(灵魂)就在不生不灭的永恒之中,死去的只是外在的躯壳而已。这样看来,将"灵魂不死"归于永恒似乎更合乎康德哲学的内在逻辑。

但问题并没有这么简单。我们在上一节已经表明,康德最后将"灵魂不死"理解为"道德进步的无限进程"。这一观点并非他的原创。在第一章的第三节中可以看到,鲍姆嘉登已经将"灵魂不死"界定为道德使命的无限延伸。考虑到他之于康德的巨大影响,我们可以推断,康德的上述观点理应受益于他。然而,后者所理解的心灵(灵魂)道德的无限提升,实际上以时间中的无限延续为前提。因此,似乎很难理解的是:康德所称的"灵魂不死"作为道德进步的无限进程可以脱开时间而"跃入"永恒。由之,不少研究者都更愿意将他的"灵魂不死"依旧解读为"在时间中的无限延续"。比如,J. J. 麦金塔(J. J. Macintosh)就认为:"灵魂不死的观念是一个依赖于时间的观念,因此并不适合被用于那些在本质上是非时间性的实体之上。"[1]帕特里克·夏德(Patrick Shade)也相信:"康德不可能将时间性与道德进程相分离……我们所知的是我们朝向神圣性的无限进程的经验性品格。"[2]与他俩类似,贝克也认为,批判哲学所谈的"灵魂不死"是在时间中的。他写道:"如果我指出,灵魂不再处在时间条

---

[1] J. J. Macintosh, "The Impossibility of Kantian Immortality", in *Dialogue*, Vol. 19, Issue 2, June 1980, p. 232.

[2] Patrick Schade, "Does Kan's Ethics Imply Reincarnation?", in *The Southern Journal of Philosophy*, Vol. 33. Issue 3, Fall 1995, p. 354.

件之下,那么就无法理解通过'持续的和无止境的进程'要表达的是什么。我们只能在时间条件下设想诸实体,而我们的语言也必须适应这种时间条件,即便人们认识到无法确证这一点。"①

然而,稍加分析就会发现:这种将心灵(灵魂)观念限定在时间中的做法,和康德在第一批判中的论述是相矛盾的。在前一章可以看到,他的心灵(灵魂、自我)概念可以区分为如下三个层次:1. 知觉流意义上的经验自我,在内感官中呈现出来;2. 形式化的先验自我,亦即作为知性运用最高原理的先验统觉的综合统一性;3. 不可见的自在之我,也即处于理知世界中的我。所以,如果他最后所认定的"持存的心灵(灵魂、自我)"必须在时间中,那么它必然只能是上述第一种观念下的心灵——知觉流意义上的经验自我。显然,其余两种观念下的心灵都不可能在时间中:前者作为空洞化的形式之我,凌驾于时间条件之上;后者作为超感性的自在之我,属于物自体的世界,当然不受只适用于现象的时间形式之制约。但正如我们指出的那样,康德已然追随洛克和休谟的步伐,坚决否认了经验自我被确证为永存的可能性。因为很明显,在经验中一切皆流、无物常驻,进而不可能在其中找到持存不变的"同一个我"。这样,如果康德所说的心灵(灵魂)在时间中,那么它的持存性恰恰是无法证实的。②

从这个角度出发,将心灵(灵魂)置入永恒而持存,似乎更易于获得批判哲学内部学理的支持。因为当"灵魂不死"意味着超出时间而处于

---

① 刘易斯·贝克:《〈实践理性批判〉通释》,黄涛译,上海:华东师范大学出版社,2011 年,第 335 页。译文有所改动。

② 由此可知,赫克托尔·威特维尔(Héctor Wittwer)的下述观点——"对不死主体之追问的回答因此可以表述如下:灵魂是一个非物质的现象实体(Entität)"(Héctor Wittwer, „Einige Schwierigkeiten in Kants Lehre von der Unsterblichkeit der Seele", in *Annals of The West University of Timisoara-Series: Philosophy and Communication Sciences*, Vol. Ⅲ, 2008, S. 40)是站不住脚的。因为按照我们的分析可知:作为非物质的现象实体的心灵(灵魂)只能作为"经验自我"存在。在此,我们还不想去争论"现象实体"这样的说法是否合适,因为我们并不确定:这一说法在康德对心灵(灵魂)实体性作出批判性分析之后是否依然可以采纳。但无论如何,现象之我的心灵(灵魂)在作为内感官的对象时,恰恰不可能被证明是持存的。威特维尔显然忽视了康德在第一批判中对心灵(灵魂)概念的关键性论述。

永恒中时,这就很自然地表示着:那个作为自在之我的心灵(灵魂)可以在理知世界中长存不息。正由此,爱德华·A. 毕希(Edward A. Beach)才归纳道:"他(引者注:指康德)所设想的是一种超出空间和时间之外的一种道德'进步'。正如他一再坚持的那样,这是为何它是我们不能认识的东西,虽然我们依旧可以将它设想为一个先验的道德理想。"①艾伦·伍德(Allen Wood)同样坚信"灵魂不死"是超出时间之外的。他这般写道:"这个'无限进程'因此并不被视为一个无限的时间序列,而被当作正好在时间之外的某物。人在此生之内的时间性进程被思考为处于这个永恒进程之中,并且来生被思考为我们时间性进展的一个延续,虽然处于其他条件之下。"②与之相同,格哈尔特·弗兰肯霍伊泽(Gerald Frankenhäuser)也对此评论道:"未来生命,亦即走出时间之问题,正在于如下一点中,也即永生并不意味着无尽的时间,而意味着从时间中跨出(Aus-der-Zeit-heraustreten)。"③

　　不过,上述做法——将康德的"灵魂不死"理解为"在超时间的永恒中持存",也面临着诘难。阿利森就开宗明义地指出:"康德灵魂不死的'道德证据'的最明显和最频繁被提及的困难,相关于一个在时间之外包含着无限进程的'来世'生命观念的可理解性。"④很明显,阿利森的意思是:心灵(灵魂)在时间之外的永存是不可理解的。因为在他看来,对心灵(灵魂)"超出"时间的持存作出进一步界定是不可能的。而这一点也使他相信,康德关于"灵魂不死"的最后论说是很难成立的。和阿利森一

① Edward A. Beach,"The Postulate of Immortality in Kant:To What Extent Is It Culturally Conditioned?",in *Philosophy East & West*,Vol. 58,Nr. 4,October 2008,p. 503.

② Allen W. Wood,*Kant's Moral Religion*,Ithaca and London:Cornell University Press,1970,p. 123.

③ Gerald Frankenhäuser,*Die Auffassungen von Tod und Unsterblichkeit in der klassischen deutschen Philosophie von Immanuel Kant bis Ludwig Feuerbach*,Frankfurt am Main:Haag und Herchen Verlag GmbH,1991,S. 206.

④ 亨利·E. 阿利森:《康德的自由理论》,陈虎平译,沈阳:辽宁教育出版社,2001 年,第 257 页。译文有所改动,参考了英文本(Henry E. Allison,*Kant's Theory of Freedom*,Cambridge:Cambridge University Press,1990,p. 172)。以下皆同,不再赘述。

样,A.C.埃文(A. C. Ewing)也认为,康德将"灵魂不死"完全置于感性时空之外是不妥的。他这样评论道:"他(引者注:指康德)否认了我们能对超出我们感性的东西拥有任何理论知识甚或智性上的理解,并且,虽然他声称,我们在没有知识时能够拥有一个被确证的和在主观上确定的对上帝和灵魂不死的信仰,但还存在着一种危险,即他信仰的客体将变成一个如物自体一般的单纯 X。"[①]所以,埃文的担忧在于:如果作为信仰的心灵(灵魂)观念完全超出时间之外,那么我们就将信仰一个完全未知的东西。在他看来,这就有退回信仰的蒙昧状态的风险。

和上述两者的解释不同,贝克则否认,康德所谓"心灵(灵魂)在时间之外的永恒"是不可理解或完全不可知的。毋宁说,他相信,即便心灵(灵魂)在永恒中持存,其道德改善的无限进程也是以时间模型为蓝本的。他写道:"如果我们说灵魂是不死的,并且意谓它是永恒的……但我们必须牢记,灵魂永恒的前提包含了持续变化的理念,后者是一种时间性的模型,而非一种永恒的模型。"[②]换言之,在他看来,即便心灵(灵魂)之永恒被视为非时间的,但康德在描绘心灵(灵魂)从低到高的道德进程时暗中仍以时间模型来设想心灵(灵魂)在永恒中的演进。这就表明:所谓心灵(灵魂)"超时间的"永恒终归是以时间条件为基础的。

由此可知,对于康德心灵(灵魂)的无限进程观念的含义,学界一直处于莫衷一是的纷争状态。概言之,倘若这一进程被理解为时间中的无尽延续,那么,这就和康德哲学对超验理念(心灵、上帝、世界整体)的"超时间性"规定相抵牾;又若这一进程被解读为在超时间的永恒中持存,那么我们就无法理解,该进程所意指的"从低到高的道德演进"究竟谓何。这正是康德在第二批判中对"灵魂不死"的处理遗留下的难题——心灵

---

① A.C. Ewing, "Kant's View of Immortality", in *Scottish Journal of Theology*, Vol. 17, Issue 4, December 1964, p. 385.

② 刘易斯·贝克:《〈实践理性批判〉通释》,黄涛译,上海:华东师范大学出版社,2011 年,第 335 页。译文有所改动。

(灵魂)是在时间中留存还是迈入永恒？约翰·H. 维特克(John H. Wittaker)清晰地展示了这一困境："有好的理由去相信,对灵魂的这个时间性不死的观念持怀疑态度。灵魂在死后的时间性延续不仅是对于纯粹(与'实践的'相对)理性来说是无法感知的,而且康德在他的一篇后期论文中,谈到了作为一种无时间性状态的永恒,在其中变化是不可想象的。这两种来生的观念(作为延续和变化的来生对立于作为无时间性和没有变化的来生)是难以调和的。"①在此,维特克所提到的那篇后期论文,是指康德写于 1794 年的《万物的终结》。在这篇文章里,康德的确谈到了一种无时间性的永恒,并进一步展开了在第二批判中未获充分讨论的灵魂不死问题。然而,维特克似乎并未注意到:在这篇文章里,康德并非仅对"何谓永恒"做了细致的分析,而且已对上述两种不死观念,亦即"时间中的持续演进"和"无时间性的永恒"之矛盾做了很好的调和。透过康德的这一说明,我们将会看到:前述关于他灵魂不死的争论——时间与永恒之辨都是"片面的真理",未能从整体上把握其心灵(灵魂)观的精髓。

二、时间与永恒的辩证统一

在《万物的终结》中,康德主要对基督教的一种传统死亡观——"从时间进入永恒"进行了分析。他写道:"如果在此应当把永恒理解为无限绵延的时间,则这种说法就会事实上没有说出任何东西来;因为这样的话,人就绝对不会脱离时间,而只是从一段时间前进到另一段时间。因此,这里指的必须是虽然人不间断地持存却有一切时间的终结,但这种持存(人的存在作为量来看)毕竟也是作为一个完全无法与时间相比的量(duratio Noumenon)[作为本体的绵延],对它来说,我们当然不能形

---

① John W. Wittaker, "Kant and Kierkegaard on Eternal Life", in *Kant and Kierkegaard on Religion*, ed. by D. Z. Phillips and Timothy Tessin, London: Macmillan Press Ltd., 2000, p. 191.

成任何概念(除非是纯然否定的概念)。"①从中可知,永恒是无时间性的永存,亦即上述"虽然人不间断地持存却有一切时间的终结"②。因此,"从时间进入永恒"就等同于从时间性的实存进入无时间性的持存。如前所述,时间是感官世界(俗世)的特征,而永恒(无时间性)则是超感性世界(理知世界)的特征。这样,在康德的眼中,死亡所表征的"从时间进入永恒"就意指着:从感官世界"跨入"超感性世界。他由之引申道:"当我们探究从时间到永恒的过渡……时,就像理性在道德方面为自己所作出的过渡那样,我们就遇到作为时间存在物和作为可能经验之对象的万物的终结;但在诸目的的道德秩序中,这种终结同时是那些作为超感性的因而并不处在时间条件下的存在物的一种持存的开端,那些存在物及其状态因此只能有其性状的道德规定。"③因此,从时间过渡到永恒,就是指"时间的终结"与"永恒的开端"这两者的同时发生:前者意味着在感官世界(俗世)中万物的终结,后者表示着人在超感性世界(理知世界)中道德性持存的开始。

然而,在康德看来,这个终结和开始的"转换点"远超出人的理解范围之外。万物之终结不是指,我们通常想象中末日审判来临时的情景,如天崩地裂、洪水滔天、烈火焚烧等可怖诸事的聚集。毋宁说,关于此种末日场景的想象仍在时间之内,远未终结时间本身。因为在此末日之后,"还会有其他不同的日子随之而来"④,亦即"一个新天和新地被创造

① 康德:《万物的终结》,李秋零译,载《康德著作全集》第8卷,李秋零主编,北京:中国人民大学出版社,2010年,第330页。
② 康德:《万物的终结》,李秋零译,载《康德著作全集》第8卷,李秋零主编,北京:中国人民大学出版社,2010年,第330页。
③ 康德:《万物的终结》,李秋零译,载《康德著作全集》第8卷,李秋零主编,北京:中国人民大学出版社,2010年,第330页。译文有所改动。
④ 康德:《万物的终结》,李秋零译,载《康德著作全集》第8卷,李秋零主编,北京:中国人民大学出版社,2010年,第331页。

出来,作为有福者的居所,而地狱被创造出来,作为受诅咒者的居所"①。康德进而认为,"万物的终结这个理念并不是源自对世间万物的自然进程的理性思考,而是源自对其道德进程的理性思考,并且仅仅由此而产生;这种道德进程也只能与诸如永恒的理念这类超感性的东西(它惟有在道德事物上才可理解)联系起来"②。这也就是说:万物之终结,不是因为俗世到了自然进程的绝对尽头,而是因为它到了道德进程的完满终点。这个终点就是人在超感性世界中永恒持存的开始。但实际上,这个既是终点、又是开端的"所在"对我们而言是完全"不在的"。因为首先,终点是时间本身作为整体的终点,而我们作为时间中的存在者,如何可能凌驾于时间之上"看到"时间整体的终点?其次,开端是在超感性世界中的开端,但这个世界不再有时间的流变,因而开端在本质上就是无时间性的开端。然而如果开端不在时间中,那么它还能被叫作开端吗?开端之义本为"此端先开,后有相随"。但在超感性世界中,不可能有先后之别。毋宁说,在其中开端同时就是终点。概言之,这是一个如如不动的永恒世界。

在此情况下,我们之于死亡所臆想的"从时间进入永恒",对我们而言是不可能发生的。因为如前所述,时间与永恒,亦即感官世界与理知世界的"临界点",远非人这种有限的理性存在者所能理解。由之,人们那种直白的想象——在死时从感官世界的"出口"伶俐地跨入理知世界的"入口"——在逻辑上是不成立的。"因为我们只要想从感官世界跨入理知世界一步,就不可避免地使自己陷入矛盾;这种情况在此处之所以发生,就在于构成感官世界的终结的那个瞬间,也应当是理知世界的开

---

① 康德:《万物的终结》,李秋零译,载《康德著作全集》第8卷,李秋零主编,北京:中国人民大学出版社,2010年,第331页。

② 康德:《万物的终结》,李秋零译,载《康德著作全集》第8卷,李秋零主编,北京:中国人民大学出版社,2010年,第331页。

端,因而前者与后者被放在同一个时间序列中了,而这是自相矛盾的。"①
更进一步说,从康德的观点看,只有在道德进程的完满顶点,才会有"时
间终结、进入永恒"的情况。但这个道德进程的完满整体就是我们上一
节末强调的"神圣性"。而这种神圣性是我们这些凡夫俗子终其一生,乃
至生生世世无法企及的。

就此而言,心灵(灵魂)的来生并不意味着:"从时间进入永恒"或"从
感官世界进入理知世界"。由之,康德的"灵魂不死"也不可能完全限定
在时间外的永恒中。显然,持此观点的人并未意识到,如果"从时间进入
永恒"对人来说就无法发生,那么心灵(灵魂)怎么可能只在永恒中持存
呢? 诚然可以说,心灵(灵魂)原本就在理知世界中,死亡只是免除了肉
身的障碍,让心灵(灵魂)"看到了"它本性所属的永恒世界。然而,人作
为灵肉的结合体本就处于感官世界与理知世界的交互作用之中。难道
随着死亡的发生,人可以自然而然地直接从前一个世界跨入后一个世界
吗? 如上所示,康德对此的回答是否定的。在他看来,这只有在道德进
程的完满终点才会出现。但这个终点不会落于我们这些芸芸众生的眼
中,而只在超越于此进程之上的无限者——上帝的视域内。所以,既然
我们无法看到这个终点,那么我们就将永远同时置身于两个世界之中。
由此,在康德那里,"灵魂不死"的真实含义已经露出端倪了。也即是说,
"灵魂不死"既指示着人在感官世界,亦即时间中的无限延续,也包含了
人在理知世界,也即永恒中的纯粹如一。在此意义上,实践理性所信仰
的"灵魂不死"是时间与永恒的"辩证统一"。两者不可偏废其一。

康德这样写道:"给理性剩下的无非是在向终极目的的不断进步中
设想一种(在时间中)无止境地前进的变化,而在这种进步中,意念
(Gesinnung)(它不像进步那样是一个现象,而是某种超感性的东西,因

---

① 康德:《万物的终结》,李秋零译,载《康德著作全集》第8卷,李秋零主编,北京:中国人民大学
出版社,2010年,第337页。

而不是在时间中可变化的)保持不变,始终如一。因此,依照这个理念在实践上应用理性的规则所要说的无非是:我们必须这样采纳我们的准则(Maxime),就好像在由善向着更善的一切无止境的变化中,我们的道德状况在意念上(homo Noumenon)[作为本体的人]……根本不会屈从于任何时间的变迁。"①在这段话中,他已清晰地表明了:两种相矛盾的来生观念(时间中的无尽延续与永恒中的始终如一)如何能融贯地统合起来。首先,就人作为现象来说,我们必须设想他(她)在时间中由善向着更善的无穷进步;其次,就人作为本体而言,我们就将看到他(她)那种超时间的,亦即始终如一的道德意念。因此,作为本体的人是道德意念的纯粹化身,实际上也就是一个与道德律完全适合的纯粹意志。以之为范型,作为现象的人,亦即我们,就必须期待一个在道德上不断进步的无限进程。无疑,这两者的统一才构成康德对"灵魂不死"的整全理解。

所以,将康德的"灵魂不死"单纯限定在时间或永恒中的观点都是不妥的。因为实际上,"灵魂不死"必须在这两个维度同时并进,缺一不可。而维特克虽然正确地观察到,"时间"和"永恒"两者在康德对"灵魂不死"的解释中都应具备,但他对两者关系的界定却"失之毫厘,谬以千里"。他这般说道:"一方面,我们在道德上变得完善的需要由于不可能在此世完成,所以要求某种补充性的条件,依靠这些条件,这一目标的最终实现是可能的。因此康德提示说,有善良意志的人们在死后可能在一个本体的领域内继续提升,该领域允许在缺少世俗时间的情况下变化和发展的发生。但在另一方面,当道德上的完善到达时,这一发展就必须来到终点了。由此'时间'终止并且绝对的稳定性——静止就来临了。这绝不仅仅是幸存,反倒展现了生命的最终目的。因为不管怎样,时间必须终

---

① 康德:《万物的终结》,李秋零译,载《康德著作全集》第8卷,李秋零主编,北京:中国人民大学出版社,2010年,第337—338页。译文有所改动。

结于永恒中。"①从中可以看到,维特克并未真正理解康德那里时间与永恒"如何统一"。在他的解读中,时间必须通过一个"本体域"的中介才能归于永恒。他误以为在死后道德改善的无限进程已不可能在时间中发生。因而,他就把该进程放置到了无时间的本体域之中。在其中,他设想可以有一种无关时间的道德提升,待道德完善臻于至境时,在时间中流变的俗世和无时间性却有变化的本体界才将终止于绝对静止的永恒。他的这一设想非常美好,但其中的错误也十分明显。易言之,他并未注意到:对康德而言,其一,道德改善的无限进程只能在时间中发生;其二,在本体界中是不存在任何变化的,因为这个本体界就是永恒的所在。在上述所引《万物的终结》的原文中,这两点就已清晰地呈现出来了。康德在其中宣称:道德改善的无穷进步是在时间中的,是一个现象;而我们的道德意念(作为本体的人)则不受时间条件限制,始终如一。

因此,仍需澄清的一点是:道德改善的无限进程为何可以在时间中发生。维特克正因为相信,这一进程不可能在时间中发生,而在永恒中又不可能有任何变化,所以才推断出康德那里需要一个作为时间与永恒之中介的本体域。在其中,道德的无穷演进得以进行。维特克的这一判断并不让人意外。因为正如我们在上一章所展示的那样,在理论理性的范围内,心灵(灵魂)在与身体分离后的时间性永存在康德的眼中是不可能被证实的。因为我们的经验不可能超出此世之外。这也正是毕希、伍德和弗兰肯霍伊泽等人否认心灵(灵魂)在时间外持存的原因。的确,依照康德的观点,心灵(灵魂)的持存作为在时间中"自然的"无限进程,不可被当作"知识"。然而,他们都忽视了如下一点:"灵魂不死"作为在时间中"道德的"无限进程可以成为一个合理的"信仰"。

知识和信仰的一般差别是我们所熟知的。康德曾将这一差别描绘

---

① John W. Wittaker, "Kant and Kierkegaard on Eternal Life", in *Kant and Kierkegaard on Religion*, ed. by D. Z. Phillips and Timothy Tessin, London: Macmillan Press Ltd., 2000, pp. 191 – 192.

如下："如果视其为真只是在主观上充分，同时却被看作在客观上是不充分的，那么它就叫作信仰（Glauben）……主观上和客观上都是充分的那种视其为真就叫作知识。"①依此可知，如果我们想要确证"灵魂不死"为知识，那我们就需要在客观上和主观上都为之找到根据。现在的情况是：虽然我们在主观上，也即在内心中有充分的根据去接纳"灵魂不死"；但毕竟在客观上，亦即在经验中无法找到这样的证明。因此，它就只能维持为我们的信仰。不过，正如我们在上一节展示的那样，"灵魂不死"并非我们随意设定的信仰，而是从纯粹实践理性中严格导出的信仰，"就纯粹实践理性的合乎义务的运用而言必须得到先天的思考"②。就此而言，"灵魂不死"的理念即便没有经验实在性，却毕竟拥有实践实在性。③正是康德赋予它的这种实践实在性，使得它作为在时间中"道德的"无限进程是可能的。这也就是说：我们可以而且必须对某一个人乃至人类整体在历史长河中的道德进步，有一个"无穷无尽"的期望。借此，我们并不是在对这个人乃至人类整体的历史进程作客观描述和经验预测。毋宁说，我们只是对这个人乃至人类整体在道德上的无限演进抱有坚定信仰。因为这一信仰是从人类的理性本性中自然引申出来的。因此，即使"灵魂不死"在理论知识中是不可确证的，但在道德信仰上恰恰是可确证的。这正是我们在上一节所着力论述的。维特克等人的失误就在于没有清楚地认识到康德的这一区分。

当然，"灵魂不死"作为道德信仰，之所以表现为在时间中的无限改善进程（作为现象之人），根源于灵魂在本性上的绝对完善、永恒如一，亦即与道德律的完全适合（作为本体的人）。由于人之本体构成了人之现

---

① 康德：《纯粹理性批判》，邓晓芒译，杨祖陶校，北京：人民出版社，2004 年，第 623 页，A822/B850。译文有所改动。邓晓芒和李秋零两位先生都将"Glauben"一词译作"信念"。但在笔者看来，该词在康德哲学中译作"信仰"更佳。"信念"给人认识论意味较强的感觉，而"信仰"更合乎该词在康德哲学中与道德、宗教的关联性。
② 康德：《判断力批判》，邓晓芒译，杨祖陶校，北京：人民出版社，2002 年，第 328 页。
③ 参见康德《实践理性批判》，邓晓芒译，杨祖陶校，北京：人民出版社，2003 年，第 3 页。

象的基底,因此现象之人在时间中改善进程的终极趋向是本体之人的绝对完善性。易言之,正因为人在基底上是"处于道德上的彻底完善状态的人性"①,所以才有现象之人从善到更善以致无穷的进程。

而一个紧接着的追问是:如果上述从善到更善以至无穷的进程,必须在现象之人身上发生,那么这对于人意味着什么呢? 在夏德看来,这就意味着,人的"再现象化"(rephenomenalization)是必须预设的。②如前所述,在康德哲学中,人(自我)也必须区分为现象和本体两个层面。由之,夏德就推论说,所谓"再现象化"就是指:相对于作为道德本体之人(自我)的恒定不变,作为现象呈现的人(自我)是有死的。因而后者需要不断地重新成为现象,以便将在时间中的道德改善过程无限地接续下去。我们认为,他的这一推论是正确的,虽然康德从未采用过这一术语。康德在《纯然理性界限内的宗教》中的确提到,道德进步的轨道是人在尘世人生之后还面临着的另一种人生。③ 同时,他还明确地指出:"思想的改变也就是说从恶中走出并进入善,是脱去旧的人并穿上新的人,因为主体死于罪过……乃是为了生于公正。"④。可见,他在此所表达的意思和夏德的结论是一致的。那么,康德对灵魂不死的前述谈论又为何需要这种"再现象化"的预设呢? 对此,夏德作出了如下精当的分析:"道德的完善在于,经由对病理学规定的抵制来实现对意志规定根据的纯化。这样的抵制只有通过让感性动机服从道德动机才能实现。如果在一个现象自我死亡时,道德主体不与另一个现象自我相结合,那么所有的抵制都将消失而纯化也将完成。完善的德性就将通过现象自我的死亡自动

---

① 康德:《纯然理性界限内的宗教》,李秋零译,载《康德著作全集第》第 6 卷,李秋零主编,北京:中国人民大学出版社,2007 年,第 59 页。

② Cf. Patrick Schade, "Does Kan's Ethics Imply Reincarnation?", in *The Southern Journal of Philosophy*, Vol. 33. Issue 3, Fall 1995, p. 352.

③ 参见康德《纯然理性界限内的宗教》,李秋零译,载《康德著作全集第》第 6 卷,李秋零主编,北京:中国人民大学出版社,2007 年,第 68 页。

④ 康德:《纯然理性界限内的宗教》,李秋零译,载《康德著作全集第》第 6 卷,李秋零主编,北京:中国人民大学出版社,2007 年,第 73 页。

达到,那么在德性上的无限进程就是没有意义的。因此,灵魂不死的悬设将变得不必要了。这样一种观点是有严重问题的,因为完善德性的实现将并不归因于一个个别主体的道德选择,而归因于一个超出该主体控制的现象事件。德性的进步只在病理性影响的背景中才有意义,并因此需要一个被这般影响的现象自我。作为结果的是,在现象自我死亡时,道德主体若去延续它的道德进程,将必须被再次现象化。"①

夏德的意思是:如果道德进程必须无止境地延续下去,那么作为本体的道德自我就必须持续地拥有现象自我的再生,既然任何一个现象自我都是终有一死的。在批判哲学中,人作为本体的道德自我是圆满具足的。与之相对,他(她)作为现象自我,就构成对这一道德本性的某种障碍。而夏德深刻地洞见到:对人而言,这种障碍是必需一再预设的。因为正是对这种障碍无止境的克服过程,才构成一个无限的道德改善进程。这样看来,在康德那里,"灵魂不死"的含义就可以更详细地区分为两个层面:一个是作为本体的道德自我的永恒如一;另一个是现象自我在时间流变中的不断再生。不过,由于对康德而言,自我的现象化就是肉身化(incarnation),所以我们也可以说,他的"灵魂不死"在终极意义上是一个整全的人之"永存"——人之本体的永恒留存与人之肉身的不断更替。

三、不完善的行为与完善的意念

然而,康德对"灵魂不死"的上述理解依然面临着一个难题:在上述整全的人内部,即在本体和现象间有着无法逾越的鸿沟。而这一鸿沟似乎注定了人的悲剧性命运。也即是说,现象(肉身)之我和本体之我虽然是须臾不可分的——因为道德改善的进程,就是后者通过不断地战胜前者并力图返归自己本性的旅途——但问题在于:这一旅途的结局并非奥

---

① Patrick Schade, "Does Kant's Ethics Imply Reincarnation?", in *The Southern Journal of Philosophy*, Vol. 33, Issue 3, Fall 1995, p. 353.

德赛式的"最终返乡",而仅停留于西西弗斯式的"永无终结"。在此意义上,我们很难判定:康德的灵魂不死悬设到底给予了我们希望还是绝望。他自己也不得不承认这一点。他这样写道:"即便我们假定人在此生也处在最佳境地的道德—自然状态(den moralischen-physischen Zustand),亦即不断地向着至善(被定为他的目标的)进步和逼近的状态,他也毕竟不能(即使意识到其意念的不变性)把满足与对其状态(无论是道德状态还是自然状态)的一种永恒绵延的变化的展望结合起来。因为他现在所处的状态,与他准备进入的更佳状态相比,毕竟始终是一种恶;而向着终极目的的一种无止境进步的表象,毕竟同时是对一个无穷系列的恶的展望,这些恶虽然被更大的善所胜过,但毕竟不会带来满足。惟有通过最终有朝一日达到终极目的,人才能设想这种满足。"①

在此,康德实际上也无法否认灵魂不死的无限进程涵盖了恶的无穷延续。而这就决定了:我们作为凡俗的存在者不可能在时间序列中的某一刻实现灵魂在本性上的"完满之善"。这也就是说:即便心灵(灵魂)的无限进程是改恶迁善的无穷进步,在其中恶的因素被设定为越来越小,善的因素越来越大,但恶终究是不可消除的,必将永远延续。由此,对我们这些有限的存在者而言,心灵的完满之善不仅在此生是奢望,而且在接纳了来生的坚定信仰之后,依然是镜中花、水中月。这样一来,心灵(灵魂)的无限进程似乎只是一场夸父追日式的"徒劳无功"。从康德这满怀希望的灵魂不死的信仰中所导出的,却很有可能是一场败局已定的"命运悲剧"。

不过,在《纯然理性界限内的宗教》里,康德认为自己找到了解决这一难题的办法。他这样说道:"解决这一困难的基础在于,作为从有缺陷的善向更善的永无止境的不断进步的行为,按照在因果关系概念方面不可避免地局限在时间条件上的我们的评价,永远还是有缺陷的;以至于

---

① 康德:《万物的终结》,李秋零译,载《康德著作全集》第8卷,李秋零主编,北京:中国人民大学出版社,2010年,第338页。译文有所改动。

我们必须把现象中的、即依据行为在我们中的善,在任何时候都看做是对于一种神圣的法则来说是有欠缺的;但是,这种善为与神圣法则相适应的无止境的进步,由于派生这一进步的超感性的意念,被一位知人心者(Herzenskündiger)在他的纯粹理知直观中根据行为(生命变迁)也被判定为一个完成了的整体。这样,人即使有其恒久的缺陷,也可以期望在根本上(überhaupt)成为上帝所喜悦的,无论他的存在在哪个时刻被打断。"①

　　在这段话中,康德的解决路径已经清晰地展现出来了。也即是说,心灵(灵魂)在道德改善的无限进程与其本性的完满之善间的鸿沟,在上帝的视野中被弥合了。因此,仅在我们这些世俗之人的眼中,处于时间序列中的任何一种"善行"对比于和道德律完全一致的心灵(灵魂)本性,永远都不会是全善的,因而总归含有恶的成分。但上帝作为一个"知人心者",凭借其理知直观就洞察到:人每一个真诚的"善行"都蕴含了一个超感性的永恒意念。而这个坚定的意念就是心灵(灵魂)本性的"直接在场",并构成了道德无限进步的时间序列。这个序列在我们眼中固然是看不见尽头的,但在永恒的上帝的观察中,这个序列已然是一个完成的整体了。所以,在道德无限进步的历程中,我们不应在自己的不完善面前陷于绝望,而应怀着不可移易的道德意念勤勉修善。因为无论是体现在外的善行,还是深藏于心的意念都在上帝的掌控之中。由此,只要我们诚心正意、言行一致,我们完全可以相信:在上帝的庇佑下,"奖励是荣耀的,希望是巨大的"②。上帝必会丝毫不差地将与德性相匹配的幸福赐予我们。

　　但对于康德的上述解决路径,阿利森明确地斥之为无益的诡辩。他毫不客气地宣判道:"这里的焦点……在于为追寻一种不可实现的目标

---

① 康德:《纯然理性界限内的宗教》,李秋零译,载《康德著作全集》第6卷,李秋零主编,北京:中国人民大学出版社,2007年,第66—67页。译文有所改动。
② 柏拉图:《斐洞篇》,王太庆译,北京:商务印书馆,2013年,第80页。

的要求提供证明。从这种观点看,康德……完全没有给出任何答案。"①在此,阿利森的意思是:康德给出的答案显得如此无效,以至于就像没有给出任何答案一样。他还进一步援引康德的话质问道:"当行动总是(不是普遍地,但却在时间的每个瞬间中)有缺陷时,一个意念如何可能对行动本身有意义呢?"②不过,在我们看来,阿利森的指责是失于偏颇的。因为在康德看来,我们行动与意念之间的差距如何解决,其焦点不在"我们身上",而在"上帝那里"。作为时间性的存在者,即便我们在道德上无比精进,但我们在任何一个时间点上的行为仍将是不完善的。现在,上帝作为全知、全能、全善的存在者,却将透过时间性所施加于我们的不完善性直观到我们心灵内部永恒、完善的道德意念。由之,在心灵(灵魂)观念内部——时间性的不完善与永恒的完善性之间的张力,就被上帝消除了。我们可以满怀信心地在一个无限的进程中勉力为善,因为洞悉了一切的上帝已对我们有了最好的安排。就此而言,康德必然要从"灵魂不死"的信仰过渡到"上帝存在"的信仰。诚如埃文所说的那样,"康德事实上是通过确立'灵魂不死'来确立'上帝存在',而对于大多数其他哲学上的有神论者来说情况则与之相反"③。

与之相对,阿利森虽然注意到了"上帝"在康德心灵观中的作用④,但在根本上,他缺乏对这一作用的充分重视。这也让他相信,康德的解决方案除"无效"之外,还有一个缺陷:"即认为,当道德生活被视为在永恒

---

① 亨利·E. 阿利森:《康德的自由理论》,陈虎平译,沈阳:辽宁教育出版社,2001 年,第 430 页。译文有所改动。

② 亨利·E. 阿利森:《康德的自由理论》,陈虎平译,沈阳:辽宁教育出版社,2001 年,第 259—260 页。译文有所改动。

③ A. C. Ewing, "Kant's View of Immortality", in *Scottish Journal of Theology*, Vol. 17, Issue 4, December 1964, p. 386.

④ 阿利森将康德的解决方案归纳如下:"对上帝来说,意念的纯粹性就算作行为。因此,那些经受了所要求的精神转变的人,即真诚地采纳神圣准则,或一如他现在所提出的,努力奋斗去追寻道德完善之典范的人有理由希望他们会变得为上帝所喜。"(亨利·E. 阿利森:《康德的自由理论》,陈虎平译,沈阳:辽宁教育出版社,2001 年,第 259 页。译文有所改动)

性的方面之下（sub specie aeternitatis）时，道德斗争，因而我们所做出的任何进步，本身都'仅是某种现象之物'，并且这样一来，就变得无关紧要了。依此之见，允许把意念算作行为就不会有什么困难，而这只是因为那种在它们之间带来问题的区分，被相对化（relativized）至我们有限的人类视野中。"①

在我们看来，他对康德的上述批评同样是不成立的。因为该批评中所包含的两层意思都是有问题的。先来看他在其中所表达的第一层意思：作为现象呈现出来的道德进步，亦即道德生活，由于被置于心灵（灵魂）永恒的道德意向之下，所以就是无关紧要的。这也许是错误的。因为康德虽然将道德改善的无限进步视为在时间中，即在现象中，但这并不表示：他就将之视为无足轻重的东西。如前所述，道德无限进步之现象与道德意念之本体构筑了康德对"灵魂不死"的整体理解。两者对他而言都是不可或缺的。易言之，它们是一体两面的：前者需要以后者为最终的支撑，而后者也需要以前者为实存的开显。进言之，对康德而言，坚定不变的道德意念必然表现为在道德行动中的持续改进。事实上，这种孜孜不倦的道德提升是他之所以设定"灵魂不死"的根本缘由。因为在他看来，任何宣称以其他形式到达永恒的道德意念、也即道德的绝对完善性的人，要么是无意尊奉道德的伪善者，要么是陷于通灵学中的癫狂者。于是，这两种通达道德完善性的途径都是不可取的，而通过心灵（灵魂）不断修善的无限进程才是唯一进路。②

另外，道德行动的无限进步之所以重要，还因为它是人之幸福的根据，亦即所谓配享幸福（Glückwürdigkeit）的资格。众所周知，在批判哲

---

① 亨利·E. 阿利森：《康德的自由理论》，陈虎平译，沈阳：辽宁教育出版社，2001 年，第 260 页。译文有所改动。
② 这里的问题是：通达道德完善性的途径，真的只有心灵（灵魂）不断修善的无限进程吗？我们将在下一章的第一节再讨论这个问题，因为这相关于灵魂不死悬设是否必要的疑问。不少学者已经对此作出了探索。笔者的观点是：在康德哲学内部乃至西方哲学的整体背景下，这个悬设的确是必要的。但在非西方（比如中国）哲学的背景中，通达道德完善性就并不必然要求设定心灵（灵魂）的无尽修善过程。我们将在随后展开这一讨论。

学中,至善作为德福一致的统一体,是人之意志的终极目的。因此,人不仅追求道德的绝对完善性,也必然期望与这种完善性相配的幸福。但是,德性与幸福在至善名下的结合是有主次之别的。换言之,只有在道德完善性的基础上,与之成比例的幸福才是合乎理性的。因而,这一幸福也就是道德上的幸福。他这样解释道:"这里,并不是把道德上的幸福理解为保证永远拥有作为自然的幸福的、对自己的自然状况的满足(摆脱了恶并享受着日益增长的乐趣),而是保证永远拥有一种一直在善中向前进的(永不脱离善的)意念的现实性和坚定性;因为只要人们确信这样一种意念是不变的,那么,持久地'追求上帝之国',就无非是知道自己已经拥有这个国,因为持有如此意念的人已经发自内心地相信,'其余的一切(涉及自然的幸福的东西)都将会归予他'。"①因此,以道德无限进步的坚定信念为基础,道德上的幸福、也即一个"上帝之国"才是可预期的。也就是说,上帝作为"一个智慧的和万能的幸福分配者"②,必将根据我们在道德上的努力赐予与之相配的幸福。

所以,在康德那里,道德改善的无限进步既是达到道德完善性的唯一途径,又是配享幸福的资格所在,因而有其重大意义。而阿利森仅凭这一进步在时间中,亦即在现象中,就宣称它是"无关紧要的",这无论如何是不妥的。最后,阿利森在上述引文中所表达的第二层意思——永恒的道德意念与时间中的道德行动的同一性可以溯源于有限的人类视野,同样是不确当的。据康德的原文可知,从属人的视角出发,意念与行动恰恰是有天然差距的,因而它们只在上帝的视野中才能合一。由此观之,阿利森正好颠倒了康德的原意。总之,我们认为,阿利森对于康德心灵(灵魂)观的上述指责都不成立。在某种意义上,在批判哲学体系内部(尤其在第二批判和随后的《万物的终结》《纯然理性界限内的宗教》中),康德关于

---

① 康德:《纯然理性界限内的宗教》,李秋零译,载《康德著作全集第》第6卷,李秋零主编,北京:中国人民大学出版社,2007年,第67页。译文有所改动。
② 康德:《实践理性批判》,邓晓芒译,杨祖陶校,北京:人民出版社,2003年,第176页。

"灵魂不死"的最终陈述是成功的。因为这一陈述巧妙地解决了在第二批判中出现的如下质疑：心灵(灵魂)究竟是在时间内还是在永恒中持存？与诸多各执一端的学者不同，在我们看来，康德的回答是：心灵(灵魂)的永存既在时间内，也在永恒中。这一回答既合乎他著名的现象与物自体，即感官世界与理知世界的区分，又给予了人道德改善的无限鞭策与希望。诸多对康德心灵(灵魂)观的指责正源于忽视了其中时间和永恒的"辩证统一关系"。而在批判哲学中，此关系是他在心灵(灵魂)问题上的一个独具创造性的表述。但目前，这一点并不为大多数康德研究者所关注。同时，这个表述也是他的心灵哲学从前批判时期发展至批判时期的真正终点。

不过，康德灵魂不死公设的实践含义单纯从时间与永恒的角度来加以界定是不够的。因为在批判哲学中，"灵魂不死"只有在与"意志自由""上帝存在"共同组成的道德神学体系中才能得到完整规定。下面，我们将首先描述康德道德神学的基础——"意志自由"的由来，再在其整体构架中界定"灵魂不死"与"上帝存在"，以便更清晰地揭示心灵观念的道德信仰维度。

第四节　作为道德神学起点的意志自由

意志自由是整个批判哲学大厦的拱顶石，也是康德道德神学的真正起点。只有搞清康德自由概念的来龙去脉，我们才能知道康德为何必然从道德走向宗教。他的自由理论一直被视为西方哲学史上最著名的自由论说之一。学界普遍认为康德的自由概念歧义丛生，如刘易斯·怀特·贝克区分了康德的五种自由概念——自由的经验概念、道德自由的概念、作为自发性的自由概念、先验自由的概念与作为公设的自由概念。①但人们往往忽视了康德论证自由的完整思路。在我们看来，这一缺

---

① Cf. Lewis White Beck, "Five concepts of Freedom in Kant", in *Stephan Körner-Philosophical Analysis and Reconstruction*, ed. by Jan T. J. Srzednicki, Dordrecht: Martinus Nijhoff Publishers, 1987, pp. 35-51.

憾发生的原因在于,人们很少注意到因果性范畴对康德自由论证的奠基作用。实际上,只有以这一范畴为核心,我们才能把握康德论证人之自由的进程,进而理解自然与自由在人类理性中的相容与统一。

一、基于因果性范畴的自由可能性

康德自由论证的真正前提是因果性(Kausalität)范畴。他明确指出,在探讨自由理念之前首先必须探讨该范畴。[①]这一点颇为让人奇怪,因为通常以为的因果性概念是指单纯的因果相继序列,非但与自由不同,更截然相反。这也是康德在纯粹理性的第三个二律背反所表达的内容。然而,他自己的因果性概念却成了自由可能性的前提,这是如何实现的呢? 这个问题要追溯至康德对休谟因果性观念的批判。我们知道,休谟将因果性观念彻底经验化了。在他看来,不管经验如何反复验证两个表象间不变的因果关系,这一关系仍不可能是客观必然的。因为出自经验归纳的必然性只是主观的,永远达不到完全的普遍性。经验仅提供对因果关系的信念,即因习惯而产生的心理联想。这消解了因果性观念的客观性,最深刻地动摇了以该观念为基础的自然科学体系。休谟的这一做法构成康德为挽救科学大厦而必须解决的关键问题。他认为,休谟正确地排除了该观念客观必然性的经验根据,却错误地将它的起源完全限定在经验中。因为它并非缘起于经验,而属于纯粹知性概念,亦即范畴。现在,诸范畴作为思维的纯形式拥有批判哲学中特有的先验性——独立于经验的先天性与构成经验可能性的经验实在性之联合。因此,因果性范畴的先验性既表明它的非经验性起源,又确保它的客观必然性不被经验所否证。康德通过对它的先验化解释排除了经验论对其客观必然性的威胁。

由此,康德的先验因果性范畴也为自由保留了重要的逻辑可能性。

---

① 参见康德《实践理性批判》,邓晓芒译,杨祖陶校,北京:人民出版社,2003年,第142页。

因为它作为独立于经验的纯思维形式,可以在自身中保留"自因"或自由的因果性。易言之,我们可以先验地思考自由因果性,即便在现实中并无直观与之相符。可见,自由因果性与自然因果性在逻辑上是相容的,共同铸就了因果性范畴的完整意涵。不过,这两种因果性在现实中是否兼容呢? 正是这个问题将理性带入自然与自由的二律背反之中:"正题:按照自然律的因果性并不是世界的全部现象都可以由之导出的惟一因果性。为了解释这些现象,还有必要假定一种由自由而来的因果性。反题:没有什么自由,相反,世界上一切东西都只是按照自然律而发生的。"①

　　正题的意思是:如果自然整体都为因果相继的序列原则构造,那么任何事件在其中必须以一个在先事件为前提,而后者又将以一个更加在先者为前提,但若任其无穷回溯下去,那么这个原因序列永远也不能完成,反倒陷于逻辑上的无穷倒退了。所以我们必须"假定原因的一种绝对的自发性,它使那个按照自然律进行的现象序列由自身开始,因而是先验的自由"②。在康德看来,这种先验自由"就其可能性而言,乃是一个纯粹思辨理性的分析原理"③。在此,自由被视作思辨理性必须设定之物,因为思辨理性在现象界诸有条件者(Bedingte)的序列中需要一个绝对地开始这个序列的无条件者(Unbedingtes)或第一因。正题的拥护者们相信,这个推论足以给予先验自由以最强有力的证明。与此相对,反题论证说,如果世界上存在先验自由,那就会毁灭因果关系和建基于其上的自然必然性。因为自由状态能够自我规定,因而摆脱前一个状态对它的规定,但由之整个自然的规定与被规定的关系也就彻底瓦解了。总之,"伴随着这样一种无规律的自由能力,几乎不再能够思考自然;因为

① 康德:《纯粹理性批判》,邓晓芒译,杨祖陶校,北京:人民出版社,2004 年,第 374 页。正题:A444/B472;反题:A445/B473。
② 康德:《纯粹理性批判》,邓晓芒译,杨祖陶校,北京:人民出版社,2004 年,第 375 页,A446/B474。
③ 康德:《实践理性批判》,邓晓芒译,杨祖陶校,北京:人民出版社,2003 年,第 64 页。

自然规律会由于自由的影响而不断地被改变,而诸现象的按照单纯的自然而本来是有规则的、一律的活动由此也就会变得混乱和无关联了"①。

这样,两方的论证看起来都无可辩驳,理性在这一二律背反中显得无所适从。康德将理性从这种背反论中解救出来的方法有赖于其现象界与物自体之分。他认为,我们只能认识现象界,而物自体不可以知识的方式来通达。自由因果性与自然因果性之间的僵局也是由于未对现象界和物自体进行区分。事实上,只要在同一个层次上设想这两种因果性的作用,那么理性的自身背反就不可避免。现在,康德主张,必须将自然因果性限定在现象界中,而把自由因果性放置到物自体之中去,由此理性与其自身相矛盾这种怪事才消失。

康德指出:"同一个行动,作为属于感官世界的行动,任何时候都是以感性为条件的、也就是机械必然的,但同时也作为属于行动着的存在者之原因性的行动,就这存在者属于理知世界而言,有一个感性上无条件的因果性作根据,因而能够被思考为自由的。"②因此,必须以两种完全不同的方式设想同一个主体,一种是经验性的品格(empirischer Charakter),一种是理知的品格(intelligibeler Charakter)。借助于前一种品格,我们可以将他行为的自然因果性作最透彻的考察,以至于他的一举一动在我们眼里都是可分析的和可预测的;但经由后一种品格,我们却将承认他的行动完全由他自己的理性直接规定,因而他任何时候都必须被视作自由的因果性,我们永远也无从得知他的下一步举动。只有这种理智品格才构成了行为可归咎性(Imputabilität)的真正根据。在此,经验性品格不过是它的感性图型,因为只有它所体现出来的那种行动着的理性才是"人在其中得以显现出来的一切任意(Willkür)行动的持

---

① 康德:《纯粹理性批判》,邓晓芒译,杨祖陶校,北京:人民出版社,2004 年,第 379 页,A451/B479。

② 康德:《实践理性批判》,邓晓芒译,杨祖陶校,北京:人民出版社,2003 年,第 143 页。译文有所改动。

存性条件"①。换言之,经验性品格代表了一种在自然因果性的视角下看待人的方式,而理智品格则宣布人凭借其理性就拥有自由因果性。后一种品格在康德看来无疑是对人更本源的规定。但是,由之而导出的自由仅仅被当作独立于诸感性条件又作用于其上的无条件原因性。自由以这种方式最多得到了暗示和预设,对它更积极的规定在此是没有提供出来的。但这个背反的解决却向我们指明:自由与自然非但在因果性范畴的逻辑内涵中是相容的,并且在该范畴的实际应用中也毫不冲突。不过,如果说因果性范畴在自然层面的应用表现为前后相继的时间序列,那么它在自由层面的应用显示为什么呢? 要想理解这一点,我们必须考察它的实践运用。下面就进入这一考察。

二、作为实践因果性的意志及其自由

康德通过解决自然因果性与自由因果性的二律背反保存了自由的可能性,但自由终归还是悬拟的(problematisch)。借助于理知品格,我们虽可察觉到自身的自由,却无法对之加以证实。不过,康德在此暗示了自由论证所依循的方向:"值得特别注意的是,以这个自由的先验理念为根据的是自由的实践概念……在实践的理解中的自由就是任意对于由感性冲动而来的强迫的独立性。"②因此,他提出了奠定在先验自由基础上的"实践自由",亦即人独立于感性冲动的强迫而自己规定自己的能力。这样,自由在人的实践中显现了,但这种独立于感性的任意只是对自由的消极规定。就此而言,这没有超出上述二律背反的启示,但这的确预示着对自由的探讨必须从思辨维度转到实践维度之上。不过,在他看来,人的任意能力无力独自寻找对自由的积极规定,这一寻找的重任

---

① 康德:《纯粹理性批判》,邓晓芒译,杨祖陶校,北京:人民出版社,2004 年,第 446 页,A553/B581。
② 康德:《纯粹理性批判》,邓晓芒译,杨祖陶校,北京:人民出版社,2004 年,第 434 页,A533 - 534/B561 - 562。

理应落在一个新承担者身上。它就是"意志"。

康德认为,意志是一种欲求能力,亦即"有生命的存在者就其有理性而言的一种因果性"①。可见,意志概念是因果性范畴的实践运用,而这一运用构成了他自由论证得以成功的关键。不过,意志如何能够且必须被视为因果性呢? 显然,意志作为欲求能力必然把所欲之物作为它的规定根据。简言之,欲求总是对某物的欲求。在所欲之物与欲求能力之间就形成了一种因果关系。当然,这一因果关系与无生命之物的机械作用以及动物式的本能刺激是全然不同的,因为它经由主体内部的表象能力发生。不过,这种不同于自然物因果作用的方式终究归于因果性范畴之下。不过,意志作为因果性有其独特的实践指向,也即是说,它作为欲求某物的能力不能仅仅停留在空洞愿望之中,相反,它要使被欲求的对象在行动中实现出来,使其获得实践实在性。现在,由于意志展现的因果性属于因果性范畴,因此意志就意指着纯粹理性的实践能力。换言之,"意志就是实践理性本身"②。

概言之,意志在康德自由论证中的特殊地位表现在两方面:首先,意志必有其所意欲之对象,它的本性就是将所欲之物实现出来(不管条件充不充分),因而实践性是其内在旨归;其次,意志被理解为因果性范畴的实践运用,从而被巧妙地化归为纯粹理性的功能,借此纯粹理性宣布它既是思辨的,也是实践的。换言之,意志概念以其双重身份实现了纯粹理性的思辨运用和实践运用间的过渡。

但若意志是纯粹理性的实践运用,那么意志自由与否就等于纯粹理性如何行使其实践能力的方式问题:"是否单是纯粹理性自身就足以对意志进行规定,还是它只能作为以经验性为条件的理性才是意志的规定

---

① 康德:《道德形而上学的奠基》,李秋零译,载《康德著作全集》第4卷,李秋零主编,北京:中国人民大学出版社,2005年,第454页。

② 康德:《道德形而上学》,张荣、李秋零译,载《康德著作全集》第6卷,李秋零主编,北京:中国人民大学出版社,2007年,第220页。

根据。"①这里提出了纯粹理性贯彻实践能力的两种可能:要么纯粹理性仅凭自己去规定意志,要么就以经验性条件为中介去规定意志。但现在,由于意志是纯粹理性的实践表达,所以由纯粹理性自己去规定意志,不过是说让意志自己去规定自己。在这个意义上,意志是自由的。如果纯粹理性经由经验性条件去规定意志,那么意志以外在于它自身的某个经验对象为规定根据,因此意志是不自由的,仍旧受制于自然因果性的束缚。所以要论证人的意志自由,那么并不仅仅说明"纯粹理性可以是实践的"②,更要说明"只有纯粹理性、而不是受到经验性的局限的理性,才是无条件地实践的"③。这样,意志能否自由的问题直接相关于下述问题,即纯粹理性是否仅凭自身就能规定意志。

那么,纯粹理性仅凭自身就能成为意志的规定根据吗? 对此,大多数人可能持否定意见。因为意志作为欲求能力总指向一定对象。这样,所欲对象成了意志的规定根据。换言之,外在的意志对象是具体意志的构成要素,亦即意志客体或质料。于是,在意志客体(质料)与这个具体意志之间产生了因果关系:意志客体(质料)作为原因规定该意志,因为它是该意志最终朝向的对象。在这一因果关系中,纯粹理性(更精确地说是因果性范畴)表现为一种应用于经验上的自然因果性。因为作为意志规定根据的意志客体(质料)只能到经验中去寻找,从而纯粹理性在此只扮演了中介,它将意志客体经某种表象或概念的方式传达给意志。但纯粹理性立马发现,意志是它自身实践功能下的"别称",因此当它将外来客体引为意志的规定根据时,它就用来自经验的意愿质料规定了它自己。由之,纯粹理性被当作意志达致其外在目标的工具,而纯粹理性仅仅凭借经验性条件才被认为是实践的。在这一过程中,纯粹理性没有达到仅凭自身就可以是实践的要求。毋宁说,它的纯粹性在意志的经验性

---

① 康德:《实践理性批判》,邓晓芒译,杨祖陶校,北京:人民出版社,2003 年,第 16 页。
② 康德:《实践理性批判》,邓晓芒译,杨祖陶校,北京:人民出版社,2003 年,第 17 页。
③ 康德:《实践理性批判》,邓晓芒译,杨祖陶校,北京:人民出版社,2003 年,第 17 页。

运用中消磨殆尽了。但若纯粹理性无法以其纯粹性规定意志,仅仅假借他物来行事,那么人的自由这一命题就是虚妄不实的。

所以,如果康德像通常那样将意志置于与意志客体的关系中来考察,那么意志自由就会成为一句空谈,他对自由的论证就走入死胡同。康德对这个问题的处理称得上是实践领域的"哥白尼式革命",他让意志从喧嚣的外物中"抽身而退",让其"返归自身"。因为单从概念上来说,意志自由是指意志的自我规定;而如果我们试图到意志之外去找寻意志自由的证据,这无异于缘木求鱼。现在,意志作为因果性范畴的实践运用而被归入纯粹理性体系之中,而因果性范畴必然包含着自然因果性与自由原因性两方面,所以在与意志客体的关系中被考察的意志是实践领域中的自然因果性,但与意志自身的关系中被考察的意志就是实践领域中的自由因果性。现在,如果我们认可康德在第一批判中对自由因果性之可能性的保证,那么我们现在必须承认,意志的自由因果性在概念层面上是可能的。

那么,意志的自由因果性到底意味着什么呢? 对于这一点,我们可以依循康德的思路从意志自由的反面——意志的自然因果性将之推论出来。如上所述,意志的自然因果性是指意志客体对于意志的因果关系。所以倘若要谈论意志的自由因果性,亦即意志的自我规定,那就必须把通常被着重考虑的意志客体(质料)排除出去,因为这些东西是后天经验性地进入意志之中的,并非意志"与生俱来"的。因而只要意志和其意志客体纠缠不清,那就没有达及康德所说的意志自由抑或自我规定。但一旦原来意志所朝向的客体由于其经验性的、外来的"出身"被判为"异己的",那么所剩下的为意志自身所具有的是什么呢? 康德认为,真正属于意志自身的东西是构成一般意志的可普遍化形式。事实上,在《道德形而上学的奠基》以及第二批判中,康德已对意志进行了二重区分:一是使得诸意志互有差别的经验性质料,二是使得意志成其为自身的普遍必然之形式。这种对意志的"形式与质料之分"的最终根据在因果性范畴之中。很明显,由于意志是因果性范畴在实践领域的运用,因此意志能够拥有该范畴的普遍必然性。不管意志怎么向外驰求,这种普遍必然的形式依旧为它所固有。于是,在康德的眼中,意志的自由是"返归自身",亦即剥离诸种驳杂不一的经验性质料,只追求意志的普遍必然的纯粹形式。由此,自由意志意指着仅以普遍必然的形式作为其规定根据的意志,也即绝对不沾染经验的纯粹意志。如果这个意志是现实的,那么纯粹理性就是无条件实践的,康德对自由的论证也完成了。

但这个纯粹意志永远不会在我们有限的理性存在者身上彻底实现出来,即便它是我们意志模仿和追逐的原型。因为我们受限于感官世界,因而并非像上帝那样是自身圆满俱足的理性存在者,所以我们在感官世界中的生命已让我们的意志不再纯粹,毋宁说它总为各种经验性质料所填充。因此,要想直接证实纯粹意志(自由意志)的存在"就会需要某种智性的直观,而这是我们在这里根本不能假定的"①。因为智性直观的能力在康德看来不属于我们这些可朽者。

要想证明意志自由,他需要另辟蹊径。这条道路呈示如下:鉴于自由意志作为纯粹意志是以普遍必然的形式为其规定根据的意志,那么意志倘若是自由的,它的一切行动都能经受可普遍化的检验。换言之,支配它行为的准则(Maxime)在被"推而广之"之后依然是普适的,而绝不会在推广过程中发生自相抵牾甚至自我耗尽的情况。于是,这个意志由于其普遍必然的特性不能在自身行动中加入任何主观偏好(否则这种普遍必然性会立即丧失),这样它就始终如一地秉持客观公正,并成为最适合普遍立法的意志。由此,它向我们发布的不是一些只对部分理性存在者有效的主观准则,而是对每个理性存在者都有效的客观法则(Gesetz)。但这条法则包含的只是让每个理性存在者的意志都适合于普遍立法的要求:"要这样行动,使得你的意志的准则任何时候都能同时被看作一个

---

① 康德:《实践理性批判》,邓晓芒译,杨祖陶校,北京:人民出版社,2003 年,第 41 页。

普遍立法的原则。"①这样，我们固然不能依凭直观直接证实自由的，即纯粹的意志，但我们只要反省自己的理性本性就马上发现该意志对行为的指向。他这样说道："只要我们能分析一下人们对他们行动的合法性所作的判断：那么我们任何时候都会发现，不论偏好在这中间会说些什么，他们的理性却仍然坚定不移地和自我强制地总是在一个行动中把意志的准则保持在纯粹意志、即保持在它自己的方向上，因为它把自己看作先天实践的。"②而纯粹意志指明的方向就是让我们按照它所颁布的纯粹实践法则去行事。所以该法则"正是我们（一旦为自己拟定意志的准则就）直接意识到的道德律，它是最先向我们呈现出来的，并且由于理性将它表现为一种不被任何感性条件所战胜的、甚至完全独立于这些条件的规定根据，而正好是引向自由概念的"③。这正是康德指出的通达自由的最终道路。只有通过我们心中的道德律，对自由的论证才可能真正完成。下面，我们将对此进行探讨。

三、作为自由因果性凭证的道德律

康德将论证自由的最终落脚点放在道德律上，因为它作为自由意志展现的纯粹实践法则是认识自由的惟一途径。他明确说道："因为如果不是道德律在我们的理性中早就被清楚地想到了，则我们是绝不会认为自己有理由去假定有像自由这样一种东西的。"④那么，为什么道德律成了自由的认识依据呢？事实上，无论在《纯粹理性批判》还是在《道德形而上学的奠基》之中，康德都没有将对自由的认识限定在道德律上。毋宁说他相信，我们凭借人的理性就已认识自由。他在第一批判中强调：

---

① 康德:《实践理性批判》,邓晓芒译,杨祖陶校,北京:人民出版社,2003 年,第 39 页。
② 康德:《实践理性批判》,邓晓芒译,杨祖陶校,北京:人民出版社,2003 年,第 41—42 页。译文有所改动。
③ 康德:《实践理性批判》,邓晓芒译,杨祖陶校,北京:人民出版社,2003 年,第 38 页。
④ 康德:《实践理性批判》,邓晓芒译,杨祖陶校,北京:人民出版社,2003 年,第 2 页附注。

"每个尽管与其他现象共处于时间关系中的行动都是纯粹理性的理知品格的直接结果,因而纯粹理性是自由行动的。"①同样,在《道德形而上学的奠基》中,康德也说道:"我们必须也把自由的理念赋予每一个具有意志的理性存在者,它仅仅按照这个理念去行动。因为在这样一个存在者里面,我们设想一种理性,而这种理性是实践的,也就是说,它就自己的客体而言具有因果性。"②因此,正如弗赖恩(James. R. Flynn)所言,"一个拥有意志的理性存在者不可能不在他自身自由的观念之下行动"③。康德似乎相信,人们从理性对于感性的独立中可以推断出人作为理性存在者的自由。他甚至说:"仅仅假定自由被理性存在者纯然在理念中当做其行为的根据,这对于我们的意图来说已是足够;我之所以选取这一道路,乃是为了使我自己无须也在理论方面证明自由。"④但这一态度到第二批判中被彻底扭转,他在其中反复重申道德律是自由的认识理由,而先前那种认为只要借理性就可认识自由的观点几乎不再被提及了。

不过,康德将对自由的认识限定在道德律上,并不意味着他抛弃从理性出发思考自由问题的取向。倒不如说,后者向前者的发展正好展示出他合乎逻辑的思考进程。道德律是一条要求意志以普遍立法的形式作为其规定根据的法则,它要求每个理性存在者使他行为的准则成为"放之四海而皆准"的法则。由此,道德律提醒我们:我们作为理性存在者应该按照理性赋予意志的普遍立法的特性行事。所以只要我们反省自己的理性本性,我们就会承认道德律的普遍化要求是合理的。因此,他在第二批判中将自由与道德律紧密联系,只是对他前期"理性预设自

---

① 康德:《纯粹理性批判》,邓晓芒译,杨祖陶校,北京:人民出版社,2004 年,第 446 页,A553/B581。

② 康德:《道德形而上学的奠基》,李秋零译,载《康德著作全集》第 4 卷,李秋零主编,北京:中国人民大学出版社,2005 年,第 456 页。

③ James. R. Flynn, "The Logic of Kant's Derivation of Freedom from Reason. An Alternative Reading to Paton", in *Kant-Studien*, Nr. 4, 1986, p. 443.

④ 康德:《道德形而上学的奠基》,李秋零译,载《康德著作全集》第 4 卷,李秋零主编,北京:中国人民大学出版社,2005 年,第 456 页注①。

由"之观点的深化,因为道德律就是纯粹实践理性成为自身的根据。

更重要的是,经由道德律,我们对自由的认识才获得积极的规定。自由的积极规定在第一批判中尚未出现,在其中对自由的规定只是消极的,即自由对诸感性经验条件的独立性。自由因果性被归于人的理知品格,而自然因果性体现在人的经验性品格中。但在现实中,我们只能以经验性品格观察人,故而理知品格仅被标示为独立于感性之上的理性因果性。对于这种超感性因果性如何作用于我们感性之上的问题,康德认为:"这远远地超出了我们理性的一切能力所能够回答的范围。"①因此,通过理知品格,我们无法知道自由的积极规定为何。

但到了《道德形而上学的奠基》及《实践理性批判》中,对自由的积极理解呈现了。这一改变与道德律的提出息息相关,因为道德律才提供自由的积极规定。由于道德律作为纯粹实践法则,固然将意志自由表达为剥离诸经验性条件的纯粹性(亦即一种消极理解的自由),但同时将它表达为依从意志自身普遍立法的形式而行动的能力(亦即一种积极理解的自由)。这样,当意志自身的普遍形式成为它自己的规定根据时,意志就彻底实现了自我规定。这是意志自由,更是自律。因为意志的这种自由与无规律的肆意妄为毫无关系,它要求意志遵循它自身创制的法则(亦即道德律)行动,不到意志客体中去找寻行动的准则。因此,道德律首次将我们的自由在自律的层面上展示出来。于是,自由不仅是难以揣测的"理知品格"的后果,更表现为不同于自然必然性的"内在必然性",亦即自我强制的"应当"。换言之,自由并不是在各种偏好间选择的任意性,而是指我们从感性"小我"升华为理性"大我"的过程。因此,自由虽作为先验的因果性"遗世而独立",但这种"独立"却是为了以普遍主义律令的方式"重返人世"。

所以,只有从道德律出发去认识自由,自由才获得积极意义上的扩

---

① 康德:《纯粹理性批判》,邓晓芒译,杨祖陶校,北京:人民出版社,2004年,第448页,A557/B585。

展。易言之,自由因果性不仅是自然因果性的对立面——单纯的本体因(causa noumenon),更是纯粹理性(意志)的自律。不过,既然它对人来说表现为应然的要求,那它如何才能是实然的呢?因为康德自由论证的目的是自由在现实的实现。用他自己的话说,就是要使自由成为与可能经验相关的"事实"(Tatsache)。对此,他指出:"它(引者注:指自由)的实在性作为一种特殊的因果性……是可以通过纯粹理性的实践法则、并按照这一法则在现实的行动中、因而在经验中加以阐明的。——这是在纯粹理性的一切理念中惟一的一个,其对象是事实并且必须被算到 scibilia[可认识的东西]之列的。"①在这里,康德明确地将自由称为事实,但这一事实的实在性不由直观提供,而由纯粹实践法则(道德律)在现实经验中的实现来证明。

　　但道德律毕竟是一条极端纯粹的形式法则,与经验没有丝毫牵连,我们又如何设想它在经验中实现的方式呢? 显然,它不可能像纯粹知性诸先天原理那样经由感性时间图型在可能经验中实现,因为这些受制于时间的先天原理必然受制于自然因果性。但道德律作为源出自由因果性的法则独立于自然因果性的作用,所以它无法以时间为中介实现于可能经验之中。不过,既然道德律构成理性存在者如何行动的根据,那么只要我们意识到心中的道德律,我们就明白该如何行动。通过这一行动,道德律就触发自然因果性统治下不会出现的经验实效,由此自由才成为事实。所以,道德律通过我们对它的意识在经验中实现。这一意识从根本上说是在道德律支配下的纯粹实践判断力,它遵循的规则是:"问问你自己,你打算去做的那个行动如果按照你自己也是其一部分的自然的一条法则也应当发生的话,你是否仍能把它视为通过你的意志而可能的?"②换言之,我们可以将道德律视作普遍自然法则应用到现实行

① 康德:《判断力批判》,邓晓芒译,杨祖陶校,北京:人民出版社,2002 年,第 328 页。译文有所改动。
② 康德:《实践理性批判》,邓晓芒译,杨祖陶校,北京:人民出版社,2003 年,第 95 页。

为上去,亦即对自身行为进行可否普遍化的检视。在这一检视中,道德律要求以纯粹理性视角下的"大我"来替代在感性条件上各不相同的"小我",因为使得诸理性存在者区分开来的感性条件是道德律的普遍性要抽象掉的东西。因而一旦道德律为某个人意识到,那他(她)自己的意志就是普遍立法者的意志,当他(她)依从普遍意志行动时,这一行动就独立于自然因果性实现于感性经验之中。据此,该行动者当下的自由就是现实的。

总之,对道德律的意识构成康德论证自由的最后一环。没有这一意识,自由在经验中的实现是不可能的。康德认为,我们之所以能够意识到道德律,"是由于我们注意到理性用来给我们颁布它们的那种必然性,又注意到理性向我们指出的对一切经验性条件的剥离"①。也就是说,对道德律的意识源于道德律作为纯粹理性法则的自明性(Evidenz),这一自明性在康德看来是无须再加解释的。因为道德律"不是任何经验性的事实,而是纯粹理性的惟一事实,纯粹理性借此而宣布自己是原始立法的"②。由此,康德将道德律规定为无须任何经验支持的理性事实,以此来强调道德律不容置疑的确定性。他强调说:"所以道德律的客观实在性就不能由任何演绎,任何理论的、思辨的和得到经验性支持的理性努力来证明,因而即使人们想要放弃这种无可置疑的确定性,也不能由经验来证实并这样来后天地得到证明,但这种实在性却仍是独自确凿无疑的。"③换言之,只要我们承认自己作为理性存在者的本性,道德律对我们行为的规定就势所必然。因为道德律被我们先天意识到,进而它作为理性事实是对我们实践当下即刻的规约,这一规约不容分说地嵌入了我们的意识,并最终使得我们的行为呈现出"绽出"时间流的自由。可见,道德律在意识中的显现让我们的行动脱开自然因果性的规定,置于自由因

---

① 康德:《实践理性批判》,邓晓芒译,杨祖陶校,北京:人民出版社,2003年,第38页。
② 康德:《实践理性批判》,邓晓芒译,杨祖陶校,北京:人民出版社,2003年,第41页。
③ 康德:《实践理性批判》,邓晓芒译,杨祖陶校,北京:人民出版社,2003年,第62页。

果性的规定之下。由此,我们得以依从理性存在者的自由而现实地
行动。

至此,我们已经系统考察了康德论证自由的全过程。从康德自身的
体系来说,这一论证从因果性范畴的认识运用转到实践运用,并最终定
格在作为自由凭证的道德律之上,在前后的转换与过渡上竟能做到丝毫
不差,这让人深感有击节赞叹之妙。正是从纯而又纯的道德律出发,康
德一方面树立了人的绝对自由,另一方面也用实现这种道德自由的方式
推出了灵魂不死悬设的必要性。从意志自由与道德律的交相印证关系
中,"灵魂不死"的必要性才真正浮出水面。下面,我们就从自由这个基
点入手,探究康德道德神学的演变史与深层构造。

第五节　灵魂不死悬设在道德神学中的位置

一、道德神学在批判哲学中的初次出场

严格说来,康德的道德神学体系在前批判时期的《一位视灵者的梦》
中就已初露端倪。在该书的末尾,他鲜明地反驳了将有德的生活奠立在
来生信仰之上的观点,而认为来生信仰必须建基于道德之中。[1]很明显,
这和批判时期的观点已有了一定程度的相似性。当然,康德道德神学体
系的真正建立是在批判哲学中才得以完成的。在《纯粹理性批判》的"先
验方法论"部分,康德首次论述了道德神学的生成。他指出:"理性在其
先验运用中的思辨最后所导致的终极意图涉及三个对象:意志自由、灵
魂不死与上帝存在。"[2]虽然早在"先验辩证论"部分,他已证明:我们无法
对"意志自由""上帝存在"与"灵魂不死"这些超验理念给出知识性证明,

---

① 参见康德《一位视灵者的梦》,李秋零译,载《康德著作全集》第 2 卷,李秋零主编,北京:中国
　人民大学出版社,2004 年,第 375—376 页。
② 康德:《纯粹理性批判》,邓晓芒译,杨祖陶校,北京:人民出版社,2004 年,第 607 页,A798/
　B826。译文有所改动。

但我们的理性为什么会执意冲破经验的界限去探求这三个理念的知识证明呢？我们尤其应该看到："这三个命题对于思辨理性来说任何时候都仍然是超验的，而根本没有什么内在的、亦即为经验对象所容许的、因而以某种方式对我们有用的运用，而是就其本身来看是毫无用处的、但对于我们的理性来说还是极为沉重的劳作。"①对此，康德给出的理由是："它们的重要性也许本来就必须只涉及实践的东西。"②

所以，在康德看来，理性探究的问题不该是"意志自由、上帝存在与灵魂不死是什么"，而应是"如果意志自由，如果有上帝和一个来世，那么应该做什么"③。这就意味着：对于理性的终极问题的解答，我们理应从实践上入手。康德从幸福与道德的区分角度探讨了何为实践自由。他指出，如果自由的任意的运用只是为了让我们达到幸福，那么我们在此不过是让自由充当实现某种偏好的实用手段，因此我们在事实上并不拥有真正的实践自由。相反，只有当我们依照发源于纯粹理性的道德规律行事时，我们才会拥有完全的实践自由。这种实践自由与康德在纯粹理性的第三个二律背反中所讨论的先验自由是不同的。先验自由指的是"自行开始一个状态的能力，所以它的因果性并不是按照自然规律又从属于另外一个按照时间来规定它的原因"④。因此，它实际上是思辨理性的理论预设，与自然因果性构成一组"背反"，但不可经由经验得到证明。相较而言，实践自由却能够成为解释现象的根据，亦即"可以通过经验来证明"⑤。这是一个非常重要的提示。康德特地区分了动物性的任意

---

① 康德：《纯粹理性批判》，邓晓芒译，杨祖陶校，北京：人民出版社，2004 年，第 608 页，A799/B827。
② 康德：《纯粹理性批判》，邓晓芒译，杨祖陶校，北京：人民出版社，2004 年，第 608 页，A800/B828。译文有所改动。
③ 康德：《纯粹理性批判》，邓晓芒译，杨祖陶校，北京：人民出版社，2004 年，第 609 页，A800 - 801/B828 - 829。译文有所改动。
④ 康德：《纯粹理性批判》，邓晓芒译，杨祖陶校，北京：人民出版社，2004 年，第 433 页，A533/B561。
⑤ 康德：《纯粹理性批判》，邓晓芒译，杨祖陶校，北京：人民出版社，2004 年，第 610 页，A802/B830。

(Willkür)与自由的任意：前者是指受感性冲动规定的任意；而后者是指不依赖于感性冲动，而仅仅受理性规定的任意。所以，后一种任意集中体现了人的实践自由。

那么，这种自由的任意是否意味着一种完全无拘无束、放任自流的状态呢？在批判哲学的视野中显然不是这样的。康德指出："理性也给出了一些规律，它们是一些命令，亦即客观的自由规律，它们告诉我们什么是应该发生的，哪怕它也许永远也不会发生，并且它们在这点上与只涉及发生的事的自然律区别开来，因此也被称之为实践的规律。"①所以，在他看来，实践自由是一种按理性所规定的所为所不为的规律进行行动的能力。依照这一规律，我们就可以在经验中产生一些按自然因果性原本不会产生的行动，比如杀身成仁、舍生取义。求生是一切有生命之物的本能，人自然也不能例外。但是，人却会为了"仁义"向求生的本能"说不"。在这一刻，自然因果性的法则在他（她）身上完全失效了，他（她）作为一个"志士仁人"必须被判定为是自由的，他（她）用他（她）自己的决断无可置疑地表明了这一点。

由此，康德认为，这种实践自由已由人类生活中的经验实例得到证明。进而，"我们在纯粹理性的法规中只涉及两个与纯粹理性的实践兴趣相关的问题……这就是：有一个上帝吗？有来世吗"②？对于这两个问题，我们的思辨理性已经宣布自己无能为力。于是，我们必须转到实践理性中看看是否能够对这两个问题作出回答。而解决上帝与来世问题的关键还是落在"我们应该做什么"之上。因为对于康德来说，只有当我们做了自己该做的事情之后，我们才有资格追问"我可以希望什么"。由

---

① 康德：《纯粹理性批判》，邓晓芒译，杨祖陶校，北京：人民出版社，2004年，第610页，A802/B830。
② 康德：《纯粹理性批判》，邓晓芒译，杨祖陶校，北京：人民出版社，2004年，第611页，A803/B831。译文有所改动。

于"一切希望都是指向幸福的"①，因此我们追问有无上帝与来世的目的，正是期待我们可以通过这两者获得至福。但如上所示，我们只有解决了"应该做什么"的问题之后，才能询问自己有无幸福的机会。而在康德看来，对于"我应该做什么"的解答是最明显不过的，那就是按照前述实践自由的规律来行动，这些规律他也称之为"纯粹的道德律"②。他认为："这些道德律完全先天地（不考虑经验性的动机，即幸福）规定了所为所不为，即规定一般理性存在者的自由的运用。"③事实上，这些规律向我们道明了"为了配享幸福我们应该做什么"④，而非"如果要享有幸福的话必须做什么"⑤。

正是从这种配享幸福的规律中，康德发现了来世的可能性。他这样说道："我把一切和道德律相符合的世界……称之为一个道德的世界。这个世界由于在其中抽掉了里面的一切条件（目的）、甚至道德的一切障碍（人类本性的软弱和邪癖），因而只被设想为一个理知的世界。"⑥这样看来，他眼中的来世是一个在道德律规制下的理知世界。这个世界的独特之处在于道德与幸福成比例的结合。因为理性存在者在道德律的规约与推动下的自由会成为他们普遍幸福的原因。"因而理性存在者……本身也就会成为他们自己的、同时也是别人的持久福利的创造者。"⑦这

---

① 康德：《纯粹理性批判》，邓晓芒译，杨祖陶校，北京：人民出版社，2004年，第612页，A805/B833。
② 康德：《纯粹理性批判》，邓晓芒译，杨祖陶校，北京：人民出版社，2004年，第613页，A805/B833。
③ 康德：《纯粹理性批判》，邓晓芒译，杨祖陶校，北京：人民出版社，2004年，第613页，A807/B835。译文有所改动。
④ 康德：《纯粹理性批判》，邓晓芒译，杨祖陶校，北京：人民出版社，2004年，第613页，A806/B834。译文有所改动。
⑤ 康德：《纯粹理性批判》，邓晓芒译，杨祖陶校，北京：人民出版社，2004年，第613页，A806/B834。
⑥ 康德：《纯粹理性批判》，邓晓芒译，杨祖陶校，北京：人民出版社，2004年，第614页，A808/B836。
⑦ 康德：《纯粹理性批判》，邓晓芒译，杨祖陶校，北京：人民出版社，2004年，第615页，A809/B837。译文有所改动。

个自我酬报的道德体系就是至善理念。在其中,"与最高幸福结合着的道德上最完善的意志是世上一切幸福的原因,只要这幸福与德性(作为配得幸福的)具有精确的比例。"①由之,至善将是这样一种状态,"在其中所有人都将是幸福的,因为他们的目的以道德的名义实现了"②。概言之,当每个人都依照道德律行事时,至善就自动实现了。

然而,在现实世界中,并非人人都以符合道德律的方式行动。因此,我们不可能毫无理由地坚信:有德之人必将得到与之相配的幸福。在这个世界上屡见不鲜的是:高风亮节者命途多舛,作恶多端者享尽荣华。所以,我们不可能从世界的自然进程推出德性与幸福必然一致的连结。那么,这种连结究竟何以可能呢?康德认为:"对于这种连结,只有当我们把一个依照道德律发布命令的最高理性同时又作为自然的原因而置于基础的位置上时,才可以有希望。"③很明显,这个"依照道德律发布命令的同时又作为自然原因的最高理性"④就是上帝。所以,德性与幸福一致的根据在上帝手中。

至善概念内部的最高幸福和最完善的道德意志是"两个最高的派生的善"⑤,而上帝是"最高的本源的善"⑥。两者只有在上帝那里才能找到彼此必然连结的根据。通过上帝的中介作用,至善作为完满之善与最高幸福的结合体才是我们希望的对象。"灵魂不死"所表征的德福相配的理知世界,必须经由上帝的中保宣称自己绝对的合法性。这样,康德在

---

① 康德:《纯粹理性批判》,邓晓芒译,杨祖陶校,北京:人民出版社,2004 年,第 615 页,A810/B838。译文有所改动。

② Paul Guyer, *Kant*, London and New York: Routledge, 2006, p. 231.

③ 康德:《纯粹理性批判》,邓晓芒译,杨祖陶校,北京:人民出版社,2004 年,第 615 页,A810/B838。

④ 康德:《纯粹理性批判》,邓晓芒译,杨祖陶校,北京:人民出版社,2004 年,第 615 页,A810/B838。

⑤ 康德:《纯粹理性批判》,邓晓芒译,杨祖陶校,北京:人民出版社,2004 年,第 615 页,A811/B839。

⑥ 康德:《纯粹理性批判》,邓晓芒译,杨祖陶校,北京:人民出版社,2004 年,第 615 页,A811/B839。

至善体系中界定了"上帝存在"与"灵魂不死":上帝无可置疑地处于整个体系的顶点,而灵魂的来世代表着至善所致力于的德福一致的"恩宠之国"(das Reich der Gnaden)。这样,康德在《纯粹理性批判》中首次建立的道德神学体系就浮出水面了。在其中,实践自由没有占据其中最突出的位置,反而是道德律成了这个道德神学版本得以建立的核心。①真正说来,"上帝存在"与"灵魂不死"在道德神学体系中的位置也是紧紧系于道德律之上的。

既然我们无法认识"心灵(灵魂)"与"上帝"的本质,那么我们也无法对它们的具体性状进行描述,因而只需将它们设定为信仰的对象。它们作为道德信仰的确定性植根于至善的内部结构。康德指出:"德性自在地本身就构成一个体系,但幸福却不是如此,除非它精确地按照道德性而被分配。但这只有在理知的世界中、在一个智慧的创造者和统治者手下才有可能。"②在此,他的意思是:德性的完善可以依照道德律毫厘不爽地发生,但与德性相配的幸福如果没有未来的理知世界与上帝公义的保障就很难实现了。因此,如果我们缺乏"上帝存在"和"灵魂不死"的预设,那么只能重复一些面对着现实的艰难苦厄却束手无策的道德说教,却在内心深处陷入绝望之中。所以,上帝和心灵(灵魂)理念的预设在至善体系中的价值在于,让有德之人能够享有与之相配的幸福。进言之,上帝可以依循德性的程度合理地分配各人的福祉,而"灵魂不死"则意味着遵循道德律的人们进入的理知世界。这样看来,上帝和心灵(灵魂)理念的预设是作为实现至福的条件被接纳进至善的。

这样,在《纯粹理性批判》的先验方法论部分展示的道德神学体系中,康德将"灵魂不死"规定为心灵(灵魂)在理知世界中的处身。这就表

---

① 当然,我们不能说,实践自由在康德首次建立的道德神学体系中无关紧要。实际上,道德律正是作为实践自由的规律才被引入批判哲学体系的。因此,实践自由依旧是道德神学体系的基础,只是它隐藏在道德律的表达形式中。

② 康德:《纯粹理性批判》,邓晓芒译,杨祖陶校,北京:人民出版社,2004 年,第 616 页,A811/B839。

明：虽然我们不能对心灵（灵魂）给出知识性论断，但可以从遵循道德律的意向中对之加以悬设。这承续了他在理性心理学批判中开启的实践转向。然而，由于康德在此对实践哲学的构建只是稍具雏形，作为其实践哲学核心的道德律概念还缺乏足够的清晰性，这使得从道德法则推出"上帝存在"与"灵魂不死"的过程付之阙如。正如埃文（A. C. Ewing）指出的那样，"道德律是绝对确定的，但从道德律到'上帝'和'不死'的推论，尽管对于所有的实践意图来说都是合适的，却缺失了最高程度的确定性。"①事实上，直到《实践理性批判》中，至善内部的结构获致了更准确的规定，从道德律到上帝和心灵（灵魂）理念两者的推论才得到了更明晰的表达。于是，"灵魂不死"在《实践理性批判》呈现的道德神学中也获致了更明确的规定性。接下来，我们进入对这一版本的道德神学的考察。

二、灵魂不死悬设在道德神学体系中的进一步界定

可以说，《实践理性批判》所呈现的道德神学版本是最为人熟知的。因为康德在其中系统而明确地论述了"意志自由""灵魂不死"与"上帝存在"三者的关系。首先，康德在第二批判中用大量篇幅论证了意志自由的存在及其与道德律的互相归结关系。这使我们看到，原先在第一批判中的先验自由与实践自由的分离在第二批判中得到了很好的融合，同时道德律也得到了较为清晰的表述。其次，上帝与心灵（灵魂）理念的悬设在至善体系中也以更清晰的方式被规定了。虽然《纯粹理性批判》的"先验方法论"部分已经粗略描绘了道德神学体系的内部架构，但道德律与上帝、心灵（灵魂）这两个悬设的关系实际上是含混不清的。这一点只有在第二批判的"纯粹实践理性的辩证论"部分才得到真正的澄清。下面，我们将先行讨论第二批判对作为道德神学之基础的自由与道德律概念的深入规定，再剖析道德神学的"上层建筑"，亦即从道德律推论出"上帝

---

① A.C. Ewing, *A Short Commentary on Kant's Critique of Pure Reason*, Chicago：The University of Chicago Press, 1938, pp. 265 - 266.

存在"和"灵魂不死"的过程。

我们在上一节已经指出,康德在《纯粹理性批判》中是将先验自由与实践自由相区分的。因为在他看来,先验自由属于思辨理性为了完成自然因果性序列的逻辑设定,而实践自由却独自通过人类经验的例证成了自然原因之一。但在《实践理性批判》中,他却将两者融合起来,进而更好地描述了意志自由与道德律的交互关系。事实上,康德在解决自由与自然必然性的"二律背反"中已经预示了先验自由融合实践自由的方向。如前所述,他认为必须以两种截然不同的方式设想一个主体,一种是经验性的品格,一种是理知的品格。借助前一种品格,我们可以理解他(她)的行为在时间规定上的自然因果性;经由后一种品格,我们却将承认他(她)的行动本质上具有的自由因果性。这就说明:自由与自然必然性的冲突借助感官世界与理知世界的区分就可以得到合理的解决。而我们在理知世界中拥有的这种自由正是实践自由,因为实践自由在消极的意义上就是对于感性冲动施加的强迫的独立性。换言之,感官世界的自然因果性并不使得我的行动完全受制于感性,相反,我"具有一种独立于感性冲动的强迫而自行规定自己的能力"①。

可见,由于先验自由是对自然因果性的独立性,而实践自由是对感性冲动的独立,所以虽然前者是思辨理性的产物,后者是实践理性的特征,但其实两者是一致的。首先,正是思辨理性保留了自由的可能性,亦即"不顾一切反对意见,把从消极方面看的自由、即假定为与那纯粹理论理性的那些原理及各种限制完全相容的自由拯救了出来"②。其次,从这种自由的可能性中,自由的现实性才得以出现。这一现实性就体现为对感性冲动的独立。但如上所示,这种独立性还只是对自由的消极表达,因此我们需要一种对于自由的积极表达。换言之,究竟在何种情况下,

---

① 康德:《纯粹理性批判》,邓晓芒译,杨祖陶校,北京:人民出版社,2004年,第434页,A534/B562。

② 康德:《实践理性批判》,邓晓芒译,杨祖陶校,北京:人民出版社,2003年,第56页。

我们才能处于一种独立于感性冲动的状态,亦即自由状态呢？在康德看来,人的自由状态只有当人处于遵循道德律的情况下才能出现。他明确地说道:"对于自由,那本身不需要任何辩护理由的道德律不仅证明它是可能的,而且证明它在那些认识到这个法则对自己有约束的存在者身上是现实的。"①

因此,对于康德来说,道德律是真正将人提升到自由境界的关键。因为人原先在自然律的统治下只能服从感性本能,但在道德律的关照下,他(她)却发现了自己真正超越这一本能的可能性。康德曾经举例说,即便一个阶下囚被他的国王逼迫作伪证来陷害无辜之人(如他不答应就将被立刻处以绞刑),那么他也会面临良心的拷问,亦即要不要听从内心道德律的呼声而行事。事实上,就算他最后由于留恋生命而作了伪证,他还是必须承认,他是本可以不去作伪证陷害别人的。所以,至少通过他心中依然留存的道德律,他意识到:他原本能够超越求生的本能。因而,他的确是可以自由的。这样,康德就认为:"自由固然是道德律的ratio essendi[存在理由],但道德律却是自由的 ratio cognoscendi[认识理由]。"②他的意思是说:一方面,我们必须认识到,只有自由才在根本上保证了,我们可以拥有一种超越于自然必然性的生活状态,亦即一种依循道德律的生活状态;另一方面,通过发现道德律在我们心中的重要力量,我们也才认识到自由的的确确属于我们自己。因此,作为康德道德神学基础的自由与道德律是互相归结的。很明显,在第一批判的道德神学版本中,两者之间的交互关系是没有清晰地勾画出来的。这主要是因为,康德在其中还没有一个清楚明白的道德律概念。换言之,他没有像在《道德形而上学的奠基》与《实践理性批判》中对道德律作出那么明确的普遍主义律令的规定,只是将道德律定格在"配享幸福"这一相对空疏的层面之上。同样,虽然第一批判指出道德律"规定一般理性存在者的

① 康德:《实践理性批判》,邓晓芒译,杨祖陶校,北京:人民出版社,2003年,第63页。
② 康德:《实践理性批判》,邓晓芒译,杨祖陶校,北京:人民出版社,2003年,第2页,注①。

自由的运用"①,但自由与道德律之间究竟是何关系,这一点也是尚未言明的。这种情况只有到了《实践理性批判》中才得到彻底的改观。易言之,道德律与自由的规定性与交互关系才得到了精准的表述。

道德律与自由之间关系的清晰化也带来了在第一批判中不甚明了的道德神学体系的清晰化。也即是说,从道德律与自由这两者过渡到"灵魂不死"与"上帝存在"的推论也变得清楚可见了。康德如何在第二批判中从道德律推论出"灵魂不死"的思路,我们已经在本章的第二节中论述过了。概括说来,"灵魂不死"是为了实现人作为有死者与道德律的完全适合而设定的。进言之,"灵魂不死"是人类追求自由的"无限之旅",而人自由程度的提高与其道德水平在无限进程中的提升是完全吻合的。当然,对于康德来说,人永远不能期望自己有朝一日可以达到道德的完满性,亦即与道德律的完全适合,因而只能将自己留置在一个道德改善的无穷系列之中。不过,这个无穷系列实际上在上帝眼中已经是完成的了,因为上帝能够在这个道德的无限进程之外将之看作一个完成的整体,因为他拥有一种真正意义上的智性直观。因此,如前所述,康德通过确立"灵魂不死"的方式确立了"上帝存在"。

这样,康德的道德神学体系就从灵魂不死的悬设过渡到了上帝存在的悬设。后一个悬设事实上是为了康德至善理论幸福部分的实现而设立的。概言之,如果灵魂不死悬设的最终目的是实现德性的神圣性,那么"与之成比例的福祉,即永福,却只是被表现为在永恒中才能达到的"②。这就意味着:永福不可能在今生实现,而只适合做我们希望的对象。但对幸福的希望真正说来是仅从宗教才开始的。因为对于康德来说,"即使道德学真正说来也不是我们如何使得自己幸福的学说,而是我

---

① 康德:《纯粹理性批判》,邓晓芒译,杨祖陶校,北京:人民出版社,2004 年,第 613 页,A807/B835。译文有所改动。

② 康德:《实践理性批判》,邓晓芒译,杨祖陶校,北京:人民出版社,2003 年,第 176 页。

们应当如何配得幸福的学说"①。而人要达到配享幸福的程度,就必须在心灵(灵魂)的无限进程中不断提高自己的道德水准,最终达到与道德律的全适状态。在这一前提下,我们才能希望在一个智慧且万能的创造者(亦即上帝)手中分得与之相配的幸福。因此,上帝存在的悬设之所以必需,是由于我们必须拥有一个德性与幸福相匹配的最好世界。康德将这个世界称为"最高的派生的善"②,并认为从这个善的悬设中同时产生了"某个最高的本源的善的现实性的悬设,亦即上帝实存的悬设"③。

这样看来,灵魂不死的悬设在康德成熟版本的道德神学中的地位要比人们通常想象得要高一些。一般而言,我们这样来安排"意志自由""灵魂不死""上帝存在"这三者所构成的道德神学体系:"意志自由"是道德之所以可能的基础,而"灵魂不死"则被当作实现道德完满性的必要条件,"上帝存在"被视为与道德完满性相配的幸福的保障。由此,如果说"意志自由"是道德神学的成立基础,那么"上帝存在"就是它的最终目标,而夹杂在两者中间的"灵魂不死"显得是一个不太重要的过渡性环节。但从上面的论述来看,灵魂不死悬设反倒成了道德神学得以运转起来的中枢。道德神学的基础必然在道德律与自由的关系中,然而,从"道德"延伸到"神学"的关键却不在"上帝"身上,而在"心灵(灵魂)"那里。实际上,这是第二批判里面的道德神学体系的一大创见。因为可以看到,灵魂不死悬设一方面以动态的方式将人的道德使命与自由追求无限延伸至神圣性的维度,另一方面它也将对这种道德神圣性的体察放置到了上帝的视域中。因此,正是该悬设将属人的无限道德改进与属神的智性直观结合起来,从而展示了道德与宗教的本质关联。因此,认为康德的道德学说可以脱离宗教构成一个独立部分的观点实际上是行不通的。因为这一悬设将道德诉求与神性视域紧密黏合在一起,一旦接受了康德

---

① 康德:《实践理性批判》,邓晓芒译,杨祖陶校,北京:人民出版社,2003 年,第 177 页。
② 康德:《实践理性批判》,邓晓芒译,杨祖陶校,北京:人民出版社,2003 年,第 172 页。
③ 康德:《实践理性批判》,邓晓芒译,杨祖陶校,北京:人民出版社,2003 年,第 172 页。

的道德律观念,那么该悬设连带着对上帝的预示就将接踵而至。因此,绝不像有些学者所认为的那样,该悬设在康德的道德神学体系中是可有可无的。相反,它在其中占据着至关重要的一环。并且,这一重要作用在其后期哲学中也一直为他所强调。下面,我们就来展示这一点。

三、灵魂不死悬设在后期道德神学中的深层含义

原则上说来,康德的道德神学体系在《实践理性批判》中已经建构完成了。不过,在一些学者看来,只有这个成熟版本的道德神学才如此重视灵魂不死悬设的作用,因为在《判断力批判》乃至康德的后期哲学中,该悬设逐渐被他遗忘乃至完全消失了。比如,盖耶就认为,"这一悬设在第二批判之后日渐从康德对实践悬设理论的阐述中消失了"①。同样,邓晓芒也指出,在《判断力批判》中,"灵魂不朽的问题对于论证道德神学没有起任何积极的作用,或者可以说,它的作用已经被自由的理念所代替了"②。但他们的观点是有待商榷的。可以看到,在《判断力批判》中,康德依旧没有完全抛弃灵魂不死悬设。他在其中这样说道:"理性心理学毋宁说只是内感官的人类学,即关于我们思维的自我在生命中的知识,它作为理论知识也仍然只是经验性的;反之,理性心理学就涉及我们的永恒存在这个问题而言……是基于道德目的论的一个惟一推论之上的。"③这一段话可以视为康德在批判哲学中对于心灵(灵魂)问题的一个概述。换言之,他在此依旧坚持认为,理性心理学在理论知识层面上无法证明心灵(灵魂)的永存,但在道德实践层面可以推论出灵魂不死悬设的必要性。这种观点显然和他在前两个批判中的观点是一致的,因此我们丝毫看不出,他在第三批判中对心灵(灵魂)的态度相比于前两个批判发生了根本性变化。

---

① Paul Guyer, *Kant*, London and New York:Routledge, 2006, p. 235.
② 邓晓芒:《康德对道德神学的论证》,载《哲学研究》,2008 年第 9 期,第 75 页。
③ 康德:《判断力批判》,邓晓芒译,杨祖陶校,北京:人民出版社,2002 年,第 319 页。

即便康德在其中特意强调了,在上帝、自由与不死三个理念中,"自由的理念是惟一通过自由在自然中可能的效果而在自然身上……证明其客观的实在性的超感官东西的概念"①,但这只是在某种程度上凸显了自由在康德道德神学体系中的基础性地位,但这并不意味着其他两个理念就无足轻重,甚或可以被自由理念所取代。事实上,他依然认为,只有沿着道德之路(自由概念之路)才能成功地证明"上帝存在"与"灵魂不死"。②所以至少在《判断力批判》中,康德对道德神学的论述仍旧延续自第二批判中的基本论断,据此我们也很难认为,灵魂不死悬设在第三批判中就不再重要甚或已经消失了。

接下来,我们可以来考察一下:在康德后期哲学中,其道德神学体系的架构是否发生了变化。可以看到,在他于 1796 年发表的论文《一项哲学中的永久和平条约临近缔结的宣告》中,他指出,上帝、自由和不死"共同仿佛处在一个归类的理性推理的三个命题的链条之中"③。这三者共同构成我们知识的超感性对象,同时作为道德实践理性的悬设具有实在性。这显然和他在批判哲学中对它们的论述是一致的。同时,正如他一如既往地指出的那样,自由理念由于自身包含在作为定言命令的道德律之中,因此自身就指向不死与上帝两个理念。所以,自由在整个道德悬设的体系中依旧占据优先地位。同时,上帝是能够按照人的道德价值成比例地分配幸福的存在者,而不死则"意味着一种由理性(作为道德命令式的后果)必然地预设的来生"④。这些论断表明,他在此对自由、上帝与不死之关系的界定仍然承继自批判哲学中的经典表述。因此很难设想,康德的道德神学体系在其后期哲学中就发生了根本的改变,又或灵魂不

---

① 康德:《判断力批判》,邓晓芒译,杨祖陶校,北京:人民出版社,2002 年,第 334 页。
② 参见康德《判断力批判》,邓晓芒译,杨祖陶校,北京:人民出版社,2002 年,第 334 页。
③ 康德:《一项哲学中的永久和平条约临近缔结的宣告》,李秋零译,载《康德著作全集》第 8 卷,李秋零主编,北京:中国人民大学出版社,2010 年,第 425 页。
④ 康德:《一项哲学中的永久和平条约临近缔结的宣告》,李秋零译,载《康德著作全集》第 8 卷,李秋零主编,北京:中国人民大学出版社,2010 年,第 426 页。

死悬设在其中的地位完全不重要了。

　　同样,当我们考察康德死后才发表的《有关形而上学进步的应征作品》(1804)时,就会发现其道德神学体系依旧如故。他将自由、上帝与不死三个超感性的理念分别对应地界定为"在我们之中的、在我们之上的与在我们之后的"①。其中,"自由必须被作为开端,因为我们只有从世界中的这个超感性之物出发才在道德律的名义下先天而独断地,但仅仅在实践的视域中……认识那些法则"②。与此同时,上帝是"在我们之上至善的完全满足原则,他作为道德的创世者,考虑到这个与德性相适合的幸福的终极目的(引者注:指至善)的物质性条件,弥补了我们在这方面的无能"③,而"不死是我们作为尘世之子(Erdensöhne)在身后的持存,是随着尘世之子进向无限的、与其道德行为相一致的道德与自然后果"④。从这些论述中可以看到,康德对于意志自由、上帝存在与灵魂不死这三者的规定和《实践理性批判》中是如出一辙的。我们可以据此断定,他的道德神学体系即便在批判哲学之后的哲学著述中依旧得到了保留。显然,灵魂不死理念在其中依旧占据着不可或缺的角色。

　　与之相关的是,我们要来探究一种新近在国内外学界出现的关于康德灵魂不死悬设的看法,亦即认为该悬设所要求的道德改善进程已经被康德历史哲学中的"人类的自然历史进程"所取代。换言之,我们只需实现人类理性共同体在历史中的道德进步,那么这一进步所带来的道德改善功用就足以取代灵魂不死悬设的作用了。比如,盖耶认为:"康德在他对历史的反思中就预设了我们能够将人类历史视为道德改善的场所,与

① Immamuel Kant,"Preisschrift über die Fortschritte der Metaphysik", in *Kant's Gesammelte Schriften*, Band 20, Berlin:Walter de Gruyter & Co. ,1942,S. 295.
② Immamuel Kant,"Preisschrift über die Fortschritte der Metaphysik",in *Kant's Gesammelte Schriften*, Band 20, Berlin:Walter de Gruyter & Co. ,1942,S. 295.
③ Immamuel Kant,"Preisschrift über die Fortschritte der Metaphysik", in *Kant's Gesammelte Schriften*, Band 20, Berlin:Walter de Gruyter & Co. ,1942,S. 295.
④ Immamuel Kant,"Preisschrift über die Fortschritte der Metaphysik", in *Kant's Gesammelte Schriften*, Band 20, Berlin:Walter de Gruyter & Co. ,1942,S. 295.

此同时并不需要诉诸神学。因此,看起来,我们似乎可以在不接纳康德道德神学的情况下接纳康德道德哲学的规范性内容。"①在国内,刘凤娟也认为,康德在后期哲学中"以人类的自然历史进程取代灵魂不朽的抽象时间持续性"②。但这一颇具代表性的观点也许是存在问题的。可以看到,如果康德在后期哲学中始终保持着他的道德神学体系,而灵魂不死悬设的作用也一直为他所强调,我们就很难相信,这一悬设可以被其他东西完全替代。

另外,从学理上来说,我们需要考察人类历史进程中的道德改善是否可以完全取代心灵(灵魂)的无限进程所促进的道德改善。在康德发表于 1784 年的《关于一种世界公民观点的普遍历史的理念》中,他指出:"人们在宏观上可以把人类的历史视为自然的一个隐秘计划的实施,为的是实现一种内部完善的,并且为此目的也是外部完善的国家宪政,作为自然在其中能够完全发展其在人类里面的一切禀赋的惟一状态。"③由此可知,康德之所以要描述人类历史的自然进程,其首要目的并不是道德性的,而是法律—政治性的,亦即将人类历史前进的目标设定为国家宪政的实现。当然,他的确在其中肯定了人类社会成为一个道德整体的必要性。也即是说,"自然……关心让人如此努力,以便使自己通过自己的所作所为配享生活和福祉"④。因此,为了实现人类道德—政治共同体的最终目标,康德就认为:"要想学会完全地运用自己的所有自然禀赋,每个人都必须长生不死;或者,如果自然只规定了他短暂的生涯(就像实际上所发生的那样),那么,它就也许需要一个难以估量的世代序列,其每一个世代都把自己的启蒙传给别的世代,以便最终把它在我们的类中

---

① Paul Guyer, *Kant*, London and New York: Routledge, 2006, p.237.
② 刘凤娟:《从灵魂不朽到类的不朽——康德历史哲学的产生及其本质》,载《杭州师范大学学报》(社会科学版),2018 年第 1 期,第 60 页。
③ 康德:《关于一种世界公民观点的普遍历史的理念》,李秋零译,载《康德著作全集》第 8 卷,李秋零主编,北京:中国人民大学出版社,2010 年,第 34 页。
④ 康德:《关于一种世界公民观点的普遍历史的理念》,李秋零译,载《康德著作全集》第 8 卷,李秋零主编,北京:中国人民大学出版社,2010 年,第 27 页。

的胚芽推进到完全适合于它的意图的那个发展阶段。"①在此,他的确表明了,要想达到作为自然历史顶点的公民社会所需的法律—道德素质,我们只能希望:人类历史的自然进程可以将人类一代代积累的启蒙文化与人性禀赋传递下去,最终让人类社会建立一种完善的公民宪制。因为人不可能在短暂的一生中实现公民宪制所需的全部禀赋,那么只有通过世代累积的文化改造与提升,人类才能完全拥有这些禀赋,以便最终实现公民宪制。

但问题在于:人类历史对于人类禀赋的逐步完善是否就意味着,灵魂不死悬设对于人的道德改善的提升作用就被废弃了呢? 在我们看来,这是不可能的。因为人类历史的自然进程与灵魂不死悬设是处于不同哲学层面上的两个问题,认为前者可以取代后者的人事实上混淆了两者的问题域。可以看到,人类历史的自然进程是从自然目的论原则推论而来,而该原则在批判哲学中只可充当范导性(regulativ)原则,不能变成建构性(konstitutiv)原则。因此,我们无法从目的论原则出发构造历史的现实进程,因为经验指明了历史不处于能够被精确安排的先天科学领域。我们只能预设一个目的论原则视域下的人类历史自然进程。这一进程虽然被康德称为"类的持存",但终究不过是范导性假设。而"心灵(灵魂)的持存"则与之截然不同。它作为源于道德律的悬设是道德神学的重要组成部分。更重要的是,它属于实践理性体系内部的先验建构。因此,所谓"类的持存"与"心灵(灵魂)的持存"原本就不属于同一层面。实际上,作为先验理念的"心灵(灵魂)"理所当然地高于经验层面的人类历史进程。诚如皮埃尔·哈斯纳(Pierre Hasnner)所言,在康德哲学中"历史哲学低于作为道德之保证的灵魂不死悬设"②。因为"历史哲学着

---

① 康德:《关于一种世界公民观点的普遍历史的理念》,李秋零译,载《康德著作全集》第8卷,李秋零主编,北京:中国人民大学出版社,2010年,第26页。
② 列奥·施特劳斯、约瑟夫·克罗波西:《政治哲学史》,李洪润等译,北京:法律出版社,2015年,第597页。

重依赖于经验和现象"①,而灵魂不死悬设则"像颁布和服从道德律的理性动物的特征那样被先验地推论出来"②。总之,那种相信灵魂不死悬设被康德历史哲学中的"人类历史自然进程"所取代的看法是很难站住脚的。因为批判哲学的体系架构其实是相对固定的。既然康德已经明确地将"灵魂不死"视为形而上学研究的三大目的之一(另两个是"上帝"与"自由")③,那么他在对未来的科学的形而上学的设计中就不可能少了它。因此,虽然人类历史的自然进程也能够将人类导向道德完满的境地,但该进程与灵魂不死悬设之间的差别是十分巨大的。可以说,前者是经验性的、群体性的、或然性的,而后者却是先验性的、个体性的、必然性的。

这样,我们看到:从《纯粹理性批判》发端的道德神学体系最终在《实践理性批判》中臻于成熟。灵魂不死悬设作为道德神学中的关键一环,事实上构成了意志自由与上帝存在这两者得以衔接起来的中介,也是康德哲学从道德走向宗教的必要通途。值得注意的是,无论是在第三批判还是在其后的一些著述中,这种道德神学的成熟体系都得到了保留,而"灵魂不死"是康德形而上学研究的重要议题,也得到了他的终生关注。因此,灵魂不死悬设和与之相关的道德神学体系在康德哲学中的重要性是毋庸置疑的。

小结

康德在实践领域对心灵哲学的探索充分展示了心灵的道德意涵。

---

① 列奥·施特劳斯、约瑟夫·克罗波西:《政治哲学史》,李洪润等译,北京:法律出版社,2015年,第597页。
② 列奥·施特劳斯、约瑟夫·克罗波西:《政治哲学史》,李洪润等译,北京:法律出版社,2015年,第597—598页。
③ 参见康德《纯粹理性批判》,邓晓芒译,杨祖陶校,北京:人民出版社,2004年,第285页注②,A337/B395。

他的人格性概念暗含了一种从"先验"到"道德"的置换。由此,他的心灵概念获得了独特的道德内涵。一条导向灵魂不死信仰的"通途"就此被打开了。因为规制着道德人格性的核心法则是那条致广大、尽精微的道德律。无疑,它是他道德哲学的价值中轴。这个中轴导向了对"灵魂不死"的三重道德论证——实践目的论论证、与意志自律学说不相容的道德悬设和与意志自律学说相容的道德悬设。第一个论证是先前自然目的论论证的进一步提升,但其理论效力依然值得怀疑。第二个论证出现在第一批判中,是一个不成熟的道德悬设。因为在其中,康德缺乏对"灵魂不死""上帝存在"与"意志自由"这三者关系的明确界定,以至于"灵魂不死"与"上帝存在"有妨碍"意志自由"的嫌疑。而第三个论证则是在《实践理性批判》中呈现的最著名论断。它将心灵(灵魂)的无限延续树立为道德信仰,亦即为达到与道德律的全适而必须悬设灵魂不死。换言之,灵魂不死信仰意指对无限修善进程的渴求,只为臻于至善。但心灵(灵魂)的这一无限过程究竟谓何,成了康德哲学中的一个"未解之谜"。通过与诸多研究者的争辩,我们认为:这一进程既是在无穷时间中的持存常驻,也是在永恒中的不变如一。这对应于心灵(灵魂)在现象与物自体两个层面上的区分。因此,他哲学中的"灵魂不死"是在时间与永恒中的辩证统一。最后,通过对批判时期道德神学体系发展的考察,我们可以发现,"灵魂不死"在其中一直占据着关键地位。虽然在《纯粹理性批判》的道德神学的最初版本中,"灵魂不死"与"上帝存在"这两者与道德律的关系是不甚清晰的,但在《实践理性批判》的成熟版本中,"灵魂不死"首次成了道德神学体系得以建立的枢纽,因为"意志自由"向"上帝存在"的过渡完全系于它之上。也正是以它为中介,康德道德哲学向宗教哲学的演进才得以顺利展开。这个成熟版本的道德神学体系在康德后期哲学中一直受到他的青睐,远没有被他历史哲学的光芒所掩盖。

从康德对道德神学的终极建构反观前路,我们看到了:第一,唯理论与经验论关于心灵观念产生了激烈的争鸣;第二,康德在前批判时期在两派观点间有过徘徊和取舍;第三,在批判时期,他在融合两者的基础上对其进行了理论批判,最终在实践领域中充分展开了其道德意涵,并建构起完整的道德神学体系。康德整个哲学事业的价值通常为世人所公认。但作为他哲学工作的一个重要部分,他在心灵问题上的艰辛探索却很少受到关注。本书的一个目标就在于,对康德工作这一被人忽视的部分进行重新发掘和展示。当然,其中的成败得失仍有待方家的检验。在此基础上,在下一章中,我们将评估康德心灵哲学的地位和影响,亦即它在康德哲学自身中的地位和对德国古典哲学的后续影响。

第六章　康德心灵哲学的地位与效应

　　现在,康德心灵哲学的来龙去脉已经基本呈现在我们的眼前了。众所周知,康德的主要对手是唯理论和经验论。他的哲学也一般被视为对对两者的批判性融合。一般而言,对于康德哲学如何吸收改造"理性"和"经验"这两种要素,我们却往往陷于"熟知非真知"的窘境。而本书对康德心灵观的考察正是为了对这种状况有所改变。本书所力图展现的是,"理性"和"经验"的元素如何在其心灵哲学的演变中此消彼长并最终和谐的过程。在本书中,这一过程也被描绘为沿时间线的思想推进。其中,唯理论与经验论在心灵问题上的针锋相对,此种对立在康德前批判时期思想中的映现以及批判哲学融合此对立的创新,都是十分精彩的思想图景。我们在上文中也已表明了这一点。当然,这一番带有思想史意味的考察,并非是为了"发思古之幽情",而是有着对当下康德研究的鲜明针对性。正如我们在导论中明言的那样,时下的康德研究对于其心灵哲学的整体性是缺乏关注的,而本书的目标在于:基于知识与道德的双重视角,重新勘定康德心灵观的渊源、流变与影响。因此,本书对康德心灵哲学的研究主要是对当下康德研究薄弱之处的一种补充。接下来,我们将论述康德心灵观念的"地位"和"影响":1. 它在康德哲学体系内部的地位；2. 它在德国古典哲学进程中的影响。

第一节　心灵观念在康德哲学中的地位

一、心灵观从前批判至批判时期的变迁

关于心灵观念在康德哲学中的地位，我们可以分前批判和批判时期两个部分加以探究。但由于在前批判时期，他并未对唯理论和经验论完成合理的整合，因而他自己独立的思想体系还处于形成中。这就导致心灵观念在前批判时期的康德那里缺乏一个比较清晰的坐标。不过通过我们在第三章的描述，如下一点是可以确定的：即便在前批判时期，关于心灵的种种讨论就已是那时的康德所关注的重要议题之一。因此，虽然他前批判时期的心灵观还没有明确的规定性，但这一时期著作中对此论题的种种讨论依旧是十分丰富的，有着"继往开来"的关键效用。就"继往"的方面来说，唯理论对心灵实体观念的理性论证和经验论对其的经验性否证都已在著作中出现，尽管是以一种并不协调的方式。比如在十八世纪四五十年代，早年的康德就倾心于唯理论对心灵实体性的论证。而到了六十年代，以休谟为代表的经验论对他的影响就日渐增长。以至于在某种程度上，这期间的《一位视灵者的梦》可以视为一部从经验论角度考察心灵问题的作品。再到七十年代，他在经验论的基础上对唯理论资源进行了重新汲取。这也预示着：那个"理性"和"经验"最终融合的时代即将来临。其次，就"开来"的一方面而言，他在前批判时期的心灵观是其批判时期一些重要观点的渊源与雏形。比如，在《一位视灵者的梦》中业已出现的对心灵实体性的否证、两个世界的区分、以道德界定来生的态度，在他的批判时期就得到了进一步的发挥。同样，在《纯粹理性批判》中出现的对灵魂不死的"目的论论证"，在他前批判时期的手稿中就已出现，并一直为他所青睐。因此很明显，如果没有前批判时期这些工

作的铺垫,他在批判时期对心灵哲学的系统性表述就是不可想象的。

在对康德前批判时期的心灵观作了如上的概述后,我们将接着探讨心灵观在其批判哲学中的地位。可以看到,批判哲学对心灵观念的处理从一开始就处于唯理论与经验论的论争背景下。《纯粹理性批判》在心灵问题上的一个突出成果就在于:宣告前者的"心灵实体观"和后者的"反心灵实体观"同样是无效的。这样,康德才认定,在理论哲学的范围内,心灵观念必须维持在一种中立的先验可能性之中。这种中立性也表明了理论理性在该问题上的"无法前进"。由此出发,他才将对该问题的讨论引申到实践哲学的领域。然而,常为人所忽视的是,他在实践领域对心灵观的讨论又根源于他在思辨领域对它的最终规定。因为正如我们在上一章所呈现的那样,心灵的"道德人格性"就是其"先验人格性"在实践领域的运用。然而,没有《纯粹理性批判》中对心灵四个属性(实体性、单一性、人格同一性和观念性)的批判性分析,他的先验人格性概念不可能从中剥离出来。这个至关重要的人格性概念在道德中的运用就体现在他著名的"道德律"之上。而从道德律的神圣性与我们有限生命的无限差距中,"灵魂不死"才成为我们的道德信仰,亦即实践理性的悬设。因此,那些将康德的这一悬设视为"多余"和"失败"的人,很可能并未注意到他在心灵问题上这一艰辛的探索过程。易言之,那些人只是看到了他引入灵魂不死悬设的终点,却忽略了他走到这一终点前的"漫漫前路"。所以,无论在批判哲学的理论部分还是实践部分,心灵观念都占据着关键地位。

二、心灵观在理论哲学中的重要性

在理论哲学中,康德的心灵观有着为人所忽视的重要作用。从批判哲学的发展进程来看,"心灵"(灵魂、自我)首先是一个理论哲学的问题。因为正如本书业已展示的那样,唯理论和经验论关于心灵观念的争论,在表现形式上是知识性的,尽管它们背后的动机相关于道德和宗教的深刻关切。而本书对康德心灵哲学的研究也遵循了这种"从知识走向道德"的基本路径。因而毫不奇怪的是,在第一批判中对心灵观的批判针对的是关于心灵的诸种知识性论断(心灵是一个实体;心灵是单一不可分的;心灵在时间中是同一的;心灵具有与物质相区分的观念性)。对于这些论断,唯理论是赞成的,而经验论(贝克莱除外)则是否认的。如前所述,康德作为两者的"裁判官",同时对唯理论的赞同和经验论的否认加以了驳斥。这样,心灵观念就停留在了一种先验形式之中。他对于"心灵"的理论性规定终于成形了。这一规定不仅在根本上决定了康德在实践哲学中对心灵观的讨论,而且也是他自我意识学说的一个核心表达。这是为何呢?因为在批判哲学中,"我,作为思维者……称之为灵魂"①。可以说,康德对心灵观念的批判既涉及对唯理论和经验论"自我观"的总体批判,也是他自己的自我意识学说的系统展示。

在近代(Neuzeit)②西方哲学中,"自我意识"的重要性是怎么强调都不过分的。因为求自识就是"西方近代思维的一个根本特征"③。弗兰克(M. Frank)就指出:"自我意识不仅是近代哲学的一个课题,而且就是近代哲学的课题。"④可以说,正由于笛卡尔在"我思故我在"的命题中,首次将"自我意识"表达为哲学的最高原理,他才被尊为"近代哲学之父"。跟随着笛卡尔的步伐,康德对自我意识概念的进一步发挥,使得近代哲学的主体性原则日渐显明、深入人心。倪梁康认为:"在康德之前,关于自我意识的思考还远不能被看作是一门学说,它只是在一些重要的著述中得到零散的阐述。而自康德……以后,自我意识的问题已经成为一门理

① 康德:《纯粹理性批判》,邓晓芒译,杨祖陶校,北京:人民出版社,2004 年,第 288 页,A342/B400。
② 如果从与之对应的德语词 Neuzeit 的含义上来解释,"近代"是指一个从 15、16 世纪一直延续至今的时间段。因此它比我们中文语境中的"近代"含义更宽泛,或者也可以说,已涵盖了我们所理解的"现代"。
③ 倪梁康:《自识与反思》,北京:商务印书馆,2006 年,第 11 页。
④ 转引自倪梁康《自识与反思》,北京:商务印书馆,2006 年,第 11—12 页。

论,成为大多数哲学家无法回避的一个课题。"①这一说法显然是正确的。一般而言,康德将自我意识理论化的工作集中在第一批判著名的"范畴的先验演绎"部分(尤其是 B 版)。在其中,他对先验自我(先验统觉)、经验自我和自在之我的区分是革命性的。这一区分构成了他处理心灵的诸谬误推理的基础。也即是说,唯理论的失败在于无视现实的经验自我,进而从形式化的先验自我推出了实体化的自在之我;而经验论的错误在于否认作为知识最高原理的先验自我,把现象意义上的经验自我等同于本质性的自在之我。因此,如果我们认可自我意识理论是批判哲学的"阿基米德点",那么康德对心灵诸谬误推理的批判就是在具体实现批判哲学的这一主旨。因为通过对理性心理学和经验心理学的双重批判,在"先验演绎"中隐而不彰的自我意识理论终于完全呈现出来了。

概言之,康德对心灵观念的理论性批判就是对"自我"的形而上学批判,因而必须被视作其自我意识理论的重要组成部分。某种意义上说,它的确是先验演绎部分自我意识学说的"一个运用"。但需要注意的是,它又不单单是"一个运用"。因为事实上,康德的自我意识理论不可能凭空产生,因而只能从唯理论与经验论的争辩中脱颖而出。这也就意味着:康德独特的自我意识理论和他对唯理论与经验论的批判,是一而二、二而一的。没有对唯理论和经验论心灵(灵魂、自我)观的"扬弃",他自己的自我意识理论是断然不可能生成的。实际上,本书的叙述逻辑刚好构成了对上述观点的捍卫。这样看来,在理论哲学中,他对心灵诸谬误推理的讨论就是其自我意识理论的两个核心部分之一(还有一个是前述关于自我的三重区分),其重要地位理应受到更多的关注。

三、心灵观在实践哲学里的关键作用

同样,在批判哲学的实践部分,心灵观念的作用更是不能轻视的。

---

① 倪梁康:《自识与反思》,北京:商务印书馆,2006 年,第 163 页。倪梁康先生将 Selbstbewuβtsein 译作"自身意识",本书在引用时将该词改译为"自我意识",特此说明。

但如前所述,许多学者忽视了康德心灵观念的道德意涵,因为他们只认同"心灵"是纯粹知识论的主题。更有许多学者主张抛弃心灵观念的实践信条——"灵魂不死",这恰恰是因为他们相信,它在实践哲学中是可有可无甚或完全多余的。他们中有不少人主张:既然"灵魂不死"(和"上帝存在")不过是实践理性悬设的信仰,而实践理性又仅凭自身是自律的,那么完全可以设想一种抛开心灵与上帝这两个信仰对象的"康德伦理学"。这种观点是不成立的。因为康德早就指出:"道德不可避免地要导致宗教。"①在此,我们无意去描绘他如何从道德走向宗教的思想进程,而只限于表明:灵魂不死悬设为何对于他的实践哲学是必需且重要的。

我们在上一章已经证实:"道德人格性"和"道德律"两个交互归溯的概念必然要给出灵魂不死的预设。因为两者都是纯粹而神圣的,进而与有限的生命个体之间存在着无限差距。然而,它们毕竟又构成了人作为理性存在者的本质规定性。这样一来,人要想回归自己的本性,就必须预设心灵(灵魂)的持存性,以便不断地趋近自己的"本真状态"。因此,如果我们接受道德律和道德人格性两者是人须臾不可放弃的东西,因为它们直接体现了道德完善性的人性理念,那么按照批判哲学的演进逻辑来看,"灵魂不死"就是必须要加以悬设的东西。换言之,正由于人无法在此生中达到那个最完满的人性理念,所以我们才设定修善的无限进程去达到它。

在此,一个对康德灵魂不死悬设的关键反驳出现了。毕希对之做了很好的表述:"康德声称,我们之所以必然在道德上将不死归之于自己,这是由于我们在道德上的不完善。因为我们不能声称自己在伦理上是完善的,所以我们才必须在无止境的延续中去寻求进步。这个论证——康德唯一许可悬设不死的论证——显然不适用于在道德上已然完善的任何存在者。例如一个完善的弥赛亚(Messiah)和无罪的菩萨(bodhisattva)——如果这样一个存在者是存在的——就并不需要这种

①　康德:《纯然理性界限内的宗教》,李秋零译,载《康德著作全集》第6卷,李秋零主编,北京:中国人民大学出版社,2007年,第7页。

理性地将不死归之于他或她自己的手段,因为他或她就是神圣的,因此并不需要永远保持发展或提高。只是由于我们低劣的类型,更确切地说,由于我们在道德上不完善,才必须在康德论证的基础上将我们自己设想为是不死的。"①与毕希相一致,牟宗山站在儒家的立场,也对康德提出了如下的异议:"'心灵(意志)之完全符顺于道德法则'(神圣性)必须是可能的,但却是在无限进程中,在灵魂不灭的假设上,才可能。儒者则必肯定其真实的可能,实际地顿时可能,而亦不与无限进程相冲突,此则非康德所能知,亦非其所许可。"②

可以看到,毕希和牟宗山都是从道德完善的人性理念的"可实现性",来反驳康德悬设心灵(灵魂)持存性的。也即是说,在他们看来,康德之所以需要该悬设,是因为他相信:我们这些世俗之人根本不可能在有限的此生之内,达到道德的完善性。但两人从跨文化、宗教的视角出发,都认为人可以在现世达致这一完善性。比如,犹太和基督教的弥赛亚、佛教的菩萨和儒家的圣人就做到了这一点。由此,这就证明了:"康德的道德悬设,包括不死的悬设,可能提供了展现人类最终道德命运的一种可靠的和有价值的方式,但绝非唯一的一种方式。"③某种意义上,这一判断的确是合理的。因为"即凡入圣"作为直接达致道德完善的方式确是可设想的,在东方或西方的宗教与文化中都不乏实例和学说。难道康德真的忽视了这种情况吗?非也。他其实早就意识到,在历史上流传着种种宣称在现世即可达致道德完善性的学说。而在第三章中所提到的施威登贝格,作为著名的通灵者,正是号称在康德的时代能"直观到"完满之善的人。但在康德的眼中,这些宣布通过在此世的"顿悟"或"灵

① Edward A. Beach, "The Postulate of Immortality in Kant: To What Extent Is It Culturally Conditioned?", in *Philosophy East & West*, Vol. 58, Nr. 4, October 2008, p. 506.
② 牟宗山:《康德的道德哲学》,载《牟宗山先生全集》第15卷,台北:联经出版事业有限公司,2003年,第422—423页。
③ Edward A. Beach, "The Postulate of Immortality in Kant: To What Extent Is It Culturally Conditioned?", in *Philosophy East & West*, Vol. 58, Nr. 4, October 2008, p. 499.

修"便可超凡入圣的学说,不可避免地带有神秘主义的非理性特征。这一点恰恰是将理性视为最高权威的康德所不能接受的。

在《万物的终结》中,他就对东西方神秘的"冥想"学说给予了尖锐的批评:"苦思冥想的人在这方面就陷入了神秘主义(因为理性由于不易满足于其内在的亦即实践的应用,而是乐意在超验的东西中冒险,就也有它的秘密),在这里,他的理性并不理解它自己以及它想要的东西,而是宁可耽于幻想,而不是像一个感官世界的理知居民理所应当的那样,把自己限制在这个感官世界的界限之内。因此就出现了老子关于至善体系的那种怪诞,至善据就在于无:也就是说,在意识中,通过与神性合流,因而通过消除自己的人格性而感觉到自己被吞没到神性的深渊之中。为了对这种状态有预感(Vorempfindung),中国的哲学家们在暗室里闭着眼睛,努力思考和感受着他们的这种无。因此,就产生了(西藏人和其他东方民族的)泛神论(Pantheism),以及从泛神论的形而上学升化的后果中产生的斯宾诺莎主义:这两者与远古所有人的灵魂都出自神性(而且它们最终被吸收进同一种神性)的流溢体系密切相关。这一切只是为了让人最终毕竟会享有一种永恒的安宁,而这种安宁就构成了人们所谓的万物的至福终结;真正说来,它是这样一个概念,由于它,人们同时失去理智,而一切思维本身亦告终结。"①从这段话中就清晰地看出:康德为何对那些通过体悟直接获得至善的学说抱有反感了。因为在他的眼中,那些学说在根本上越出了理性特有的(理论和实践上的)应用范围。因为它们要求,人在虚无缥缈的体验(Erlebnis)里,而非在现实可感的经验(Erfahrung)中,寻求着常人不可理解的神性。这毋宁说是一种不切实际的幻想和迷信,是从开化的理性思维退回万物归一的泛神论。所以,对于高扬启蒙精神的康德而言,从理性所布展的"光天化日"返归于蒙昧状态下的"阴霾魅影"是完全不可理解的。

---

① 康德:《万物的终结》,李秋零译,载《康德著作全集》第 8 卷,李秋零主编,北京:中国人民大学出版社,2010 年,第 338—339 页。译文有所改动。

由此,我们也就明白了,为何灵魂不死悬设对于康德的道德哲学如此重要。因为在他看来,人作为有限的理性存在者,必须承认:自己不可能在此生通过"顿悟"或"灵修"一蹴而就,臻于至善。因为任何形式的"体悟"或"灵修"都必然诉诸理性所不解的神秘主义。而如果让神秘主义流行于哲学领域,则盲信与迷信的癫狂就会蜂拥而至,哲学也将寿终正寝了。正基于此,他在第二批判中才强调,通灵论式的达到完满之善的玄想不过是黄粱一梦。①因此,人在任何时候都必须点点滴滴地累积自己的道德进步,生生世世以致无穷,以期达及完满之善。这样,"灵魂不死"所表征的绵绵修善就是达到完满之善的唯一途径。因而在批判哲学中,只要人们承认,完满之善,亦即意志与道德律的全适状态是人道德追求的最终目标,那么他们就必须接受灵魂不死悬设。由此观之,毕希和牟宗山等人的观点——"顿悟"或"灵修"就可达致道德完善性,灵魂不死悬设并非唯一——是失于偏颇的,虽然并非完全不合理。如前所述,达致道德完善性的方式确实各有不同。因而,心灵(灵魂)的"渐进修善"只是其中之一。但是,唯有它以其"合乎理性"的特质被康德认可。换言之,心灵(灵魂)的持存性作为理性信仰是实现理性主体之本性的必由之路。由此,"实然的小我"才得以归于"应然的理性大我"。在此意义上,对康德来说,"灵魂不死"绝非可有可无的悬设,而是其实践哲学的关键环节。正借由它,在批判哲学中,人在现世的"实然状态"和其道德的"应然状态"才被确定性地勾连起来。缺少了它,"道德律"虽然足以和"头顶的星空"相并列,成为我们惊叹和敬佩的对象,但我们却很有可能在一种"仰之弥高、钻之弥坚"的心境中,徒然慨叹自己在现实处境中的渺小和无能。然而,"灵魂不死"(和"上帝存在")的悬设却给予了我们在行善之途中不懈精进的动力。没有这两个悬设,整个康德伦理学的基调就绝不会是充盈的希望,而极可能是死寂的绝望。德勒兹很好地描述了这一情

---

① 参见康德《实践理性批判》,邓晓芒译,杨祖陶校,北京:人民出版社,2003年,第168页。

况:"它(引者注:指道德律)界定了这样一个充满过错的范畴,其中人们都是有罪的,并且人们都是在不知道边界是什么的情况下就越过了边界,这一点与俄狄浦斯的情形是一致的。甚至罪与罚也没有告诉我们法律是什么,而只是使其处于一种不确定状态,这种不确定性唯有惩罚的极端特殊性才可比拟。"①所以,要想摆脱道德律施加的冷峻和威慑作用,"灵魂不死"设定的"未来之路"就是不可或缺的。

现在,在康德的实践哲学中,心灵(灵魂)观念的必要性昭然若揭了。简言之,心灵观念的实践信条——"灵魂不死"不仅是回归理性主体之本性的唯一途径,更是实现道德完善性的希望之所在。而我们在上文中已经表明:在理论哲学中,对心灵的谬误推理的批判是他著名的自我意识理论的核心部分。这样看来,无论在批判哲学的理论部分还是实践部分,心灵观念实际上都指涉着他的自我学说。换言之,在理论哲学中,它相关于理论自我的"澄清";而在实践哲学中,它涉及实践自我的"施行"。因此,心灵概念在康德哲学中是处于中心地位的。而从他前批判至批判时期的思想进程来看,"心灵"也一直是他所心系的问题。接下来,我们仍需追问的是:他终生萦绕于心的心灵观念到底对之后的德国古典哲学产生了何种影响呢? 这正是本书随后要处理的议题。

第二节　康德的心灵观在德国古典哲学中的效应

众所周知,康德是德国古典哲学(Klassische Deutsche Philosophie)②的开山鼻祖。用海涅的名言来说,"德国被康德引入了哲学的道路,因此哲

① 转引自斯拉沃热·齐泽克《敏感的主体——政治本体论的缺席中心》,应齐等译,南京:江苏人民出版社,2006年,第425页。
② "klassisch"一词不仅可以译作"古典的",更包含"经典的"之义。由此可知,德国古典哲学亦为"哲学之经典"。诚如阿默里克斯所说的那样,"德国古典哲学"这一称谓"意味着一种杰出成就的水平之暗示,而非一种特殊风格或内容的刻画"。(Cf. Karl Ameriks, "Introduction: interpreting German Idealism", in *The Cambridge Companion to German Idealism*, ed. by Karl Ameriks, Cambridge: Cambridge University Press, 2000, p. 1)

学变成了一件民族的事业。一群出色的大思想家突然出现在德国的国土上,就像用魔法呼唤出来的一样"①。因此毋庸置疑的是,康德哲学是之后诸家(费希特、谢林、黑格尔等)思想的"源头活水"。同理,他的心灵哲学也决定了德国古典哲学对心灵问题的讨论方向。如前所述,康德的心灵哲学是以"伦理学的必要悬设"为终点的。而这种将心灵观置于道德维度的做法深刻影响了德国古典哲学家们的观点。

一、费希特:绝对自我的永恒生命

在接受康德上述观点的基础上,费希特又加以了新的发挥。在《论学者的使命》中,他就这样说道:"人的最终和最高目标是人的完全自相一致……这种一致一般就是康德称为至善的那种东西……这个至善本身根本不具有两部分,而是完全单纯的;至善就是理性生物的完全自相一致……人的最终目标必定是不能达到的,达到最终目标的道路必定是无限的。因此人的使命并不是要达到这个目标。但是,人能够而且应该日益接近这个目标;因此,无限地接近这个目标,就是他作为人的真正使命。"②

从这段话中可以看出:费希特明确宣示了人的最终目标就是康德意义上的至善。而这个作为至善的目标,恰恰是人不可达到却又必须追寻的。所以,无限完善的进程就是人的必然使命。这一进程就是人(亦即心灵)的无限性,这样看来,他在此的表述几乎是康德观点的翻版,因而并无新意。不过,只要我们注意到他对至善的表述,就会发现他对康德观点的重要改动。如上所述,在他的眼中,至善是人作为理性存在者的"完全自相一致",是不可二分的"纯一"。这和康德对至善的规定是完全相左的。我们知道,在康德那里,至善作为德福成比例的统一体,必须区

① 亨利希·海涅:《论德国宗教和哲学的历史》,海安译,北京:商务印书馆,2017 年,第 118 页。
② 费希特:《论学者的使命、人的使命》,梁志学、沈真译,北京:商务印书馆,2010 年,第 10—
11 页。

分为德性和幸福两个部分。从根本上说,两者恰恰以"综合的"方式才统一起来。进言之,对人来说,德性与幸福不可能以"分析的"方式自动合一。这不仅是由于,在现实中寡德者多福、有德者寡福的例子比比皆是,更是因为,从德性中导出幸福,或从幸福中推出德性都是不可能的。因此,依据康德的观点,两者的统一只有在如下两个条件下才有可能:心灵持存性所追求的德性完满和上帝作为福报的公平分配者。但费希特暗中抽取掉了康德放置在至善内部的原初不一致性。换言之,在他看来,至善作为理性存在者的"完全自相一致",无须区分为两个部分。他曾指出:"幸福概念本身以及对于幸福的渴求才是从人的伦理本性中产生的。"①这和康德的观点其实并不冲突。因为康德也认为,在至善内部,德性作为"配享幸福"(Glückwürdigkeit)必须成为幸福(Glückseligkeit)的根据。然而,当费希特作出下述断言——"使一切非理性的东西服从于自己,自由地按照自己固有的规律去驾驭一切非理性的东西,这就是人的终极目的"②时,他和康德的差异就流露出来了。因为在后者那里,人作为理性存在者只能在"道德完善性"上精益求精。这是理性可掌握的东西。而幸福却并不在理性的控制范围内。由此,我们只能期待,上帝能够依据我们在德性上的不断进步给予与之相配的幸福。但在费希特这里,人类理性的受限性消失了。人可以自由地按照自己的规律去支配非理性之物。这就是说:人在道德上的完善直接造就了与之相配的幸福。这样,在康德哲学中,作为德性与幸福统合之"中保"的上帝就退居幕后了。在费希特所确定的实现至善的过程中,"灵魂不死"就成了唯一留存的预设。这样,"灵魂不死"的意味在费希特这里也就发生了变化。换言之,在康德那里,心灵(灵魂)持存的进程只相关于道德的完善性;而在费希特这里,这一进程却直接是德福一致的体现。费希特这般写道:"人的生存目的,就在于道德的日益自我完善,就在于把自己周围的一切

---

① 费希特:《论学者的使命、人的使命》,梁志学、沈真译,北京:商务印书馆,2010年,第11页。
② 费希特:《论学者的使命、人的使命》,梁志学、沈真译,北京:商务印书馆,2010年,第11页。

弄得合乎感性;如果从社会方面来看人,人的生存目的还在于把人周围的一切弄得更合乎道德,从而使人本身日益幸福。"①在此,费希特的意思是:提升德性与幸福的根据都在人自身之中,因而道德的日益改善必然带来幸福的不断增加。由此,德性和幸福无限完善的过程变得无关乎"上帝之护佑",而这一"护佑"在康德那里却是至关重要的。

费希特对康德至善理论的"细微改动"显示出他与康德的"重大区别"。在批判哲学中,德性与幸福在本源上的不和谐,根源于康德哲学的两重性特征——著名的"现象与物自体之分"。因为在他看来,德性在本质上归于自在的理知世界,而幸福属于作为现象的感官世界。由之,上帝作为超越于两个世界的存在者才构成德福一致的中介。而费希特认为,物自体的设定在康德哲学中是多余的累赘,进而有意铲平了现象(感官世界)与物自体(理知世界)的分别。由此,德性与幸福直接在人身上就合一了,上帝的中介就无须设定了。同样,"灵魂不死"也不仅是一个实现道德完善的悬设,而就是人德福一致的实际进展。所以,对费希特来说,"灵魂不死"不再是"理性信仰",而就是基本的"理性事实"。他曾这样开宗明义地宣称:"一俟我下定决心,听从理性规律,我就是不朽的、长存和永恒的。"②

那么,费希特为何会对康德的心灵观作出这一变换呢?我们知道,心灵就是自我的同义词。因此,他的上述变换就根源于他对康德"自我意识"学说的改造。他这样概括了自己与康德的差别:"照康德的看法,所有意识不过受自我意识的制约,也就是说,意识的内容可以以意识之外的某个东西为根据;从这种根据中得出的各个结果只不过不应当与自我意识的条件相矛盾,不应当取消自我意识的可能性;但这些结果却不必从自我意识产生出来。在知识学(引者注:即费希特的哲学)看来,所有意识都是由自我意识规定的,就是说,意识中发生的一切都是以自我

① 费希特:《论学者的使命、人的使命》,梁志学、沈真译,北京:商务印书馆,2010 年,第 12 页。
② 费希特:《论学者的使命、人的使命》,梁志学、沈真译,北京:商务印书馆,2010 年,第 188 页。

意识这个条件为根据的,都是由这些条件提供和创造的,在自我意识之外,完全没有意识的根据。"①

他在此的意思是:康德的自我意识,只对一切其他意识内容有形式上的制约性,却并不构成这些意识的根据。换言之,自我意识只承担纯形式化的统合功能,对意识内容则无权过问其来源。实际上,这一来源被推定为不可知的物自体。这样,物自体对自我意识而言是不可企及的,却成了意识内容的根据。在康德看来,物自体的界限作用是必要的,因为它标明了理性自我的实际运用范围。但在费希特看来,物自体却是自我意识的障碍和壁垒。当自我意识仅仅是形式的,对源于物自体的意识内容只能听之任之时,它就是不自由的。这种不自由恰恰是康德哲学的不融贯之处。费希特认为,他的知识学是为了将康德哲学的不融贯之处彻底消除,使其变成一个"彻底自由的体系"。于是,他对康德哲学的核心改造在于:取消物自体,将意识内容和形式的根据都归之于自我意识。这样,在康德那里形式化的"先验自我",就变成了费希特意义上的"绝对自我"。而"绝对自我"作为创生世界的本原,"是纯粹的永恒生命与精神生命"②。费希特这样写道:"我一般不是生命的单纯表现与反映,而是在我自身带有原始的、唯一真正的、本质的生命。根本不可能设想,自然竟然能毁灭一种不是从自然产生的生命;我不是为了自然而有生命,而是自然本身仅仅为了我才有生命。"③这也即是说,"自我"演变成了生生不息的世界之源,必然永恒持存。由此,"灵魂不死"这一宗教意涵过浓的术语在他这里被弃用了。因为自我既然是永恒的生命,那么倘若"死亡"必与之根本无涉,则"不死"其实也不适合它。但实际上,心灵(自

① 费希特:《知识学新说》,载于《费希特文集》第 2 卷,梁志学编译,北京:商务印书馆,2014 年,第 701 页。
② Gerald Frankenhäuser, *Die Auffassungen von Tod und Unsterblichkeit in der klassischen deutschen Philosophie von Immanuel Kant bis Ludwig Feuerbach*, Frankfurt am Main: Haag und Herchen Verlag GmbH,1991,S. 210.
③ 费希特:《论学者的使命、人的使命》,梁志学、沈真译,北京:商务印书馆,2010 年,第 217 页。

我)的无限改善进程依然在尘世中存续。不过,这一尘世不再是康德意义上与物自体相对的现象界,而就是当下的现实世界。因此,在某种意义上,费希特将"心灵"在康德哲学中的超越一维——"在物自体中的永存"祛除了。这就导致了一个关键性的后果:不可见的心灵本体"被现象化为"自我意识的可见历史。而这一点在谢林和黑格尔的哲学中得到了进一步的发扬。超验的心灵观念在现代社会中的陨落已经微露征兆。

二、谢林:有限自我对无限自我的追逐

与费希特相类似,谢林同样是通过对康德至善理论的评论来阐发自己的心灵(自我)观的。在其中,"绝对自我"的原则得到了更为彻底的贯彻。他曾这般评述道:"康德当然已经谈过道德与成比例的幸福作为至善和最后的终极目的。但他自己就很好地知道,道德自身没有更高的终极目的就没有任何实在性,道德预设了限制、有限性,不能被设想为最后目的自身,而只能被设想为对这一目的的靠近。同样,他在任何情况下都避免规定性地对幸福之于道德的关系作出解释,尽管他很可能知道,幸福作为想象力的纯然理念无非是一个图型,经由它,非我(Nicht-Ich)在实践上的可表象性被传达了,因此不能归属于最后的(终极目的),因为这一目的相关于自我与非我的同一,也即非我的完全毁灭;由此朝向经验性幸福(作为一个受自然影响的客体与自我的符合)的努力自身是非理性的,它并未预设,所有努力的最终目的并不是它,而是超出它的领域之上的提升;因此我们必须努力向前进至无限,不是为了变得幸福,而是根本不再需要幸福,完全对之无能为力,并且将我们自己的本质提升至一种形式,这种形式不仅反对幸福的形式,也恰恰反对与幸福相对立的形式。"①

---

① Friedrich Wilhelm Joseph von Schelling, *Vom Ich als Prinzip der Philosophie*, in *F. W. J. v. Schelling*: *Werke*, Band 1, Herausgegeben und eingeleitet von Otto Weiß, Leipzig: Verlag von Felix Meiner, 1911, S. 48 - 50.

在这段话中,谢林展现了他解读康德心灵哲学的独特视角。也即是说,心灵(自我)的无限进程被他描绘为幸福不断消减以致毁灭的过程。这非但和康德本人的思路不符,也异于费希特对康德观点的改造。如前所述,在康德眼中,至善作为德福一致的最高统一体是人的终极目标。而他之所以悬设"灵魂不死",是为了达致至善的第一个部分——德性的完满。不过,对他来说,虽然设定"灵魂不死"是为道德完善性的实现所需,但他从未规定在道德改善的无限进程中,人应该不断减灭自己的幸福追求。毋宁说,他要求的反倒是:在道德进步的基础之上,与之相匹配的幸福理应不断增长。但在他看来,人的德性与幸福成比例的提高不会自动前来,因而任何时候都有待于上帝的协调。而实际上,费希特也接受了:至善作为德福一致的共同体是人的最终目标。然而,他不同意康德将协调德福的权力归于上帝的做法。他相信,人的德性进步能够自然地带来与之匹配的幸福提升。现在,谢林的观点与两者都不同。虽然在他看来,道德需要一个终极目的才具有实在性,因而道德改善的无限进程是绝对必要的。然而,在他看来,这个终极目的不应包含幸福,因为幸福意味着"非我"。所谓"非我"就是异于"自我"之物。如果人的终极目的是"自我"的完全实现,那么"非我"就必定要与"自我"相同一,更确切地说,"非我"要完全消融在"自我"之中。这样看来,谢林完全改变了康德和费希特那里至善的含义。至善曾被他们视为德福一致的统一体,但谢林却将幸福从至善中排除出去了。

不过,谢林对康德心灵(自我)观的改造不限于此。因为对至善概念内部剩下的道德部分,他同样是不甚满意的。在第五章中可以看到,在康德那里,由于道德律所代表的"理性大我"在"有限自我"身上无法实现,所以他才需要自我的无限进步(亦即心灵的持存性)去趋近绝对的理性主体。因此,在康德的眼中,道德律给出的绝对自我就仅是可望而不可即的理念形式。这一点遭到了费希特的反驳。如上所示,费希特对康德哲学的一个重要改造是:从形式和内容上,将绝对自我(心灵)树立为世界的基底。这一点也构成谢林哲学的起点。他在回顾青年时代的哲学创作时就这样说道:"当时,我只是想表明,如何理解通过人的自我而设定一切。"①事实上,正是从这个绝对自我出发,他才展开对"灵魂不死"的设定。他这样写道:"绝对自我是唯一的永恒者,正因此有限自我在力求变得与之同一时,也必须朝着纯粹的永恒性努力,因为它在自身中将在无限自我中设定的东西表达为变化着的东西,并在自身中也设定了变化着的(也即经验性的)永恒性与无限的持续。因此,有限自我的最终目的就是扩展至与无限自我的同一。意识的统一性(亦即人格性)在有限自我之中。但无限自我却根本不认识任何客体,因此也不认识任何意识、意识的统一性与人格性。由此,所有努力的最终目标也被表象为人格性朝向无限性的扩展,也即被表象为人格性的毁灭。——不但有限自我,而且非我的最终目的(也即世界的终极目的),是它作为一个有限性(有限自我与非我)总和的世界之毁灭。朝向这个终极目的只有无限的靠近——因此自我的无限延续就是灵魂不死。"②

在这段话中,谢林表述了自己对"灵魂不死"的看法。表面上看来,他和康德似乎有一致之处。因为在他看来,"灵魂不死"也是有限自我追逐绝对自我的无限进程。但从根本上说来,两者是截然不同的。这突出地表现在:当康德将心灵的持续演进看作"人格性的无限展开"时,谢林却将这一进程视为"人格性的覆灭之旅"。这根源于两人对人格性规定的差异。对前者而言,人格性就是绝对的理性自我,是有限自我不可企及的理想原型;但对后者来说,人格性却降为了有限自我的标识,必须消融在绝对(无限)自我中。这样,谢林就认为:有限自我为了达及与绝对自我的同一,就必须在其无限进程中,不断消解自己的"受限"。但只要

---

① 谢林:《近代哲学史》,先刚译,北京:北京大学出版社,2016年,第113页。

② Friedrich Wilhelm Joseph von Schelling, *Vom Ich als Prinzip der Philosophie*, in *F. W. J. v. Schelling: Werke*, Band 1, Herausgegeben und eingeleitet von Otto Weiß, Leipzig: Verlag von Felix Meiner, 1911, S. 52 - 53.

自我还拥有"人格性",那么它就是受限的。这是为何呢？我们知道,在康德哲学中,自我的人格性恰恰意指着自由,亦即不受限于必然性和客观世界的行为能力。但在谢林看来,这个自我虽然号称可以"遗世而独立",但无疑依旧处于和客观世界的尖锐对立中。而这种对立同时是对双方的掣肘和限制。由之,"那个绝对不依赖于我们的自由甚至限制着我们的自由的客观世界"①,就是自我无可把控的"非我"之域。质言之,只要"非我"尚与自我相对立,那自我就是受限的。所以,人格性所呈示的自我正好暗示了人无法触及的非我世界。依据谢林的观点,只有在彻底取消人格性的情况下,自我和非我的"相互设限"才会终结,那个绝对(无限)自我才能真正完成自身。所以,心灵(灵魂)的无限进程就是指:绝对自我经由有限自我与非我的对立融合而走向完满。因此,在康德那里,"灵魂不死"只是"超验的信仰",在谢林这里却变成了"自我意识内在性的演进过程"。"在其中,自我仅仅与它自己打交道,确切地说,自我要处理的是它自己的、设定在它自身内的矛盾,即它同时是主体和客体,同时是有限的和无限的。"②这一"自我意识内部的辩证运动过程"是关键性的,因为黑格尔哲学的发展也以此为根基。在此背景下,和谢林相一致,黑格尔才展开了对康德心灵哲学的著名批判。

三、黑格尔:道德世界观的空谈

黑格尔对康德的批判集中体现在《精神现象学》第六章"精神"的"道德世界观"部分中。所谓的"道德世界观"是他给予康德实践哲学的整体评价。他认为,康德的道德世界观"立足于道德的自在且自为的存在与自然的自在且自为的存在之间的关联"③。而这个关联的基础的是:"一方面,自然界与道德目的及道德行为之间彼此完全漠不相关,各自独立;

---

① 谢林:《近代哲学史》,先刚译,北京:北京大学出版社,2016年,第114页。
② 谢林:《近代哲学史》,先刚译,北京:北京大学出版社,2016年,第114—115页。
③ 黑格尔:《精神现象学》,先刚译,北京:人民出版社,2013年,第370页。

另一方面,义务的独一无二的本质性,还有自然界的完全的非独立性和非本质性,成为意识的对象。"①黑格尔的这一评述是正确的。康德的伦理学的确以道德和自然的分立为基本前提。并且,在此分立中,两者的地位有高下之别。也即是说,纯粹义务所标示的道德是本质性的,而感性所接纳的自然界则是非本质的。易言之,道德的价值即在于它独立于且凌驾于自然之上。这样看来,在"道德世界观"之中,自然似乎是一个纯然负面的要素,"只不过是一种毫无意义的现实性"②。由此,康德对自然的贬抑在其中就展露无遗了。但在黑格尔的解读中,这个遭到贬抑的自然恰恰构成了康德伦理学的核心。黑格尔认为,自然界是自由的。这就是说:"自然界才不管道德意识能否认识到它的现实性与自然界的现实性的统一,也就是说,自然界或许会给它带来幸福,或许不会。"③但是,"道德意识不可能放弃幸福,不可能从它的绝对目的那里刨去这个环节"④。所以,康德才预设了德福一致的统一体——至善。对此,黑格尔评论道:"道德性与自然界的和谐,或者说道德性与幸福的和谐,在思想中和在现实中都必然存在着,换言之,这种和谐是一个悬设。"⑤但这种和谐,亦即至善既然只是一个悬设,就还没成为现实。要使它变为现实,以下两方面必须依次达成:首先,我们的道德必须完全独立于自然;其次,自然再顺服于我们的道德。如前所述,康德的"灵魂不死"正是从第一个方面引申出来的,因为道德对于自然的完全独立性就是指道德的完满性,而这种完满性就要求道德的无限进步,也即心灵(灵魂)的无限进程。

因此,在康德那里,道德完满性意指着与道德律的全适状态,因而呈现为绝对对立并脱离于任何感性自然的纯粹意志。但在黑格尔看来,道德之于自然的分立其实就是两者的统一。他这样说道:"在理性与感性

---

① 黑格尔:《精神现象学》,先刚译,北京:人民出版社,2013年,第370页。
② 黑格尔:《精神现象学》,先刚译,北京:人民出版社,2013年,第370页。
③ 黑格尔:《精神现象学》,先刚译,北京:人民出版社,2013年,第371页。
④ 黑格尔:《精神现象学》,先刚译,北京:人民出版社,2013年,第371页。
⑤ 黑格尔:《精神现象学》,先刚译,北京:人民出版社,2013年,第371—372页。译文有所改动。

的这个矛盾里,理性认为,根本的情形是,矛盾自行瓦解,然后双方的统一作为一个结局出现,这个统一不是那种原初的统一(亦即双方在一个个体之中),而是从自觉的彼此对立里产生的统一。"①换言之,道德与自然,亦即上文中的理性和感性当然处于矛盾中。现在,道德完满性的实现就意味着"消解矛盾、走向统一"。而此种统一不是在人——作为感性的理性存在者——身上的"自在统一",而是人自觉到内部道德与自然间的对立并力图融合的"自为统一"。那么,这一统一究竟如何能变为现实呢? 无疑只能通过消灭感性来回归道德的纯粹性。"关于对立的这两个环节,既然感性完全是一种他在(Anderssein)或否定之物,既然义务的纯粹思想是不可能放弃任何东西的本质,那么产生出来的统一似乎只能通过感性的扬弃出现……所以对于这种统一而言,人们必须首先满足于这样一个说法,即感性是合乎道德性的。"②但这种感性"完全"符合道德的状态同样只在思想中存在,并未在现实中存在。在现实中存在的毋宁说是感性与道德(纯粹义务)的对立。因此,要使两者的完全符合成为现实,我们就需要逐步调和两者的对立,使感性越来越顺服于我们的纯粹德性。这即是说,感性必须不断地被消弭,道德才得以无穷进步。如前所述,这正是康德悬设"灵魂不死"的缘由。

至此,黑格尔还只是从自己的视角出发,对康德的伦理学进行了内部的阐释。不过接下来,他却笔锋一转,带出了对上述心灵(灵魂)持存之悬设的尖锐批判:"然而道德性的完满必须无限推迟,因为,倘若道德性真的达到完满了,那么道德意识将会扬弃自己。只有作为一个否定的本质,道德性才是道德意识,而对于它的纯粹义务来说,感性仅仅意味着一种否定,亦即与纯粹义务不合适。在纯粹义务与感性的和谐里,作为意识的道德性或道德的现实性消失了,正如在道德意识或现实性里,那种和谐也消失了。就此而言,道德性的完满是不可能真正实现的,毋宁

---

① 黑格尔:《精神现象学》,先刚译,北京:人民出版社,2013 年,第 372—373 页。译文有所改动。
② 黑格尔:《精神现象学》,先刚译,北京:人民出版社,2013 年,第 373 页。译文有所改动。

说仅仅是一个可以去思考的绝对任务,亦即一个完全维持为任务的任务本身。尽管如此,它的内容本身是必须加以思考的,是绝对必须存在着的,而没有维持为一个任务。比如人们可以设想,在达到那个目标之后,意识或许被完全扬弃了,或者也不会被扬弃。至于那边真实的情况究竟是怎样的,就处在黑暗的无限远方,因此那个目标的实现被推迟到哪去了,不再能被清楚地辨别。其实我们必须指出,我们不应该对某个特定的表象感兴趣,不应该去追求它,因为这会导致诸矛盾——一个应保持为任务、但又该被完成的任务,一种不应是意识、又不该再是现实的道德性。我们既然已经发现,完满的道德性包含着一个矛盾,那么道德本质的神圣性就会遭到损害,而绝对义务也会显现为某种非现实的东西。"①

在上述这段话中,黑格尔证明了:康德的"道德的完满性"是一个自相矛盾的概念。在他看来,它是一个必须思考为存在却任何时候都不会实现的东西。易言之,它的存在只在思想中,却不可能在现实中,而思想和现实间的这种"落差"使得康德需要悬设"灵魂不死"。用黑格尔的话说,道德的完满性必定无限推迟。这是为什么呢? 如前所述,道德的完满性意味着感性的彻底消除和道德全然摆脱感性的纯粹状态。然而,道德之所以成为道德,就因为有感性与之相对立。道德只有在与感性的对立中,才能将自己保持为强制性的"应该"(Sollen)。一俟感性条件被移除,那么道德的完满性诚然是达到了,但道德同时也丧失了强制性的"应该"意味。在此意义上,道德本身恰好不复存在了。实际上,上帝和低于人的造物都不需要道德,因为在两者那里,都不存在道德与自然的矛盾。前者是全然的理知存在者,道德法则对它而言就是自然法则;后者则是纯然的感性存在者,自然法则是它无由超越的唯一存活根据。而处于两者之间的人,才会面临道德与自然的矛盾。这一矛盾塑造了道德必须战胜自然(感性)的"应该"。不过,这个"应该"却永远必须保持为思想中的

---

① 黑格尔:《精神现象学》,先刚译,北京:人民出版社,2013 年,第 373—374 页。译文有所改动。

"应该"。一旦它变成"实然的",道德似乎完满了,却也终结了。于是,这个可望而不可即的"应该"只能留存在绵绵不绝的道德进步之中。这正是灵魂不死悬设的由来。黑格尔认为,康德提出此悬设正是为了解决道德在思想中的完满在现实中无法实现的难题。

然而,这一解决方案在黑格尔看来是失败的。因为它只是将这一完满推迟到"黑暗的无限远方",因而我们不甚清楚的是:这一完满在彼处究竟会不会实现,并且到底处于何种状况中。在《哲学史讲演录》中,黑格尔明确地将康德灵魂不死的悬设斥为"停留在道德上的空谈(Gerede von Moralität)之上"[①]。因为在其中"什么是道德性的,抑或什么是一个使自身成为现实的精神体系,却没有被考虑到"[②]。因此,在他的眼里,康德经由该悬设只是将道德的完满性推向了未知的无限远处。而对于心灵(灵魂)的无限改善进程究竟是什么,康德又根本没有给出任何规定。这样,设定"心灵(灵魂)的持存性"就被黑格尔目为空谈道德了。他的主张是:道德完满性的实现必须经由一个自我实现的精神体系。也即是说,道德不是高悬在上的应然理念,而必须在一个精神体系中得到"具象化"。而灵魂不死悬设却并未使道德走向具体,而仅让它停留在不可捉摸的晦暗之中。因此,在他看来,对于解决道德完满性内部的矛盾,设定"灵魂不死"是无济于事的。毋宁说,从他的视角出发,只要康德预设了理性与感性、道德与自然的坚实对立,这一矛盾就是无法消解的。而康德固然想消除两者的对立,但他只能借助心灵(灵魂)和上帝的悬设在理念中来完成这一步。这就注定了,他不可能达到两者的最终统一。因为实际上,这一统一只能通过意识(精神)内部诸意识形态的扬弃而逐步实现。这正是黑格尔哲学独特的发展取向。

---

① 黑格尔:《哲学史讲演录》第四卷,贺麟、王太庆译,北京:商务印书馆,1983 年,第 292 页。译文有所改动。

② 黑格尔:《哲学史讲演录》第四卷,贺麟、王太庆译,北京:商务印书馆,1983 年,第 292 页。译文有所改动。

而这一取向的一个直接后果是对精神之"现世"的强调。人类共同体的伦理世界逐渐布展开来,但这个世界却逐渐抛弃了代表着不可见维度的心灵本体。在康德那里,心灵(灵魂)的持存性最终被以伦理性信仰的方式加以界定;而到了黑格尔这里,自足的伦理世界却宣称自己不再需要这一空泛的对心灵理念的悬设。由之,康德的心灵哲学在德国古典哲学中不可避免地走向跌落了。

小结

我们已经考察了康德心灵哲学的地位和影响。就他哲学体系内部来看,心灵观念在其中的作用还是相对容易辨明的。进言之,它在他的哲学中占据着毋庸置疑的关键地位。这不仅是因为,心灵在前批判时期就一直是他所关心的重要议题,更是由于,它在批判哲学的理论和实践两部分都是不可或缺的。首先,在理论哲学中,康德对心灵诸谬误推理的批判,事实上构成了其自我意识理论的两个核心部分之一(另一个是他在范畴的先验演绎部分对自我的三重区分)。其次,在实践哲学中,他对心灵的道德意涵的强调是其伦理学必不可少的组成部分。因为他的伦理学是以追求至善为旨归的,而至善所内含的德性之完满就必然导向"灵魂不死"的悬设。因为只有在心灵(灵魂)无限修善的进程中,德性之完满才能被期许。因此,心灵观念在批判哲学中的地位是无可替代的。

不过,康德的心灵哲学在德国古典哲学中的效应,就不如在他自身哲学中那么方便界定了。从一方面看,康德的心灵观念构成了费希特、谢林和黑格尔探讨该问题的坐标。易言之,他将心灵观念的归宿定为伦理式的信仰,构成了后三人讨论的平台。但从另一方面看,后三人实际上都在某种程度上"扬弃了"他的心灵哲学。费希特将康德的"先验自我"改造为"绝对自我",并认为后者直接具备了永恒生命。谢林更愿意将心灵(灵魂)的持存性视作"有限自我"追逐"无限自我"的过程。在其中,他将心灵(灵魂)的无限进程等同于人格性的覆灭之旅。这和康德对人格性的无限拔高是截然对立的。而黑格尔直接将康德的灵魂不死悬设目为空谈道德的标识。他认为,康德的这一悬设仅仅使得道德完满性的实现无限推迟,但对于实际的道德改善是毫无作用的。黑格尔的上述批判产生了巨大而广泛的影响。随着德国古典哲学的终结,康德的心灵哲学也在现代西方哲学对主体性形而上学的批判浪潮中逐渐走向落寞了。

第七章　回顾与展望

我们已经阐明，康德的心灵观在其哲学中占据着重要地位：一方面，在理论哲学部分，它是其自我意识理论的关键环节；另一方面，在实践哲学部分，它又是其伦理学必不可少的节点和标志。但是，随着德国古典哲学从"先验唯心论"向"绝对唯心论"转化，他的心灵（自我、灵魂）概念也被他们进行了批判性的改造。尽管他们改造的方式随各自的哲学观点而不同，但在一个方向是一致的，亦即取消心灵在物自体中的实存这一维。因为对于他们来说，心灵（自我、灵魂）的自在本质乃至于整个物自体的领域，是康德哲学不彻底的表现。他们哲学的共同趋向是：消解康德哲学中现象与物自体的二分，把心灵（自我、意识、精神）树立为整个现实世界的绝对地基。与此同时，心灵观念在康德哲学中所具有的伦理学含义也被他们完全消解了。但实际上，对于西方哲学史上心灵观念的演变来说，康德的观点依旧是毋庸置疑的核心环节。在下面，我们会将康德的观点先与柏拉图的观点相比较，再与当代约纳斯的观点相比较。从中，我们可以窥见，康德哲学在心灵观念从古至今的演变史上究竟有何划时代意义。

第一节　心灵理念性与道德性的结合——柏拉图心灵观的
批判哲学式解读

　　我们在此将主要考察柏拉图与康德心灵（灵魂）观的异同。柏拉图的《斐多》是集中阐述其心灵（灵魂）观念的篇章，而这些观念主要是通过他对"灵魂不死"的论证展现出来的。一般而言，这些论证的有效性是值得怀疑的。肯内特·多特（Kenneth Dorther）就归纳道："它（引者注：指《斐多》）显明的主题——对灵魂不死的诸论证——相对来说很少被给予严肃的关注。经常被认为的是，那些论证……就外表来看就是无效的。"①接下来，我们将站在康德心灵哲学的立场上来考察《斐多》的灵魂不死论证。可以看到：一方面，柏拉图对于心灵（灵魂）的理念性及其与肉体的二分的基本观点能被囊括进康德对理性心理学的批判范围；另一方面，柏拉图的心灵（灵魂）观念也有鲜明的道德信仰的指向，这一点和康德的观点有异曲同工之妙。接下来，我们将在《斐多》对"灵魂不死"的四个论证的基础上，让柏拉图与康德形成对话与交锋。

一、心灵的回返论证

　　柏拉图提供的论证一被大卫·加洛普（David Gallop）称为"回返论证"（The Cyclical Arguement）②，亦即生死的互相回返。柏拉图从"一个古老的学说"③中引出了该论证："我们先问，死去的人的灵魂是不是在阴间（Hades）里……有一个古老的学说认为，这些灵魂从这个世界到那个

---

① Kenneth Dorter，"The Reciprocity Argument and the Structure of Plato's Phaedo"，in *Journal of the History of Philosophy*，Vol. 15，Nr. 1，1977，p. 1.
② Cf. Plato，*Phaedo*，translated with Notes by David Gallop，Oxford：Oxford University Press，1975，p. 103.
③ 奥托·阿佩尔特（Otto Apelt）认为，苏格拉底暗示的是奥菲斯教派、毕达哥拉斯或恩培多克勒中之一的学说。（Cf. Platon，*Phaidon*，übersetzt und erläutert von Dr. Otto Apelt，Leipzig：Verlag von Felix Meiner，1913，S. 139.）

世界(引者注:指阴间),再回到这里,从死者托生。如果真是这样,如果活人都是从死者托生的,我们的灵魂就曾经存在于那个世界,是不是?因为如果它们不存在了,就无法再度托生;这就是这些断言真理性的充分证据,因为十分明显,活人不从别处,只从死者那里托生。"① 很明显,这一论证是以生死的循环转化为基础的。无疑,这种从古老学说中引申出来的论证毋宁说是当时的流行信条,因而并不具备完全的说服力。因此,柏拉图认为必须要把视域放大,"不要只从人看,而要从一切动物和植物看,总之,要从一切产生出来的东西看"②。这一扩展是重要的。古老学说提供的蓝图——死者从阴间返回人世——是古希腊先民的信仰,苏格拉底意识到,如果要使这一蓝图显得"真实可信",他需要一种出自自然界的类比论证。

从对自然界的观察中,他得出了如下结论:"每一件有对立面的事情……只从它的对立面产生出来。"③他举的例子有"大来自小""弱来自强"和"慢来自快"。这样,既然"对立面生自对立面"是自然界的一个普遍事实,那我们也可以推出:小来自大、强来自弱、快来自慢。也即是说,在这些对立面之间,必有"从对立的此端到另一端,再从另一端返回到此端"④的情况。这就是对立面的"循环互生"。在达到这一理解后,苏格拉底重新将古老的"死来自生"的学说引入考察。他说,如果我们承认,生与死是相互对立的,那它们之间的"循环互生"就是必然的。换言之,必有从生到死的过程,这是可见的;也必有从死到生的过程,那是不可见

---

① 柏拉图:《裴洞篇》,王太庆译,北京:商务印书馆,2013年,第19页。译文有所改动,参考了英译本(Plato, *Phaedo*, translated with Notes by David Gallop, Oxford: Oxford University Press, 1975)、德译本(Plato, *Phaidon*, übersetzt und erläutert von Dr. Otto Apelt, Leipzig: Verlag von Felix Meiner, 1913)和杨绛先生的译本(柏拉图:《斐多》,杨绛译,沈阳:辽宁人民出版社,2000年)。以下皆同,不再赘述。另需注明的一点是,王太庆先生将本书题名译作"裴洞",笔者未予采纳,因为杨绛先生"斐多"的译名已深入人心,故从此译名更为合适。

② 柏拉图:《裴洞篇》,王太庆译,北京:商务印书馆,2013年,第19页。

③ 柏拉图:《裴洞篇》,王太庆译,北京:商务印书馆,2013年,第19页。

④ 柏拉图:《裴洞篇》,王太庆译,北京:商务印书馆,2013年,第20页。

的。虽然后者是不可见的,但从相反相生的原理来看却必定存在。由此,在他看来,如果我们承认上述结论,就足以证明古老学说的正确性——"死者的灵魂存在于某处,再从那里回到活"①。

可以看到,这个论证在严密性上的确不让人信服。站在康德批判哲学的立场上,我们当然可以在经验世界中发现:对立面的"循环互生"是自然界的一条普遍规律。可是,大小、强弱、快慢这些自然性质的循环不能简单地类比于生死的循环。因为很明显,前者的循环可以在自然中被经验性把握,但后者的循环则不可能。从康德对事物的现象与物自体的二分来看,"从生到死"的过程可以归之于现象,"从死到生"的复归却仅仅属于一种假定,因为在人死后究竟会发生什么这一点是人无法探知的,因而必须归于物自体的领域。他在《纯粹理性批判》中就指出,人们无法知道"思维主体本身,是否会……'在死后'终止。"②因此,当柏拉图根据一条现象界的自然规律来探讨本体域的生死之辨时,这一做法在批判哲学的视野中是超验的(transzendent),属于纯粹理性的"谬误推理"。

但在论证一的结尾,柏拉图还用反证法加强了上述论证。他反问道:"如果一切有生命的东西都会死,然后死者在死后始终处在那种状态中,并不回到生,岂不是到最后必然一切都是死的,没有一个是活的吗?因为如果活的不是从死的产生,而是从别的产生,而活的又必要死,怎能避免到头来一切事物都要同归于死呢?"③这里,他的意思是,如果没有生死的轮回,只有从生到死的单程,那么在某个时刻就难免一切"同归于尽"。但这是荒谬的,因为世界显然是生生不息的。由此,他认为,必有从死到生的复活来支撑这个世界丰沛的生命力。由此,苏格拉底就用反证法证明了"活的是从死的产生的,死者的灵魂是存在的"④。论证一就

---

① 柏拉图:《裴洞篇》,王太庆译,北京:商务印书馆,2013 年,第 22 页。
② 康德:《纯粹理性批判》,邓晓芒译,杨祖陶校,北京:人民出版社,2004 年,第 340 页,A395。
③ 柏拉图:《裴洞篇》,王太庆译,北京:商务印书馆,2013 年,第 22—23 页。
④ 柏拉图:《裴洞篇》,王太庆译,北京:商务印书馆,2013 年,第 23 页。

完成了。

如果单就论证本身来说，这一反证法同样效力不足。因为从现代哲学的视角来看，柏拉图对世间万物的理解是一种生机论（Vitalism），这才导致他将事物的生死轮回理解为世界生生不息的原因。然而，他对世界的这种生机论的理解一样显然受制于古希腊自然观的时代局限，因为他眼中的世界绝非一个漠然流变的自然，而是希腊诸神统治下一个有目的、有活力的体系。但随着近代自然科学的发展，西方人的自然观逐渐演变，从生机论的图式转变为机械因果律的图式。换言之，近代以来的机械论更愿意将万物的变迁视为物质各部分漠然的分合——生不过是物质元素的聚合，死无非是复合物体的分解。就此而言，所谓的生死轮回就只是物质本身的聚合离散。世界固然在流变，但并没有一种永恒的生机或活动在支撑着它。同样，它也不会遭遇毁灭的问题，因为尽管具体的物质形态可能会有生灭变化，但物质世界的整体却会无始无终地延续下去。这样，如果我们持有与柏拉图不同的机械论立场，那么我们就很难赞同他基于生机论证明"灵魂不死"的反证法。

进一步来说，倘若我们站在康德哲学的立场上，我们也很难认同柏拉图从这种生机论中推出的"生死回返"。虽然康德并不认为机械因果律范式就是自然界的真相，但他也不会相信苏格拉底的"生机论"是完全正确的。在《判断力批判》中，康德就道明了自然的机械论与目的论的"二律背反"："第一个准则就是命题：物质的东西及其形式的一切产生都必须被评判为按照单纯机械规律才是可能的。第二个准则就是反命题：物质自然的有些产物不能被评判为按照单纯机械规律才可能的（它们的评判要求一条完全不同的原因性规律，也就是目的因的规律）。"[①]因此，在康德看来，目的论（苏格拉底的生机论正是一种目的论）与机械论构成了两种针锋相对的解释自然的模式，但是两方中的任何一方都无法真正

[①] 康德：《判断力批判》，邓晓芒译，杨祖陶校，北京：人民出版社，2002年，第238页。

解开自然的真相。康德还进一步认为：解决两方争端并最终发现自然的方法在于，通过将两方放置进"人类为自然立法"的不同机能。他这样说道："在本来是物理学的（机械论的）解释方式与目的论的（技艺性的）解释方式之间的一切表面上的二律背反是建立在这一点上的：我们混淆了反思性的判断力的原理和规定性的判断力的原理，混淆了前一种判断力（它只是主观上对我们的理性在特殊的经验规律上的运用有效）的自律和后一种判断力的他律，这后一种判断力必须遵循由知性所给予的（普遍的或特殊的）规律。"①

由此可知，康德的自然观与柏拉图的有如下不同：1. 柏拉图眼中的自然是希腊诸神统治下一个有目的、有活力的世界体系。对他来说，这就是自然的真相。但对于康德而言，我们无法发现自然的真相，因为没有人能够对自然自在地是什么作出最终的断言。2. 就我们所见的自然，亦即作为现象的自然来说，康德认为这一自然是服从机械因果律的，因为这些规律是"知性本身先天地给自然界制定的规律"②，亦即知性先天地借助规定性判断力运用于自然之上的规律。与此相对，我们之所以会认为自然是有目的的，是因为我们会按照反思判断力的原则设想自然中某些有机体的内在目的，这种自我作用的目的因是无法用机械因果律解释的。总之，我们必须首先承认自然从客观的角度看是机械论系统，再从主观的角度看是有目的的。这样，即便康德承认自然的目的论，也不会像柏拉图在客观的层面上承认它。与之相关的是，康德如果仅仅在主观层面上承认自然目的论，那么从这个目的论系统出发的心灵（灵魂）理念也必然是主观的，也即仅仅是一种道德信仰。这正是我们在前面业已说明的东西。

---

① 康德：《判断力批判》，邓晓芒译，杨祖陶校，北京：人民出版社，2002年，第240页。
② 康德：《判断力批判》，邓晓芒译，杨祖陶校，北京：人民出版社，2002年，第237页。

二、基于心灵理念本性的论证

现在，让我们来考察基于"回忆说"的论证二（the Recollection Argument）[1]。作为苏格拉底对话者之一的格贝（Cebes）提醒他注意这个论证："我们的学习除了回忆什么也不是；也根据这条定理，如果它是正确的，我们必须在以前的某个时候学习过现在回忆起的事情。但这是不可能的，倘若我们的灵魂在投入人身之前并未存在于某处的话。所以从这方面看，也显现出灵魂是不朽之物。"[2]

"学习即回忆"是柏拉图一以贯之的知识理论。在《斐多》篇中，他也借苏格拉底之口表达了这一观点。该观点奠基在"理念论"[3]之上。在此，"等本身"的理念与相等事物之对比构成了苏格拉底阐明"理念论"的例证。在他看来，一块木头或石头等于另一块的"等"还不是"等本身"的理念。因为后者是与事物相分离的。而且，这个"等本身"的相或理念，必然先于诸相等的事物而存在，实际上也是后者相等的根据。换言之，相等的事物都是"等本身"的摹本。

依此理解，柏拉图才展开他的"回忆说"。他认为，如果我们承认存在着"等本身"的理念，那么，这就意味着我们已拥有了"等本身"的知识。但我们又从何得到这一知识呢？只有从相等的事物那里。用苏格拉底的说法，它们唤醒了我们心中"等本身"的知识。换言之，该知识在我们心中早就具足，但我们在出生时将其遗忘了。现在，通过事物间的相等，我们就"回忆"起了"等本身"。所以，要想习得"等本身"的知识，只须通

---

① Cf. Plato, *Phaedo*, translated with Notes by David Gallop, Oxford: Oxford University Press, 1975, p. 113.

② 柏拉图：《裴洞篇》，王太庆译，北京：商务印书馆，2013 年，第 23 页。

③ 实际上，除了第一个论证也许有来自伊奥尼亚自然学派（特别是赫拉克利特）的影响外（参见 Platon, *Phaidon*, übersetzt und erläutert von Dr. Otto Apelt, Leipzig: Verlag von Felix Meiner, 1913, S. 139.），剩下的三个论证都建基于理念论之上。忽视《斐多》篇心灵观的理念论背景，也就错失了理解该对话的关键。

过观察事物间的相等关系,就可恢复生前具有的这一知识。当然,在他看来,我们生前具有的知识不止"等本身",还有"美本身、好本身以及公正本身和虔诚本身,总之,涉及我们……称之为'某本身'的一切"①。这样,他顺其自然地推出,我们在出生前就已具有了一切理念的知识。

那么,随后的问题是:这些理念的知识存在于我们的哪个部分呢?显然,不可能存在于我们的身体中,因为我们在生前还未获得身体。由此,这些知识就只能存在于我们的心灵(灵魂)中。换言之,心灵(灵魂)在我们获得人身前就保有了这些知识。由此,作为知识的保管者,心灵(灵魂)在我们生前存在这一点就得到了证明。②但如果柏拉图只证明了心灵(灵魂)在生前存在,那么这还没有完全证明"灵魂不死"。因为只有当心灵(灵魂)被证明为不仅在生前,而且也在死后存在时,关于其持存性的论证才算完成。

苏格拉底的两个对谈者——辛弥亚和格贝都"提到人们有一种普遍的恐惧,害怕人死魂散,存在告终"③。苏格拉底固然称这是"一种幼稚的恐惧"④,但仍结合论证一,在论证二的结尾给出了心灵(灵魂)在死后存在的一种证明。如前所述,论证二所达到的结论是:心灵(灵魂)在我们生前就存在。那么,与之接续的问题是:心灵(灵魂)在生前存在于何处呢?在柏拉图看来,既然论证一已经证明,"一切生物都是从死物里生出来的"⑤,那么,这就回答了心灵(灵魂)于生前"何所在"的问题。也即是说,心灵(灵魂)"是不能从他处、只能从死亡和死亡状态中出世的,那它既然必须再生,就必定也在死后存在了"⑥。于此,苏格拉底巧妙地借论证一表明,如果心灵(灵魂)刚好"处在生前",那必然同时"位于死后"。

---

① 柏拉图:《裴洞篇》,王太庆译,北京:商务印书馆,2013 年,第 28 页。
② 需要注意的是,心灵与肉体的二分是《斐多》篇的隐含前提。两者的分离对柏拉图来说至关重要。
③ 柏拉图:《裴洞篇》,王太庆译,北京:商务印书馆,2013 年,第 31 页。
④ 柏拉图:《裴洞篇》,王太庆译,北京:商务印书馆,2013 年,第 31 页。
⑤ 柏拉图:《裴洞篇》,王太庆译,北京:商务印书馆,2013 年,第 31 页。
⑥ 柏拉图:《裴洞篇》,王太庆译,北京:商务印书馆,2013 年,第 31 页。

也即是说,同一个心灵(灵魂)在前一个肉身死后准备着进入后一个,所以对心灵(灵魂)而言,后一个的"生前"就是前一个的"死后"。这样,他就由心灵(灵魂)的生前存在推出了它的死后存在。论证二就得到了完成。

从康德的立场上来看,这个基于"回忆说"的论证也是成问题的。因为"回忆说"建立在理念论的基础上,据此,作为理念的知识就被回溯到心灵(灵魂)的生前状态中。由之,知识在那里已经具足了,而在现实中的学习不过是将心灵(灵魂)生前所有的知识回忆出来而已。但这种对知识成因的解释并不具备完全的说服力。我们知道,康德虽然认同人有先天的认识能力,亦即作为感性直观形式的时空与作为纯粹知性概念的范畴,但由于他仅仅将这些认识能力视为形式化的,因而一个人要想真正获得知识就必须从经验中取得材料,以便用形式化的认识能力对之进行加工整理。这样,在康德哲学的视野下,知识有其先天的部分这一点最终只能指向先验自我(心灵、灵魂)的存在。但从这个先验自我的存在出发,我们绝对不可能推出自我(心灵、灵魂)本身是不生不灭的。用康德的话说,这个推论的错误在于:"我从主体这个不包含任何杂多的先验概念中推出这个主体本身的绝对统一性,我以这种方式对这个主体本身没有任何概念。"[1]与之不同,"回忆说"对知识的理解是完全基于理念论的,因而知识在苏格拉底这里是完全先天的,后天的经验不过是一种契机和促发,让隐藏在心灵之中的知识立马为我们所意识到。这种观点和康德之前唯理论所持的"天赋观念"颇为相似。事实上,柏拉图可被视为天赋观念论的先驱。显然,这种天赋观念论已经被康德替换为"先天形式",那么与之相关的灵魂不死论证自然也就很难站住脚了。

随后出现的论证三被大卫·加洛普称为亲近性(Affinity)论证,亦

---

① 康德:《纯粹理性批判》,邓晓芒译,杨祖陶校,北京:人民出版社,2004 年,第 287 页,A339 - 340/B397 - 398。

即"灵魂必然不朽是由于它亲近于不变的与永恒的形式"①。事实上,心灵(灵魂)与形式(也即理念)的亲近在论证二中已经摆明。如前所述,心灵(灵魂)在生前就拥有一切理念的知识。而诸理念在柏拉图看来正是永恒不变的形式,如果心灵(灵魂)不与它们亲近——更确切地说——同质,心灵(灵魂)就绝无认识它们的可能。不过,在论证三中,他并没有从心灵(灵魂)的认识功能切入对其不死的论证。毋宁说,他是从心灵(灵魂)的本性展开证明的。

论证伊始,苏格拉底就问格贝:"哪类东西会很自然地要遭到消散的命运……我们回答了这个问题之后,接着就该看看灵魂属于哪一类,然后就会知道究竟是为我们的灵魂抱希望还是为它担心"②。所以,这个论证的目的是探明心灵(灵魂)在本性上是会死的还是不死的。为了达到该目的,柏拉图循序渐进,从我们对事物的日常理解开始论证。他先指出,复合的事物善变化、易解体,而单一的则与此相反,这显然与我们的生活经验相符。随后,他引入了诸理念与事物间的对比:理念是单一不变的,不会解体的;而诸事物是复合多变的,终会消逝的。又由于前者是不可见的,后者是可见的,所以在他看来,可以顺理成章地断定:"不可见的始终如一,可见的不断变化。"③

在做了这些铺垫后,柏拉图才重新回到不可见心灵(灵魂)与可见身体的区分。由此,他很自然地推出:心灵(灵魂)与理念由于双方的不可见性有着亲近或同源的关系,而身体则因其可见性被划归于可见事物的范围。由于理念是单一、不变、不可分解的,则与它亲近、同源的心灵(灵魂)必定也是如此。这样,"灵魂不死"就得到了证明。用苏格拉底自己的话说,"灵魂最像那神圣的、不朽的、智性的、齐一的、不可分解的、永恒

---

① Plato, *Phaedo*, translated with Notes by David Gallop, Oxford: Oxford University Press, 1975, p. 137.
② 柏拉图:《裴洞篇》,王太庆译,北京:商务印书馆,2013 年,第 32 页。
③ 柏拉图:《裴洞篇》,王太庆译,北京:商务印书馆,2013 年,第 33 页。

不变的;而身体最像那属人的、有死的、多样的、可以分解的、不断变化的"①。由此,论证三就证明了"灵魂不死"。这个引申自心灵(灵魂)本性的证明也可称为心灵的"本体论证明"。它虽然短小却意义重大,因为后世对"灵魂不死"的证明主要奠立在对它的继承和发展之上。

论证三实际上构成了柏拉图论证"灵魂不死"的最关键环节。进言之,其中所依据的两个核心信条——心灵(灵魂)是单一的、不变的理念与心灵(灵魂)与肉体截然二分——从古希腊到中世纪再到康德之前的近代都是人们论证心灵(灵魂)实体观最为倚仗的理论资源。谈到心灵(灵魂),这两个信条似乎都是不证自明的真理。然而,对于康德来说,他在《纯粹理性批判》的"谬误推理"一章已经对心灵(灵魂)实体观的这两个信条作出了决定性的反驳。这两个信条就算是正确的,也必须限制在单纯分析性的意义上。换言之,心灵(灵魂)在先验的意义上可以是单一不变的,但这并不意味着它在现实的意义上也如此;同样,心灵(灵魂)在先验的意义上的确和肉体判然有别,但这也不等于说它在现实中可以完全独立于肉体而存在。②总而言之,康德否认心灵(灵魂)的理念性(先验性)可以直接过渡到其现实性,但对于柏拉图来说,心灵(灵魂)的理念性与现实性是直接同一的。

在这之后,柏拉图继续讲述了心灵(灵魂)的去处问题。苏格拉底坦然地对格贝说:"那不可见的灵魂却达到一个跟它本身一样高贵、纯粹、不可见的地方,一个真正意义上的'阴间',来到善良、智慧的神面前,只要神愿意,我必须马上到了。"③然而,这只是哲人力求达到的境界。那些选择与肉体同流合污的坏人之心灵"迷恋于身体的欲望和快乐"④,会被身体拉回到可见世界,"直到对身体的欲望使它们重新囚禁到一个身体

---

① 柏拉图:《裴洞篇》,王太庆译,北京:商务印书馆,2013年,第35页。
② 参见康德《纯粹理性批判》,邓晓芒译,杨祖陶校,北京:人民出版社,2004年,第293—294页,B407-409。
③ 柏拉图:《裴洞篇》,王太庆译,北京:商务印书馆,2013年,第36页。
④ 柏拉图:《裴洞篇》,王太庆译,北京:商务印书馆,2013年,第37页。

中间"①。概言之,哲人的心灵(灵魂)将前往不可见的理念世界或阴间,也即神的近旁;而坏人的心灵(灵魂)则将重返于沉重、凡俗的肉体。这是柏拉图对心灵(灵魂)在死后归宿的描述。这一描述是十分重要的。因为《斐多》篇虽以论证"灵魂不死"为主体,却以阐明苏格拉底为何"视死如归"为旨归。可以看到,对理念世界与神灵的道德信仰是他临死前不忧不惧的原因。既然一个哲学家的心灵(灵魂)原本就处于神圣而良善的理念世界中,那么心灵(灵魂)借死亡之机缘返归该世界对他来说就再好不过了。正基于此,柏拉图才断言:"那些真正爱智慧并且坚信只能在阴间找到智慧的人怎会在死时充满怨恨,而且怎会不乐意前往呢?"②

因此,《斐多》篇前三个接续的论证与柏拉图对心灵(灵魂)死后去向的道德信仰是一体的。事实上,正如凯斯伦·摩甘(Kathryn Mogan)所描述的那样,"信仰与神话学的安慰是对辛苦的哲学工作的奖励,而非对它的替代③。所以,《斐多》远不是一篇试图证实"灵魂不死"的纯理论对话,相反,对神与理念世界的道德信仰是柏拉图论证"灵魂不死"的预设和归途。但他毕竟只有通过这些论证,才能以合适的方式将对"灵魂不死"的道德信仰开放出来。也可以说,道德信仰与灵魂不死论证在《斐多》篇中是互相支撑的。他对"灵魂不死"的道德信仰的确通过论证得到了"理解"。如果对"灵魂不死"的论证缺失了对道德的理念世界的追求,那么该论证实际上是无的放矢。这一点和康德的看法完全一致。他在《形而上学手稿集》中就认为:"我们期许另一生命的原因是,结局可以与道德更一致一些。但只有对手段的伪装消失了,这一结局借此才能实现。因为好人由之立马集合成一个社会,而恶人被排除出去,至福就在

① 柏拉图:《裴洞篇》,王太庆译,北京:商务印书馆,2013年,第37页。
② 柏拉图:《裴洞篇》,王太庆译,北京:商务印书馆,2013年,第16页。
③ Kathryn A. Morgan, "The Voice of Authority: Divination and Plato's Phaedo", in *The Classical Quarterly*, Vol. 60, Nr. 1, 2010, p. 65.

其中出现了。并非恶行,而是通过恶行养成的品格才塑造了来世的惩罚。"①他在此所表达的是,好人在来世受福报,恶人在来世受惩罚的观点与苏格拉底的说法是一样的。不过,康德在此并不认为,心灵(灵魂)的来世是不同于现在这个感性世界的另一世界。毋宁说,来世只是一个不同视域下的此世而已。他指出:"有德之人并不进到天堂里去,而是看到自己已经在那。另一世界就是现在这个感性世界,尽管它处于另一种关系中。"②而在苏格拉底那里,作为理念世界的来世与作为现实世界的此世是截然不同的。只有有德的哲人的心灵(灵魂)才能前往理念世界,而恶人的心灵(灵魂)则被困于这个凡俗世界之中。康德与柏拉图对于来世的描述虽然都是道德性的,但两人观点中的具体意涵却有很大差别。

三、导源于心灵生命原则的论证

以上是在康德立场上对柏拉图三个论证和对心灵(灵魂)去向之道德信仰的整体分析。不过《斐多》篇的进程并未终止在此。辛弥亚(Simmias)和格贝对上述论证提出了各自的反驳。为了回应他们,柏拉图又提出了新的辩护词。由此,"一个论证、反对和相反论证的发展系列"③就形成了。下面先来看一下两种反驳是如何构成的。

辛弥亚的反驳是基于一种与苏格拉底完全不同的心灵(灵魂)观。他说:"我们的身体是由冷、热、干、湿等等组合在一起的,灵魂就是这些对立成分的混合和和谐,当它们混合得良好、恰当之时。如果灵魂是一种和谐,那就很明白,身体由于疾病或其他困扰而过分松弛或过分紧张

---

① Immamuel Kant, "Metaphysik-Erster Teil", in *Kant's Gesammelte Schriften*, Band 17, Berlin und Leipzig:Walter de Gruyter & Co. ,1928,S. 549.
② Immamuel Kant, "Metaphysik-Erster Teil", in *Kant's Gesammelte Schriften*, Band 17, Berlin und Leipzig:Walter de Gruyter & Co. ,1928,S. 419.
③ Plato, *Phaedo*, translated with Notes by David Gallop, Oxford: Oxford University Press, 1975, p. 103.

的时候,灵魂就必定立即消灭,不管它可能多么神圣。"①在此,辛弥亚的意思是:心灵(灵魂)并非如苏格拉底所认为的那样,具有神圣、永恒、不死的本性,因而可以与身体分离。相反,它只是身体要素的调和,倘若身体消失,那么它也将不可避免地逝去。显然,他的反驳直指柏拉图前述论证的核心原则。因为他将心灵(灵魂)视为身体的附属物,而非独立并远高于身体的东西。由之,他对心灵(灵魂)的生理性解释与柏拉图的上述见解可谓正相反对。

与此不同,格贝的反驳则继续针对基于"回忆说"的论证二。他并不否认心灵(灵魂)生前就存在,但在他看来,心灵(灵魂)的死后存在仍是未被证明的。换言之,他还是认为苏格拉底的论证是不完善的,因为在他的眼里,心灵在死后存在还缺乏强有力的证据。他"不同意辛弥亚的反驳,说灵魂并不比身体更强、更耐久"②,相反,他认为心灵(灵魂)比身体优越得多。就此而言,他似乎接纳了柏拉图心灵(灵魂)观的某些前提。不过,就因为他的反驳从这些前提中发展而来,它反而具有了对柏拉图论证的巨大杀伤力。他诚恳地对苏格拉底说道:"假定有个人支持你的主张,而且承认的比你的还多,因为不仅我们的灵魂可以在我们生前就存在,而且不妨有某些人的灵魂可以在人死后继续存在,或者可以一次次再生、再死——因为灵魂的天性很强,能够经得住多次出生。可是这人即便承认这些,还是可以认为灵魂经不住多次出生的折磨,终于不免在某次死亡时完全消灭。"③这一反驳的确是独具匠心的。它巧妙地抓住了柏拉图论证的疏漏之处,即从心灵(灵魂)优于身体不能直接推出前者的持存性。概言之,心灵(灵魂)优于身体并不足以保证,心灵(灵魂)"穿越"一个又一个身体而不死,相反,这只意味着,虽然心灵(灵魂)活得比单个肉体经久些,但是完全可能在某次身体死亡时随之消逝。因

① 柏拉图:《斐洞篇》,王太庆译,北京:商务印书馆,2013年,第43页。
② 柏拉图:《斐洞篇》,王太庆译,北京:商务印书馆,2013年,第44页。
③ 柏拉图:《斐洞篇》,王太庆译,北京:商务印书馆,2013年,第45页。

此,如果柏拉图想要证明心灵(灵魂)的永存,他就必须展示出心灵(灵魂)相对于肉体的"绝对优越性"。格贝的反驳实际上正提出了这一要求。

概括说来,辛弥亚和格贝的质疑代表了某种唯物论或经验论的心灵(灵魂)观。他们都特别强调了身体对于心灵(灵魂)的制约关系。在辛弥亚看来,心灵(灵魂)实际上是附属于身体的;而在格贝眼中,心灵(灵魂)即便比身体活得长久,但也不具备完全的优势,可以让自己拥有独立于身体的绝对持存性。针对两人的尖锐质疑,苏格拉底给出了具体回应。这些回应也是柏拉图论证"灵魂不死"的最后一部分。苏格拉底对辛弥亚的回应还是基于"回忆说"的论证二,因为他直接询问了后者是否接受上述论证二的前提和结论。后者则同意心灵(灵魂)在进入身体之前就存在。当他表示同意之时,这就暗示着:他接受了苏格拉底的核心原则,并放弃了前述观点——心灵(灵魂)是身体要素的和谐。因为倘若心灵(灵魂)由身体要素调和而成,那么它或者随身体一同产生,或者后于身体产生,但绝不会在生前就存在。这样,如果辛弥亚接受"学习即回忆"和心灵(灵魂)的生前存在,就不会同意心灵(灵魂)是身体诸部分的和谐。因此,当他对先前的论证二表示叹服时,他和苏格拉底就达成一致了。

不过,对于"心灵(灵魂)即和谐"的观点,苏格拉底并未停止攻击。他指出,如果人们接受该观点,那么这将导致如下两个推论:1. 心灵(灵魂)只能听从身体的安排。因为倘若心灵(灵魂)只是身体各部分的复合,则前者必定取决于后者的排列组合,却无法指挥、统领后者。2. 心灵(灵魂)没有善恶之分。因为心灵(灵魂)既然是一种和谐,则必定不能包含不和谐在其中。否则,这就违反了矛盾律。现在,美德无疑是一种和谐,而与之相对的邪恶当然是一种不和谐,那么"存在着邪恶的灵魂"的说法就意味着,心灵(灵魂)将不和谐包含在自身的和谐中。这显然是荒谬的。由此,我们将被迫主张,所有心灵(灵魂)都平等,并拥有一样的美德。因为心灵(灵魂)的和谐本性要求排除任何不和谐的恶之干扰。然而,这两个推论都与事实相悖。就推论一而言,我们经常感到与它相反的情况,即自己的心灵(灵魂)会抗拒身体的作用,能够"领导和支配身体状况,比和谐要神圣得多"[①]。而推论二的错误则是不言而喻的,因为每个人都会承认,心灵(灵魂)必有善恶之分,不可能所有人的心灵(灵魂)都一样有美德。借此,他由这两个推论的错误证明了它们所基于的主张——"心灵(灵魂)即和谐"的错误。这样,通过对辛弥亚的反驳,他间接地捍卫了自己对"灵魂不死"的论证。

　　从康德哲学的立场来看,无论是辛弥亚的反驳还是苏格拉底的回应都在某种程度上是偏颇的。辛弥亚将心灵(灵魂)视为身体之和谐的观点虽然有着经验上的例证(前者有受制于后者的时候),但也存在着经验上的反证(前者也有高于并引领后者的时候)。苏格拉底正是从这种经验上的反证出发来反驳辛弥亚的,这一做法是完全合理的。但在批判哲学的视野内,辛弥亚和苏格拉底都仅仅瞥见了身心关系的局部,没有真正把握这一关系的全貌。进言之,无论是辛弥亚主张心灵(灵魂)是身体的附属,还是苏格拉底强调心灵(灵魂)高于并引导身体,事实上都是独断的设定。站在康德的立场上,他们两人的观点看似南辕北辙,实则犯了同一个错误,亦即自认为理解了身心关系的真相。然而真实的情况却是:没有人能够真正洞见身心关系的本质。用康德自己的话说,我们只能认识到身心关系的现象之维,却无从把握身心关系的本体之维。因此,身心关系的问题在他看来也必须在"现象与物自体之分"的前提下加以解决。在此前提下,我们就会发现:格贝与苏格拉底的观点是可以很好地兼容的。也即是说,心灵(灵魂)的确在某些时候受制于身体,而在另一些时候又可以主导身体。因此,身心之间存在相互作用。但需要注意的是,身心的这种相互作用仅仅在现象层面存在,至于身心在本体层

[①] 柏拉图:《裴洞篇》,王太庆译,北京:商务印书馆,2013 年,第 55 页。

面究竟有何关系,那就超出我们的认识范围了。接下来,我们再来考察一下:将心灵(灵魂)归于身体的和谐是否会导致苏格拉底所说的心灵(灵魂)善恶水平的同质化。从康德的立场来看,如果将心灵(灵魂)视为身体的和谐,那么身心关系在现象层面的和谐与否属于认识论层面的问题,而心灵(灵魂)的善恶则归属于伦理学范围。因此,认为将心灵(灵魂)视为身体之和谐会导致所有心灵(灵魂)的善恶水平均等化的观点很难站住脚。

下面,我们再来看一下苏格拉底对格贝的回应。格贝要求他给出一个更有力的证明来保证心灵(灵魂)的死后存在,因为通过"回忆说"只能证明它的生前存在。某种意义上说,苏格拉底的这一回应是对论证三的延续,因为他同样试图经由心灵(灵魂)的本性来确认它的永存。如前所述,在论证三中,他依据心灵(灵魂)与身体的二分,将前者归于理念世界并"自明地"从理念之不朽导出了"灵魂不死"。简言之,心灵(灵魂)的理念本质直接决定了它的持存性。而他对格贝的回应——可以视作《斐多》篇的论证四——却是一个将心灵(灵魂)的理念本质进一步"细化"的证明。这种"细化"体现在心灵(灵魂)与生命理念的关联中。换言之,"灵魂是由生命的理念规定的,因而设想它自身的反面即灵魂的死亡是不可能的"①。

毋庸置疑,该证明仍是基于理念论的。对此,苏格拉底明确说道:"要回到我们常谈的那个话题,把它当作出发点,并且假定有美本身、好本身、大本身之类的东西。"②这里"美本身、好本身、大本身之类"当然就是"美""好""大"等理念。由此,一物之所以能成美的、好的或大的,正是由于它"分沾了"上述理念。那么,苏格拉底如何由这些理念证明"灵魂不死"呢?可以看到,与论证三对心灵(灵魂)理念的直接描述不同,论证

---

① 奥特弗里德·赫费:《康德的〈纯粹理性批判〉——现代哲学的基石》,郭大为译,北京:人民出版社,2008 年,第 228 页。
② 柏拉图:《裴洞篇》,王太庆译,北京:商务印书馆,2013 年,第 61 页。

四则迂回得多，从其他理念的类比入手。他认为，不同的理念之间会出现相反的情况，比如"大"和"小"的理念、"热"和"冷"的理念。而这些相反的理念是相互排斥的，绝不能彼此相生。这似乎与论证一"相反相生"的说法正好对立。但在柏拉图看来，这只是假象。因为"一个相反的事物生于另一个相反的，但我们现在说的是，相反者本身绝不会变成跟它相反者"①。因此，在他眼里，只有具体事物可以相反相生，但理念本身则绝无可能。②从相反者本身（理念）的互相排斥，他又得出了如下结论："所有那些虽非彼此相反却永远包含相反者的事物，也都排斥那个与自身包含者相反的理念，那相反的理念逼近时，它们就消失或者避开了。"③这个结论是不难理解的。比如，火必然含有"热"的理念，而后者与"冷"的理念是彼此排斥的。这样，火就无法容纳"冷"，当后者靠近时，火就会消失或退却了。与此类似，"生"的理念与"死"的理念无疑是截然相对的。由此，心灵（灵魂）既已容纳了"生"，则必定无法接受"死"。这样，心灵（灵魂）的永恒生命就得到了证明。不过，这一证明也并非无可指摘。多罗西·弗雷德（Dorothea Frede）就指出："关键的事情似乎是，柏拉图将灵魂视为一个……带有其自身属性和生命的实体。但这是一个人可接受，也可不接受的关于灵魂本性的前设。"④这一判断显然是正确的。论证四中将心灵（灵魂）视作生命实体的预设不可能被所有人接受，至少在批判哲学的视野下是如此。

我们在第四章第二节已经看到，康德在前批判时期虽然也认为，基于心灵（灵魂）生命性的持存性论证是最好的证明，但在进入批判时期之后，他对于心灵（灵魂）的生命性原则就有了很大的质疑。由于他对心灵

---

① 柏拉图：《裴洞篇》，王太庆译，北京：商务印书馆，2013 年，第 65 页。
② 在柏拉图中期的《斐多篇》和《理想国》中，相反的理念的确是不相容的。但到后期的《智者篇》，他提出了著名的"通种论"，认为对立的六个种（最普遍的理念）——"存在"与"非存在"、"动"与"静"和"同"与"异"是可以相通的。
③ 柏拉图：《裴洞篇》，王太庆译，北京：商务印书馆，2013 年，第 67 页。
④ Dorothea Frede, "The Final Proof of the Immortality of the Soul in Plato's 'Phaedo' 102a-107a", in *Phronesis*, Vol. 23, No. 1, 1978, p. 33.

(灵魂)观念进行了现象与物自体的二分,因此在他眼中的心灵的生命性问题就可以一分为二:1. 作为现象的心灵(灵魂)是否具有物质所没有的生命性? 2. 作为本体的心灵(灵魂)是否具有生命性? 先看第一个问题。作为现象的心灵(灵魂)在批判哲学中就是"内感官",亦即经验自我。这样一个自我如果从受自然时间前后相继的规定的角度来讲,实际上受制于机械因果律。就此而言,在内感官那里也无法出现作为"自因"的生命性。但从反思判断力的角度来看,内感官展现了人的自我意识,因而具有生命特征。但这种生命性并没有带来与物质的决然区分。在康德看来,无生命的物质与有生命的心灵(灵魂)在现象层面的相互作用是完全可以按照自然因果律进行解释的。换言之,即便我们承认现象层面的心灵(灵魂)具备生命性,但这种生命性依旧是和物质的作用交织在一起的。我们无法想当然地认为,心灵(灵魂)的生命性直接证明了它能独立于物质而长存。然后,我们再看第二个问题——心灵(灵魂)作为本体是否具有生命性。这个问题,康德认为是没有答案的。因为在他看来,只要步入物自体的领域,我们就必须保持无知的状态。同样,我们也无法对自在的心灵(灵魂)的性状有丝毫的认识。因此,"心灵(灵魂)在本体层面是否有生命"的问题,如同"物质在本体层面是否还是无生命"的问题一样是超验的,是人类理性永远无法解答的。总之,康德没有做出与苏格拉底相反的论断,亦即心灵(灵魂)一定是无生命的实体,但他要求在心灵(灵魂)生命性问题上的"终止判断"。这是因为:首先,心灵(灵魂)在现象层面上的确具备生命性,但这种生命性并未让它独立于物质;其次,心灵(灵魂)在物自体层面是否具有生命性对人类而言是完全未知的问题。因此,从康德的角度来看,柏拉图基于心灵(灵魂)生命性的不死论证是无效的,因为断言心灵(灵魂)拥有完全超越物质的生命力这一点是独断的,得不到经验的证实。

随后,柏拉图在结束了对"灵魂不死"的四个论证后,描述了心灵(灵魂)在死后的去向——在彼世(阴间)好人如何受赏,坏人如何受罚,以及他所相信的大地的模样。借此,我们再次看到:和灵魂不死论证四紧密结合在一起的,还是对心灵(灵魂)死后状况的道德评价。这和前三个论证的归宿是一样的。彼世是公正的神灵所主宰的,心灵(灵魂)各依其善恶获得合适的处置。哲人由于在尘世拒斥肉体的快乐和奢华,只追寻心灵(灵魂)固有的美德,因而完全可以坦然赴死。对他而言,在彼世的奖赏是荣耀的,希望是巨大的。

总之,如果站在康德的立场上,那么柏拉图对"灵魂不死"的四个论证都未证明人的永生。毋宁说,后者的基本观点基本上可以归入作为康德批判对象的唯理论范围。在对话的末尾,苏格拉底的从容与朋友的悲痛倒表明:只有他这样达观而高尚的哲人才视死如归。但他在死前的达观不仅是出于前述论证力量的支撑,更源于对神和彼世的道德信仰。这就意味着:其中论证的作用在于,让人由论证进入对神与彼世的道德信仰。惟有将对"灵魂不死"的四个论证与其道德信仰环节相结合,我们才明白:对柏拉图而言,对"灵魂不死"的道德信仰是先行的,而四个论证只是通达该信仰的进路;但只有通过在哲学论证这一进路上的修炼,他才确信心灵(灵魂)在其道德意涵中的永存。死亡带走了肉体的羁绊,但自由而高尚的心灵(灵魂)却是不死的。因此,死亡对哲学家适得其所,是其心灵(灵魂)进入道德的理念世界的必由之路。与柏拉图的上述观点相一致,康德也以一种豁达的态度表达了他的生死观:"此世生命的自然方面是没有任何意义的,因为它仅仅关涉与物体世界的偶然联结,而这一联结不是本质状态……所以,生命的自然方面依旧是无足轻重的东西。出生与死亡是一场演出的开端与结尾,在其中只有道德是崇高的,更确切地说,这也仅仅意味着,人们不可以违反道德的方式来行动。"[①]

这样看来,在批判哲学的视野下,柏拉图以理念论为基础的灵魂不死证明虽然"建立起我们无法预料其结果的超感性之物的理论的夸大其

---

① Immamuel Kant,"Metaphysik-Erster Teil",in *Kant's Gesammelte Schriften*,Band 17,Berlin und Leipzig:Walter de Gruyter & Co.,1928,S. 473.

辞的僭妄"①,因此是完全超验而无效的,但这一证明同时揭示了探讨心灵(灵魂)问题的道德进路。无论是哲学家还是普通人,他们之所以相信"灵魂不死",只应是为了让自己处于一个更加道德的境地,由此而来的赏罚与他们的道德水平理应完全相配。所以,柏拉图开创的灵魂不死证明奠立了西方讨论心灵(灵魂)问题的经典模式,这一模式从中世纪一直延续到近代的唯理论,真正说来,只有康德哲学才决定性地推翻了这一模式,但同时保留了其中的道德意涵。可以说,这正是康德哲学之所以构成西方心灵(灵魂)观念史上的"转折点"的根本缘由。他在终结了心灵(灵魂)的古代观念的同时,也为现代人在世俗社会时代如何界定心灵(灵魂)观念提供了极其关键的"坐标系"。下面,我们将结合当代著名伦理学家汉斯·约纳斯(Hans Jonas)对康德心灵(灵魂)观的品评来阐明这一点。

第二节 道德行动的超越之维——论约纳斯对康德心灵观的批判

分析哲学语境下的心灵哲学是一个热门话题。但这种心灵哲学的讨论更多的是在当代神经科学或心理学发展的影响下进行的。这一讨论在很大程度上是知识论的,很少对心灵观念的道德意涵给予关注。因而,分析性的心灵哲学关注的是康德心灵观的功能结构。在当代哲学中,约纳斯是少有的对康德心灵观的道德意涵给予高度重视的人。他在其思想内部对康德的心灵观进行了批判性阐释。通过对他的这一阐释进行相对公允的分析,我们就可以看到心灵观念的道德转型在当代是如何进行的。

在现代社会的思潮中,康德和约纳斯是两位高度关注心灵的道德意涵的哲学家。前者处在高扬科学与理性的启蒙运动时期,心灵观念在此间面临着急剧的"古今之变";后者置身第二次世界大战之后科学革命爆

---

① 康德:《实践理性批判》,邓晓芒译,杨祖陶校,2003年,北京:人民出版社,第193页。

发的时代,心灵观念在自然科学的高速进展下已经越来越受到质疑。因此,透过这两位思想家观点的异同,我们可以从现代社会的初始和当下考察心灵观念的演变。下面,我们将先行论述约纳斯的心灵观,再辨析他对康德心灵观的批判,最后通过他与康德道德神学体系的比较揭示心灵观念在当代的独特意义。

一、约纳斯论心灵向行为的转化

如果说康德的心灵观充分展示出古老的心灵观念在现代社会初期所经历的现代转型,那么约纳斯的心灵观就指示着该观念在现代社会的成熟时期的变化。相比于康德所生活的启蒙时代,约纳斯生活在时间上距离我们更近的 20 世纪。这是一个形而上学备受冷遇的时代。在这个时代,要想重新有意义地探讨心灵的道德意涵并非易事。约纳斯充分地意识了时代的这种敌视。不过在他看来,现代的那些知识分子也无非是从科学理论的角度出发来否认心灵的持存。然而,这一点却不见得是站得住脚的。因为心灵的持存与否超出了证实或否证的范围。但是,心灵观念本身却是我们知识的客体。换言之,在约纳斯的眼中,心灵观念的意义充当了心灵本身的可信性标准。同样,现代人普遍相信心灵的物理化,那也是因为他们认为选择这样相信对于他们的意义更大。从某种程度上说,这种选择是可以理解的。因为正如我们在一开始就已表明的那样,现代首要的特征是世俗化。在世俗化时代,科学技术开始急剧膨胀。于是,唯物论就成了这个时代最合适的代言者。约纳斯不无洞见地指出:"唯物论是自文艺复兴以来关于我们世界的真正的本体论⋯⋯只有秉持'实在论'立场,才会无论怎样都有成功的探讨,唯心论立场则会错失良机。"①在唯物论的背景下,世界由无生命的物质所构成。那么,必然

---

① H. 约纳斯:《存在理论中的生命、死亡和身体》,方秋明、黄信译,载《世界哲学》,2017 年第 1 期,第 89 页。

出现的情况是:"非生命是常态,生命反而成为令人困惑的例外"①。现代生物学的一项重要任务是,"把生命还原为无生命物"②。既然生命无非是从无生命的物质中生成,最后又归于这些物质,那么这恰恰证实了生命——人也包含在内——的物质性。因此,在一个物质化的世界背景之中,心灵的物质化理解恰恰是最合情合理的。

然而,在约纳斯看来,这种唯物论在当代的盛行也不过是时代的产物。本体论思维范式的演变如下:从原始的泛生机的一元论到中古时期至近代的身心二元论,最后一直延续为现代的唯物主义和唯心主义的一元论。③其中,唯物论在现代比之于唯心主义更占优势,也更受认可。由之,心灵的物质性也成为现代人更易于接受的信条。不过,从一个更久远的历史来看,心灵的生命性观念相较于其物质性观念似乎流传更广且更为人们所信奉。约纳斯通过对原始时期坟墓现象的考察,发掘出了人类特有的追求心灵生命性的倾向。他这样写道:"正如早期人的实践活动体现在他的工具上,他的思想则体现在既承认又否认死亡的坟墓上……它力图解决这样的基本矛盾:一切都是生命,而一切生命都是必死的。它遇到了深刻的挑战,为拯救万物整体,死亡必须以某种方式被否定。"④所以,人类对坟墓的发明已经表现出对心灵生命性的终极目的。更确切地说,"坟墓告诉我们,一个受制于有死性的存在者,反思到生命与死亡,否弃了现象,并为此目的利用工具和影像,将自己的思想提升至

① H. 约纳斯:《存在理论中的生命、死亡和身体》,方秋明、黄信译,载《世界哲学》,2017 年第 1期,第 85 页。
② H. 约纳斯:《存在理论中的生命、死亡和身体》,方秋明、黄信译,载《世界哲学》,2017 年第 1期,第 85 页。
③ 参见 H. 约纳斯《存在理论中的生命、死亡和身体》,方秋明、黄信译,载《世界哲学》,2017 年第 1 期,第 83 页。
④ H. 约纳斯:《存在理论中的生命、死亡和身体》,方秋明、黄信译,载《世界哲学》,2017 年第 1期,第 84 页。

不可见的领域"①。透过坟墓，约纳斯认为我们可以在其中发现形而上学的起源。而形而上学尽管在今天已经声名狼藉，但对于人的整体图像来说依旧是必不可少的，因为它意味着超出人类的动物性之外的一种本己创造。现在，"通过在受限于动物性的同时超越它，人就被视为两个世界的成员，亦即在动物与天使之间——简言之，作为一个尽管有其动物本性，却在一定程度上凌驾于自然之上的超自然的存在者"②。

这样，由于人的形而上学天性，对于心灵（灵魂）持存的渴求就不可能完全泯灭，即便在一个唯物论占据绝对优势的时代同样如此。但在拒斥形而上学的现代氛围中，如何有意义地谈论作为形而上学经典议题的心灵（灵魂）持存观念，就成了约纳斯在此工作的重心。这一工作的开端表现为：他对于先前各种心灵持存观念的集中清理。首先，他讨论了两种经验性的心灵（灵魂）持存观念：经由不朽的声名（name）或影响（influence）而永存。第一种持存性的声名是指"处于永恒之中的公共荣誉"③。它最早出现在古希腊的城邦之中。为国家作出贡献的政治家、英雄人物，都可以凭借死后巨大的荣耀而流芳百世，获致永存。然而，这种古希腊人的灵魂不死观念却很难被现代人所接受。其原因在于：这种灵魂不死观仅仅接纳一些在历史上凤毛麟角的"帝王将相"，对于我们这般的芸芸众生则根本忽略不计。约纳斯认为：除非我们愿意相信一种"选择的正义"（the justice of the selection），我们才可能认可这种心灵（灵魂）持存观。但问题恰好在于：在达官显贵与无名之辈之间造成区隔的

① Hans Jonas，"Tool，Image and Grave"，in *Mortality and Morality：A Search for the Good after Auschwitz*，ed. by Lawrence Vogel，Evanston：Northwestern University Press，1996，p. 85.
② Hans Jonas，"Tool，Image and Grave"，in *Mortality and Morality：A Search for the Good after Auschwitz*，ed. by Lawrence Vogel，Evanston：Northwestern University Press，1996，p. 76.
③ Hans Jonas，"Immortality and the Modern Temper"，in *Mortality and Morality：A Search for the Good after Auschwitz*，ed. by Lawrence Vogel，Evanston：Northwestern University Press，1996，p. 116.

声名一定是正义的吗？显然并不是。"因为我们知道得太多了，为了利益和权力的秩序，名誉是如何被制造的，名声是如何被捏造的，公共意见是如何被建构的，历史的记录是如何被再造的，甚至被预先造好的。"①由此，一个真正的英雄或许会在公共舆论中完全被遗忘，一个欺世盗名之徒却有可能在人群中享有巨大的号召力。而且，更为糟糕的是，在著名的和非著名的作恶者之间由此出现了高下之分。例如，希特勒这样的恶贯满盈之流可以凭借对于众多无名者的灭绝而成功地获得不死的声名。但这显然是极其荒谬的。由此，约纳斯认为，这种依靠声名获致心灵（灵魂）持存性的观念是不可靠的。同样，那种经由影响的延续来达到心灵（灵魂）持存性的观念也很难使人信服。因为人对于后世的影响只有通过人类文明的整体才能得到延续，然而这个整体本身却是可消逝的。但是，"自身是有死的东西不可能成为不死的载体"②。因此，从纯经验的角度来说，我们不论是基于声名还是影响都不可能对心灵（灵魂）持存性观念给出一个令人满意的解释。

其次，约纳斯还批判了非经验的心灵（灵魂）持存观，亦即"人格在来世中的留存"③。这种心灵（灵魂）持存观只有在两种情况下才为人所相信：一是来世是为了补偿现世的正义；二是对现象与实在进行区分，进而将时间归之于现象的属性。他先对第一种心灵（灵魂）持存观进行了攻击。这种观念认为，为了平衡现世的善恶果报，需要让心灵（灵魂）永存。该观念在约纳斯看来，在如下两个方面都是有问题的：首先，即便我们承

---

① Hans Jonas，"Immortality and the Modern Temper"，in *Mortality and Morality：A Search for the Good after Auschwitz*，ed. by Lawrence Vogel，Evanston：Northwestern University Press，1996，p. 116.

② Hans Jonas，"Immortality and the Modern Temper"，in *Mortality and Morality：A Search for the Good after Auschwitz*，ed. by Lawrence Vogel，Evanston：Northwestern University Press，1996，p. 117.

③ Hans Jonas，"Immortality and the Modern Temper"，in *Mortality and Morality：A Search for the Good after Auschwitz*，ed. by Lawrence Vogel，Evanston：Northwestern University Press，1996，p. 117.

认设立来世对于平衡现世的善恶果报是必须的,那么这也不能推出心灵(灵魂)的永存。因为时间性的善恶果报也只应该以时间性的方式得到补偿,绝不应该诉诸永恒的奖赏或惩罚。其次,设立来世对于平衡现世的善恶果报也许是无效的。因为我在现世所遭遇到的幸福或痛苦都是独一无二的,"此时并不能被交易成彼时"①。由此,这种从平衡现世的善恶果报的角度出发来设定心灵(灵魂)持存性的做法是不成立的。接下来,约纳斯分析了第二种非经验的心灵(灵魂)持存观的失败之处。这种观念通常为观念论的哲学家所推崇。在他看来,这些哲学家一般都由于被外部的现象所惊吓,故而贬低现象而造出一个所谓的真实世界。但他摒弃了这种二元论并宣称道:"我们面对着可怕的真理,亦即现象就是实在,并且没有比在此显现的东西更为实在的了。"②随后,他专门批判了这种二元论的代表人物康德,因为后者将时间仅仅设想为现象的形式条件,而将在现象之下的、一个无时间性的本体式心灵等同于本体的真实世界。这样,这一心灵就拥有了永存的属性。但在约纳斯的眼中,这种将时间归于现象,并将无时间性归于真正的心灵的做法,已经不符合时代精神了。对于 20 世纪的人们来说,"时间……是如同自我这样东西的本质,而且时间的有限性对于每个人生存的本真性而言都是必不可少的"③。因此,20 世纪的人们所承认的恰恰是人的有死性以及与此相关的虚无主义。那种康德式的永恒的心灵本体观不再为人们所青睐。所以,从二元论的角度来解释"心灵"同样是不合于现代人的气质的。总

① Hans Jonas, "Immortality and the Modern Temper", in *Mortality and Morality:A Search for the Good after Auschwitz*, ed. by Lawrence Vogel, Evanston:Northwestern University Press, 1996, p. 118.

② Hans Jonas, "Immortality and the Modern Temper", in *Mortality and Morality:A Search for the Good after Auschwitz*, ed. by Lawrence Vogel, Evanston:Northwestern University Press, 1996, pp. 118 - 119.

③ Hans Jonas, "Immortality and the Modern Temper", in *Mortality and Morality:A Search for the Good after Auschwitz*, ed. by Lawrence Vogel, Evanston:Northwestern University Press, 1996, p. 119.

之,这两种非经验的心灵(灵魂)持存观在约纳斯看来都是不妥当的。

在批判了经验性的和非经验性的各种心灵(灵魂)持存观之后,约纳斯才给出了自己的观点。他这样说道:"为了与现代气质相一致,我转向了那种依赖于我们自身的证据,因为我们在那里是主动的,而非被动的:完全的主体而绝非客体。在决断的瞬间,当我们整体的存在都被卷入时,我们感到似乎在永恒之眼的注视下行动。"①这里,约纳斯已经展示出:与现代气质一致的心灵(灵魂)持存观所要求的并不是最持久的东西,毋宁说是最短暂的东西——决断的瞬间。最永恒的东西如何能够从决断的瞬间展现出来呢?这里必须先要提及约纳斯的老师——海德格尔,因为"决断的瞬间"这个术语是从后者那里发源的。在《存在与时间》中,海德格尔认为:决断是"这种与众不同的、在此在本身之中由其良知加以见证的本真的展开状态"②。而这一良知缄默地将此在唤入其最本己的能在之中,"因为它并不强加任何道德责任,仅要求一个人为了决定他自己的可能性而承担个体的责任"③。但海德格尔这种在决断中呼求自身的良知概念是约纳斯无法认同的。在后者的眼中,良知的呼声是朝向永恒的。换言之,在决断的瞬间永恒与虚无遭遇了:"这个'现在'在将自己展示在成为时间所给予的最后瞬间之时,确证了自己的绝对地位。似乎在终点面前去行动正如在永恒面前去行动……但事实上,以这种方式来理解终点就是从超出时间之外的看法来理解它。"④那么,为何人在

① Hans Jonas, "Immortality and the Modern Temper", in *Mortality and Morality：A Search for the Good after Auschwitz*, ed. by Lawrence Vogel, Evanston：Northwestern University Press, 1996, p. 120.

② 海德格尔：《存在与时间》,陈嘉映、王庆节译,北京：生活·读书·新知三联书店,2010 年,第 339 页。

③ Lawrence Vogel, "Editor's Introduction-Hans Jonas's Exodus：From German Existentialism to Post-Holocaust Theology", in *Mortality and Morality：A Search for the Good after Auschwitz*, ed. by Lawrence Vogel, Evanston：Northwestern University Press, 1996, p. 23.

④ Hans Jonas, "Immortality and the Modern Temper", in *Mortality and Morality：A Search for the Good after Auschwitz*, ed. by Lawrence Vogel, Evanston：Northwestern University Press, 1996, p. 120.

决断的瞬间会拥有与永恒的关联呢？因为人在决断中"行动"了。这一行动在时间中一经作出就消逝了。但是，这最短暂的行动却"标示了人……向着超越的开放"①。

由此，约纳斯认为，自己发现了一种全新的持存性，亦即"不是在我们的经验中持续最长的东西，而是持续最短并在内部最起劲地反对于持续性的东西，可以展现出将有死者连接于不死者的东西"②。因此，持存性并不像通常所认为的那样仅仅属于心灵，而属于行动（deeds）。但为何人可以通过行动达致这种持存呢？因为如上所述，海德格尔通过决断的行动瞬间走向了一个"先行到死中去的"此在整体。而约纳斯又何故能经由这一瞬间通达超越之域呢？这里，他就必须诉诸他的犹太教信仰了，亦即所谓"生命之书"和"上帝的超越形象"③。前者指的是：我们的名字会根据生前的行为被计入"天国的总账"。这当然包含了个人的永存。不过，对于个人生前行为的记述并不是为了在死后给予他（她）应得的赏罚，而是说明"行为将自己刻入永恒的时间回忆录中的可能性"④。而这一永恒的回忆录是为了让上帝保有一个统一的世界进程的影像。这听起来会有些怪异。这个统一的世界进程的影像，难道不已在全知、全能、全在的上帝的掌控中吗？然而，在约纳斯看来，这影像的确已不在上帝手中，而在我们这些有死者手中。由此，约纳斯展现了他神学最具影响

---

① Hans Jonas, "Immortality and the Modern Temper", in *Mortality and Morality: A Search for the Good after Auschwitz*, ed. by Lawrence Vogel, Evanston: Northwestern University Press, 1996, p. 121.

② Hans Jonas, "Immortality and the Modern Temper", in *Mortality and Morality: A Search for the Good after Auschwitz*, ed. by Lawrence Vogel, Evanston: Northwestern University Press, 1996, pp. 121 – 122.

③ Cf. Lawrence Vogel, "Editor's Introduction-Hans Jonas's Exodus: From German Existentialism to Post-Holocaust Theology", in *Mortality and Morality: A Search for the Good after Auschwitz*, ed. by Lawrence Vogel, Evanston: Northwestern University Press, 1996, p. 22.

④ Hans Jonas, "Immortality and the Modern Temper", in *Mortality and Morality: A Search for the Good after Auschwitz*, ed. by Lawrence Vogel, Evanston: Northwestern University Press, 1996, p. 122.

力的部分——"奥斯维辛之后的上帝观念":"在世界的时间变换中,这世界飞逝的现在为过去所吞没,一个永恒的当下在出现,当它在时间的经验中被溯源为神的欢愉与痛苦、成功与失败之时,它缓慢地展现出自身的规定。并非终将逝去的代言人,而是他们的行动进入了正在生成的神性并永久地形成了他未被决定的影像。"①因此,正是通过我们在日常行为中的责任,我们决定了这个关怀着的、忍受着的、生成着的上帝,因为他的福利依赖于我们去实现他给予我们生命之善的承诺。②

无疑,约纳斯描绘了一个处于危险之中,亟待我们去拯救的上帝形象,这与传统的上帝观可谓大相径庭。不过,这一上帝观念的改造有其深厚的时代背景。在第二次世界大战之后,作为犹太神学家的约纳斯就为这样一个问题所困扰:上帝为何会允许奥斯维辛这样的大屠杀发生?在对过去种种神正论表示失望之后,约纳斯经由自己的"责任伦理"给出了一个石破天惊的答案:因为上帝不能阻止。在他的设想中,上帝是善良的和智慧的,但却并非全能。因为上帝在创世之后,就让自己丧失了干预世界进程的能力。其目的是:让自然依据自己的可能性展开,最终让在其中出现的人类拥有自由并替上帝实现至善。换言之,"上帝把自己完全交付给生成的世界之后,他不必再付出了,现在是该人为上帝付出了"③。正是在对上帝的事功中,人的持存性才能真正被规定:"尽管来生不是我们的,此世的永恒再生也不是,但当我们在简短的一生中服务于我们被威胁着的可朽事业并帮助受苦的不朽上帝之时,我们能够在心

---

① Hans Jonas, "Immortality and the Modern Temper", in *Mortality and Morality: A Search for the Good after Auschwitz*, ed. by Lawrence Vogel, Evanston: Northwestern University Press, 1996, p. 124.

② Cf. Lawrence Vogel, "Editor's Introduction-Hans Jonas's Exodus: From German Existentialism to Post-Holocaust Theology", in *Mortality and Morality: A Search for the Good after Auschwitz*, ed. by Lawrence Vogel, Evanston: Northwestern University Press, 1996, p. 22.

③ 汉斯·约纳斯:《奥斯维辛之后的上帝观念——一个犹太人的声音》,张荣译,载《伦理学术》,2018年春季号,总第004卷,邓安庆主编,上海:上海教育出版社,第27页。

中拥有不朽。"①

因此，约纳斯在颠覆了传统的各种灵魂不死观之后，在帮助永恒上帝的一生中，发现了人的永存。心灵（灵魂）的持存性并非相关于持续性的永存，而在于在决断的瞬间通过肩负自己的道德责任去帮助上帝确立世界的善。这样，我在行动的当下就洞见到了我向永恒的开放。这是约纳斯心灵观中最独特的含义。那么，约纳斯对心灵的上述界定究竟与康德有何区别？他对康德的评价是否准确？下面，我们将通过他与康德的心灵观的比较来回答这两个问题。

二、对康德二元论心灵观的辨正

正如我们在本文刚开始所表明的那样，康德和约纳斯处在现代社会的不同时期。具体说来，康德处于现代社会形成阶段的启蒙运动时期，而约纳斯则置身于现代社会建制在西方逐步成熟起来的 20 世纪。所以，对两者进行有价值的比较并非易事。由于作为后来者的约纳斯明确地批判了康德的心灵观，因此我们可以从他的这一批判入手，探究两人心灵观的异同。

在约纳斯看来，康德作为传统的非经验性心灵观的代表者，有意在现象与本体之间进行了区分。由此，康德将时间归于现象，并将无时间性的永恒心灵归于本体，从而实现了对心灵（灵魂）持存性的证明。约纳斯认为：康德心灵观之所以无效的原因在于，他在现象与本体之间所作出的二元论区分是站不住脚的。而对于约纳斯本人来说，他认为自己秉持了 20 世纪现象学运动的基本信条：现象即本质。另外，他还相信，与其去设定一个超出时间之外的永恒心灵，不如坦承自己作为有死者的基本事实。

---

① Hans Jonas, "Immortality and the Modern Temper", in *Mortality and Morality: A Search for the Good after Auschwitz*, ed. by Lawrence Vogel, Evanston: Northwestern University Press, 1996, p. 130.

那么，约纳斯对于康德的这一批判是否成立呢？需要注意的是，康德与约纳斯所持有的基本立场是截然不同的。约纳斯基于 20 世纪哲学基本精神的变化，认为自己可以合理地从现象的一元论（更确切地说，是生机一元论）出发，批判康德区分现象与本体的二元论。但这一点并不是理所应当的。首先，康德的"二元论"是否就是约纳斯所理解的现象与本体两个真实世界的对立呢？至少在康德学者中，这一点是存在争议的。有不少学者会更加认同现象与本体之间的区别是"两种视角"的不同，而非"两个世界"的不同。换言之，康德的二元论理应被视为对同一个世界的两种视角——现象视角与本体视角——的不同，而非现象界与本体界的区分。而约纳斯无疑认为，在康德那里现象与本体的区分是实然的。在他的眼中，这种实然的区分就变成了诸如康德这样的观念论哲学家之间的共识。他认为，这些哲学家之所以在现象和本体之间造成一种区分，是由于不忍直视现象世界的可怖真相，而"发明"一个真实的本体世界。①但显然，这一观点和康德区分现象与本体的实际动机严重不符。而且，费希特、谢林和黑格尔等康德之后的观念论思想家实际上并未追随康德的这种二元论，而是纷纷建立起自己的一元论。

其次，回过头来讲，就康德本人而言，约纳斯的这一判断也有些许不妥之处。康德所处的时代是启蒙时代，也即一个自然科学急速发展的时期。因此，作为把握了时代精神的哲学家，康德的任务是双面的：一方面确证自然科学世界观的有效性，另一方面限制自然科学的扩张与膨胀，保留形而上学的基本权利。于是，他区分了现象与本体，将自然科学知识局限在现象界之内，而把基于自由的道德和形而上学问题放置到本体域之中。所以，在他的眼中，现象并不是什么可怖的东西。毋宁说，它是

---

① Cf. Hans Jonas, "Immortality and the Modern Temper", in *Mortality and Morality: A Search for the Good after Auschwitz*, ed. by Lawrence Vogel, Evanston: Northwestern University Press, 1996, p. 118.

机械因果律视野下的世界。而本体的设立是为了从这个法相森严的自然界中抽身而出，从而捍卫人对形而上学的追求，亦即对"自由""不死"和"上帝"的渴望。本体与现象的区分更类似于两种视域下的同一个世界。用康德自己的话，两者是自然的"感性形式"与"超感性形式"的区分。①同样，他并不否认现实世界中存在着诸多苦难和不幸。但是，他在相信理性主义进步观的前提下，依旧认为人类社会存在着一个从善到更善的历史进程。由此，与之相关的幸福当然会逐渐增加。实际上，现象与本体之间的这种张力和交融恰恰表明了，作为本体的理想之域引领着现象领域不断进步的前景。所以，他经由反思性的判断力，将作为道德主体的人确立为全部自然的终极目的。②

　　与之相对，约纳斯之所以认定现象是恐怖的，这是因为他所经历的第二次世界大战的残酷现实。他这样说道："当我们在惊恐中注视着来自布亨瓦尔德（Buchenwald）③的照片，凝视着被丢弃的尸体和扭曲的面孔，看到人性被活生生地亵渎，我们拒绝那种安慰，亦即这是现象，而真相是另外的东西。"④其次，作为海德格尔最著名的犹太弟子之一，他的理论出发点归根结底在他老师那里。因此，他之所以从内心深处拒斥康德的二元论，无疑扎根于他对海德格尔哲学的原初认同。他和海德格尔一样相信，时间的有限性才展现了人的本真生存。因此，"我们坚持面对着虚无并拥有与其一起生活的力量。"⑤所以，时间在死亡中有其终点，因而时间的有限性就是人（更确切地说，此在）有死性的见证。人作为有死者，

① 参见康德《实践理性批判》，邓晓芒译，杨祖陶校，北京：人民出版社，2003 年，第 57 页。
② 参见康德《判断力批判》，邓晓芒译，杨祖陶校，北京：人民出版社，2002 年，第 291—292 页。
③ 布亨瓦尔德集中营是第二次世界大战期间纳粹设于魏玛附近的布亨瓦尔德村的集中营。在此，数以万计的反法西斯人士被杀害。
④ Hans Jonas，"Immortality and the Modern Temper"，in *Mortality and Morality：A Search for the Good after Auschwitz*，ed. by Lawrence Vogel，Evanston：Northwestern University Press，1996，p. 118.
⑤ Hans Jonas，"Immortality and the Modern Temper"，in *Mortality and Morality：A Search for the Good after Auschwitz*，ed. by Lawrence Vogel，Evanston：Northwestern University Press，1996，p. 119.

当然先有其生,亦即处于海德格尔所说的"被抛状态"(Geworfenheit)。而在生与死的"居间状态",人必须忍受生前与死后的双重虚无。这种基于时间有限性对人的有死性及其虚无主义困境的阐明,正是《存在与时间》的主旨。它也构成了约纳斯哲学的理论地基。很明显,这就使得他很难认同康德将人设定为理性存在者(Vernunftwesen)的前提。同时,康德将时间视为先天感性直观形式的做法,也自然不可能为他所认可。他进而认为,康德将不死归于无时间的心灵本体的结论已在现代思想的氛围中被抛弃了。

然而,正好是在这一结论中,约纳斯对于康德心灵观的误解凸显无疑。因为康德在现象与本体之间作出了区分,这是一回事;但他是否一定坚持将持存性归于无时间的心灵本体,这又是另一回事了。约纳斯似乎认为,由于康德划分了现象与本体,因而他就只能将持存性归于心灵本体了。实际上,这一观点与康德心灵观最核心的内容失之交臂。正如本书第四章所呈现的那样,康德对现象与本体的区分终结了对心灵实体观的传统证明。所有之前的唯理论者都相信,自己可以证实心灵本身的实体性、单一性、同一性和观念性。但康德却宣称,他们的所有证明都是非法的。因为他们明明只拥有关于心灵的自然之学(Physiologie),却自认为可以探讨作为自在主体的心灵。进言之,他们实际上拥有的是关于心灵的经验性知识(亦即经验心理学),却幻想自己可以通过对单纯"我思"概念的分析得出关于心灵本身的知识(也即理性心理学)。与之相对,康德通过将作为现象(更确切地说,内感官)的心灵与作为自在主体的心灵区分开,宣布对心灵之为现象的分析必须限制在经验的范围之内,而作为自在主体的心灵则是不可知的。所以,从单纯思辨的角度来说,康德并没有直接将持存性归之于作为自在主体的心灵之上。毋宁说,他的态度是中立的,因为他悬搁了对于心灵(灵魂)持存与否的知识性判断。而当他在实践领域重新引入"灵魂不死"作为至善的悬设之时,他也没有仅把"不死"视为心灵(灵魂)本身的属性。毋宁说,他的态度是开放的：作为实践理性悬设的"灵魂不死"既然只是一种信仰或者主观意义上的"认其为真"，那么他完全在现象和本体两个层面设想心灵（灵魂）的持存。康德认为："我们必须这样采纳我们的准则（Maxime），就好像在由善向着更善的一切无止境的变化中，我们的道德状况在意念上（homo Noumenon）[作为本体的人]……根本不会屈从于任何时间的变迁。"①这样，"灵魂不死"在康德那里的含义可以视作时间与永恒的统一：在心灵（灵魂）的现象层面，存在着从善到更善的时间性进程；在心灵（灵魂）的本体层面，道德意念是始终如一的。

　　由此观之，约纳斯认为康德的心灵观仅仅相关于自在主体，无疑是失于偏颇了。因为如上所述，康德心灵观并不仅仅限于自在主体的层面，而是现象与本体两个层面的统一。同样，康德眼中的现象也并不具备约纳斯所说的那种"可怖性"。显然，康德所意指的现象首先是在自然因果性的意义上来谈的，其次，即便是人类道德水准改善的现象，在他看来也不见得就是什么可怖的现象。毋宁说，他相信人类可见的道德水平会在时间的变迁中不断提升，会从善一直向着更善演进。当然，康德之所以能有这种道德无限改善的期望，无疑是因为他坚信人在自在或本体的层面上是全善的。因此，现象化的心灵从善到更善的旅途，不过是人返归自己本性的过程。但对于约纳斯来说，由于坚持"现象即本质"的观点，他反而在20世纪两次世界大战所造成的滔天罪恶的现象中陷入了某种程度的悲观主义。但他的悲观并没有让他走向绝望。相反，他只是呼吁要认清这种让人悲观的现象就是人类的现实处境，却力图为人们在这种悲苦的现实境地中找到一条光明的出路。而这条出路归根结底还是在人对道德责任的担承之中。这一点和康德心灵观的最终目的是一致的。下面，我们就通过对他们两人道德神学体系的比较来阐明这一点。

---

① 康德：《万物的终结》，李秋零译，载《康德著作全集》第8卷，李秋零主编，北京：中国人民大学出版社，2010年，第337—338页。

三、约纳斯与康德道德神学体系的同异

　　尽管约纳斯对于康德心灵观的评价很难说得上公正,两人的理论背景和宗教信仰也相差较大,但我们认为:他们都建立了从"自由"到"上帝存在"与"灵魂不死"的道德神学体系,并且彼此的灵魂不死观在"瞬间即永恒"这一要点上是契合的。如前所述,"意志自由""灵魂不死"和"上帝存在"在康德哲学中作为实践理性的三大悬设共同组建了道德神学体系。其中,自由被认为是整个纯粹理性体系的拱顶石,可以经由我们心中的道德律直接得到证明。而上帝存在和灵魂不死的理念,则通过与自由相连接获得了实在性。但与自由直接作为道德律的条件不同,上帝存在和灵魂不死"只是一个由道德律来规定的意志的必要客体的条件"[①],而这个客体就是至善。换言之,通过道德律我们认识到自己的自由,尽管真正说来,自由才是道德律的存在根据。由此,为了实现在道德律基础上的德福一致(至善),我们需要设定"灵魂不死"来企及意志与道德律的"完全适合",同时预设上帝来保证与德性相匹配的幸福的实现。因此,在康德的道德神学体系中,自由始终是基础,可以脱开"上帝存在"与"灵魂不死"独自经由实践理性得到证明。而后两者却仅仅在自由之上才有被理性接纳的可能性。但两者依旧是实践理性不可或缺的信仰,只要我坚持对道德律的遵守,那么我便无可避免地相信它们。

　　与之相对,在约纳斯的道德神学体系中,同样存在着从"自由"到"灵魂不死"和"上帝存在"的内在关联,虽然他没有像康德这样以三大悬设的形式表露出来。如果说康德是在其纯粹理性体系中界定了三者的关系,那么约纳斯则在他的生命进化论中实现了这一点。由于康德仅仅将自由归于道德主体的人,因而在人的自由与机械论的自然界之间造成了难以逾越的鸿沟。与之不同,约纳斯从一开始就意识到自由应该是包括

[①] 康德:《实践理性批判》,邓晓芒译,杨祖陶校,北京:人民出版社,2003年,第2—3页。

人在内的有机体的特征。他这样宣告道："'自由'必须指示一种在客观上可辨认的存在模态，也即一种存在方式，它在本质上标示了有机体的领域并在某种程度上对于所有'有机体'种类的成员是……共同的。"①所以，在他的眼中，自由与有机体的出现联系在一起。而由于与无机物相比，有机体的特征是新陈代谢（metabolism）。他由此认为，新陈代谢是"自由最初采取的形式"②。在最基本的意义上，自由概念完全可以被理解为我们称之为生命的东西。所以，约纳斯相信：自己将自由概念溯源至最基本的生命形式之上的做法，打破了自笛卡尔的"心物二元论"以来在人与非人之间的坚实壁垒。因为自由对于所有生命都是共同的，它经历了一系列有机体功能的逐步演进（新陈代谢、移动和欲望、感觉和知觉、想象、艺术和思想），并最终在人身上到达顶点。这样，传统的理性主义哲学将人孤立在形而上学中的僵局得到了打破。这种蕴含在生命整体之中的自由，只需要通过生命自身的进程来证明。

　　然而，这种在生物进化论意义上的自由如何与"灵魂不死"和"上帝存在"发生关联呢？约纳斯坦承，自己提供的方案是他"先前在考虑别的问题时已经提出的神话假说，它具有神学的内涵"③。他相信，上帝在起初创造了世界之后，出于未知的理由，就放弃了干预世界进程的能力，而将世界留置在"生成的机会、风险与无尽多样性之中"④。而在千百万年以后，在物质世界的漠然流转中，生命借助于新陈代谢的首次出现打破

① Hans Jonas，"Evolution and Freedom：On the Continuity among Life-Forms"，in *Mortality and Morality：A Search for the Good after Auschwitz*，ed. by Lawrence Vogel，Evanston：Northwestern University Press，1996，p. 61.

② Hans Jonas，"Evolution and Freedom：On the Continuity among Life-Forms"，in *Mortality and Morality：A Search for the Good after Auschwitz*，ed. by Lawrence Vogel，Evanston：Northwestern University Press，1996，p. 60.

③ 汉斯·约纳斯：《奥斯维辛之后的上帝观念——一个犹太人的声音》，张荣译，载《伦理学术》，2018年春季号，总第004卷，邓安庆编，上海：上海教育出版社，第22页。

④ Hans Jonas，"Immortality and the Modern Temper"，in *Mortality and Morality：A Search for the Good after Auschwitz*，ed. by Lawrence Vogel，Evanston：Northwestern University Press，1996，p. 125.

了世界的沉寂。随着生命而来的是，"对永恒领域关注的迅速加快与它朝向其丰富性之复原式增长的跳跃"①。所以，生命及其自由的出现逐渐开始触及永恒之域。上帝从自己的付出中得到了收获。但与生命带来的欣欣向荣相伴而生的，却是始终挥之不去的死亡。在他看来，有死性就是生命这种全新的存在方式所必须付出的代价。不同于他的老师海德格尔将有死性局限在人之上，他将有死性扩展到了一切生物之上。他这样说道："让这成为我们的主题吧：将有死性作为生命本身的必要属性——仅在随后集中关注有死性的特殊人类层面。"②因此，由于生命是有死的、短暂的，通过有限个体在短时间内展现的感觉、行动、痛苦和对有限意识的觉解，上帝真正开始经验到自己，永恒之域也变得色彩斑斓了。他形象地把有死性的产生称之为永恒性的"食物"。③可以说，在人类降生以前，上帝在生命的进化中一直处在收获的胜利状态。但是随着人的降生，最高形式的自由和知识随之到来，原先自足的心灵的无辜状态必须让位于在善恶的分野中对于责任的承担。上帝第一次感到了颤抖，因为他的命运第一次落在了对人类心灵不确定的信任中，"将被人类对他自己和世界做的事所完成、拯救或毁坏"④。同样，人之心灵（灵魂）的持存性也正是通过人自己的道德决断第一次呈现出来："在他的行为之于上帝命运令人敬畏的影响中，人的不死正好附着在这个永恒存在者的

① Hans Jonas, "Immortality and the Modern Temper", in *Mortality and Morality：A Search for the Good after Auschwitz*, ed. by Lawrence Vogel, Evanston：Northwestern University Press，1996，p. 126.

② Hans Jonas, "The Burden and Blessing of Mortality", in *Mortality and Morality：A Search for the Good after Auschwitz*, ed. by Lawrence Vogel, Evanston：Northwestern University Press，1996，p. 87.

③ Cf. Hans Jonas, "Immortality and the Modern Temper", in *Mortality and Morality：A Search for the Good after Auschwitz*, ed. by Lawrence Vogel, Evanston：Northwestern University Press，1996，p. 126.

④ Hans Jonas, "Immortality and the Modern Temper", in *Mortality and Morality：A Search for the Good after Auschwitz*, ed. by Lawrence Vogel, Evanston：Northwestern University Press，1996，p. 127.

情境之上。"①

人对于永恒的影响是或善或恶的，因为人的行为本身就是如此。然而，由于人类在历史长河中所犯下的罪恶早已罄竹难书，约纳斯用一种先知的口吻警示道："上帝的影像正前所未有地处于危急之中。"②所以，他进一步呼吁：我们在有限的一生中，勇敢地作出道德决断，担负起自己的责任，以此来拯救不死上帝的危难。因此，心灵（灵魂）的持存性不相关于它在死后永福中的无尽延续，而是指它在道德决断的瞬间用善来助佑上帝穿越恶的重重险阻。实际上，这才是自由在生命顶点的人身上最圆满的实现。由此，约纳斯哲学中的"自由""心灵"和"上帝"以这种方式融贯地统合起来了。

正如我们已经说明的那样，约纳斯心灵观的核心可以被归纳为：心灵进行道德决断的瞬间即永恒。无独有偶，康德心灵观在这一点上与之甚为切合。表面上看来，康德的灵魂不死悬设似乎预设了一个绵绵修善的无限进程。但事实上，这一修善的无限进程以作为本体的心灵意念（Gesinnung）为基底。即便处于无限进程中的个体心灵在任何一个时间点上的道德行为都不可能达致完满之善，但上帝却足以洞见到：一个诚心正意的人在这不完善行为背后完善的心灵意念。这样一个人在日常点滴的行善之中已与上帝同在。尽管在康德这里，基督教的上帝并不需要人类去拯救，但上帝确实备好了永恒的幸福犒赏这个人。所以，不论是康德还是约纳斯，都已经看到心灵道德决断的"瞬间与永恒"的直接关联。不过，两人的不同之处也是极为明显的：康德在道德行动的瞬间所洞见到的是自身永恒的心灵本体意念，而约纳斯在道德行动的瞬间所意

① Hans Jonas，"Immortality and the Modern Temper"，in *Mortality and Morality：A Search for the Good after Auschwitz*，ed. by Lawrence Vogel，Evanston：Northwestern University Press，1996，p. 127.

② Hans Jonas，"Immortality and the Modern Temper"，in *Mortality and Morality：A Search for the Good after Auschwitz*，ed. by Lawrence Vogel，Evanston：Northwestern University Press，1996，p. 130.

会到的是心灵对于上帝永恒之域的拯救责任。由此可见,两人虽然都强调心灵观念的道德意涵,但其指向毕竟有很大的差别。在康德所处的基督教神学背景下,人追求心灵(灵魂)持存性的道德努力是为了自己达到至善,而上帝在此过程中是保证个人的至善得以实现的审判官,个人的道德努力对于上帝本身是没有影响的。与之相对,约纳斯是犹太人,信奉犹太教,因此他所理解的上帝并不是基督教视野下全知、全能、全善的上帝。否则的话,他不会认为,上帝之所以不阻止奥斯维辛的屠杀行为,是因为他的确不能阻止。因此,在他看来,既然上帝在恶的威逼下岌岌可危,那么人的心灵的使命就是用道德行动来帮助上帝,让上帝所代表的永恒与超越的领域得到保护。同样,心灵(灵魂)的持存性也来源于这个永恒之域的保证。所以,无论是康德还是约纳斯都将心灵观关联于超越的永恒之维,不论这种超越性是来自人性本身,还是源于上帝。

现在,通过对两人心灵观念的对比,我们也许可以体认到心灵观念对于现代人的道德意涵所在。现代人很难会对古旧的心灵观念再有什么实质性的兴趣。但是,在一个缺失超越的永恒之域的世俗主义框架下,现代人陷于虚无主义的窘境几乎是无可避免的。如果人在此世中只剩下凡俗之物的羁绊,那么海德格尔所描述的"畏"与"无聊"就是人最真实的处境。然而,康德与约纳斯的心灵观却告诉我们:人的心灵在此时此地的当下就与永恒产生了连结。因而,人可以在一种严肃真诚的道德决断与行动中既为自己与他人(包含将来的人们)负责,也为超越的永恒之域负责。这或许是医治现代虚无主义病症的一剂良药。

小结

将柏拉图、康德、约纳斯三人的心灵观放在一起进行对比,我们就会发现,他们虽然时代各异,具体观点也相差较大,但在如下观点上却是一致的:心灵问题虽然牵涉对心灵本性的知识性论辩,但在根本上归属于道德的超越性维度。由此,我们可以从中体会到康德在心灵观的"古今之变"中所占据的核心地位。在柏拉图那里可以看到,心灵的理念本性与其道德使命是完全缠绕在一起的。可以说,这种将心灵的知识性理解与其道德意涵相融合的做法从古希腊一直延续到近代的唯理论之中。只有康德决定性地将关于心灵的知识与其道德属性切割开来了。对于他来说,关于心灵本性的先验知识是一种虚假知识,建立在这种虚假知识之上的心灵实体观必然要走向垮台。而关于心灵的真实知识是经验心理学,抑或有关内感官的"自然之学"。我们从中不可能得出任何心灵(灵魂)持存性的证明。因此,心灵观念只有在一种追求道德提升的超越性使命中才有其合理地位。

这一点也鲜明地反映在当代思想家约纳斯的心灵观念中。虽然他对康德"现象—本体"二元论的心灵观大加批判,但他依旧认为,只有从道德行动的瞬间与永恒的联结入手,心灵(灵魂)持存性的观念才能在当代哲学的视域中得到恰当的理解。这就充分表明:虽然 20 世纪现象学的发展要求抛弃康德式的现象与本质的二元论,坚持"现象即本质"的一元论,但在处理心灵问题时,作为现象学伦理学家的约纳斯依旧要回到道德超越性的维度上。因此,即便是在这个消费主义与物欲主义盛行的时代,心灵观念仍具备独特的道德价值。它提醒我们,人的心灵只有凭借道德境界的提升,才能期许那个不可见的超越与永恒的世界。这或许是人性中最高尚和伟大的东西。

结　语

　　正如我们所展示的那样,无论是在德国古典哲学的后续进程中,还是在二十世纪以来当代哲学的发展中,康德的心灵观都遭到了某种程度上的冷遇。德国古典哲学从"先验唯心论"向"绝对唯心论"的过渡,让先验的心灵观念变成了自我意识的世俗历史。从此,人类历史的宏大叙事逐渐湮没了个人化的心灵观。而启蒙运动更是带来了心灵观念的彻底世俗化,心灵持存或灵魂不死的看法都变得乏人关注。正如约纳斯一针见血地指出的那样,"存在主义,作为现代的思想倾向或病症,在没有任何救援的保证的情况下就将自己抛入有死性的深渊之中。"① 这就告诉我们,20 世纪的欧陆的主流思潮——存在主义接纳的是人的有死性,而非心灵(灵魂)的永存观念。舍勒也感叹道:"现代人已不再相信永生,不再相信一种在永生中对死的克服。"② 然而问题在于,人类的世俗历史似乎不足以让个人的全部生命得到安顿。我们知道,虚无主义和及时行乐等"无根"的价值观在当下是甚嚣尘上的。这凸显了现代人在基本生活信

---

① Hans Jonas, "Immortality and the Modern Temper", in *Mortality and Morality：A Search for the Good after Auschwitz*, ed. by Lawrence Vogel, Evanston：Northwestern University Press, 1996, p. 119.

② 马克斯·舍勒:《死·永生·上帝》,孙周兴译,北京:中国人民大学出版社,2003 年,第 8 页。

念上的困顿与无助。因此,现今这个缺乏超越维度的世俗社会,在基底上就面临着深刻的危机。又比如,威胁着整个世界的恐怖主义,正是一种对现代政治文明的极端反叛形式。因为在那些恐怖主义者的头脑里,启蒙理性所塑造的当代社会摧毁了他们赖以为生的超越性信仰。其实,这才是他们发动恐怖主义袭击的深层次原因。

在此背景下,康德心灵观念的道德超越性必须一再被检视。因为我们往往只是注意到,他对普遍理性的展示构成了现代社会的法理基础,但却忽视了植根于其体系内部的终极诉求:哲学理性必须借助道德延伸到超越维度。所以,现代社会如果将自己锁闭在五光十色的俗世之中,那么理性将沦为工具,人的生存价值和意义也将走向虚无。这也是在我们身边已经并且正在发生的事实。要想改变这一境况,我们仍然需要从康德那里获得教益,亦即承认理性的界限,也认可在这个界限之上需要希望。明言之,"我们只能希望那些不受我们力量控制的事物,只能希望那些与我们邂逅的事物,而我们又要在这些事物之上建立我们的生活;我们为此必须接受或考虑一个基础,因为离开这个基础我们的希望就会变得没有意义"[1]。因此,现代社会在"祛魅"之后,依旧需要向不可知的超越维度保持开放。事实上,只有从这种开放的"未定性"中,人的心灵才居有了最终的规定性。因为心灵对超越维度的期望是人之精神境界的保证与体现。

这种对超越之维的希望依旧立基于道德之上。我们从康德心灵哲学的归宿就可以看出这一点。单纯地希望人类心灵的无穷延续是没有价值的,因为如果希望它延续的目的是享受如庸人般的功名利禄或者如帝王将相般的千秋万代的统治基业,那么在这种意义上,对心灵(灵魂)持存性的追求就毫无道德价值可言。毋宁说,这反而显示出人类心灵在贪欲与自私上的无限膨胀。所以,康德毫不客气地指出:"幸福与不幸都

---

[1] 尤根·史陶森伯格:《"让每一个人都必然感兴趣的事物"——康德关于哲学的世界概念》,刘哲译,载《北京大学研究生学志》,2008年第1期,第7页。

属于流逝的状态，它们由于其短暂的留存性就丧失了一切价值。因而我们必须鄙薄此世的生命。"①这样看来，就自然生命而言，有死性的确是对人的限制，但却是一种合情合理且恰如其分的限制。它有助于让人在"向死而生"之时保持一种严肃真诚的人生态度。不过，仅是"人终有一死"的人生信条还不足以让人保持人生的紧迫感与严谨性。君不见，现代社会中的许多人正由于信奉"只此一生"的观念而大肆放纵，陷于享乐主义与自我中心主义的围城。所谓"我死之后，哪怕洪水滔天"即是此意。因此，必须在人的自然生命之外再加上心灵生命，再通过心灵生命对自然生命的提升，尔后后者的有限性与前者的境界要求才能提供人生意义的足够支撑。而从康德的立场上来看，这种心灵生命归根结底是道德性的。他这样说道："生命的道德方面仅仅在灵魂中依据其精神本性才能找到，并与精神性生命相关联，因为这种道德方面属于人格的内在价值，所以是不可消解的。"②由此可知，我们所希冀的心灵的超越性是指经由道德展示的精神性生命。

这样，虽然心灵生命与自然生命的延续与永恒是康德同等强调的东西，但道德在其中的作用依旧是第一位的。他曾这样宣告："因为在人的生命中的善行使得一种对于他的自然禀赋的扩大是有资格的，所以在未来与他的人性义务相适合的进步也导向他自然位阶的更高层级。然而因为这种更高的层级再次为自身带来诸种更高级的义务，所以朝向这些义务之实现的进步也持续着并如此以至无穷。"③从中可以看出，康德的心灵生命允许由道德义务所激发起来的自然生命的提升，但与自然生命提升相应的却是实现道德义务的进步，乃至无穷。因此，对于康德来说，

① Immamuel Kant, "Metaphysik-Erster Teil", *in Kant's Gesammelte Schriften*, Band 17, Berlin:Walter de Gruyter & Co. ,1928,S. 473.
② Immamuel Kant, "Metaphysik-Erster Teil", *in Kant's Gesammelte Schriften*, Band 17, Berlin:Walter de Gruyter & Co. ,1928,S. 473.
③ Immamuel Kant, "Metaphysik-Zweiter Teil", *in Kant's Gesammelte Schriften*, Band 18, Berlin:Walter de Gruyter & Co. ,1928,S. 713.

人的超越维度——对灵魂不死和上帝存在的信仰——当且仅当在道德视域下才是可能的。或许,这为解决当下虚无主义的时代难题提供了一种最切实际的"伦理学方案"。

同样,对于我们中国人来说,不能想当然地以为当代西方的虚无主义病症是一件与我们无涉的事情。事实上,中国自从被西方裹挟着迈入现代化的潮流中开始,就不得不与西方世界"同呼吸、共命运",一道面对由形而上学衰落而导致的精神危机与虚无主义困境。可以看到,随着中国现代化进程的加快,中国传统文化超越维度的丧失也不断加剧,中国人在消费主义与物欲主义的冲击下也越来越难以找到安身立命之本。一方面,中国传统文化的现代转型还没有完成,因而发源于农耕文明的传统文化还无法成为完全适合当代中国人的价值坐标;另一方面,西方文化作为一种强势文化连同其优缺点已经从各个维度渗透进中国社会的机体之中。因此,中国人就置身于中西古今的"交叉路口",既要让自己的国家与文明完成现代化的重任,也要从作为轴心文明的中华文明中挖掘出诊治世界性的虚无主义危机的理论资源。现在,康德哲学告诉我们:人性中克服虚无主义的超越之维只有在道德中才能出现。那么,以现代理性为平台来衡准中国传统伦理思想,既要摒弃其中前现代的不合时宜之处,也要将其宝贵的道德超越性接引到当代中国人的思想与价值谱系中,夯实现代中国的精神文明基础。这项极其紧迫而又重要的任务或许将在很大程度上决定中国人的未来命运。而完成这项任务的关键无疑依旧落在中西文化的传承与汇通之上。那么,我们可以采纳康德引用的伏尔泰小说中一位园丁的话来做结束:"让我们关照自己的幸福,走进花园工作吧!"①

---

① 康德:《一位视灵者的梦》,李秋零译,载《康德著作全集》第 2 卷,李秋零主编,北京:中国人民大学出版社,2004 年,第 376 页。

主要参考文献

中文部分

（一）康德原著

1. 康德著作全集.第 1 卷.李秋零等译.李秋零主编.北京：中国人民大学出版社,2003

2. 康德著作全集.第 2 卷.李秋零译.李秋零主编.北京：中国人民大学出版社,2004

3. 康德著作全集.第 3 卷.李秋零译.李秋零主编.北京：中国人民大学出版社,2004

4. 康德著作全集.第 4 卷.李秋零译.李秋零主编.北京：中国人民大学出版社,2005

5. 康德著作全集.第 5 卷.李秋零译.李秋零主编.北京：中国人民大学出版社,2007

6. 康德著作全集.第 6 卷.李秋零译.李秋零主编.北京：中国人民大学出版社,2007

7. 康德著作全集.第 7 卷.李秋零译.李秋零主编.北京：中国人民大学出版社,2008

8. 康德著作全集.第 8 卷.李秋零译.李秋零主编.北京：中国人民大学出版社,2010

9. 康德著作全集.第 9 卷.李秋零译.李秋零主编.北京：中国人民大学出版社,2010

10. 康德书信百封.李秋零编译.上海：上海人民出版社,2006

11. 纯粹理性批判. 邓晓芒译. 杨祖陶校. 北京：人民出版社，2004

12. 实践理性批判. 邓晓芒译. 杨祖陶校. 北京：人民出版社，2003

13. 判断力批判. 邓晓芒译. 杨祖陶校. 北京：人民出版社，2002

（二）其他原著

1. ［英］贝克莱. 人类知识原理. 关文运译. 洪谦校. 北京：商务印书馆，2010

2. ［古希腊］柏拉图. 裴洞篇. 王太庆译. 北京：商务印书馆，2013

3. ［法］笛卡尔. 第一哲学沉思集. 庞景仁译. 北京：商务印书馆，2010

4. ［法］笛卡尔. 谈谈方法. 王太庆译. 北京：商务印书馆，2000

5. ［德］费希特. 论学者的使命、人的使命. 梁志学，沈真译. 北京：商务印书馆，2010

6. ［德］费希特. 知识学新说. 费希特文集. 第 2 卷. 梁志学编译. 北京：商务印书馆，2014

7. ［德］黑格尔. 精神现象学. 先刚译. 北京：人民出版社，2013

8. ［德］黑格尔. 哲学史讲演录. 第四卷. 贺麟，王太庆译. 北京：商务印书馆，1983

9. ［德］海德格尔. 现象学之基本问题. 丁耘译. 上海：上海译文出版社，2008

10. ［德］海德格尔. 路标. 孙周兴译. 北京：商务印书馆，2009

11. ［德］海德格尔. 存在与时间. 陈嘉映，王庆节译. 北京：生活·读书·新知三联书店，2010

12. ［德］海涅. 论德国宗教和哲学的历史. 海安译. 北京：商务印书馆，2017

13. ［英］洛克. 人类理解论. 关文运译. 北京：商务印书馆，2019

14. ［美］列奥·施特劳斯，约瑟夫·克罗波西. 政治哲学史. 李洪润等译. 北京：法律出版社，2015

15. ［德］莱布尼茨. 单子论. 莱布尼茨读本，陈乐民编译. 南京：江苏教育出版社，2006

16. ［德］莱布尼茨. 人类理智新论. 陈修斋译. 北京：商务印书馆，2010

17. ［英］罗素. 对莱布尼茨哲学的批评性解释. 罗素文集. 第 1 卷. 段德智，张传有，陈家琪译. 陈修斋，段德智校. 北京：商务印书馆，2012

18. ［英］罗素. 西方哲学史. 下卷. 马远德译. 北京：商务印书馆，2018

19. ［斯洛文尼亚］斯拉沃热·齐泽克. 敏感的主体——政治本体论的缺席中心. 应齐等译. 南京：江苏人民出版社，2006

20. ［德］舍勒. 死亡、永生与上帝. 孙周兴译. 北京：中国人民大学出版社，2003

21. ［德］文德尔班. 哲学史教程. 罗达仁译. 北京：商务印书馆，1997

22. ［英］休谟. 人性论. 关文运译. 郑之骧校. 北京：商务印书馆，2010

23. ［德］谢林. 近代哲学史. 先刚译. 北京：北京大学出版社，2016

24. ［法］弗朗索瓦·于连. 迂回与进入. 杜小真译. 北京：生活·读书·新知三联书店，1998

（三）研究文献（书籍类）

1. ［美］亨利·E. 阿利森. 康德的自由理论. 陈虎平译. 沈阳：辽宁教育出版社，2001

2. ［英］阿龙·约翰. 洛克. 陈恢钦译. 沈阳：辽宁教育出版社，2003

3. ［美］刘易斯·贝克.《实践理性批判》通释. 黄涛译. 上海：华东师范大学出版社，2011

4. 戴兆国. 明理与敬义——康德道德哲学研究. 北京：中国社会科学出版社，2012

5. 邓晓芒. 康德《纯粹理性批判》句读. 北京：人民出版社，2010

6. 卡尔·福尔伦德. 康德传——康德的生平与事业. 曹俊峰译. 天津：天津教育出版社，2015

7. 傅有德. 巴克莱哲学研究. 北京：人民出版社，1999

8. 高小强. 天道与人道——以儒家为衡准的康德道德哲学研究. 北京：华夏出版社，2013

9. ［德］奥特弗里德·赫费. 康德的《纯粹理性批判》——现代哲学的基石. 郭大为译. 北京：人民出版社，2008

10. ［德］奥特弗里德·赫费. 康德——生平、著作与影响. 郑伊倩译. 北京：人民出版社，2007

11. 韩水法. 康德物自身学说研究. 北京：北京大学出版社，2009

12. ［美］曼弗雷德·库恩. 康德传. 黄添盛译. 上海：上海人民出版社，2014

13. ［美］伊丽莎白·S. 拉德克利夫. 休谟. 胡自信译. 北京：清华大学出版社，2002

14. 李蜀人. 道德王国的重建——康德道德哲学研究. 北京：中国社会科学出版社，2005

15. 牟宗山. 康德的道德哲学. 牟宗山先生全集. 第15卷. 台北：联经出版事业有限公司，2003

16. 倪梁康. 自识与反思. 北京：商务印书馆，2006

17. ［美］巴里·斯特劳. 休谟. 周晓亮，刘建荣译. 济南：山东人民出版社，1992

18. ［美］格瑞特·汤姆森. 洛克. 袁银传，蔡红艳译. 北京：清华大学出版社，2019

19. 尹洁. 康德心灵理论研究. 上海：上海三联书店，2018

20. 杨祖陶，邓晓芒. 康德《纯粹理性批判》指要. 长沙：湖南教育出版社，1996

21. ［美］布鲁斯·乌姆鲍. 贝克莱. 孟令朋译. 北京：清华大学出版社，2019

22. 张会永. 批判哲学的定向标——康德哲学的道德信仰. 北京：光明日报出版社，2011

23. 赵广明. 康德的信仰——康德的自由、自然和上帝理念批判. 南京：江苏人民出版社，2008

24. 张志伟.康德的道德世界观.北京:中国人民大学出版社,1995

25. 周晓亮.休谟及其人性哲学.北京:社会科学文献出版社,1996

26. 张荣.爱、自由与责任——中世纪哲学的道德阐释.北京:社会科学文献出版社,2015

（四）研究文献（文章类）

1. 邓安庆.康德道德神学的启蒙意义.《哲学研究》2007年第7期,第62—67页

2. 邓晓芒.康德对道德神学的论证.《哲学研究》2008年第9期,第70—75页

3. 邓晓芒.关于Person和Persönlichkeit的翻译问题——以康德、黑格尔和马克思为例.《哲学动态》2015年第4期,第43—50页

4. 刘凤娟.从灵魂不朽到类的不朽——康德历史哲学的产生及其本质.《杭州师范大学学报》(社会科学版)2018年第1期,第58—65页

5. 梁议众.康德的主体概念与同一性问题.《哲学动态》2021年第1期,第84—91页

6. 罗喜.笛卡尔与康德论"我思".《世界哲学》2021年第4期,第35—47页

7. 刘作.类的希望与个体的希望——康德历史哲学引发何种希望.《湖北大学学报》(哲学社会科学版)2020年第5期,第94—101页

8. 宋博.康德论形而上学的结构——一项基于历史语境的初步考察.《清华西方哲学研究》2019年冬季卷,第33—49页

9. 舒远招.论神对于康德道德律的多重意义及其限度.《世界哲学》2015年第6期,第70—78页

10. 吴宏政.形式逻辑的界限与自我实体幻相的先验根据——兼析康德对"第一谬误推理"的批判.《天津社会科学》2016年第2期,第51—55页

11. 余天放.论康德的先验幻相与谬误推理的关系问题.《世界哲学》2018年第5期,第76—82页

12. ［德］尤根·史陶森伯格."让每一个人都必然感兴趣的事物"——康德关于哲学的世界概念.刘哲译.《北京大学研究生学志》2008年第1期,第1—7页

13. ［美］H.约纳斯.存在理论中的生命、死亡和身体.方秋明,黄信译.《世界哲学》2017年第1期,第83—92页

14. ［美］汉斯·约纳斯.奥斯维辛之后的上帝观念——一个犹太人的声音.张荣译.《伦理学术》2018年春季号.总第004卷.邓安庆编.上海:上海教育出版社,第17—28页

15. 叶秀山."哲学"如何"解构""宗教"——论康德的《实践理性批判》.启蒙与自由——叶秀山论康德.南京:江苏人民出版社,2011年,第145—156页

16. 张荣.创造与伸展——奥古斯丁时间观的两个向度.《现代哲学》2005年第3期,第98—106页

外文部分

（一）康德著作德文版

1. Kant，I.（1905）. *Gesammelte Schriften*. Band 1. Berlin：Reimer
2. Kant，I.（1910）. *Gesammelte Schriften*. Band 2. Berlin：Reimer
3. Kant，I.（1911）. *Gesammelte Schriften*. Band 3. Berlin：Reimer
4. Kant，I.（1911）. *Gesammelte Schriften*. Band 4. Berlin：Reimer
5. Kant，I.（1913）. *Gesammelte Schriften*. Band 5. Berlin：Reimer
6. Kant，I.（1914）. *Gesammelte Schriften*. Band 6. Berlin：Reimer
7. Kant，I.（1917）. *Gesammelte Schriften*. Band 7. Berlin：Reimer
8. Kant，I.（1923）. *Gesammelte Schriften*. Band 8. Berlin：Walter De Gruyter & Co
9. Kant，I.（1923）. *Gesammelte Schriften*. Band 9. Berlin：Waller De Gruyter & Co
10. Kant，I.（1922）. *Gesammelte Schriften*. Band 10. Berlin：Walter De Gruyter & Co
11. Kant，I.（1922）. *Gesammelte Schriften*. Band 11. Berlin：Walter De Gruyter & Co
12. Kant，I.（1922）. *Gesammelte Schriften*. Band 12. Berlin：Walter De Gruyter & Co
13. Kant，I.（1922）. *Gesammelte Schriften*. Band 13. Berlin：Walter De Gruyter & Co
14. Kant，I.（1926）. *Gesammelte Schriften*. Band 17. Berlin：Walter De Gruyter & Co
15. Kant，I.（1928）. *Gesammelte Schriften*. Band 18. Berlin：Walter De Gruyter & Co
16. Kant，I.（1934）. *Gesammelte Schriften*. Band 19. Berlin：Walter De Gruyter & Co
17. Kant，I.（1942）. *Gesammelte Schriften*. Band 20. Berlin：Walter De Gruyter & Co
18. Kant，I.（1998）. *Kritik der reinen Vernunft*. Hamburg：Felix Meiner Verlag
19. Kant，I.（2003）. *Kritik der praktischen Vernunft*. Hamburg：Felix Meiner Verlag
20. Kant，I.（2009）. *Kritik der Urteilskraft*. Hamburg：Feilx Meiner Verlag
21. Kant，I.（1884）. *Reflexionen Kants zur Kritik der reinen Vernunft*. hrsg. von Benno Erdmann. Leipzig：Fues's Verlag(R. Reisland)

（二）康德著作英译本

1. Kant，I.（1992）. *Theoretical Philosophy*，1755–1770. translated by David Walford and Ralf Meerbote. Cambridge：Cambridge University Press
2. Kant，I.（1998）. *Critique of Pure Reason*. translated by Paul Guyer and Allen W. Wood. Cambridge：Cambridge University Press，1998
3. Kant，I.（2004）. *Theoretical Philosophy after* 1781. translated by Gary Hatfield, Michael Friedman, Henry Allison and Peter Heath. Cambridge：Cambridge University Press
4. Kant，I.（1999）. *Practical Philsophy*. translated by Mary J. Gregor. Cambridge：Cambridge University Press
5. Kant，I.（2000）. *Critique of the Power of Judgment*. translated by Paul

Guyer and Eric Matthews. Cambridge: Cambridge University Press

6. Kant, I. (1996). *Religion and Rational Theology*. translated by Allen W. Wood and George Di Giovanni. Cambridge: Cambridge University Press

7. Kant, I. (2007). *Anthropology, History and Education*, tanslated by Mary Gregor, Paul Guyer, Robert B. Louden, Holly Wilson, Allen W. Wood, Günter Zöller, and Arnulf Zweig. Cambridge: Cambridge University Press

8. Kant, I. (1992). *Lectures on Logic*. translated by J. Michael Young. Cambridge: Cambridge University Press

9. Kant, I. (1997). *Lectures on Metaphysics*. translated by Karl Ameriks and Steve Naragon. Cambridge: Cambridge University Press

10. Kant, I. (1997). *Lectures on Ethics*. translated by Peter Heath. Cambridge: Cambridge University Press

11. Kant, I. (2005). *Notes and Fragments*. translated by Curtis Bowman, Paul Guyer and Frederick Rauscher. Cambridge: Cambridge University Press

12. Kant, I. (1999). *Correspondence*. translated by Arnulf Zweig. Cambridge: Cambridge University Press

（三）其他原著

1. Baumgarten, A. G. (1766). *Metaphysik*. Halle im Magdeburgischer: verlagt von Carl Herrmann Hemmerde

2. Berkeley, G. (1901). A Treatise Concerning The Principles of Human Knowledge. *The works of George Berkeley* in Four Volumes Vol. 1: *Philosophical Works*. 1705 – 1721. Oxford: Clarendon Press

3. Descartes, R. (2009). *Meditationen-mit sämtlichen Einwänden und Erwiderungen*. übersetzt und herausgegeben von Christian Wohlers. Hamburg:Felix Meiner Verlag. 2009

4. Descartes, R. (1998). *Discourse on Method and Meditations on First Philosophy*. translated by Donald A. Cress. Indianapolis & Cambridge: Hackett Publishing Company

5. Hume, D. (1825). A Treatise of Human Nature. *The Philosophical Work of David Hume*. Vol. 1. Edinburgh: printed for Adam Black and William Tait

6. Hume, D. (1987). Of The Immortality of the Soul. *Essays-Moral, Political and Literary*. ed. and with a Foreword, Notes, and Glossary by Eugene F. Miller. Indianapolis: Liberty Fund

7. Hegel, G. W. F. (1986). *Phänomenologie des Geistes*. Frankfurt am Main: Suhrkamp Verlag

8. Hegel, G. W. F. (1986). *Vorlesungen über die Geschichte der Philosophie* Ⅲ. Frankfurt am Main: Suhrkamp Verlag

9. Jonas, H. (1996). *Mortality and Morality: A Search for the Good after*

Auschwitz, ed. by Lawrence Vogel. Evanston: Northwestern University Press

10. Mendelsohn, M. (1979). *Phädon oder über die Unsterblichkeit der Seele.* Hamburg: Felix Meiner Verlag

11. Leibniz, G. W. (2007). *Theodicy.* translated by E. M. Huggard. Charleston: BiblioBazaar. 2007

12. Locke, J. (1824). An Essay concerning Human Understanding. *The Works of John Locke.* Volume The First. London: C. Baidwin Printer

13. Plato (1975). *Phaedo*, translated with Notes by David Gallop. Oxford: Oxford University Press

14. Schelling, F. W. J. V. (1911). Vom Ich als Prinzip der Philosophie, in *F. W. J. v. Schelling: Werke.* Band 1. Herausgegeben und eingeleitet von Otto Weiß. Leipzig: Verlag von Felix Meiner

15. Wolff, C. (1738). *Vernüfftige Gedancken von Gott, der Welt und der Seele des Menschen. auch allen Dingen überhaupt.* Franckfurt und Leipzig

（四）研究文献（书籍类）

1. Allison, H. E. (2004). *Kant's Transcendental Idealism.* New Haven and London: Yale University Press

2. Allison, H. E. (1990). *Kant's Theory of Freedom.* Cambridge: Cambridge University Press

3. Ameriks, K. (2000). *Kant's Theory of Mind : An Analysis of the Paralogisms of Pure Reason.* Oxford: Oxford University Press

4. Ameriks, K. (ed.) (2000). *The Cambridge Companion to German Idealism.* Cambridge: Cambridge University Press

5. Beck, L. W. (1960). *A Commentary on Kant's Critique of Practical Reason.* Chicago & London: The University of Chicago Press

6. Bettcher, T. M. (2007). *Berkeley's Philosophy of Spirit.* New York: Continuum International Publishing House

7. Edwards, P. (ed.) (1967). *The Encyclopedia of Philosophy*, Volume 3. New York: Macmillan Publishing Co. Inc. & The Free Press

8. Eisler R. (1910). *Wörterbuch der philosophischen Begriffe-Dritter*, Band SCI-Z. Berlin: Ernst Siegfried Mittler und Sohn

9. Ewing A. C. (1938). *A Short Commentary on Kant's Critique of Pure Reason.* Chicago: The University of Chicago Press

10. Forstrom, K. J. S. (2010), *John Locke und Personal Identity-Immortality and Bodily Resurrection in Seventeenth-Century Philosophy.* London and New York: Continuum International Publishing Group

11. Frankenhäuser, G. (1991). *Die Auffassungen von Tod und Unsterblichkeit in der klassischen deutschen Philosophie von Immanuel Kant bis Ludwig*

Feuerbach. Frankfurt am Main: Haag und Herchen Verlag GmbH

12. Guyer, P. (2006). *Kant*. London and New York: Routledge

13. Huonder, Q. (1970). *Das Unsterblichkeitsproblem in der abendländischen Philosophie*. Stuttgart: Verlag W. Kohlhammer GmbH

14. Höffe, O. (2003). *Kants Kritik der reinen Vernunft-Die Grundlegung der modernen Philosophie*. München: Verlag C. H. Beck

15. King, L. (1864). *The Life and Letters of John Locke*. London: Bell & Daldy, Covent Garden

16. Kirchner F. (1907). *Wörterbuch der philosophischen Grundbegriffe*. Leipzig: Verlag der Dürr'schen Buchhandlung

17. Kitcher, P. (1990). *Kant's Transcendental Psychology*. Oxford: Oxford University Press

18. Kitcher, P. (2011). *Kant's Thinker*. Oxford: Oxford University Press

19. Klemme, H. (1996). *Kants Philosophie des Subjekts*. Hamburg: Felix Meiner Verlag

20. Lier, G. (2010) *Das Vnsterblichkeitsproblem-Grundannahmen und Voraussetzungen*. Göttingen: V & R Unipress

21. Roberts, J. R. (2007). *A Metaphysics for the Mob-The Philosophy of George Berkeley*. Oxford: Oxford University Press

22. Thiel, U. (2011). *The Early Modern Subject-Self-consciousness and Personal identity from Descartes to Hume*. Oxford: Oxford University Press

23. Watkins, E. (2009). *Kant's Critique of Pure Reason-Background Source Materials*. edited and translated by Eric Watkins. New York: Cambridge University Press

24. Willaschek, M. , Stolzenberg, J. , Mohr, G. , Bacin S. (ed.). (2015). *Kant-Lexikon*. Band 1. Berlin/Boston: Walter de Gruyter GmbH

25. Wood, A. W. (1970). *Kant's Moral Religion*. Ithaca and London: Cornell University Press

26. Vorländer, K. (1911). *Geschichte der Philosophie*. Band Ⅱ. *Philosophie der Neuzeit*. Leipzig: Verlag der Dürr'schen Buchhandlung

（五）研究文献（文章类）

1. Hahmann A. (2018) . Kant's Critical Argument (s) for Immortality Reassessed. *Kant Yearbook*. Vol. 10. Issue 1. pp. 19 - 41

2. Ameriks, K. (2004). Apperzeption und Subjekt. Kants Lehre vom Ich heute. *Warum Kant heute?*: *Systematische Bedeutung und Rezeption seiner Philosophie in der Gegenwart*, hrsg. von Dietmar H. Heidemann und Kristina Engelhard. Berlin: Walter de Gruyter. S. 76 - 99

3. Baur, J. (1976). Platos Wort zu Seele und Unsterblichkeit-Erwägungen zur

Verabschiedung eines theologischenVorurteils. *Neue Zeitschrift für systematische Theologie und Religionsphilosophie.* Vol. 18. Nr. 2. pp. 173－179

4. Beck, L. W. (1987). Five concepts of Freedom in Kant. *Stephan Körner-Philosophical Analysis and Reconstruction.* ed. by Jan T. J. Srzednicki. Dordrecht: Martinus Nijhoff Publishers. pp. 35－51

5. Behan, D. P. (1979). Locke on Persons and Personal Identity. *Canadian Journal of Philosophy.* Vol. 9. No. 1. pp. 53－75

6. Beach, E. A. (2008). The Postulate of Immortality in Kant: To What Extent Is It Culturally Conditioned?. *Philosophy East & West.* Vol. 58. No. 4. pp. 492－523

7. Blackwell, R. J. (1961). Christian Wolff's Doctrine of the Soul. *Journal of the History of Ideas.* Vol. 22. No. 3. pp. 339－354

8. Cummins, P. D. (2005). Berkeley on Minds and Agency. *The Cambridge Companion to Berkeley.* ed. by Kenneth P. Winkler. Cambridge: Cambridge University Press. pp. 190－229

9. Dorter, K. (1977). The Reciprocity Argument and the Structure of Plato's *Phaedo. Journal of the History of Philosophy.* Vol. 15. No. 1. pp. 1－11

10. Dyck, C. W. (2010). The Aeneas Argument: Personality and Immortality in Kant's Third Paralogism. *Kant Yearbook.* ed. by Dietmar Heidemann. Vol. 2. pp. 95－121

11. Ewing, A. C. (1964). Kant's View of Immortality. *Scottish Journal of Theology.* Vol. 17. Issue 4. pp. 385－395

12. Flew, A. (1951). Locke And The Problem Of Personal Identity. *Philosophy.* Vol. 26. Issue 96. pp. 53－68

13. Frede, D. (1978). The Final Proof of The Immortality of the Soul in Plato's "Phaedo"102a－107a. *Phronesis.* Vol. 23. No. 1. pp. 27－41

14. Greiner, D. (1897). Der Begriff der Persönlichkeit bei Kant. *Archiv für Geschichte der Philosophie.* Vol. 10. Issue 1－4. S. 40－84

15. Horstmann, R. P. (1993). Kants Paralogismen. *Kant-Studien.* Vol. 84. Nr. 4. S. 408－425

16. Hughes, R. I. G. (1983). Kant's Third Paralogism. *Kant-Studien.* Vol. 74. Nr. 4. pp. 405－411

17. Flynn, J. R. (1986). The Logic of Kant's Derivation of Freedom from Reason: An Alternative Reading to Paton. *Kant-Studien*, Nr. 4, pp. 441－446

18. Levine, M. P. (2008). Hume on Miracles and Immortality. *A Companion to Hume*, ed. by Elizabeth S. Radcliffe. Malden: Blackwell Publishing Ltd. pp. 353－370

19. Macintosh, J. J. (1980). The Impossibility of Kantian Immortality.

Dialogue. Vol. 19. Issue 2. June. pp. 219 – 234

20. Morgan, K. A. (2010). The Voice of Authority: Divination and Plato's Phaedo. *The Classical Quarterly*. Vol. 60. Nr. 1. pp. 63 – 81

21. Nuyen, A. T. (1994). Kant on God, Immortality and The Highest Good. *The Southern Journal of Philosophy*. Vol. 32. Issue 1. pp. 121 – 133

22. Schade, P. (1995). Does Kan's Ethics Imply Reincarnation?. *The Southern Journal of Philosophy*. Vol. 33. Issue 3. pp. 347 – 360

23. Trillhaas, W. (1965). Einige Bemerkungen zur Idee der Unsterblichkeit. *Neue Zeitschrift für systematische Theologie und Religionsphilosophie*. Vol. 7. Nr. 2. S. 143 – 160

24. Richards, R. J. (1980). Christian Wolff's Prolegomena of Empirical and Rational Psychology: Translation and Commentary. *Proceedings of the American Philosophical Society*. Vol. 124. No. 3. pp. 227 – 239

25. Wittwer, H. (2008). Einige Schwierigkeiten in Kants Lehre von der Unsterblichkeit der Seele. *Annals of The West University of Timisoara-Series: Philosophy and Communication Sciences*. Vol. Ⅲ. S. 36 – 45

26. Whittaker, J. W. (2000). Kant and Kierkegaard on Eternal Life. *Kant and Kierkegaard on Religion*. ed. by D. Z. Phillips and Timothy Tessin. London: Macmillan Press Ltd. pp. 187 – 206

"纯粹哲学丛书"书目

《哲学作为创造性的智慧:叶秀山西方哲学论集(1998—2002)》 叶秀山 著

《真理与自由:康德哲学的存在论阐释》 黄裕生 著

《走向精神科学之路:狄尔泰哲学思想研究》 谢地坤 著

《从胡塞尔到德里达》 尚杰 著

《海德格尔与存在论历史的解构:〈现象学的基本问题〉引论》 宋继杰 著

《康德的信仰:康德的自由、自然和上帝理念批判》 赵广明 著

《宗教与哲学的相遇:奥古斯丁与托马斯·阿奎那的基督教哲学研究》 黄裕生 著

《理念与神:柏拉图的理念思想及其神学意义》 赵广明 著

《时间性:自身与他者——从胡塞尔、海德格尔到列维纳斯》 王恒 著

《意志及其解脱之路:叔本华哲学思想研究》 黄文前 著

《真理之光:费希特与海德格尔论 SEIN》 李文堂 著

《归隐之路:20 世纪法国哲学的踪迹》 尚杰 著

《胡塞尔直观概念的起源:以意向性为线索的早期文本研究》 陈志远 著

《幽灵之舞:德里达与现象学》 方向红 著

《形而上学与社会希望:罗蒂哲学研究》 陈亚军 著

《福柯的主体解构之旅:从知识考古学到"人之死"》 刘永谋 著

《中西智慧的贯通:叶秀山中国哲学文化论集》 叶秀山 著

《学与思的轮回:叶秀山 2003—2007 年最新论文集》 叶秀山 著

《返回爱与自由的生活世界:纯粹民间文学关键词的哲学阐释》 户晓辉 著

《心的秩序:一种现象学心学研究的可能性》 倪梁康 著

《生命与信仰:克尔凯郭尔假名写作时期基督教哲学思想研究》 王齐 著

《时间与永恒:论海德格尔哲学中的时间问题》 黄裕生 著

《道路之思:海德格尔的"存在论差异"思想》 张柯 著

《启蒙与自由:叶秀山论康德》 叶秀山 著

《自由、心灵与时间:奥古斯丁心灵转向问题的文本学研究》 张荣 著

《回归原创之思:"象思维"视野下的中国智慧》 王树人 著

《从语言到心灵:一种生活整体主义的研究》 黄益民 著

《身体、空间与科学:梅洛 - 庞蒂的空间现象学研究》 刘胜利 著

《超越经验主义与理性主义:实用主义叙事的当代转换及效应》 陈亚军 著

《希望与绝对:康德宗教哲学研究的思想史意义》 尚文华 著

《多元与无端:列维纳斯对西方哲学中一元开端论的解构》 朱刚 著

《哲学的希望:欧洲哲学的发展与中国哲学的机遇》 叶秀山 著

《同感与人格:埃迪·施泰因的交互主体性现象学研究》 郁欣 著

《从逻辑到形而上学:康德判断表研究》 刘萌 著

《重审"直观无概念则盲":当前分析哲学语境下的康德直观理论研究》 段丽真 著

《道德情感现象学:透过儒家哲学的阐明》 卢盈华 著

《自由体系的展开:康德后期伦理学研究》 刘作 著

《根本恶与自由意志的限度:一种基于文本的康德式诠释》 吕超 著

《现代性中的理性与信仰张力:近代西方国家意识的建构及其困境分析》 尚文华 著

《知识与道德的二重奏:康德心灵哲学研究》 居俊 著